中华经典名著

全本全注全译丛书

许富宏◎译注

慎子
太白阴经

中華書局

图书在版编目(CIP)数据

慎子 太白阴经/许富宏译注. —北京:中华书局,2022.3
(2024.6 重印)
(中华经典名著全本全注全译丛书)
ISBN 978-7-101-15578-5

Ⅰ.慎… Ⅱ.许… Ⅲ.①《慎子》-译文②《慎子》-注释③兵法-中国-唐代 Ⅳ.①B226.3②B892.42

中国版本图书馆 CIP 数据核字(2022)第 016219 号

书　　名　慎子　太白阴经
译 注 者　许富宏
丛 书 名　中华经典名著全本全注全译丛书
责任编辑　王守青
责任印制　管　斌
出版发行　中华书局
(北京市丰台区太平桥西里 38 号　100073)
http://www.zhbc.com.cn
E-mail:zhbc@zhbc.com.cn
印　　刷　北京盛通印刷股份有限公司
版　　次　2022 年 3 月第 1 版
2024 年 6 月第 3 次印刷
规　　格　开本/880×1230 毫米　1/32
印张 18⅝　字数 380 千字
印　　数　14001-18000 册
国际书号　ISBN 978-7-101-15578-5
定　　价　46.00 元

目录

慎　子

前言

近年来，随着先秦诸子哲学研究的不断深入，以及大量出土文献的涌现，人们越来越关注先秦时期稷下诸子的学术与思想，慎到成为人们喜爱与关注的对象之一。

《慎子》为慎到著作，最早见载于《史记·孟子荀卿列传》。此后《汉书·艺文志》《隋书·经籍志》《旧唐书·经籍志》《新唐书·艺文志》《宋史·艺文志》《崇文总目》、陈骙《中兴书目》、晁公武《郡斋读书志》、尤袤《遂初堂书目》、郑樵《通志·艺文略》、陈振孙《直斋书录解题》、马端临《文献通考·经籍志》、张之洞《书目答问》等历代官私书志均有记录。《慎子》为先秦典籍中渊源有自、流传有序之书，是研究先秦至汉代的黄老道家思想与先秦法家思想的重要参考资料。

一、慎到生平及活动年代

慎子生平及活动年代，由于历史久远，史料阙误，语焉不详。然就现有材料看，战国时期有三慎子。

一为齐稷下学士，名曰到，即慎到。《庄子·天下》篇曰："公而不党，易而无私，决然无主，趣物而不两，不顾于虑，不谋于知，于物无择，与之俱往，古之道术有在于是者。彭蒙、田骈、慎到闻其风而悦之。"《荀子·非十二子》篇亦曰："尚法而无法，下修而好作，上则取听于上，下则取从于俗。终日言成文典,反纠察之,则倜然无所归宿,不可以经国定分。然而其持之有故,其言之成理,足以欺惑愚众。是慎到、田骈也。"此慎到与稷下学士田骈、彭蒙等并称,为稷下学士之一。《史记·孟子荀卿列传》曰:"慎到,赵人。田骈、接子,齐人。环渊,楚人。皆学黄老道德之术,因发明序其指意。"《史记·田敬仲完世家》曰:"宣王喜文学游说之士,自如邹衍、淳于髡、田骈、接予、慎到、环渊之徒七十六人,皆赐列第,为上大夫,不治而议论。是以齐稷下学士复盛,且数百千人。"张守节《正义》:"(慎到)赵人,战国时处士,《艺文志》作《慎子》四十二篇也。"《汉书·艺文志》:"《慎子》四十二篇。名到,先申、韩,申、韩称之。"《吕氏春秋·慎势》篇高诱注:"慎子,名到,作法书四十一篇,在申不害、韩非前,申、韩称之。"

据上引《史记》文,慎到为赵人。明代慎懋赏《慎子传》更确指曰:"赵之邯郸人也。"然未知何据。《淮南子·道应训》高诱注为齐人,盖因慎子尝客于齐,而有此说。后世《中兴书目》称作浏阳人,陈振孙驳之曰:"浏阳在今潭州,吴时始置县。与赵南北不相涉。"要之,慎到之籍贯,当以《史记》所载为准。

慎到之家世,史料缺失,不可考。慎懋赏以为其父为慎清。罗根泽先生指出乃慎懋赏伪慎溃氏为慎清,以攀附孔子,实与慎到无干,所论可信。

慎到虽为赵人,然其主要活动地域却在齐。前引《史记》文,慎到为齐宣王时期稷下学士。其生平大部分岁月在齐度过,至湣王末年离开稷下。据《史记·田敬仲完世家》载:"燕、秦、楚、三晋合谋,各出锐师以伐,败我济西。王解而却。燕将乐毅遂入临淄,尽取齐之宝藏器。湣王出亡,之卫。"就在这一年,齐湣王被楚淖齿所杀。《史记·燕召公世家》载,燕昭王二十八年,"以乐毅为上将军,与秦、楚、三晋合谋以伐齐。齐兵败,湣王出亡于外。燕兵独追北,入至临淄,尽取其宝,烧其宫室宗庙。齐城之不下者,独唯聊、莒、即墨,其余皆属燕,六岁"。燕昭王二十八年,即齐湣王十七年,《田敬仲完世家》云为湣王四十年,当误。在这次燕攻齐的战争中，稷下恐亦被燕军所烧，稷下学士四散逃亡。慎到大约此时离开稷下。汉桓宽《盐铁论》曰："及湣王奋二世之余烈，南举楚淮北，并巨宋，苞十二国，而摧三晋，却强秦，五国宾从。邹鲁之君，泗上诸侯，皆入臣。矜功不休，百姓不堪，诸儒谏不从，各分散，慎到、接予亡去，田骈如薛，而孙卿适楚。"自齐稷下散后，慎到不知所归。《通志·氏族略五》"慎氏"下引《风俗通》佚文云："慎到，为韩大夫，著《慎子》三十篇。"则慎到似乎去齐之韩。慎懋赏《慎子传》曰："慎子知其道之不行也，迺与其徒许犯、环渊、田系之属，退老于邯郸之上，著书八千言。"此则曰慎到晚年回赵邯郸著书。《太平寰宇记》卷十三谓"慎子墓在济阴县西南"。则慎到似应未之韩回赵。若慎到之韩或回赵，则《盐铁论》与《风俗通》同时，似应指明，若田骈如薛、孙卿适楚之类。慎到晚年事迹不详。

慎到的活动年代主要在齐宣王、湣王时期。齐宣王于公元前319年即位，齐湣王出亡时间为公元前284年。慎到在齐的时间约为前319年至前284年之间。如果以其时慎到三十岁至稷下的话，则其生年大致为前350年。至齐湣王出亡时，慎到已经近七十岁。其后几年，慎到离世比较可信。由此，慎到生卒年约为前350年至前280年之间。钱穆先生定为前350年至前275年(《先秦诸子系年》)，白奚先生考订慎到的生卒年月为前350年至前283年(《稷下学研究》)，李锐先生定为前359年至前275年(《中国哲学史》二〇〇八年第四期)，均相差不大。

二为鲁将，名曰滑釐。《孟子·告子下》篇曰："鲁欲使慎子为将军，孟子曰：'不教民而用之，谓之殃民。殃民者，不容于尧舜之世。一战胜齐，遂有南阳，然且不可。'慎子勃然不悦曰：'此则滑釐所不识也。'"赵岐、朱熹注皆曰："滑釐，慎子名。"但赵岐注《慎子》亦曰："善用兵者。"焦循疏曰："故赵氏不以为到，而以其使为将军，则以为善用兵者。"此慎子乃鲁国将军。

三为楚太傅，名则未知。《战国策·楚策二》曰："楚襄王为太子之时，质于齐。怀王薨，太子辞于齐王而归。齐王隘之：'予我东地五百里，乃归子；子不予我，不得归。'太子……而问傅。傅慎子曰：'献之。地所以为身也，爱地不送死父，不义。臣故曰献之便。'太子入，致命齐王曰：'敬献地五百里。'齐王归楚太子。"《战国策》此段为概说。据《史记·楚世家》，楚怀王三十年，怀王参加武关之会被秦挟持至咸阳，三年后逃亡而死。太子在怀王入秦被扣之后即归楚，是为顷襄王。楚怀王三十年，即公元前299年，齐湣王二年。这里以为慎子为顷襄王傅。此段事实，《渚宫纪事》载此曰："怀王留秦时，太子横质齐请归。齐湣王曰：'与我东地则归子。'太子用太傅慎子计，许之。太子既即位，是为襄王。齐使车五十乘来求东地。王患之，以告令尹慎子。慎子对曰：'王朝群臣而问之。'"此亦言及慎子任楚太傅之职（慎子任楚令尹，恐牵附为说）。

上三慎子，关系颇为复杂，学界多有争论。

甲，或混三慎子为一人者。明慎懋赏作《慎子传》，搜集赵慎到、鲁慎滑釐、楚慎子事混为一书，名《慎子内外篇》。清严可均、缪荃孙皆认可之，赞为"惊人秘籍"，罗根泽氏已驳之。三慎子为一人，已为学界所不取。

乙，或混赵慎到与鲁慎滑釐为一人者。清焦循《孟子正义》认为慎子字到，滑釐其名也。钱穆赞同之。张岱年先生曰："此慎子名滑釐，不是慎到。有人认为是一人，那是错误的。慎到是齐稷下学士，那里能作鲁国的将军举兵伐齐呢！"李学勤先生也驳之说："其实这位名滑釐的慎子显然是武人，同法家学者慎到全不相侔，焦说并不足信。"（《中国文化》第二十五、二十六期）陈伟先生亦认为鲁慎滑釐非赵慎到（张光裕、黄德宽《古文字学论稿》）。

丙，或以为赵慎到与楚慎子为一人。《战国策·楚策二》载慎子事，《周季编略》引此文慎子即作慎到。李学勤先生亦持此看法。他通过对《上海博物馆藏战国楚竹书》（六）中《慎子曰恭俭》的分析，认为："慎到齐宣王时已在稷下，楚襄王为太子而质于齐，聘他为傅，一段时间到楚国，后来再回到齐，是完全可能的。楚简中《慎子曰恭俭》一篇的发现，更增加了这种可能性。"（《中国文化》第二十五、二十六期）李锐先生赞同之(《中国哲学史》二〇〇八年第四期)。齐湣王二年及以前,稷下尚繁荣,慎子亦在稷下。楚太子质于齐,请稷下学士为傅亦有此可能,且时间上也是符合的。现楚地发现慎子遗文,确实增加了可能性。然此亦有未尽合理之处。就常理而言,慎到曾为齐稷下学士,享齐俸禄,现为楚太子献策,使齐湣王要挟楚太子求东地未成,则齐必不容矣。慎子欲再回齐稷下亦无可能。此与慎子晚年尚在稷下、湣王末年亡去相抵触(李锐先生则认为慎子晚年回齐当在湣王亡去之后,或亦可能)。另,《慎子曰恭俭》一篇流传楚地,未必证明慎子一定在楚地。钱熙祚《慎子佚文》未收《战国策·楚策二》慎子的这段文字,则钱氏亦以为楚慎子非赵慎到也。梁玉绳《人表考》云:"《战国策》有慎子,为襄王傅。此与庄惠并列,则非此人也。"亦以《国策》之慎子,非指慎到。阮廷焯赞同之。今人陈伟先生亦以为慎到非楚慎子也(张光裕、黄德宽《古文字学论稿》)。

然,鲁慎滑釐为"善用兵者",楚慎子所献之策即为"兵谋",此二人时间上亦相合,或为一人。蒋伯潜曰:"孟子至鲁,在平公时,约当周赧王四年。《战国策·楚策》记慎子为楚襄王策守东地。楚襄王于周赧王十七年即位,此慎子当即见于《孟子》之慎滑釐。"

二、《慎子》的流传与真伪

慎到居稷下,与稷下学士相与论列。《史记·孟子荀卿列传》曰:"自驺衍与齐之稷下先生,如淳于髡、慎到、环渊、接子、田骈、驺奭之徒,各著书言治乱之事,以干世主,岂可胜道哉!"又曰:"故慎到著十二论,环渊著上下篇,而田骈、接子皆有所论焉。"慎到所著书即《慎子》。《汉书·艺文志》:"慎子四十二篇。"有学者以为《史记》所言"十二论"为"十二篇",因引《风俗通·姓氏》篇云"慎到为韩大夫,著《慎子》三十篇"以足"四十二篇"之数。如姚振宗《隋书经籍志考证》云:"除去十二论,正合三十篇之数,或汉时有两本。"金德建赞同这种看法,并说应劭曾见过一部三十篇的《慎子》,曰:"但此书向来无所谓三十篇者,此三十之数，刚巧是《史记》十二论与《汉志》四十二之间的差。于此可证《汉志》的《慎子》，实并合二书为一。《史记》的确是十二论，《汉志》加了其时另外有部三十篇，才并成四十二。”（《慎子流传与真伪》）

以《史记》所言“十二论”为“十二篇”，恐为误解。《文心雕龙·论说》云：“论也者，弥纶群言，而研精一理者也。”司马迁所言“十二论”乃就《慎子》一书所论有十二理，恐非说十二篇。《史记》称之十二论，与《汉书·艺文志》著录之四十二篇，阮廷焯云“殆同实而异名”（《慎子考佚》），颇为接近事实。《史记集解》引徐广曰：“今《慎子》，刘向所定，有四十一篇。”据此，则今本《慎子》最早由刘向所编订。阮氏说：“《慎子》十二论经刘氏校订之后，离析篇第，定著为四十二篇，班氏《艺文志》，遂据之著录。”

又，《吕氏春秋·审分览·慎势》篇高诱注：“慎子名到，作法书四十一篇。”此又见《荀子·修身》篇杨倞注。则《慎子》又有四十一篇之说，较《汉志》所录少一篇。刘向校书，每于书后作《叙录》一篇。“较《汉志》所载，少一篇者，殆不及《叙录》一篇”（《慎子考佚》）。据此，《慎子》原本四十一篇，加之刘向《叙录》一篇，即《汉书·艺文志》所载的四十二篇。

《隋书·经籍志》法家：“《慎子》十卷。”《旧唐书·经籍志》法家：“《慎子》十卷。慎到撰，滕辅注。”《新唐书·艺文志》法家：“《慎子》十卷。慎到撰，滕辅注。”《慎子》，《汉书·艺文志》称四十二篇，至《隋书·经籍志》称十卷，滕辅注，则四十二篇合为十卷，或为滕辅所为。这些记载说明，在隋唐时期，《慎子》保留完整，未见佚失。

《宋史·艺文志》法家：“《慎子》一卷。慎到撰。”《崇文总目》：“《慎子》一卷。”（《直斋书录解题》云《崇文总目》言三十七篇）陈骙《中兴书目》：“《慎子》一卷。”晁公武《郡斋读书志》：“《慎子》一卷。右例阳人慎到之书也。”由此可知，到了宋代，《慎子》只一卷，已亡佚了九卷，亡佚的时间应该就在唐宋易代之际。至于亡佚的具体篇数，一般认为是《慎子》中的三十七篇。郑樵《通志·艺文略》法家曰：“《慎子》一卷。战国时处士慎到撰。旧有十卷，汉有四十二篇，隋唐分为十卷，今亡九卷三十七篇。”陈振孙《直斋书录解题》:“《慎子》一卷。赵人慎到撰。《汉志》四十二篇,先于申、韩称之。《唐志》十卷,滕辅注。今麻沙刻本才五篇,固非全书也。”王应麟《汉艺文志考证》云:“《汉志》四十二篇,今三十七篇亡,惟有《威德》《因循》《民杂》《德立》《君人》五篇,滕辅注。”这就是说,今所见之《慎子》五篇,乃宋佚失之残本。

金德建云:“但三十七篇加了五篇,刚巧等于《慎子》的原有篇数四十二篇。这是很可注意。依我看,原本四十二篇,其时一定已经给人家拆散分成二本:一本是三十七篇,一是五篇。前者《崇文总目》所见,后者陈振孙所见。经过如是拆散,于是一种本子,分别流传。其中五篇本似乎通行,诸家均见;三十七篇本较少,故仅著录于官家的《崇文总目》。据此,自然通行的可永流传,少见的易于亡逸,所以到了后来就一存一亡。‘崇文本’亡逸,只有五篇尚流传后世。这就使今本《慎子》只存五篇了。”所论甚是。

到了明代,《慎子》五篇本盛行。明陶宗仪《说郛》本、明万历五年刊《子汇》本、明万历五年緜眇阁刻本、明万历间刊《且且庵初笺十六子》本等都只有五篇。归有光《诸子汇函》还对《慎子》五篇作了评点。

明万历六年,吴兴人慎懋赏杂引《战国策》《孟子》《韩非子》《墨子》《鬻子》等诸子,伪为《慎子内外篇》。正如钱基博所谓:“凡《国语》《国策》《鬻子》《管子》《庄子》《列子》《韩非子》以及汉贾谊《新书》、《韩诗外传》、刘向《新序》、《孔子世家》诸书,罔不剽窃。”(《名家五种校读记》)。《慎子内外篇》,内篇三十六事,外篇五十三事。近人张钧衡以为“高出各本之上,而各藏书目亦未著录”,于是将其载入《适园藏书志》卷八。江阴缪荃孙藏慎懋赏本《慎子内外篇》之钞本,叹为“惊人秘籍”(见《艺风堂文漫存》卷四)。涵芬楼假缪氏本刻入《四部丛刊》,附补遗、校记、孙毓修跋,称“《慎子》善本当推此也”。广文书局又影慎刻本入《慎子三种合帙》。于是,《慎子内外篇》出现一时之盛,几欲取代五篇通行本。然慎懋赏自言:“因此书阙略颇多,奔走四方,自书肆以及士大夫藏书之家索之甚勤,全书卒不可得,故辑其可知者。”(见《慎子考》)则其书乃慎氏自辑之者,本非沿袭原书。其书甫出,梁任公先生即讼言其伪(见《古书真伪及其年代》卷一),而罗根泽先生又作辨伪一篇(《燕京学报》第六期),慎懋赏本之出于依托殆成定论。

到了清代,《慎子》的流传出现了新情况。《群书治要》被发现于日本,严可均据《群书治要》新辑出两篇,并对《慎子》进行了校勘。严氏曰:“余所见明刻本亦皆五篇,今从《群书治要》写出七篇,有注,即滕辅注。其多出之篇,曰《知忠》,曰《君臣》,其《威德》篇多出二百五十三字。虽亦节本,视陈振孙所见本为胜。”(《铁桥漫稿》)钱熙祚《慎子跋》亦谓“以《治要》为主,更据唐宋类书所引,随文补正”,并附辑佚文,见《守山阁丛书》。《续修四库全书》收钱熙祚校本。钱熙祚《守山阁丛书》本无滕辅注。

三、《慎子》的版本

从现有的资料看,《慎子》传世最早的文本为唐初贞观年间《群书治要》所引七篇,有滕辅注。唐贞元年间马总《意林》亦保留有“慎子要语”十三条,无注。综合起来看,现流传下来的《慎子》版本,主要有四个系统:

(一)《子汇》本系统。《子汇》本,明万历五年刊。首行上署“慎子”,下署“法家一”,次行下署“赵人慎到”。分《威德一》《因循二》《民杂三》《德立四》《君人五》,计五篇。《子汇》本系统中包括緜眇阁刻本、文渊阁《四库全书》本、《墨海金壶》本、《百子全书》本、广文书局《慎子三种合帙》影印本等。

(二)《群书治要》本系统。《群书治要》,唐魏徵等撰。其《慎子》以滕辅注为底本,节录《慎子》之《威德》《因循》《民杂》《知忠》《德立》《君人》《君臣》诸篇文字。首篇篇名“威德”二字脱佚,双行夹注。该本与《子汇》本不同之处有四:其一,篇数不同。《群书治要》本有七篇,而

《子汇》本只有五篇，前者比后者多出《知忠》《君臣》两篇。其二，《群书治要》本有滕辅注，而《子汇》本只有两句有滕辅注，其他则无。其三，《威德》篇文不同。《群书治要·威德》篇比《子汇》本《威德》篇文多出“飞龙乘云”至“其得助博也”一段一百六十四字。其他各篇，文字亦间有差异。其四，《群书治要》本《威德》篇无篇名。《子汇》本作“威德一”。《群书治要》为唐本，《子汇》上源为宋本，故《群书治要》本别为一个系统。清严可均曾自《群书治要》辑出七篇，成《慎子》七篇本，清嘉庆二十年刊，但至今未见。钱熙祚《守山阁丛书》本也属于《群书治要》本系统，但正文删滕辅注，增辑《慎子逸文》，计六十条。据辑之书，有《淮南子》《尚书》疏、《后汉书》注、《荀子》注、《庄子》释文、《长短经》《意林》《北堂书钞》《艺文类聚》《初学记》《六帖》、《文选》注、《太平寰宇记》《云笈七签》《太平御览》诸书。后《四部备要》及《续修四库全书》亦据此本影印。

（三）《说郛》本系统。《说郛》本《慎子》，上海商务印书馆1930年刊行。此本即涵芬楼一百卷本。篇首题“《慎子》，一卷全，慎到，赵人，字滑釐。滕辅注”。全文五篇，署《威德一》《因循二》《民杂三》《德立四》《君人五》。滕辅注以双行夹注于正文下。《说郛》本保留了滕辅注，十分可贵，可与《群书治要》本相校。然其与《群书治要》本亦不同，二者不属于一个版本系统，主要差异有三：其一，篇数不同。《群书治要》本《慎子》有七篇，而《说郛》本仅五篇，缺《知忠》《君臣》二篇。其二，《威德》篇文字不同。《说郛》本《威德》篇同《子汇》本，无“飞龙乘云”与“腾蛇游雾”两段文字。其三，滕辅注，两本文字差异甚大。《群书治要》滕注相对完整，而《说郛》本滕注文字缺略甚多，部分注文不忍卒读。以此，《说郛》本当别有源头，自成系统。

（四）慎本系统。《慎懋赏注慎子内外篇》，明万历七年慎耕芝堂刊本。《慎子内外篇》为慎懋赏自撰之书，无论篇数、正文、注文、附录均另成体系，而与《子汇》本、《群书治要》本、《说郛》本不同。内篇四十事，其中前五事,分别为《子汇》本五篇,但无篇名。慎懋赏将《子汇》本五篇保留,另从诸书中辑出三十五事。外篇五十六事。首题战国赵人慎到撰,明吴人慎懋赏解。双行顺文作解,不采他说。前有万历戊寅"自序"、万历己卯"王锡爵序""慎子传""慎子考""慎子评语",皆慎懋赏所辑。内、外篇末并附"慎子直音",末卷附"传补"、万历戊寅"汤聘尹序"。《四部丛刊》本《慎子内外篇》当为慎本系统。该本为上海涵芬楼借江阴缪氏藕香簃写本影印。《内篇》三十六事,《外篇》五十六事。无慎懋赏注,诸序及"慎子传"等皆无。《外篇》末附缪荃孙补《知忠》《君臣》二篇,缪荃孙辑"慎子佚文",孙毓修《慎子内篇校文》及孙毓修跋。《四部丛刊》本内篇数量与慎懋赏本出入较大。两本前二十八事相同,从第二十九事开始后十事,《四部丛刊》本较慎懋赏本多三事,而少七事。两本比较,可以发现慎懋赏辑《慎子》,其内篇中间有十篇发生了佚失与错乱,反映了慎懋赏编《慎子》的疏失。

四、《慎子》的注本与校本

《慎子》的注本,最早见于《群书治要》。然《群书治要》未录注者姓氏。《意林》载《慎子》云:"孝子不生慈父之家,忠臣不生圣君之下。"下注云:"六亲不和有孝慈,国家混乱有忠臣。"其文与《群书治要》所载《慎子·知忠》篇文与注正同。《意林》署《慎子》注者为滕辅,则《群书治要》载《慎子》注为滕辅注。又,《旧唐书·经籍志》法家:"《慎子》十卷。慎到撰,滕辅注。"《新唐书·艺文志》法家:"《慎子》十卷。慎到撰,滕辅注。"则《慎子》古注为滕辅注无异议。滕辅注还见于《说郛》。

东汉、东晋皆有人名曰滕辅。严可均云:"滕辅,东汉人。《艺文类聚》六十有汉滕辅《祭牙文》,亦作滕抚,又作腾抚。《后汉书》有传。《元和姓纂》'腾'本'滕'氏,因避难改为腾氏。后汉相腾抚。盖'滕''腾'一姓,'辅''抚'一声,故二文随作矣。东晋亦有滕辅。《隋志》:'梁有晋太学博士《滕辅集》五卷。录一卷。'《新唐志》皆五卷。《慎子》注为汉为晋未敢定之。”

《后汉书·张法滕冯度杨列传》云:“滕抚,字叔辅,北海剧人也。初仕州郡,稍迁为涿令,有文武才用。太守以其能,委任郡职,兼领六县。风政修明,流爱于人,在事七年,道不拾遗。”建康二年,“广陵贼张婴等复聚众数千人反,据广陵。朝廷博求将帅,三公举抚有文武才,拜为九江都尉,与中郎将赵序助冯绲合州郡兵数万人共讨之”。结果“大破之,斩马勉、范容、周生等千五百级”。战后,滕抚被拜为“中郎将,督扬、徐二州事”。后滕抚“复进击张婴,斩获千余人”。滕抚还是一位爱兵的武将,“抚所得赏赐,尽分于麾下”,同时为人“性方直,不交权势”。《后汉书》仅言其有“文武才”,所载事迹亦止于武事,未言及其文。大约滕抚为一武人也,当非为注《慎子》的滕辅。

《晋书·经籍志》:“太学博士《滕辅集》五卷,录一卷,亡。”此滕辅,《晋书》未见,生平事迹不详,然著有《滕辅集》五卷,又身为太学博士。其注《慎子》当更可信。故严灵峰云:“东汉滕抚为武人,当以东晋太学博士滕辅为是,兹暂属之。”

刘黄老注。《晋书·刘波传》:“劭族子黄老,太元中为尚书郎,有义学,注《慎子》《老子》,并传于世。”刘黄老《慎子注》,丁国钧、文廷式、秦荣光、吴士鉴、黄蓬元五家补《晋书·艺文志》,并见收录。然刘黄老《慎子注》不见隋唐史志,则亡佚已久。

慎懋赏注。慎懋赏,浙江吴兴人,号云台子,生卒年不详。慎懋赏在《子汇》本五篇基础之上,广泛搜求,较《子汇》本增内篇三十五事、外篇五十六事,成《慎子内外篇》。由于《慎子》历代注者甚少,慎懋赏有注,也很宝贵。但其注中夹杂真伪问题,须慎重对待。

注本之外,《慎子》尚有单纯校本者。因《慎子》散佚甚多,佚文复杂,故校勘工作十分繁重。在《慎子》的校本中,目前可见比较有影响的有孙毓修校本。以明吴人慎懋赏刻钞本为底本,署“慎子内篇校文”,截取《慎子》内篇第一、二、三、四、五、七、十八、三十节部分文字,《慎子》

外篇第二十二节文字。校语双行小字附于下。文后附跋。其校语数量甚少,然其跋文交待慎懋赏本文后所附《知忠》《君臣》二篇乃缪荃孙所附,对了解今《四部丛刊》本各篇内容之来源甚有帮助。

钱基博校本。钱基博,江苏无锡人。撰《名家五种校读记》,分别对《尹文子》《邓析子》《慎子》《惠子》《公孙龙子》正文作校勘。其中,《慎子校读记》以《守山阁丛书》本为底本,由标题、校勘、提要组成。录需校勘者文字正文,不录全文,校勘双行夹于其下。校对之本涉及慎懋赏本、《群书治要》本、《百子全书》本,后附提要,提要以关键词出之,后附原文,体例独特。钱基博将慎懋赏本《内篇》第六事以后二十九事与前五篇同等对待,命以标题,加以校勘,或作提要。

此外,英人谭朴森(P.M.THOMPSON)有《慎子逸文》(*THE SHEN TZU FRAGMENTS*)颇值得注意。该书由牛津大学出版社(OXFORD UNIVERSITY PRESS)1979年出版,全文以英文著之,广泛涉猎英国图书馆所藏中国古籍。将《慎子》全文以句为单位作划分,加上佚文,共析出一百二十三则,及疑似《慎子佚文》五则,计一百二十八则佚文。正文下有校语,校勘以英文叙述,所述异文仍以汉字标出。无篇名,佚文顺序据已意编排,结构自为一体。《慎子逸文》最为可贵的是作者见到缪荃孙藕香簃抄慎懋赏本,但未以此本为底本,而在参考《群书治要》《说郛》本、方疑《十二子》本、钱熙祚《守山阁丛书》本等基础上,自己做出独立判断。该书后附录有作者所见之《慎子》图版,由此可见《慎子》之书在西方之收藏情况,颇为可贵。

本书每篇均包括题解、正文、注释、译文四部分。题解以简要的语言概括本篇的主旨和内容。正文以中华书局《慎子集校集注》为底本,底本据他本补入的文字以[ ]示之,这里为了阅读方便,统一将[ ]去掉。正文根据句意划分段落,译文力求直译,直译不顺畅之处采用意译,以便于读者迅速理解文意。注释中如有不当之处,请读者批评,以待再版时修订补充。

威德

【题解】

此篇名曰“威德”，意即有德自威。本篇为《慎子》中有代表性的一篇，深入阐述了其慎势张法的思想。全篇大致由三个部分所组成：其一，慎势。文云“腾蛇游雾，飞龙乘云，云罢雾霁，与蚯蚓同，则失其所乘也”，以日常生活之现象论“势”之作用。“尧为匹夫，不能使其邻家。至南面而王，则令行禁止”，阐述在政治生活中“权势”之重要，有“势”自“威”。其二，贵公。慎子认为，权势出于为公，而不谋于私利。“古者，立天子而贵之者，非以利一人也”，立天子不是为了响应天命，而是为民立命；人民立天子非利天子一人，而在于利万民。“故立天子以为天下，非立天下以为天子也；立国君以为国，非立国以为君也；立官长以为官，非立官以为官长也”，此慎子之势治要义。其三，张法。势自重要，然掌势无德，则万民之危。为防掌势之人依私意肆意行事，必须立法。故曰“法虽不善，犹愈于无法”，所以一人心也。以法约束权势，确保势之运用出于公，所谓“法制礼籍，所以立公义也。凡立公，所以弃私也”，确保势得其所用。

天有明，不忧人之暗也[①]；地有财，不忧人之贫也；圣人有德，不忧人之危也[②]。天虽不忧人之暗，辟户牖必取己明焉③，则天无事也④。地虽不忧人之贫，伐木刈草必取己富焉，则地无事也⑤。圣人虽不忧人之危，百姓准上而比于下，其必取己安焉，则圣人无事也。故圣人处上，能无害人，不能使人无己害也，则百姓除其害矣⑥。圣人之有天下也，受之也，非取之也。百姓之于圣人也，养之也，非使圣人养己也，则圣人无事矣。

【注释】

①不忧人：不替某个人担忧。

②“地有财”几句：此句是说天地与圣人以天下为公。《文子·符言》：“《老子》曰：‘天有明，不忧民之晦也；地有财，不忧民之贫也。’”《文子》未言及圣人。此处言圣人，乃依托圣人立论，是先秦诸子立论之常法。王世贞曰：“凡刑名游说，诸家立说，必牵扯圣人以骇世。大率如此。”（《诸子汇函》卷六）儒家以圣人为人格最高标准，道家以圣人为顺应自然规律不妄为之人。此处圣人指以天下为公的人。

③辟：开。户牖：门窗。

④无事：无为。圣人有天下，是因为有德行，为天下人推崇而有天下，不是圣人自取。

⑤则地无事也：按，从开头至此，多见其他典籍。马王堆帛书《经法·称》说：“天有明，而不忧民之晦也，［百］姓辟其户牖而各取昭焉，天无事焉；地有［财］而不忧民之贫也，百姓斩木艾新（薪）而各取富焉，地亦无事焉。”《淮南子·诠言训》：“天有明，不忧民之晦也；百姓穿户凿牖，自取照焉。地有财，不忧民之贫也。百姓伐木芟草，自取富焉。”马王堆帛书《经法》《淮南子》皆无圣人。可见，言“天”言“地”这样的话是当时的俗语。慎子则作了发挥

而加上“圣人”，以“圣人有德”而为天下人之准则，下文皆顺此引申论述。

⑥“故圣人”几句：《论语·宪问》：“修己以安百姓，尧舜其犹病诸？”圣人只管自身修德以示范天下，天下百姓之间能不能做到都向圣人学习而互不相害，圣人是不管的，而百姓根据圣人的德行来处理彼此的纷争。

【译文】

天有明亮，它无私照于天下，不会去考虑人间的某处幽暗。地有出产，它无私分于天下，不会去考虑某一家人的贫困。圣人有德，它布公德于天下人，不会救某个人的危险困厄。天有明亮，人们开门推窗而取之，不是天要给予他们，所以说天无为。地有出产，而人伐木刈草自取之，不是地要给予他们，所以说地无为。圣人有德，人们将圣人的德行作为榜样而时刻砥砺自己，不是圣人强迫他们而为之，所以说圣人无为。圣人居上，不伤害人民，然而也因为居于上，因此不能阻止庶民之间的相互伤害；而庶民之间的相互伤害，也只能由庶民之间自行解决。圣人享有天下，不是用力取，而是用德行昭示天下。百姓需要供奉圣人以砥砺自己的人格，不是依托圣人而取私利，所以说圣人无为。

毛嫱、西施①，天下之至姣也。衣之以皮倛②，则见者皆走；易之以玄緆③，则行者皆止。由是观之，则玄緆，色之助也。姣者辞之，则色厌矣④。走背跋𨇾穷谷⑤，野走千里，药也。走背辞药，则足废。

【注释】

①毛嫱：古美女名。《庄子·齐物论》：“毛嫱、丽姬，人之所美也。”西施：又称西子，春秋越国苎萝人。传说春秋时期吴国与越国打仗，

越国败于会稽。越王勾践命范蠡求得美女西施，进于吴王夫差，吴王答应讲和撤兵。越王勾践吸取教训，卧薪尝胆，最终灭了吴国。西施嫁给范蠡，从游五湖而去。后世常用二人作绝色美女的代称。

②皮倛（qī）：古代术士驱鬼时所戴的形状可怕的面具。

③玄緆（xī）：黑色的细麻布。

④厌：压，堵塞，这里指减少。

⑤走背：背负物品行走。跋：踏草而行或越山过岭。踰（yuè）：登。穷谷：深谷，幽谷。

【译文】

毛嫱、西施是天下公认的美女。如果毛嫱、西施头上戴着扮鬼的面具，那么看到的人都会被吓跑的。如果毛嫱、西施摘下面具，而改为身上穿着黑色的细麻布衣服，那么街上行走的人都会停下来看这两位美女。由此来看，美女需要漂亮衣服的帮助。如果美女不穿漂亮衣服，那么她的美就会大打折扣。背负重物踏草而行或越山过岭，在野外行走千里，依赖的是能治疗脚伤的药物。如果背负物品行走而不用药，那么走不了多远，脚就废掉了。

故腾蛇游雾①，飞龙乘云，云罢雾霁，与蚯蚓同，则失其所乘也。故贤而屈于不肖者，权轻也②；不肖而服于贤者，位尊也。尧为匹夫，不能使其邻家。至南面而王，则令行禁止。由此观之，贤不足以服不肖，而势位足以服不肖，而势位足以屈贤矣。故无名而断者③，权重也；弩弱而矰高者④，乘于风也；身不肖而令行者，得助于众也。故举重越高者⑤，不慢于药；爱赤子者，不慢于保⑥；绝险历远者，不慢于御⑦。此得助则成，释助则废矣。夫三王五伯之德⑧，参于天地⑨，通于鬼神，周于生物者[10]，其得助博也。

【注释】

①螣蛇：也写作“䲢蛇”，传说中的神蛇，能驾云雾而飞。《荀子·劝学》：“䲢蛇无足而飞，梧鼠五技而穷。”《韩非子·难势》：“慎子曰：飞龙乘云，腾蛇游雾，云罢雾霁，而龙蛇与螾蚁同矣。”

②权：权势。《庄子·天运》：“亲权者不能与人柄。”

③无名而断：没有名誉声望而能担任决断大事的职责。名，名声。《孙子·地形》：“故进不求名，退不避罪，唯民是保。”断，决断，决事。《礼·乐记》：“临事而屡断。”注：“断，犹决也。”

④弩：用机械发射的弓，也叫窝弓，力强可以射远。《六韬·豹韬·林战》：“弓弩为表，戟楯为里。”矰：古代系生丝以射鸟雀的箭。《说文》：“雉射矢也。”《史记·老子韩非列传》：“走者可以为罔，游者可以为纶，飞者可以为矰。”

⑤举重越高：意即背负重物翻越高山。

⑥慢：轻忽。《商君书·垦令》：“上不费粟，民不慢农，则草必垦矣。”保：同“褓”。

⑦御：驾驭车马。《论语·子罕》：“执御乎？执射乎？”

⑧三王：夏禹、商汤、周文王。五伯：即五霸，称诸侯中势力强大称霸一时的人，说法不一。《荀子·王霸》说为齐桓公、晋文公、楚庄王、吴王阖闾、越王勾践。班固《白虎通·号》记为齐桓公、晋文公、秦穆公、楚庄王、吴王阖闾。《孟子·告子下》汉赵岐注为齐桓公、晋文公、秦穆公、宋襄公、楚庄王。

⑨参于天地：即德通于天地之道。

⑩周：遍及，普及。《易·系辞上》：“知周乎万物，而道济天下。”

【译文】

腾蛇要游，必须借助于雾；飞龙欲飞，必须借助于云。一旦云停雾清，就会掉落地面，与蚯蚓相同，原因是失去了它们所依赖的条件。贤能的人屈居于不肖的人之下，就是因为贤能的人缺少权势。不肖的人能使贤能的人折服，就是因为不肖的人具有显赫地位的缘故。尧是平民的时候，不能使唤邻居；一旦南面称王，就令行禁止。由此看来，贤能的人不能让不肖的人信服，但是权势和地位能够让不肖的人信服，也能够让贤能的人屈服。没有名誉声望的人而能担任决断大事的职责，是因为他们拥有重权。弓弩弱但箭能射得高，是借助于风的缘故；不肖的人能够发布政令，是能够得到权势与地位帮助的缘故。因此想背负重物翻越高山的人，不能轻视药物；抚育小孩子的人，不能小看襁褓；渡险而走远路，不能轻视马和车。这些都是得到助力才能成功，如果放弃协助就不可能成功的例证。三王五伯的德行，能够参于天地之道，通于鬼神之用，周于万物之生的原因，就是因为他们得到广泛助力的缘故。

古者，工不兼事①，士不兼官②。工不兼事则事省③，事省则易胜；士不兼官则职寡，职寡则易守。故士位可世④，工事可常⑤。百工之子，不学而能者，非生巧也⑥，言有常事也⑦。今也国无常道，官无常法⑧，是以国家日缪⑨。教虽成⑩，官不足⑪；官不足，则道理匮矣⑫；道理匮，则慕贤智；慕贤智，则国家之政要在一人之心矣。

【注释】

①工不兼事：工，在古代指从事手工业劳动者，即工匠。《论语·卫灵公》："工欲善其事，必先利其器。"手工业者按行业分类，故有百工之称。各工种技艺不同，一般不兼作，此即"工不兼事"。

②士不兼官：意谓一个人不可以同时兼任多个官职。士，这里指官吏的通称。《管子·八观》："乡毋长游，里毋士舍。"官，官职。

《礼·王制》:“论定,然后官之。”

③省:节约,这里指简约、简单。工匠做工仅限单一工种,做事则简单而容易胜任。

④世:继承,世袭。《汉书·贾谊传》:“贾嘉最好学,世其家。”注:“言继其家业。”

⑤常:恒久。《易·系辞上》:“动静有常,刚柔断矣。”

⑥生:天生,生来。《商君书·开塞》:“民之生,不知则学。”

⑦言:此指百工之言。

⑧官无常法:意谓授予官职没有恒久固定的法令,有可能会出现士兼官现象。

⑨缪:乖错。《礼·经解》:“易曰:君子慎始,差以豪氂,缪以千里,此之谓也。”

⑩教:教条,此指规则、法令。

⑪官不足:意为为官之单纯性不足,不能做到一人一职。

⑫道理:国家治理的理论主张。

【译文】

古代士农工商各有所擅,百工各有分工而不兼事,一士也不兼多种官职。工不兼事,专做其中一个工种,那么所做的事就简单了,做事简单就容易胜任;士不兼官,专做一职,则权力就小,权力小就容易守住操守。所以士的职位可以世袭,百工之职可以长久。百工之子,不学而能做工的,不是生来就手巧,而是工之职长久以来不变动的缘故。今日国家治理没有固定的规范,任命官员也不再遵循常规,因此国家治理在错误的道路上一天天走下去。现在规则法令已经制定完成了,根据这些规则法令所需要的各个职能部门却不足,不能因职分而去做事。各职能部门不足,这些道理就不可能真正领会。为官的人,对这些道理没有真正领会,他们就会仰仗贤智之人;仰仗贤智,国家的治理最终归结在一人的心中。

古者，立天子而贵之者，非以利一人也。曰：天下无一贵，则理无由通，通理以为天下也。故立天子以为天下，非立天下以为天子也；立国君以为国，非立国以为君也；立官长以为官[①]，非立官以为官长也。

【注释】

①官长：先秦时期称长官为"官长"。

【译文】

古代的人，立天子之位并尊贵天子，不是为了让天子一个人得利。如果天下没有一个最尊贵的天子，那么治理天下的法令就不会通畅地传达下去。让法令行得通是为了治理好天下。因此设立天子是为了让天子治理天下，并不是设立天下来为天子一个人服务；设立国君是为了让国君来治理国家，并不是设立国家来为国君一个人服务；设立官员是为了让他们来治理地方，并不是设置官职来为满足长官个人享乐的。

法虽不善，犹愈于无法。夫投钩以分财[①]，投策以分马[②]，非钩策为均也。使得美者，不知所以德；使得恶者，不知所以怨，此所以塞愿望也。故蓍龟[③]，所以立公识也；权衡[④]，所以立公正也；书契[⑤]，所以立公信也；度量，所以立公审也；法制礼籍[⑥]，所以立公义也。凡立公，所以弃私也。

【注释】

①投钩：抓阄。

②投策：抽签。

③蓍：蓍草，古代用其茎占卜。龟：龟甲，古代用来占卜。

④权衡：称量物体轻重之具。权，秤锤。衡，秤杆。

⑤书契：契约之类的文书凭证。

⑥法制礼籍：记载法令、制度、礼仪的文书。

【译文】

法律即使有不完善的地方，依然胜过没有法律。用拈阄来分配财物，用抽签来分配马匹，不是说拈阄、抽签是最均平的，而是借用这种公正的方式方法，让那些分到喜欢东西的人不知道对谁感恩，让那些分到不喜欢东西的人不知道对谁抱怨，这样来堵塞人们的各种欲望。所以人们用蓍龟，就是占卜吉凶祸福来确立公平的认识；人们制作秤，就是用来称量物体的轻重，确立公众交易的标准；人们制作文书契约，就是用来记录彼此的约定，确立公众交往的信誉；人们制作尺子，就是用来丈量物体的长短，确立公众对长短差别的认识；人们制定法令制度、礼仪典章，就是用来确立公平的道义。凡是确立公的准则，都是为了摒弃私心。

明君动事分功必由慧[①]，定赏分财必由法，行德制中必由礼[②]。故欲不得干时[③]，爱不得犯法，贵不得逾亲，禄不得逾位。士不得兼官，工不得兼事。以能受事，以事受利。若是者，上无羡赏，下无羡财[④]。

【注释】

①动事：举办事业。分功：分担工作。

②行德：推广道德。制中：适中，恰到好处。

③欲：逞欲。干时：违背农时。干，干犯，抵触。

④羡：溢。

【译文】

圣明的君主做事一定要凭借聪明智慧，确定奖赏一定要遵循国家法规，施行德政一定要符合礼仪规范。因此君主不能为了满足私欲而干扰农时，不能为了满足自己的爱好而违反法令，不能把受重用的人的地位看得超过自己的亲人，不能在奖赏臣下时超过其职位所得。士子不得兼任其他官职，工匠不得兼做其他事务；根据才能的大小分配合适的工作，根据工作中的贡献赏给相应的报酬。如果能做到这样，那么举国上下皆得所赏，不会羡慕不义之财。

因循

【题解】

此篇由天道“因则大，化则细”之理，论用人之法，只在“因人之情”四字，而人之情，则是“莫不自为”也。人各为主体，有各自的目的，不要摆布天下以遂一人之志。此篇名“因循”，意即因百姓之情，遂自然之性。文字简短，多有残缺。

天道，因则大①，化则细②。因也者，因人之情也。人莫不自为也③，化而使之为我，则莫可得而用矣。是故先王见不受禄者不臣，禄不厚者不与入难。人不得其所以自为也，则上不取用焉。故用人之自为，不用人之为我，则莫不可得而用矣。此之谓因。

【注释】

①因：先秦时期哲学术语之一，原意指顺应自然，不加干涉，也即人应该认识、尊重、服从外界变化的规律，顺应事物发展的必然趋势。同时“因”也强调人应该发挥主观能动性，利用客观事物的性质、规律，因势利导，取得成功。

②化：原义即变化。这里“化”与“因”相对，“因”为顺应人情，“化”为违背人情。

③自为：为自，这里指人有私心。

【译文】

天道：顺应自然，天道之德就广大；违背自然，天道之德就细小。所谓因循，就是遵循自然，顺应民情。人们都是有私心的，都愿尽心尽力为自己做事，要改变他们为我做事，那就没有人能为我所用的了。因此，古代的先王对不肯接受俸禄的人，就不任用他们做臣子；对于不接受优厚俸禄的人，不任用他们担当艰难的工作。人们如果不为私心去做事，那么君主就不选拔任用他们。所以君主要善于利用人们都有私心的特点，顺应他们的私心，而不要强求他们为别人的利益去做事，这样天下就没有什么人不被为我所用。这就叫做因。

民杂

【题解】

此篇名曰“民杂”，取篇首二字名之。此篇文字简短，多有残缺。慎到所论的“君”尚无神化色彩，不过是人之在上者而已，其智“未必最贤于众也”。君不过是不得不有之一职位，君臣当各司其职，各负其责。

民杂处而各有所能[①]，所能者不同，此民之情也。大君者[②]，太上也，兼畜下者也[③]。下之所能不同，而皆上之用也。是以大君因民之能为资，尽包而畜之，无能去取焉[④]。是故不设一方以求于人[⑤]，故所求者无不足也。大君不择其下[⑥]，故足；不择其下，则易为下矣。易为下，则莫不容。莫不容，故多下。多下之谓太上。

【注释】

①杂处：聚集。

②大君：天子。

③下：指民。

④无能：这里指失能，失去某种能力。

⑤不设一方：不预设一个规则，这里指选拔人才不应该作任何预设的条件限制（如国籍、地域、学历、年龄、性别等）。

⑥不择其下：意即山不择土，故能成其高；海不辞流，故能成其深；天子不择下民，故所用之人足。

【译文】

民众混杂居处在一起，他们的能力也是各有差别的。每个人所擅长的能力不同，这是民众的实际情况。天子处在高位，责任就是蓄养下民。民众的能力不同，但都能被天子所用。因此天子把民众的各种专长作为自己治理国家的资源，尽力包容他们，精心培养他们，根据他们的能力加以取舍使用。因此选拔人才不作任何预设的条件限制，那么所求的人才没有不能满足的。因此，天子不择下民，所以没有得不到满足的；天子不择下民，所以各种民众乐为其下。民众乐为其下，那么就没有什么人不被接纳；什么人都能接纳，那么人就越来越多。处在下面的民众越多，天子的威望就越高。

君臣之道：臣事事①，而君无事②；君逸乐，而臣任劳，臣尽智力以善其事，而君无与焉③，仰成而已。故事无不治，治之正道然也。人君自任而务为善以先下④，则是代下负任蒙劳也，臣反逸矣。故曰：君人者，好为善以先下，则下不敢与君争为善以先君矣，皆私其所知以自覆掩；有过则臣反责君，逆乱之道也。

【注释】

①事事：办事。

②事：从事。

③无与：这里指无为。

④先下:先于臣下。

【译文】

君臣之道:臣按职位而办事,而君不做具体事务。君主无事安逸享乐,臣子则要按职分不畏劳苦地工作。臣子要尽其智力把事情做好;君主无为,顺其自然就可以了。因此,国事没有得不到治理的,治国的正道就是这样。如果君主什么事情都亲自去做,在臣子之先致力行善,这是代替臣下担负责任而蒙受劳苦,臣下反而安逸享乐。所以说,君主要是喜欢抢在臣下之先而做事,那么臣下就不敢抢在君主之前去做,结果臣子都把自己的聪明才智隐藏起来。如果一旦有了失误,臣子就会出来责备君主,这是导致国家出现祸乱的根源。

君之智,未必最贤于众也,以未最贤而欲以善尽被下,则不赡矣[①]。若使君之智最贤,以一君而尽赡下则劳,劳则有倦[②],倦则衰,衰则复反于不赡之道也。是以人君自任而躬事,则臣不事事,是君臣易位也,谓之倒逆,倒逆则乱矣。人君苟任臣而勿自躬,则臣皆事事矣。是君臣之顺,治乱之分,不可不察也。

【注释】

①赡:充足,丰富。

②倦:疲劳,懈怠。

【译文】

君主的智慧,未必是天下人中最高的。用不是最高的智慧来让天下人都得到好处,那么君主的智慧就会日渐贫乏而显得不足。假使君主的才智是最高明的,仅凭君主一人的力量让天下百姓富足,也会相当劳苦。劳苦过度就会身心俱疲,身心俱疲就会身体垮掉,身体垮掉就无法履行职责，这样就会又回到老百姓得不到富足的老路上。因此，君主如果事事都亲自去做，那么臣下就没有什么事可做，这样君主和臣子的地位就会颠倒，这就叫作倒行逆施。国家出现倒行逆施，社会就会出现混乱。如果君主把具体工作都交给臣下去做，而不是自己亲自动手，那么臣下就会各守其分各尽其能。这就理顺了君臣之间的关系。国家治乱的分界就在这里，不能不明察。

知忠

【题解】

此篇阐明慎子关于“忠”之主张。慎子认为，无论治世抑或乱世，皆有忠臣。国有忠臣，未必得治。臣皆欲忠，而国君未必得到安宁。国家之治理，关键在于“贤使任职”，不在于臣是否忠诚。此论与儒家大不类。慎子反对忠，乃出于循名使分，主张国事循名分职，反对仅将国事托付于忠臣。《战国策·秦策》：“蔡泽曰：主圣臣贤，天下之福也；君明臣忠，国之福也；父慈子孝，夫信妇贞，家之福也。故比干忠不能存殷，子胥知不能存吴，申生孝而晋惑乱。是有忠臣、孝子，国家灭乱，何也？无明君贤父以听之。”《意林》卷二引慎子“孝子不生慈父之家，而忠臣不生圣君之下”见本篇。本篇文字简短，似有残缺。

乱世之中，亡国之臣，非独无忠臣也；治国之中，显君之臣[①]，非独能尽忠也。治国之人，忠不偏于其君；乱世之人，道不偏于其臣。然而治乱之世，同有忠道之人。臣之欲忠者不绝世，而君未得宁其上。无遇比干、子胥之忠[②]，而毁瘁主君于暗墨之中[③]，遂染溺灭名而死[④]。

【注释】

①显君:使君显。

②比干:商纣王叔父,谏纣王而被残杀。子胥:伍子胥,春秋时期吴国大夫,多次谏吴王阖闾,被杀。比干、伍子胥是古代忠臣的代表。

③毁瘁:毁国君于劳累之中。瘁,劳累。暗墨:昏昧不明。暗,昏昧。

④染溺:意即沉溺于昏昧不明之中。

【译文】

乱世之中,在国家灭亡时的臣子中,并不是没有忠臣;在治世之时,能使国君名声显赫的臣子中,并非都能尽忠。在国家得到治理的时候,人们尽忠并不偏重于君主;在国家处在混乱的时候,忠君之道并不偏重在几个忠臣身上。所以无论是治世还是乱世,都有忠于国家的人。臣子中想尽忠的人,世代不绝,然而却有君主在上位没有得到安宁。如果没有遇到比干、伍子胥这样的忠臣,君主毁于劳累、沉溺于昏昧不明之中,最终只得糊里糊涂莫名而死。

由是观之,忠未足以救乱世,而适足以重非[①]。何以识其然也?曰:父有良子,而舜放瞽叟[②];桀有忠臣[③],而过盈天下。然则孝子不生慈父之家,而忠臣不生圣君之下。故明主之使其臣也,忠不得过职[④],而职不得过官。是以过修于身[⑤],而下不敢以善骄矜[⑥]。守职之吏,人务其治,而莫敢淫偷其事[⑦]。官正以敬其业,和顺以事其上,如此则至治已。

【注释】

①重非:增加过失。重,加重。

②放:放逐。瞽叟:舜的父亲。舜孝,而瞽叟宠爱幼子象,多次欲杀舜。

③桀:商朝最后一位君主,以暴虐闻名,是昏君的代表。

④职：分内应执掌之事。

⑤过修于身：此句意为君主善于用臣之忠要超过自己修身。

⑥以善骄矜：此句意为臣子不能因为自己之忠而骄君。

⑦淫：僭越。偷：怠惰。

【译文】

由此看来，臣子如果一味忠于国君，并不能挽救处于乱世之中的国家，反而会加重国君的过失。怎么知道是这样的呢？父亲虽然有个孝顺的好儿子，却有虞舜放逐了他的父亲瞽叟；夏桀有忠诚的臣子，却使自己的罪过闻名天下。这说明孝子不生在有慈父的家庭，忠臣不产生在圣君的下面。所以圣明的君主使用臣子，也只是让臣下在他们所分掌之事内尽忠，而不能越职尽忠。尽好自己的职责，就是最大的忠，而不能使自己的职责越过官位所允许的范围。因此君主善于用臣之忠要超过自己的修身，这样臣子就不敢因为自己忠诚而自负贤能。各级官吏都忠于职守，人人尽心竭力治理国家，不敢偷懒怠惰。各级官吏都能守法敬业，谦和恭顺地事奉君主，做到这样那么国家就能达到大治了。

亡国之君，非一人之罪也；治国之君，非一人之力也。将治乱[①]，在乎贤使任职，而不在于忠也。故智盈天下，泽及其君；忠盈天下，害及其国。故桀之所以亡，尧不能以为存。然而尧有不胜之善[②]，而桀有运非之名[③]，则得人与失人也。故廊庙之材，盖非一木之枝也；粹白之裘，盖非一狐之皮也；治乱安危存亡荣辱之施[④]，非一人之力也。

【注释】

①将：助词，无义。

②不胜之善：众善而不胜言，意即善太多而数不过来。

③运非之名：众非皆归之之名，意即恶名都集中在一人身上。

④施：运行。

【译文】

亡国的君主，并不是他一个人的罪过；会治理国家的君主，也不是靠他一个人的力量。治理国家使不至于乱，关键在于任用贤能之人，而不在于忠臣的多少。因此如果都用有智慧之人来治理天下，那么君主也将会得到好处；如果只靠忠臣来治理天下，那么祸患就会危及整个国家。如果遇到像夏桀那样的时代，即便是尧重用忠臣比干也不能挽救国家。然而世人把天下所有的善行归结到尧身上，把天下所有的恶行归罪于桀身上，关键在于尧得到人心而桀失掉了人心。修建庞大宫殿所用的木材，绝不是用一棵树的树枝就能建成的；纯白的狐皮裘衣，绝不是一只狐狸的皮就能做成的；国家的治乱安危、存亡荣辱的形成，也绝不是一个人的力量就能办得到的。

德立

【题解】

此篇名曰“德立”，意即善立为德。文字简短，多有残缺。慎懋赏本在“无不危之家”下，有“今一兔走，百人逐之。非一兔足为百人分也，由未定。由未定，尧且屈力，而况众人乎。积兔在市，行者不顾，非不欲兔也，分已定矣。分已定，人虽鄙不争。故治天下及国，在乎定分而已矣”一段，与《吕氏春秋·慎势》篇引慎子语同。

立天子者，不使诸侯疑焉。立诸侯者，不使大夫疑焉。立正妻者，不使嬖妾疑焉①。立嫡子者，不使庶孽疑焉②。疑则动，两则争，杂则相伤③，害在有与④，不在独也。故臣有两位者，国必乱。臣两位而国不乱者，君在也，恃君而不乱矣。失君必乱。子有两位者，家必乱。子两位而家不乱者，父在也，恃父而不乱矣。失父必乱。臣疑其君⑤，无不危之国；孽疑其宗⑥，无不危之家。

【注释】

①嬖妾：宠爱的妾。

②庶孽：这里指妾生之子。

③杂：不纯一。这里指异姓氏。古代天子或诸侯之位皆在一姓之中传承，如有异姓之臣篡位，则血统就不纯正了。

④有与：有机会。与，意即名分未定，人人皆有机会。

⑤君：这里指君位。

⑥宗：这里指家中的嫡子继承之位。

【译文】

确立天子的原因，是不使诸侯对君主之位产生怀疑。确立诸侯的原因，是不使大夫对诸侯之位产生怀疑。确立正妻的原因，是不使嬖妾对正妻之位产生怀疑。确立嫡子的原因，是不使庶子对嫡子之位产生怀疑。一旦产生怀疑，就会有行动。一个位置如果被怀疑，那么就会有多人去争，这种血统不纯一的现象出现就会导致相互伤害。祸害之处就在于每个人都觉得自己有机会，没有做到名分的专一性。因此，一个国家如果没有国君而只有两位权臣把持朝政的话，国家必将大乱。两位权臣把持朝政而国家不乱的，是因为有国君在的缘故，依靠国君而不乱。一旦失去君主，国必乱。一个家庭如果没有确定嫡子而有两位庶子去争夺嫡子之位的话，这个家必乱。有多位庶子而家不乱，是因为有父亲在的缘故。依靠父亲而不乱，失去父亲必乱。臣子如果对君位产生疑心，国家就没有不发生危险的；庶子如果对嫡位产生疑心，家中就没有不发生危机的。

君人

【题解】

君人，指国君。《商君书·慎法》："君人者不察也，非侵于诸侯，必劫于百姓。"此篇文字简短，多有残缺。现存文字以阐述舍身取法为中心，可窥见慎子之法治思想。此篇言人君若以身治，则不免有偏，一旦赏罚失当，则臣下之私心起，而怨亦随之而生。所以君上要任法而弗躬；事断于法，则君不可偏，臣更无怨。一切依法，上下和睦，国家自安。

君人者，舍法而以身治，则诛赏予夺从君心出矣。然则受赏者虽当，望多无穷①；受罚者虽当，望轻无已②。君舍法而以心裁轻重，则同功殊赏、同罪殊罚矣。怨之所由生也。是以分马者之用策③，分田者之用钩④。非以钩策为过于人智也。所以去私塞怨也。故曰：大君任法而弗躬，则事断于法矣。法之所加，各以其分⑤，蒙其赏罚而无望于君也。是以怨不生而上下和矣。

【注释】

①望多：希望奖赏多。

②望轻：希望惩罚轻。

③策：马鞭。投策分马，即在分马时，以扔马鞭来决定马的归属。

④钩：圆规。这里指丈量土地时用的工具，如尺子之类。

⑤分：名分。

【译文】

国君不用法治而用修身的人治，那么诛杀、奖赏、任用、罢免都会由君主个人的喜好来决定。这样得到的奖赏即使恰当，但受到奖赏的人欲望是没有穷尽的；受到的惩罚即使得当，但受惩罚的人都期望无休止地减轻惩罚。君主如果舍弃法制而以个人的意愿来裁定赏罚的轻重，那么就会造成相同的功劳而受到不同的奖赏，相同的罪过却受到不同的惩罚，这样怨恨就由此产生了。因此，分马要用投策一样的办法，分田用尺子测量的办法。并不是说马鞭、尺子这些东西比人的智慧还要高明，是因为这样做可以排除个人私心，从而堵塞因分配不公而导致的怨恨。因此，君主治理国家依靠法制而不是自己亲自去做，那么大臣处理国家大事就会依靠法律去裁决。实施法治的地方，人人都按职分来行事，人们的赏罚皆依赖法律而不是寄托在君主个人的喜好上。如此人们心里就不会产生怨恨，上下就会和谐。

君臣

【题解】

君臣，人君如何驭臣。此篇诸本皆脱，据《治要》补。文字简短，多有脱误。现存文字强调人君要据法断事，做到官不私亲，法不遗爱，惟法至上。要求人君之于臣下，应以法为准据，以观臣下之功过，无劳之亲亦不任以官职。君臣上下一以法制为准则而共守之，达到“官不私亲，法不遗爱”之理想境界。能如此，则上下相安无事，国家太平。

为人君者不多听。据法倚数，以观得失。无法之言，不听于耳；无法之劳，不图于功；无劳之亲，不任于官①。官不私亲，法不遗爱②，上下无事，唯法所在。

【注释】

①官：任官。

②法：行法。

【译文】

作为人君，不应该多听，应该根据法律来判断得失。君主对不合法律的言行，不盲目听信；对不符合法律规定的功劳，不能算做功劳予以奖赏。对没有功劳的亲人,不能任命他们做官。君主不能把官职私自授给亲人,实施惩罚也不回避自己所爱的人。要想一国上下相安无事,只有据法行事才能办得到。

《慎子》逸文

1.行海者，坐而至越，有舟也；行陆者，立而至秦，有车也。秦、越远途也，安坐而至者，械也[①]。《白孔六帖》十一、《御览》七百六十八

【注释】

①械：器械。

【译文】

在海上行进，坐着就能到达越国，是因为有船的缘故；在陆地上行进，站着就能到达秦国，是因为有车的缘故。秦国与越国都是在远方的国家，安稳坐着就能到的，是借助于器械的缘故。

2.厝钧石[①]，使禹察锱铢之重[②]，则不识也。悬于权衡，则氂发之微识也[③]。及其识之于权衡，则不待禹之智，中人之知，莫不足以识之矣。《御览》八百三十、又《意林》节引

【注释】

①厝：安置。钧石：古代重量单位名称。钧，一般认为是三十斤。

石,一般认为是四钧,即一百二十斤。

②锱铢:古代重量单位名称。锱,一般认为是六两。铢,比锱更小的单位,一般认为二十四铢为一两。

③氂:泛指兽尾。

【译文】

摆好轻重不同的物品,让大禹来辨别它们的轻重差别,大禹也辨别不出来。一旦用秤来称,那么一丝一毫也会辨识出来。如果知道用秤来称的话,实际上不需要像禹一样聪明的人,即便是中等智慧的人也没有不能辨别出的。

3.谚云:不聪不明,不能为王;不瞽不聋[①],不能为公。海与山争水,海必得之。《意林》、又《御览》四百九十六

【注释】

①瞽:盲人。

【译文】

谚语说:不聪明的人,不能当君主;不瞎不聋的人,不会有公正。大海与山争夺水,大海必定成功。

4.礼从俗,政从上,使从君。国有贵贱之礼,无贤不肖之礼;有长幼之礼,无勇怯之礼;有亲疏之礼,无爱憎之礼也。《类聚》三十八、《御览》五百二十三

【译文】

施礼应遵从各地民间长期形成的风俗习惯,施政则要遵从上级的意见,出使诸侯则必须听从国君的命令。国家有划分尊贵卑贱的礼仪,没

有划分贤能不肖的礼仪；有划分年长年幼的礼仪，没有划分勇敢畏怯的礼仪；有划分亲族疏族的礼仪，没有划分喜爱憎恶的礼仪。

5.法之功，莫大使私不行[①]；君之功，莫大使民不争。今立法而行私，是私与法争，其乱甚于无法。立君而尊贤，是贤与君争，其乱甚于无君。故有道之国，法立则私议不行，君立则贤者不尊。民一于君，事断于法，是国之大道也。《类聚》五十四、《御览》六百三十八

【注释】

①莫大：莫大于，最大。

【译文】

法的最大功劳在于使私心不行，君的最大功劳在于使百姓不争。如今立法的目的是为了行使私心，是私心与法律相争，这样导致的混乱比没有法律更甚。已经立好君主而又去尊贵贤人，这样就是让贤人与君主互相争斗，这样的动乱会比没有君主更为严重。因此有正确治理思想的国家，法度确立后就不允许私心存在，君主确立后就不会再去尊贵贤人。民众统一听命于君主，处理国事皆依据法度来决断，这才是国家治理的正确道路。

6.河之下龙门[①]，其流驶如竹箭，驷马追弗能及[②]。《御览》四十

【注释】

①龙门：黄河流经山西河津西北峡口出口处，据称为大禹所凿。

②驷马：四匹马拉的一辆车。

【译文】

黄河流到龙门这个地方，其水流就像竹箭一样，四匹马拉的车都追不上。

7.有权衡者，不可欺以轻重；有尺寸者，不可差以长短；有法度者，不可巧以诈伪。《意林》、《御览》四百二十九

【译文】

有了秤，是轻是重就不会被欺骗了；有了尺子，是长是短就不会出差错了；有了法，是诈是伪就一清二楚。

8.有虞之诛[①]，以幪巾当墨[②]，以草缨当劓[③]，以菲履当刖[④]，以艾韠当宫[⑤]，布衣无领当大辟[⑥]，此有虞之诛也。斩人肢体，凿其肌肤，谓之刑；画衣冠，异章服，谓之戮。上世用戮而民不犯也，当世用刑而民不从。《御览》六百四十五

【注释】

①有虞：古部落名，其部落首领为舜。

②以幪（méng）巾当墨：这是一种象征性实施刑法的方式。按法应该在犯人脸上刺字并涂上墨，现在用一件衣服蒙在犯人的脸上，就算是实施墨刑了。幪巾，盖衣。墨，墨刑。古代一种刑法，在犯人脸上刺字并涂墨。

③以草缨当劓（yì）：这也是一种象征性实施刑法的方式。按法应该割掉犯人的鼻子，现在让犯人穿上罪犯的服装，用来代替割掉鼻子。草缨，罪人之服。劓，劓刑。古代一种割掉鼻子的刑法。

④以菲履当刖（yuè）：这也是一种象征性实施刑法的方式。本来应

该砍掉脚,现在给犯人穿上草鞋,用来代替砍脚。菲履,草履,草鞋。刖,古代一种把脚砍掉的酷刑。

⑤以艾韠(bì)当宫:这也是一种象征性实施刑法的方式。按法应该对犯人实施宫刑,现在以割去犯人衣服上的蔽膝,用来代替实施宫刑。艾,割去。韠,蔽膝,古代一种遮蔽在身前的皮制服饰。宫,宫刑。

⑥布衣无领当大辟:这也是一种象征性实施刑法的方式。按法应该对犯人实施砍头的死刑,现在让犯人穿上没有领子的布衣,用来代替死刑。大辟,古代砍头的死刑。

【译文】

虞舜制定的惩罚罪犯的法律,都是作象征性的惩罚。用一件衣服蒙在犯人的脸上,就算是实施墨刑了;让犯人穿上罪犯的服装,就算是实施割掉鼻子的刑法了;给犯人穿上草鞋,就算是实施砍脚的刑法了;割去犯人衣服上的蔽膝,就算是实施宫刑了;让犯人穿上没有领子的布衣,就算是实施死刑了。这就是虞舜的刑法。斩断人的肢体,凿坏人的肌肤,就叫做刑;以在衣冠上画图使得服装变得不同的象刑来代替刑法,就叫做戮。上古时期人们用戮,民众秋毫无犯相安无事;今天的人们用刑,民众反而不顺从。

9.昔者,天子手能衣而宰夫设服[①],足能行而相者导进[②],口能言而行人称辞[③],故无失言失礼也。《御览》七十六

【注释】

①宰夫:掌管膳食的小吏。

②相者:助主人传命或导客的人。

③行人:古代在诸侯间出使的人。

【译文】

过去，天子自己手能纺织衣物，但也要设置宰夫来帮助自己做衣物；自己能走，但也要设置近侍来引导；口能说话，但也要设置使者来传话，所以没有出言失当违反礼仪的事情发生。

10. 离朱之明[①]，察秋毫之末于百步之外。下于水尺而不能见浅深。非目不明也，其势难睹也。《文选·演连珠》注、《杨荆州诔》注、《类聚》十七、《御览》三百六十六

【注释】

①离朱：又名离娄。善视，传说能看见百步之外、秋毫之末。

【译文】

离朱善视，能在百步之外看见秋天小鸟身上生出的绒毛。但是一旦下到水里，眼睛就看不见水是浅是深。并不是眼睛不好，而是人眼在水里难以看清。

11. 尧让许由[①]，舜让善卷[②]，皆辞为天子而退为匹夫。《类聚》二十一、《御览》四百二十四

【注释】

①许由：相传尧时隐士。

②善卷：相传尧时隐士。

【译文】

尧把天子之位让给许由，舜把天子之位让给善卷。许由和善卷皆辞天子之位，隐居起来成为平民。

12. 折券契[①]，属符节，贤不肖用之。物以此得，而不托

于信也。《御览》四百三十《御定渊鉴类函》二百五

【注释】

①折：抵作，对换。

【译文】

以契据作为交易的凭证，以符节作为调兵的凭据，贤人与无能之人都是这样遵守规则的。世界上的道理都是由此而来，而不能托付于人的口头承诺。

13.鲁庄公铸大钟[①]，曹刿入见[②]，曰："今国褊小而钟大[③]，君何不图之？"《初学记》十六，《御览》五百七十五

【注释】

①鲁庄公：春秋时期鲁国国君。

②曹刿：春秋时期鲁国大臣。

③褊（biǎn）：狭隘，狭小。

【译文】

鲁庄公想要铸造大钟，曹刿请见鲁庄公，说："今天国家地域狭隘但是铸造的钟却很大，这对国家强大有什么用呢？为什么不想办法把国家地域扩大呢？"

14.公输子巧用材也[①]，不能以檀为瑟。《御览》五百七十六、《乐书》卷一百四十四

【注释】

①公输子：又名公输班、公输般，鲁国人，也称鲁班。古代著名巧匠。

【译文】

公输班擅长使用木材来制造各种器具,但是却不能用檀木来制造瑟。

15.孔子曰:“丘少而好学,晚而闻道,以此博矣。”《御览》六百七

【译文】

孔子说:“我年轻时好学,年老悟道,这样做来达到博学多闻啊。”

16.孔子云:“有虞氏不赏不罚①,夏后氏赏而不罚②,殷人罚而不赏,周人赏且罚。罚,禁也;赏,使也。”《御览》六百三十三

【注释】

①有虞氏:帝舜。

②夏后氏:指夏王族,夏代。夏代多位君主称呼前冠以“后”字,如“后启”“后相”“后羿”等。

【译文】

孔子说:“舜的时候没有奖赏没有惩罚,夏朝的时候只有奖赏而没有惩罚,殷商时候只有惩罚而没有奖赏,周代既有奖赏也有惩罚。惩罚,是为了禁止民众;奖赏,是为了驱使民众。”

17.今之重锱铢,役千仞之水①,穷泥于后止,势然也②。吴舟之重,错之千钧,入水则浮,轻于锱铢,则势浮之也。《北堂书钞》一百三十七

【注释】

①役：当为“投”字之误。

②势：“规律”的意思。

【译文】

如今有轻如锱铢一样的东西，投到千仞之深的水里，会在水里下沉到泥底才会停止，这是因为水中有易于沉物的规律。重如吴国的大船，船里面装上千钧之重的东西，放到水里也会浮在水面上，比锱铢还要轻，这是利用水中有浮力的规律。

18.燕鼎之重乎千钧，乘于吴舟，则可以济。所托者，浮道也。《御览》七百六十八

【译文】

燕国的鼎重千钧，一旦放在吴国的大船上，就可以浮在水上。所托的，就是浮力的规律。

19.君臣之间，犹权衡也[①]。权左橛则右重[②]，右重则左橛。轻重迭相橛，天地之理也。《御览》八百三十

【注释】

①权：秤锤。衡：秤杆。

②左橛（jué）：即称重时在秤杆上向左移动一小段。橛，量词，木段。

【译文】

君臣之间，就像秤锤与秤杆。如果用右手抓住秤绳提物，左手把秤锤向左移动一小段，那么就是右边的物重了；如果是右边的物重了，那就必须把秤锤向左移动一小段。或轻或重，秤锤前后移动，是天地之间的规律。

20.饮过度者生水，食过度者生贪。《御览》八百四十九

【译文】

喜欢喝水的人，往往就会因为喝多了水而多便溺；喜欢吃饭的人，往往就会想吃得更多而有贪心。

21.故治国无其法则乱，守法而不变则衰，有法而行私谓之不法。以力役法者，百姓也；以死守法者，有司也；以道变法者，君长也。《类聚》五十四

【译文】

治国没有法就会乱，守法而不知变通国家就会衰落，有法而行私就是违背法律的行为。以身作则遵守法纪，是百姓的事；以死守法捍卫法度，是官员的事；顺应天道变革法度，是君主的事。

22.今一兔走，百人逐之，非一兔足为百人分也，由未定[①]。由未定，尧且屈力，而况众人乎？积兔满市，行者不顾。非不欲兔也，分已定矣。分已定，人虽鄙不争。故治天下及国，在乎定分而已矣。《吕氏春秋·慎势》、《后汉书·袁绍传》注、《意林》及《御览》九百七并节引。

【注释】

①由：因，分。

【译文】

如今一只兔子在外跑，上百人追逐去抓它，并不是一只兔子足够让上百人分，而是这只兔子的名分归属未定。名分未定，即便是尧也没有

办法，更何况是普通人呢？有人带着兔子堆满集市去卖，来来往往的人看都不看。并不是大家不想要兔子，而是因为这些兔子已确定名分，已有归属。名分已定，即便是自己的名分确定低了，也不会去争。因此治理天下及国家，关键在于确定名分。

23.匠人知为门，能以门，所以不知门也。故必杜，然后能门。《淮南·道应训》

【译文】

匠人看到门知道是门，也能够造出门，但是不知道造出的门是不是能用。因此一定要把门关上，看合不合，然后才能造出真正能使用的门。

24.劲而害能，则乱也；云能而害无能①，则乱也。《荀子·非十二子篇》注

【注释】

①云能：自言其能。

【译文】

有力气的人伤害有才能的人，就会有动乱；自己说自己有才能的人伤害无才能的人，也会发生动乱。

25.弃道术，舍度量，以求一人之识识天下，谁子之识能足焉？《荀子·王霸篇》注、《升庵外集》四十八

【译文】

放弃道术，舍去度量，单凭个人见识认识天下，谁的见识能足够呢？

26.多贤不可以多君，无贤不可以无君。《荀子·解蔽篇》注

【译文】

贤人多可以，但是不可以君主多；没有贤人可以，但是不可以没有君主。

27.匠人成棺，不憎人死，利之所在，忘其丑也。《意林》、又《御览》五百五十一

【译文】

做棺材的匠人，并不讨厌人们死去。他们因为利益所在，而忘了这种心态上的可耻。

28.兽伏就秽①。《文选》班固《西都赋》注

【注释】

①秽：杂草丛生之地。

【译文】

野兽往往隐蔽埋伏在杂草丛生的地方。

29.夫德精微而不见，聪明而不发，是故外物不累其内。《文选》沈约《游沈道士馆诗》注、嵇康《养生论》注、《周易述》卷二十二

【译文】

德精微而不显露，聪明智慧隐而不发，所以外在事物不能损害到内

在心境。

30.夫道，所以使贤，无奈不肖何也；所以使智，无奈愚何也。若此，则谓之道胜矣。《文选》张协《杂诗》注

【译文】

治国之道，就是要任用贤能的人，无论如何不用不肖的人；就要任用有智慧的人，无论如何不用愚蠢的人。如果这样，就可以叫做道胜了。

31.道胜则名不彰。《文选》张协《杂诗》注

【译文】

道胜的人就不会去追求名声的彰显。

32.趋事之有司，贱也。《文选》谢朓《始出尚书省诗》注

【译文】

整天热心于办事的官员，都是身份卑下的人。

33.臣下闭口，左右结舌。《文选》陆机《谢平原内史表》注

【译文】

臣子闭口不向君主进言，那么近侍也不敢去说。

34.久处无过之地，则世俗听矣。《文选》吴质《答魏太子笺》注

【译文】

长久生活在不使你犯过失的地方，那么你一定是善于听取坊间老百姓的意见。

35.昔周室之衰也，厉王扰乱天下[①]，诸侯力政，人欲独行以相兼。《文选》东方朔《答客难》注

【注释】

①厉王：周厉王，姓姬，名胡。生前以暴虐著称。

【译文】

昔日周王朝衰落了，周厉王扰乱了天下的太平安定，诸侯们以武力干预朝政，人们都想自立为王来兼并对方。

36.众之胜寡，必也。《文选》潘岳《夏侯常侍诔》注

【译文】

众胜寡是必然的。

37.《诗》，往志也；《书》，往诰也；《春秋》，往事也。《意林》、又《经义考》

【译文】

《诗经》，记录古人的志向；《尚书》，是古代帝王的公文告示；《春秋》，记录从前的事件。

38.两贵不相事，两贱不相使。《意林》

【译文】

两个身份高贵的人不好互相侍奉，两个身份卑贱的人不能互相役使。

39.家富则疏族聚，家贫则兄弟离，非不相爱，利不足相容也。《意林》

【译文】

家庭富有，即便是远亲也会来投奔依靠；家里贫寒，即便是亲兄弟也会彼此疏远。并不是兄弟之间不相亲爱，而是利益使得他们不能相容。

40.藏甲之国，必有兵遁①，市人可驱而战。安国之兵，不由忿起。《意林》

【注释】

①遁：隐，消失。

【译文】

藏有兵器的国家，必定有秘密隐藏的军队。这个隐藏的军队就在百姓之中，任何时候根据需要都可以驱使普通百姓去作战。安国定邦之兵，不会因泄愤而发。

41.苍颉在庖牺之前①。《尚书序·疏》

【注释】

①苍颉：又名仓颉，相传是汉字的创造者。庖牺：又名伏羲。相传是华夏民族的人文始祖，主要成就是创立了八卦。

【译文】

苍颉的时代在庖牺的时代之前。

42.为毳者[①],患涂之泥也。《尚书·益稷》疏

【注释】

①毳(cuì):通"橇"。在泥路上行走的工具。

【译文】

制造橇这种工具,就是为了防患在泥路上行走。

43.昼无事者,夜不梦。《云笈七签》三十二

【译文】

白天如果没有发生内心牵挂的事,晚上睡觉就不会做梦。

44.田骈名广[①]。《庄子·天下》篇《释文》

【注释】

①田骈:又称陈骈,齐国人,战国时期诸子百家之一,是齐国稷下学官最具影响的学者之一,与慎到齐名。

【译文】

田骈的名字叫广。

45.有勇不以怒,反与怯均也。《御览》四百三十七、又四百九十九

【译文】

有勇气的人不动怒,反而与怯懦的人差不多。

46.小人食于力,君子食于道。《意林》、又《御览》八百四十九

【译文】

君子与小人各有分工,小人凭借体力吃饭,君子凭借智力吃饭。

47.治水者,茨防决塞[①]。虽在夷貊[②],相似如一。学之于水,不学之于禹也。《列子·汤问》篇张湛注、《升庵外集》六

【注释】

①茨防:用土来填堵作为堤防。决塞:堵塞黄河决口。

②貊(mò):中国古代对东北方民族的称呼。

【译文】

治水的方法,就是用土堆填堤防来堵塞黄河决口。即便是夷貊,也是用相同的治水方法。这是向水学习的,而不是向大禹学习的道理。

48.桀、纣之有天下也,四海之内皆乱,关龙逢、王子比干不与焉[①],而谓之皆乱,其乱者众也。尧、舜之有天下也,四海之内皆治,而丹朱、商均不与焉[②],而谓之皆治,其治者众也。《长短经·势运篇》注

【注释】

①关龙逢:古史传说中夏代的贤臣。

②丹朱:帝尧之子,丹朱曾因父亲尧未禅位给自己,发动叛乱,尧亲自带兵平定。商均:帝舜之子,舜让位给商均,商均不贤,百姓皆离开商均而投靠禹。

【译文】

夏桀、商纣统治天下的时候,四海之内天下大乱。关龙逢、王子比干没有助纣为虐,但是老百姓仍然说天下大乱,是因为大多数老百姓仍过

着动乱生活的缘故。尧、舜统治天下的时候，四海之内天下大治，但是丹朱、商均叛乱造成天下动荡，老百姓仍然说天下大治，是因为大多数老百姓仍过着平安稳定生活的缘故。

太白阴经

前言

《神机制敌太白阴经》又称《太白阴经》。中国古人认为太白星主杀伐，因此多用来比喻军事，《太白阴经》的名称由此而来。作者为唐朝的李筌。《太白阴经》是唐代百科全书式的一部兵书，内容包罗万象，保留了前代关于军事的论述与资料，同时《太白阴经》的撰作方法也给后世编纂或著作兵书以很大启发，在中国古代军事思想史上起到了承前启后的作用。

一

李筌，生卒年不详，号达观子。元吴莱《渊颖吴先生文集》卷六《新安朱氏新注黄帝阴符经后序》说："予闻陇西李筌尝得《黄帝阴符经》，读之数千遍，竟不能略通。后遇骊山姥，始章句解释。盖甚怪矣。"据此，李筌当是唐陇西人。

李筌的生平事迹，晚唐时及北宋均有记述。唐代范摅著《云溪友议》卷上《南阳录》中载：

> 李筌郎中为荆南节度判官。集《阃外春秋》十卷。既成，自鄙之曰："常文也。"乃注《黄帝阴符经》，兼成大义……筌后为邓州刺史，常夜占星宿而坐。一夕三更，东南隅忽见异气。明旦呼吏于郊市，如产男女者，不以贫富，悉取至焉。过十余辈，筌视之曰："皆凡

骨也。”重令于村落搜访之，乃得牧羊村妇一子。李君惨容，曰：“此假天子也。”座客劝杀之，筌以为不可，曰：“此幼雏必为国盗，古亦有，然杀假恐生真矣。”则安禄山生于南阳，异人先知之也。

《云溪友议》载开元以后异闻野史、遗篇琐事，有不少靠该书得以流传。这里说到李筌的官职为郎中，曾任荆南节度判官、邓州刺史。该书记载李筌预测到安禄山出生后的命运，语虽涉荒诞，但恐亦非空穴来风。范摅毕竟是唐人，约唐僖宗乾符（874—879）中前后在世，距离唐玄宗开元、天宝年间不过百年。因此范摅所记应该可靠。安禄山生于703年，李筌时任邓州刺史，彼时李筌已先后任过郎中、节度判官，按时年三十岁推测，则李筌生于670年前后；按四十岁推算，则李筌生于660年。

北宋时期张君房所编《云笈七签》卷一百一十二“李筌”：

李筌号达观子，居少室山，好神仙之道。常历名山，博采方术……开元中，为江陵节度副使、御史中丞。筌有将略，作《太白阴经》十卷，又著《中台志》十卷。时为李林甫所排，位不大显。意入名山访道，后不知其所也。

由此可知，李筌喜欢道教，晚年进入道观修道，当了道士。在唐玄宗开元年间，李筌曾任江陵节度副使、御史中丞。唐玄宗开元年间为公元713年至741年，这个时期李筌在世。

余嘉锡《四库提要辨证》卷十一《太白阴经》，余氏按：“巴黎图书馆所藏敦煌本《阃外春秋》残卷……卷首进书表末署天宝二年六月十三日少室山布衣臣李筌上表。”陈振孙《直斋书录解题》卷十二“兵家”类有：“《阃外春秋》十卷。唐少室山布衣李筌撰。起周武王胜殷，止唐太宗擒窦建德，明君良将、战争攻取之事。天宝二年上之。”据此，李筌到了唐玄宗天宝二年，已经隐居少室山，成为道士，故其自称布衣。李筌辞官不做，或许如上所说是为李林甫所排挤。李林甫自开元二十四年（736）接替张九龄升任中书令（右相），后又兼尚书左仆射，至天宝十二载（753）病死。李林甫为相十九年。李筌被李林甫排挤，在时间上是吻合的。天宝二年为743年，李筌已经隐居少室山。因此，李筌的生卒年大约在660年至750年之间。

《太白阴经》张海鹏《墨海金壶》本与钱熙祚《守山阁丛书》本皆有《神机制敌太白阴经序》，其中有“唐永泰四年秋河东节度使都虞候臣李筌撰”一行，唐代宗永泰年间只有两年，没有四年，因此此“序”当为后人伪托。另，钱熙祚《守山阁丛书》本有署名李筌的《进太白阴经表》，其中有“《太白阴经》者，记行师用兵之事也。臣闻太白主兵，为大将军，阴主杀伐。故用兵而法焉。伏惟乾元大圣光天文武孝肃皇帝陛下，仁育群生”云云，这里称皇帝为“乾元大圣光天文武孝肃皇帝”，乾元为唐肃宗的年号，唐肃宗谥号为“文明武德大圣大宣孝皇帝”，庙号“肃宗”，两相对比，不难看出“文武孝肃”是“文明武德大圣大宣孝皇帝”以及庙号“肃宗”的概括与改写。谥号和庙号都是帝王去世以后才追封的，唐肃宗在世，当时的人是不可能知道他的谥号和庙号的。可见《进太白阴经表》不可能是李筌所作，而是后人的伪托。所以永泰四年、乾元二年不能作为李筌生卒年考证的依据。

李筌一生著述甚丰。从上引《云溪友议》可知，李筌著有《阃外春秋》十卷。据《云笈七签》可知，李筌著有《太白阴经》十卷，《中台志》十卷。宋晁公武《郡斋读书志》卷二：“《中台志》十卷。右唐李筌撰。起殷周，迄隋唐。纂辅相邪正之迹，分皇、王、霸、乱、亡五类以为鉴戒。唐相以李林甫、陈希烈附皇道。筌上元中乃自表，天宝初，追以缀名云。”元吴莱《渊颖吴先生文集》卷六《新安朱氏新注黄帝阴符经后序》又说：“筌又别著《太白阴经》《阃外春秋》以辅行其说。”吴莱是明初宋濂的老师，其说可靠。上述著述没有争议。据上引《云笈七签》，李筌撰《太白阴经》时尚未入少室山，当在人生的中年时期，具体时间难以确考。

据《云溪友议》，李筌曾注《黄帝阴符经》。但关于《黄帝阴符经》是李筌亲著还是注释，历史上有争议。

宋代黄庭坚认为李筌曾著有《阴符经》，《豫章黄先生文集》卷二十八："《阴符经》出于唐李筌。熟读其文，知非黄帝书也。盖欲其文奇古，反诡谲不经。盖糅杂兵家语作此言，又妄托子房、孔明诸贤训注，尤可笑。"元袁桷《清容居士集》卷五十："唐世《阴符》始大行，原于李筌，成于李靖。贞观皇帝始酷好之，命褚河南凡书一百九十本。贞观之意，盖广用兵之说耳。李筌托神姥之言，乃曰'上有神仙抱一，中有富国安民，下有强兵战胜。'又妄增《六注》，以惑后人。"

黄庭坚的看法，遭到不少人反对，《文献通考·经籍》说：

> 十一贤注《阴符经》一卷、李筌注《阴符经》一卷。晁氏曰："唐少室山人布衣李筌注。云："《阴符经》者，黄帝之书。或曰受之广成子，或曰受之玄女，或曰黄帝与风后、玉女论阴阳、六甲，退而自著其事。阴者暗也。符者合也。天机暗合于事机，故曰'阴符'。"

宋末元初的马端临认为，李筌是《阴符经》的注者，并非作者。明陈耀文《正杨》卷一《阴符经》曰："李筌，郎中，为荆南节度判官。集《阃外春秋》十卷。既成，自鄙之曰'常文也'，乃注《黄帝阴符经》，兼成大义。"并将李筌获得《黄帝阴符经》的过程转述出来。《正杨》卷一《阴符经》说：

> 李筌号达观子，好神仙之道，常历名山，博采方术。至嵩山虎口岩石室中，得《黄帝阴符》本，绢素书，缄之甚密。题云"大魏真君二年七月七日，道士寇谦之藏之名山，用传同好"。其本糜烂，筌抄读数千遍，竟不晓其义。因入秦，至骊山下，逢一老母，神状甚异。路傍见遗火烧树，因自语曰："火生于木，祸发必克。"筌闻之，问曰："此《黄帝阴符》秘文，母何得而言之?"母曰："吾受此符，已三元六周甲子矣。少年从何而知?"筌具告其故。母命坐，为说《阴符》之义，曰："非奇人不可妄传。"复曰："吾有麦饭相与为食。"袖中出瓠，令筌谷中取水。水既满矣，瓠忽重百余斤，力不能制而沉泉中。及还，已失老母，但留麦饭数升于石上而已。筌有将略，作《太白阴符》十卷。有相业著《中台志》十卷，时为李林甫所排位，不显，竟

入名山访道，不知所终。

陈耀文的记述与《太平御览》卷六百七十八引《集仙录》相合："骊山姥，不知何代人也。李筌好神仙之道，常历名山，博采方术，至嵩山石室中，得《黄帝阴符经》本绢素书，缄之甚密。题云'大魏真君二年七月七日，道士寇谦之藏之名山，用传同好。筌竟不晓其义'。"神仙传说固不足信，但其基本事实是《阴符经》不是李筌所著，李筌只是注过《黄帝阴符经》。除此之外，李筌也注过《孙子兵法》。晁公武《郡斋读书志》卷十四"兵家类"载："李筌注《孙子》三卷。"

二

据上引《云笈七签》《正杨》等文字可知，《太白阴经》为十卷。今据张海鹏《墨海金壶》本看，十卷内容十分庞杂，但都是围绕战争展开。如卷一"人谋上"、卷二"人谋下"、卷三"杂仪类"、卷四"战攻具类"、卷五"预备"、卷六"阵图"、卷七"祭文类、捷书类、药方类"、卷八"杂占"、卷九"遁甲"、卷十"杂式"。其中卷一、卷二的内容属于"兵权谋"，主要是讲战争中的战略以及在战争中的人的因素如何发挥等的理论问题。卷三、卷六的内容属于"兵形势"，主要是讲军队的组织结构、军事仪式以及战争中具体使用的阵图。军队的组织结构、军事仪式，这些更多的是制度建设。阵图，主要包括一般性的军事阵型图示，有驻扎的营图、军训的阵图、作战与防守的营图等，也是制度的体现。军队的具体组织形式、军事仪式等这些外在的形式往往会造成一种气势与威势，有利于战争的开展。卷四、卷五、卷七的内容属于"兵技巧"，主要是讲战争中武器制造、后勤保障等。具体包括"战攻具"，主要是各种作战武器和其他军事装备等；"预备"，是讲作战后勤准备，包括土工作业的工具、军事用井的分配、军队的旗帜、号角的数量、军粮的供给等；"祭文"，包括祭旗、祭马、祭山川风雨等；"捷书"，包括报捷的文书、军事布告等；"药方"，主要是人的药方与马的药方等。卷八、卷九、卷十的内容属于"兵阴阳"，主要是讲阴阳术数，包括“杂占”，如日占、月占、星占、气占、分野占、风角等；“遁甲”，包括奇门遁甲、天乙、六壬等；“杂式”，包括龟占、田螺占等。《太白阴经》的内容包括了兵家四派之说，内容全面，同时实用性强，这是《太白阴经》的最主要特点。

《太白阴经》的内容吸收化用了前人诸多的思想，如《天无阴阳篇》中，“盖敬授农时，非用兵也”为化用《尚书·尧典》中的思想。“天地不仁，以万物为刍狗”是吸收《老子》第五章。这是同一篇之中吸收化用不同古书中的思想。又如《国有富强篇》“审权以操柄，审数以劝人”，是吸收《商君书·算地》篇。“兴兵而伐叛则武，武则爵，爵则任，任则兵强。按兵而劝农桑，农桑劝则国富”，当为化用《商君书·去强》篇。这是一篇之中吸收化用同一部书不同篇章中的思想。又如《术有阴谋篇》“古之善用兵者，必重天下之权，而研诸侯之虑。重权不审，不知轻重强弱之称；揣情不审，不知隐匿变化之动”，是化用《鬼谷子·揣篇》的思想。同一篇又有说“故兵有百战百胜之术，非善之善者也；不如不战而屈人之兵，善之善者也”，这是吸收化用《孙子兵法·谋攻》的思想。这是一篇之中多次吸收化用古代典籍中关于谋略之论述。李筌根据需要从古人的论述中得到启发，引用并加以发挥，其所引古书门类涉及儒家、墨家、道家、法家、阴阳家、纵横家、兵家等，凡是与兵学相关的，一概吸收，不分贵贱，也无门派之别。综合性是《太白阴经》的另一个特点。对此，孙星衍《孙渊如诗文集》“太白阴经跋”中说：

书中称“经曰”，大率用《太公阴符》《司马法》诸文，为宋人删去。其文犹见此书者，故义蕴宏深，往往有韵，必非唐人之语。筌释经文，即命其书为经，亦殊僭也。遁甲之术，近世惟传宋人《符应经》，得此知五将、三门古法，已为唐人所引，尤足资考证。相法最古见于各史，而并无宋时之书，盖术者匿而焚之，以神其技。此书相人篇言之极详，且亦有韵，必出古书矣。虞候是军中官，筌以永泰间撰此书，盖必奉主将之命，搜讨兵钤成之。兵法传于世，《六韬》之外，

> 有《孙》《吴》《司马法》，而此为唐将行用秘本，规制奚备，尤切于实用。唯中载毗沙门天王事迹荒诞，竟祭之军中。唐时崇尚释氏，功令之谬，要在节取之。近时所出书古本，或可增益中秘所未备，不敢任其失坠。故一一校录，俟他时汇呈。一览谨记于后。

这个概括是符合事实的。

《太白阴经》军事思想内容丰富，特别重视在战争中发挥人的主观能动作用。

首先，在战略上，《太白阴经》主张“和胜”的军事思想。《贵和篇》说：“先王之道，以和为贵。贵和重人，而不尚战也。”在“战”与“和”的问题上，李筌主张“和”，但不是妥协、不是投降，而是“以和取胜”。最终目的是胜利，而取胜的手段是更高层次的不战而屈人之兵的“和胜”。《贵和篇》又说：“夫有道之主，能以德服人；有仁之主，能以义和人；有智之主，能以谋胜人；有权之主，能以势制人。战胜易，和胜难。”“和胜”比单纯的军事手段“战胜”要难。“和胜”取决于“势”，这种“势”的营造取决于国君能实施仁义，具有谋略，在战略的高度具有战胜一切敌人的优势与气势。这样才能达到不战而屈人之兵的效果。除了国君之外，“和胜”所要求的“势”取决于国家的富强。《术有阴谋篇》说：“‘兵强大者必胜，小弱者必亡。’是则小国之君无伯王之业，万乘之主无破亡之日。”兵强大必胜，拥有强大的军队，就可以达到一种军事上的“威势”，可以达到“和胜”的效果。因此，君主一定要使得国家强大起来，拥有雄厚的综合国力。

那么，如何使得国家强大起来呢？李筌认为当学商鞅的“农战”思想。《国有富强篇》说：“国之所以富强者，审权以操柄，审数以劝人。课农者术之事，而富在粟；谋战者权之事，而强在兵。”操权弄柄，课农谋战，能使国家富强。具体表现为“乘天之时，因地之财，用人之力，乃可富强。乘天时者，春植麦，夏种谷，夏长成，秋收藏。用地之财者，国有沃野之饶，而人不足于食，器用不备也；国有山海之利，而人不足于财，商旅不备也。通四方之珍异，以有易无，谓之商旅。饬力以长地之财，用资军实，谓之农夫。理丝麻，以成衣服，谓之女工。”只有重视农耕，实施法家刑赏政策，国家才能富强。“和胜”是对君主的要求，是对国家政策的要求，这些都是由人去完成的，是人所能掌控的。只要君主与人臣认识到这一点，并在实践上付诸实施，目标就能够达到。

“和胜”的思想是对中国古代军事思想的继承。《孙子兵法·计篇》说：“兵者，国之大事，死生之地，存亡之道，不可不察也。”战争关乎生死存亡，关系国运兴衰，关系千家万户的家庭幸福，所以一定要慎重。《司马法·仁本》说：“国虽大，好战必亡。”中国古代军事理论家无一不主张慎战。“和胜”的思想认为一个国家不能崇尚战争。《贵和》篇说：“兵者，不祥之事，不得已而用之。”战争、用兵都是不得不用的时候才用，不能轻易使用。李筌在这一点上是对前人军事思想的继承。

其次，在战术上，《太白阴经》主张“智胜”的军事思想。李筌认为，具体到战术层面，决定战争胜负的主要因素是人的智谋。《主有道德篇》说：“惟圣人能返始复本，以正理国，以奇用兵，以无事理天下。正者，名法也；奇者，权术也。以名法理国，则万物不能乱；以权术用兵，则天下不能敌。”用兵以“奇”，而“奇”就是“权术”。用权术，天下无人能敌。权术就是智谋。《术有阴谋篇》说：“夫太上用计谋，其次用人事，其下用战伐。”战争比拼的是计谋。《将有智谋篇》专论智谋，说：“将军之事，以静正理，以神察微，以智役物。见福于重关之内，虑患于杳冥之外者，将之智谋也。”战争胜负取决于将帅的临场指挥。将军要富有智慧，做到“以智役物”，考虑到战场的复杂情况，考虑到战争关联国家经济、政治、国君、人民等各种复杂关系，必须富有智慧才能指挥周全。同时，在战场各种新问题不断出现的情况下，在应激状态下要能想出万全之策，这都需要智慧。并举例说：“秦任商鞅、李斯之智而并诸侯，汉任张良、陈平之智而灭项籍，光武任寇恂、冯异之智而降樊崇，曹公任许攸、曹仁之智而破袁绍，孙权任周瑜、鲁肃之智而败魏武，刘备任孔明之智而王西蜀，晋任杜预、王濬之智而平吴，苻坚任王猛之智而定八州之众，石勒任张宾之智而生擒王浚，拓拔任崔浩之智而保河朔之师，宇文任李穆之智而挫高欢之锐，隋任高颎之智而面缚陈主，太宗任李靖之智而败颉利可汗。有国家者，未有不任智谋而成王业也。”要在战争中获得胜利，没有不依靠智谋的。智谋由人而产生，所以也是重视人的作用。

最后，《太白阴经》反对迷信阴阳术数，提倡重视人事与人的智慧。《太白阴经》中记载了大量的日占、月占、星占、气占、分野占等杂占，包括奇门遁甲、大六壬、龟卜、田螺卜等神秘的预测方法。有人据此认为《太白阴经》是“兵阴阳”家的著作。其实这是误解。书中这些内容是对唐代当时重视阴阳术数的一个记录。但作者李筌并不赞同打仗作战依据奇门遁甲等的预测。《天无阴阳篇》说：“昔者王莽征天下善韬钤者六十三家，悉备军吏。及昆阳之败，会大雷风，屋瓦皆飞，雨下如注。当此之时，岂三门不严、五将不具邪？太岁月建，误殆至于如此！古有张伯松者，值乱出居，营内为贼所逼，营中豪杰皆遁。伯松曰：‘今日反吟，不可出奔。’俄而贼至，伯松见杀，妻子被虏，财物被掠。桓谭《新论》曰：‘至愚之人，解避恶时，不解避恶事。’则阴阳之于人有何情哉！”这里列举了昆阳之战中，王莽虽然具备了“太乙神数”中“三门不具，五将不发”的吉兆，但也遭到大败。张伯松利用“大六壬”中的“太岁月建”与“反吟法”，预测自己不该逃跑，结果也是被杀，说明这些阴阳术数并不能帮助作战取胜。所以文中总结说：“凡天道鬼神，视之不见，听之不闻，索之不得，指虚无之状，不可以决胜负，不可以制生死。”战争真正依赖的是人，而不是天道鬼神，反映了李筌具有朴素的唯物主义世界观。

三

《太白阴经》在长期的流传过程中，出现过佚失。孙星衍《孙渊如诗文集》中《太白阴经跋》中对《太白阴经》一书的版本流传与缺佚情况曾做过简单介绍：

> 此本《太白阴经》十卷，前有序，题唐永泰四年秋河东节度使都虞候臣李筌撰，卷数与《中兴书目》、唐、宋《艺文志》符合，是前明人手录本。予在翰林时，与校秘阁书，录出一本八卷，前缺《天无阴阳》《险阻》二篇，后失卷八《分野》《风角》《鸟情》之文，及卷九《遁甲》等篇。卷十《玄女式》等篇，曾以茅元仪《武备志》所引校增，仅补卷一所缺二篇及诸阵图并阙文数处。及得此本十卷，乃为完备。然此本亦有不及内本者，卷八杂占之文，较省十之四五，恐为抄录节删，或当时军中各有简练本不同耶？阵图亦与茅本各别。不知茅据何本。

孙星衍说他看到过两种《太白阴经》的版本，一种是内府本，八卷，藏在翰林院秘书阁；另一种是明手抄本，十卷。两本互有优劣，内容亦皆有不同程度的佚失。由此可见，《太白阴经》在长期流传过程中出现了篇目散乱佚失等情况。今常见的有张海鹏的《墨海金壶》本与钱熙祚《守山阁丛书》本。一般认为，《守山阁丛书》本经过钱熙祚的校勘，比较可靠。目前可见《太白阴经》的译注本亦皆以《守山阁丛书》本为底本。

但是《守山阁丛书》本并不是最接近原貌之本。主要原因是该本的祖本是个手抄本，这个手抄本是个残本，阙略甚多。钱熙祚的《跋》称：

> 昭文张氏刻《太白阴经》十卷，跋称从影宋抄本录出，较《四库全书》本多二卷，与唐、宋《艺文志》合。首有李筌自序，序后有内侍高班品赵承信等，列衔五行。与钱遵王《读书敏求记》所称本合，惟少“御书祗候臣钱承颢勘”一行。或传写失去。壬辰夏，偶得旧抄本六卷，以之互校，卷三《将军》篇张刻仅存其目，卷五《搜山烧草》《前茅后殿》《鼙鼓》《屯田》《人粮马料》《军资》《宴设音乐》等七篇则并其目而佚之。其卷六《阵图》竟有大不类者。更以《通典》所引《太白阴经》校之，合于旧抄者十之七八，合于张刻者十之一二。张刻多以意改篡，证以旧抄本，痕迹宛然。然则所谓影宋云者，犹在真赝之间也。惜旧抄阙末四卷，无从校补，今定前六卷，主

旧抄本；七、八卷主文澜阁本，仍参合异同于下。惟九、十两卷仍依张刻付梓云。庚子长夏金山钱熙祚识。

钱熙祚认为张海鹏《墨海金壶》刻本（简称张刻本）不及其所得旧抄本，主要理由有二：一是张刻本有缺，不完整。缺卷三《将军》一篇，卷五缺《搜山烧草》等七篇，阵图也有不相类似的地方。二是用《通典》有关内容与《太白阴经》相比，张刻本、旧抄本对比，发现《通典》与旧抄本《太白阴经》更加符合。钱氏的说法是不妥当的。从完整性来说，钱氏所得的旧抄本远不及张刻本。张刻本是完整的十卷，钱氏所得旧抄本“偶得旧抄本六卷”，比张刻本少了“四卷”。从卷数上来说，钱氏旧抄本仅仅是张刻本的十分之六。经过统计，钱氏所得旧抄本所缺四卷总计有二十九篇，张刻本仅仅缺了八篇。所以无论是从总数还是完整性来看，钱氏旧抄本是远远不及张刻本。钱氏以此旧抄本为底本，进行了校勘，得到的是《守山阁丛书》本，在校勘过程中，除了前六卷为旧抄本外，第九、十两卷完全采用的就是张刻本，第七、八两卷采用的是文澜阁《四库全书》本。所以《太白阴经》的《守山阁丛书》本是三种版本的综合。这样看上去很完善了，但是由于是三种版本的拼凑，语言风格呈现出很大不同。而张刻本整体十卷，前后一致，只要将佚失的八篇补起来，仍然是较好的版本。在《太白阴经》都没有完整的版本流传下来的情况下，张刻本在完整性与整体风格上要比《守山阁丛书》本更接近原著。就张刻本《太白阴经》关于“预备”类内容，有些与《通典·兵五》所载确实存在的差异。如关于“筑城”的尺寸、马铺设置的距离、土河的深浅尺寸等。但是这种现象不难解释。《太白阴经》是为了军事上的实战，要根据战场的地理环境灵活设置，不可能有统一的固定的规定。《通典·兵五》所载更多的是统一的原则性规定，没有顾及具体的地理环境的约束。不能以张刻本《太白阴经》“预备”所载一些尺寸与《通典·兵五》的不同来否定张刻本的价值。

据张海鹏《墨海金壶》本的跋称：“右《太白阴经》十卷，从影宋本抄本录出。”说明张刻本的祖本是宋本。这比钱氏旧抄本是明本更加接近原貌。钱熙祚为了宣示自己所得的旧抄本高于张刻本,就无端怀疑张刻本不是宋本,他自己也没有给出证据。但根据钱熙祚的校语可以看出,这个旧抄本在传抄的过程中,被人为加工的痕迹十分明显,实际上并不如张刻本。如《人无勇怯篇第三》“凉陇之人勇”后,钱熙祚校语说:“按旧抄本此下空三十余格,盖原书残缺,传写者遂以意删改之。”钱熙祚本人都说这个抄本有传抄写者“以意删改”的现象。又如《水战具篇》“晋龙骧将军王濬伐吴”一句,上一段已经称“马援、王濬各造战船”,这里的名将马援、王濬前皆未有“××将军”的说法,而且全文中所言也都未见“将军”字样。这一句《墨海金壶》本作“晋王濬伐吴”,简短而且符合全书的惯例。因此不难看出“龙骧将军”四字是抄写者自己在抄写时加上去的。而这样的痕迹在文中是常见的。这正是抄本的特点。又如《国有富强篇第五》“用力者可以富于内而强于外”句下,钱熙祚校语说:“原脱‘用力者可以’五字,张刻本有。以下文考之,正合。”正因为钱氏所得旧抄本问题很多,所以钱氏在校勘时时常参考张刻本。如《天无阴阳篇第一》“吴子曰”后校语说:“旧抄本脱此三字,依张刻本补。”又如《主有道德篇第四》“神与化游”后,钱熙祚校语说:“化,原作天。依张刻本改。”可见张刻本的质量,钱氏也是高度肯定的。总体上看,张刻本保留了宋本以来的面貌,仍是《太白阴经》可信的版本。

本书每篇均包括题解、正文、注释、译文四部分。题解以简要的语言概括本篇的主旨和内容。正文以张海鹏《墨海今壶》本为底本,校以钱熙祚《守山阁丛书》本,补充了缺失的八篇。由于《墨海今壶》本和《守山阁丛书》本的目录与正文标题均有较大差异,本书目录以正文标题为主。注释包含的内容较为广泛,难认的字在字后加注汉语拼音,难以理解的字词或文化常识等简略出注,他人有价值的注释亦择善而从,以供读者选择。译文力求直译,直译不顺畅之处采用意译,以便于读者迅速理解文意。译注参考了前人与时贤的观点,限于体例,不一一加以注明,在此特别说明，并致谢忱！由于注者水平有限，对于奇门遁甲、大六壬、龟占等专业性强的古代文化知识了解不深，注释中如有不当之处，请读者批评，以待再版时修订补充。

卷一

人谋上

天无阴阳篇

【题解】

本篇主要是讲战争中如何正确对待“天时”的问题。《孟子·公孙丑下》说：“天时不如地利，地利不如人和。三里之城，七里之郭，环而攻之而不胜。夫环而攻之，必有得天时者矣；然而不胜者，是天时不如地利也。城非不高也，池非不深也，兵革非不坚利也，米粟非不多也，委而去之，是地利不如人和也。”天时、地利、人和，是古代战争特别强调的三个要素。

本篇破除战争讲究望云问气、占卜打卦的迷信思想，分辨作战讲究的“天时”，不是《易经》象数派的“天时”，而是天气、气候条件。

《易经》有“义理派”与“象数派”，其中“象数派”在军事领域有深远影响。后世“奇门遁甲”“太乙神数”“大六壬”等预测三式都或多或少与八卦有关，虽然他们有一套逻辑严密的运作模式，也采用了天文历法知识、天干地支及五行生克原理，但是这种预测本身是不可靠的。四库馆臣在《四库全书总目提要》术数类序中指出其说“皆百伪一真，递相煽动。必谓古无是说，亦无是理，固儒者之迂谈。必谓今之术士能得其传，亦世俗之惑志，徒以冀福畏祸”。本篇批判了“太乙神数”中“三门不具,五将不发”在作战中的影响,也批评了“大六壬”中的“太岁月建”与“反吟法”,将阴阳解释为自然现象,剥去蒙在阴阳之上的神秘外衣,体现了进步的历史观。

经曰[①]:天圆地方,本乎阴阳[②]。阴阳既形,逆之则败,顺之则成。盖敬授农时[③],非用兵也。夫天地不为万物所有,万物因天地而有之;阴阳不为万物而生,万物因阴阳而生之。天地不仁,以万物为刍狗[④]。阴阳之于万物有何情哉!夫火之性自炎[⑤],不为焦灼万物而生其炎;水之性自濡[⑥],不为漂溺万物而生其濡。水火者,一其性,而万物遇之,自有差殊;阴阳者,一其性,而万物遇之,自有荣瘁[⑦]。若水火有情,能浮石沉木,流金坚土[⑧],则知阴阳不能胜败存亡吉凶善恶明矣!夫春风东来,草木甲拆[⑨],而积廪之粟不萌;秋天肃杀,百卉具腓[⑩],而蒙蔽之草不伤。阴阳寒暑,为人谋所变,人谋成败,岂为阴阳而变之哉!

【注释】

①经:《太白阴经》的一个体例,起到概括全文核心要旨的作用。“经曰”之后,乃是作者对主题的阐发,也有举历史事例加以佐证。有些篇章之“经”有部分引用前人之说,有些没有引用。不能认为“经曰”皆是引用前人的经典。

②天圆地方,本乎阴阳:天圆,指天道圆。地方,指地道方。《大戴礼记·曾子天圆》:“曾子曰:天之所生上首,地之所生下首。上首之谓圆,下首之谓方。”阴阳,《老子》第四十二章:“道生一,一生二,二生三,三生万物。万物负阴而抱阳,冲气以为和。”古人认为宇

宙的本源是道,道生阴阳二气,万物乃由阴阳二气而产生。

③敬授农时:安排农时应顺应天地之道。《尚书·尧典》:"乃命羲和,钦若昊天,历象日月星辰,敬授民时。"

④天地不仁,以万物为刍狗:语出《老子》第五章:"天地不仁,以万物为刍狗;圣人不仁,以百姓为刍狗。"刍狗,用草扎成的狗,用来祭祀。祭祀结束,就烧掉或丢掉。《老子》此句的意思是:天地无所谓仁爱,它把万物当成祭祀用的刍狗一样看待;圣人也无所谓仁爱,他只是顺应自然,不去干涉百姓的生活,任其自生自灭。

⑤自炎:自身发出灼热。炎,灼热。

⑥濡:沾湿。

⑦瘁:枯萎。

⑧流金坚土:能使坚硬的金属变成流动的液体,能使分散的土粒变成坚硬的砖头。

⑨甲:这里指种子的外皮。贾思勰《齐民要术·大豆》:"戴甲而生,不用深耕。"坼(chè):裂开。

⑩具:完全。腓(féi):草木枯萎。

【译文】

经说:天道圆,地道方,二者皆产生于阴阳。阴阳已经形成的自然规律,即圆的天道与方的地道,违背它就会失败,顺应它就会成功。治理国家的大事,应该是顺应天地之道安排农业生产,而不是为了兴兵打仗。天地之道,不是为了万物而产生,而万物却必须依赖天地之道而生存;阴阳不是为了万物而产生,而万物却必须依赖阴阳而生存。天地之道无所谓仁义,它把万物当成祭祀用的刍狗一样看待,那么,阴阳对于万物来说又有什么情义可言呢?火的本性就是灼热,不是为了烧灼万物才生成的灼热;水的本性就是浸湿,不是为了漂浮或者淹没万物才产生的浸湿。水火有它们一定的本性,而万物一旦与水火相遇,就会表现出或被淹没或被烧掉的差异。阴阳如同水火一样有它的本性,而万物与阴阳相遇,自会有繁荣和枯萎的差异。假如说水火有情,那么它们能够让沉重的石头漂浮起来,让轻浮的木头沉入水中吗?能够让硬的金属流淌,让散的泥土凝结吗?由此可知,阴阳不能决定胜败存亡与吉凶善恶,这是很明白的事情。春风从东方吹来,草木破壳发芽,而储存在仓库里的谷物却不能发芽;秋天严霜降临,各种花木全都枯萎了,而受到遮蔽的草木却不受损伤。这表明阴阳寒暑的作用是能够随着人的谋划而改变的,而人的谋划之成败,又岂是阴阳所能改变的?

昔者王莽征天下善韬钤者六十三家①,悉备军吏。及昆阳之败②,会大雷风,屋瓦皆飞,雨下如注。当此之时,岂三门不严、五将不具邪③?太岁月建④,误殆至于如此!古有张伯松者⑤,值乱出居,营内为贼所逼,营中豪杰皆遁。伯松曰:"今日反吟⑥,不可出奔。"俄而贼至,伯松见杀,妻子被虏,财物被掠。桓谭《新论》曰⑦:"至愚之人,解避恶时,不解避恶事。"则阴阳之于人有何情哉!

【注释】

①王莽(前45—23):字巨君,魏郡元城(今河北大名东)人。西汉末年权臣,任大司马,封安汉公。初始元年(8)自立为帝,改国号为新。公元8—23年在位。韬钤:泛指兵书或用兵谋略。韬,兵书《六韬》的简称。相传为姜太公所著,学术界一般认为是战国时期作品。钤,指《玉钤篇》。

②昆阳之败:地皇四年(23),王莽军四十余万在昆阳(今河南叶县)与绿林军约二万人作战。绿林军在偏将刘秀的指挥下,大破王莽军,取得了推翻王莽政权的决定性胜利。昆阳之战也是我国军事史上以少胜多的著名战例。

③三门不严、五将不具：当为三门不具、五将不发。《后汉书·文苑传下·高彪》："天有太一，五将三门。"李贤注："《太一式》：'凡举事皆欲发三门，顺五将。'发三门者，开门、休门、生门。五将者，天目、文昌等。"李贤所说的《太一式》是古代术数的一种。古代术数从总体上看有三，即太乙式、奇门遁甲、大六壬，以太乙式为首。《四库全书》"太乙金镜式经"引"玄女经"曰："天有八门，以通八风也。地有八方，以应八卦之纲纪。四时，主于万物者也。开门直乾位，在西北，主开向通达；休值坎位，正北，主休息安居；生门值艮位，东北，主生育万物；伤门值震位，正东，主疾病灾殃；杜门值巽位，东南，主闭塞不通；景门值离位，正南，主鬼怪亡遗，惊恐奔走；死门值坤位，在西南，主死丧葬埋；惊门值兑位，正西，主惊恐奔走。开、休、生三门大吉，景门小吉，惊门小凶，死、伤、杜，大凶，八节八门，各主王四十五日。"太乙神数"人盘"立休、生、伤、杜、景、死、惊、开为八门。以休、生、开三门为吉，其余五门为凶，故以"三门"指休门、生门、开门，取其吉义（见下图）。太乙、天目在开、休、生三吉门之下，为三门不具。开门面对杜门，休门面对景门，生门面对死门。杜、景、死为三死门。太乙、天目在三吉门之下，若兴兵，为弃吉门向凶门。所以三门不具，不利兴兵。五将，根据太乙神数，分别指太乙为监将，文昌主上将，始击客上将，主大将，客大将。若文昌无掩、迫，始击无掩、击，主客大将，无关、囚，即为五将发。反之为不发。五将发，宜发兵，作战能取胜。五将不发，宜固守，等待时机。三门不具不可出兵，五将不发不可临战。这里是批判"太乙神数"预测式。八门、八卦、八方用九宫格表示图：

杜门 巽四 东南	景门 离九 正南	死门 坤二 西南
伤门 震三 正东		惊门 兑七 正西
生门 艮八 东北	休门 坎一 正北	开门 乾六 西北

④太岁：我国古代天文学中假设的岁星，又称“岁阴”“太阴”。月建：北斗的斗柄所指曰建。夏历正月建寅，二月建卯，三月建辰，四月建巳，五月建午，六月建未，七月建申，八月建酉，九月建戌，十月建亥，十一月建子，十二月建丑，故称月建。十二地支与岁星运行十二次的对应关系是：玄枵（子）、星纪（丑）、析木（寅）、大火（卯）、寿星（辰）、鹑尾（巳）、鹑火（午）、鹑首（未）、实沈（申）、大梁（酉）、降娄（戌）、娵訾（亥）。大六壬认为，岁星行至某次，象征吉凶。

⑤张伯松：张竦，字伯松，西汉末年人。拥护王莽，靠称颂王莽美德获得升迁，被王莽封为淑德侯，官丹阳太守。《汉书·王莽传》载：“长安为之语曰：‘欲求封，过张伯松；力战斗，不如巧为奏。’”王莽兵败，被杀。

⑥反吟：大六壬预测式术语，又名“返吟”。占者所占，得天盘与地盘方向相反的位置，形成天地盘十二神对冲之态势，叫反吟。占者所占之时与月将相同，此时天盘与地盘同位，有天盘十二神伏藏本位之象，故名伏吟。反吟图（以九宫图表示）：

天盘	亥　子　丑　寅 戌　　　　　卯 酉　　　　　辰 申　未　午　巳
地盘	巳　午　未　申 辰　　　　　酉 卯　　　　　戌 寅　丑　子　亥

⑦桓谭（约前23—56）：东汉哲学家、经学家、天文学家。字君山，沛国相（今安徽淮北相山区）人。历事西汉、王莽新朝、东汉三朝，曾官至议郎、给事中、郡丞。他反对谶纬学说，用唯物主义的观点解释“形神”关系，认为形体死亡，精神不复存在。其著作《新论》29篇，绝大部分已亡佚。

【译文】

往昔王莽征召天下擅长韬略兵法的人多达六十三家，全部都在他的军中任职。等到昆阳大战的时候，王莽军队却被打得大败。那时候恰逢天打惊雷，地刮狂风，屋瓦全飞，暴雨如注。这种天气，难道要怪罪三门不具、五将不发吗？实在是王莽迷信数术，错误地相信太岁月建可以占卜吉凶，才到如此地步！王莽时的张伯松，遇到战乱，离家避居于军营中。敌寇要追杀过来了，军营里的豪杰勇士都逃跑了，张伯松却说：“今天是反吟的日子，凶，不能出门逃命。”不一会儿，敌寇到了，张伯松被杀，妻子儿女都被俘虏，财物被抢掠一空。桓谭的《新论》说：“最愚蠢的人只知道躲避险恶的时日，不知道躲避险恶的事情。”王莽、张伯松因为遵守阴阳变化的禁忌而遭受失败或被杀，可见阴阳又如何能知悉人间的事情呢！

太公曰[①]：“任贤使能，不时日而事利；明法审令，不卜筮而事吉；贵功赏劳，不时祀而得福[②]。”无厚德高明徒占日月之数，不识敌之强弱而幸于天时[③]，无智无虑而候于云气[④]，少勇少力而望于天福，怯不能击而恃龟筮，士卒不勇而恃鬼神，设伏不巧而任向背[⑤]。凡天道鬼神，视之不见，听之不闻，索之不得，指虚无之状，不可以决胜负，不可以制生死。故名将弗法[⑥]，而众将不能已也。

【注释】

①太公：姜姓，名尚，字子牙，商末周初政治家、军事家。辅助武王伐纣，协助周公平定内乱。被封齐侯。相传《六韬》为其所著。

②"任贤使能"几句：出自《尉缭子》中《战威》，又见《武议》篇。此句当为尉缭子所言，非太公之语。此处当为误记。

③天时：天文中日月星象等天体的方位及其变化。古人以为这象征着一定的吉凶。《尉缭子·天官》："尉缭子对曰：'刑以伐之，德以守之，非所谓天官、时日、阴阳、向背也。黄帝者，人事而已矣。'"此段文字是对尉缭子兵学思想的借鉴。

④云气：古代军事领域以看云雾等天气变化来预测战争的吉凶与胜负。《史记·天官书》曰："稍云精白者，其将悍，其士怯。其大根而前绝远者，当战。青白，其前低者，战胜；其前赤而仰者，战不胜。"

⑤向背：《尉缭子·天官》："背水阵为绝地，向阪阵为废军。"意思是说，摆军对敌不能背对江河之水，这是绝地；也不能向着山坡，这样要作战首先就要爬坡，而敌人居高临下，我军就成了废军。这是一般的道理。但是战场形势变化万千，一味遵守，则不免太机械了，尉缭子是不赞成的。他举了武王伐纣就是背水向阪而取得胜利的例子。

⑥弗法：不去师法，不会效法。

【译文】

姜太公说："推贤任能，不挑良辰吉日也会办事顺利；颁布法令，不用占卜问卦也会万事吉祥；奖赏功劳，不用祭祀祈祷也会得到福佑。"没有高尚的德行，而仅仅依靠占卜日月变化的气数；不了解敌人的强弱态势，而只想侥幸依赖天时有利；既无深谋又无远虑，而仅凭观测风云变化来作决策；缺少勇气和力量，而只寄希望于上天降福；临阵胆怯不敢攻击出击，而只求占卜问卦获得心理安慰；士兵不勇敢，而只幻想依靠求神拜鬼获得保佑；设置埋伏不巧妙，而只机械地执行阴阳向背的布阵方法，这样是无法取胜的。大凡天道鬼神一类的东西，看不见，听不到，摸不着，是虚无缥缈的东西，不能够决定战争的胜负，也不能够制敌于生死。所以历史上有名的将领从来不取法这些东西，而众多的平庸将领却相信不已。

孙武曰[①]："明王圣主、贤臣良将，所以动而胜人，成功出于众者，先知也。先知者，不可象于事，不可验于度，必求于人[②]。"吴子曰[③]："料敌有不卜而战者"[④]，先知也。范蠡曰[⑤]："天时不作，弗为；人事不起，弗为[⑥]。"盖天时者，为敌国有水旱灾害虫蝗荒乱之政，非孤虚向背之天时也[⑦]。太公曰："圣人之所生也，欲正后世[⑧]。"故为谲书而奇胜天道无益于兵也。夫如是，则天道于兵，有何阴阳哉！

【注释】

①孙武：春秋时期著名军事家，齐国（今属山东）人，字长卿。田完后裔。自齐入吴，以所著兵法十三篇见吴王阖闾，被任为将。有《孙子兵法》传世。

②"明王圣主"几句：语出《孙子·用间》篇，文字略有差异。《孙子·用间》篇曰："故明君贤将，所以动而胜人，成功出于众者，先

知也。先知者,不可取于鬼神,不可象于事,不可验于度,必取于人,知敌之情者也。”此句是说,古代真正的明君贤将,都具有超前的洞察力。这些超前的洞察力完全不是依靠打卦看相这些易学术数而来的,而是凭借对人事、社会规律的判断。

③吴子(约前440—前381):战国时卫国左氏(今山东定陶西)人。曾学于曾子,后学兵法。初事鲁君,后入魏,魏文侯以其善用兵任为西河守。魏武侯时遭陷害,离魏奔楚,被楚悼王任为令尹,帮助楚悼王变法,促使楚国强盛起来。楚悼王死,被楚宗臣所杀。著有《吴子》48篇,今存6篇,大部分亡佚。

④料敌有不卜而战者:此句语出《吴子·料敌》,原文为“凡料敌,有不卜而与之战者八”,下列“疾风大寒”“盛夏炎热”“师既淹久”“军资既竭”“徒众不多”“道远日暮”“将薄吏轻”“阵而未定”八种情况。遇到这八种情况,要立即“击之勿疑”,不要再去看云气星象、问卜打卦了。

⑤范蠡:春秋末楚国宛(今河南南阳)人,字少伯。在楚时与宛令文种为友,后与文种入越,事越王允常。勾践即位后用为谋臣。曾帮助越王勾践卧薪尝胆二十余年,最后灭亡了吴国。灭吴后,他离越浮海到齐,称鸱夷子皮。到陶(今山东定陶西北)改称陶朱公,以经商成为巨富。《汉书·艺文志》著录《范蠡》二篇,今佚。言论见于《国语·越语下》、《吕氏春秋·当染》与《长攻》、《史记·货殖列传》。

⑥“天时”几句:出自《国语·越语下》,原文为:“夫圣人随时以行,是谓守时。天时不作,弗为人客;人事不起,弗为之始。”

⑦孤虚:即“六甲孤虚法”,古代方术用语,即计日时,以十天干顺次与十二地支相配为一旬,所余的两地支称为“孤”。在地支中,与“孤”相对者为“虚”。古人常用以推算吉凶祸福,预测事之成败。《史记·龟策列传》褚少孙所补云:“日辰不全,故有孤虚。”

裴骃《集解》云:“甲乙谓之日,子丑谓之辰。《六甲孤虚法》:甲子旬中无戌亥,戌亥即为孤,辰巳即为虚。甲戌旬中无申酉,申酉为孤,寅卯即为虚。甲申旬中无午未,午未为孤,子丑即为虚。甲午旬中无辰巳,辰巳为孤,戌亥即为虚。甲辰旬中无寅卯,寅卯为孤,申酉即为虚。甲寅旬中无子丑,子丑为孤,午未即为虚。刘歆《七略》有《风后孤虚》二十卷。”据《史记·龟策列传》记载,古时出兵有“背孤而攻虚”的说法。

⑧“太公曰”几句:此太公语未见出处。

【译文】

孙武说:“明君圣主、贤臣良将,之所以一出兵就战胜敌人、而成功超出一般人之上的原因,是由于他们事先知悉敌情。而事先知悉敌情,不能用祈神求鬼、占卜问卦的方法去取得,也不可以用云气的形状或星宿的位置来推测,必须从知悉敌情的人那里去获取。”吴起说:“判断敌情,不用占卜吉凶就交战的,就是事先已经知悉敌情的缘故。”范蠡说:“天时不利,不兴兵打仗;人事不利,也不兴兵打仗。”这里说的天时就是指敌国有水旱、虫蝗、霜雹等灾害和荒淫混乱的政局,而不是指所谓孤虚向背的天时。姜太公说:“圣人之所以出现,是为了治理天下。”后代的人故意写了那些诡秘的书而把胜利的原因假托于天道,这样做对用兵没有益处。既然如此,那么天道对于用兵打仗来说又要讲什么阴阳向背呢?

地无险阻篇

【题解】

本篇主要谈战争中要辩证地对待地利的问题。“天时不能佑无地之主,地利不能济乱亡之国”,是本篇的主旨。

作者先列举一系列的历史事例,说明单有地利条件是不能取得战争胜利、不能守住国家的。认为地利不可恃,决定战争胜败的关键在人,尤其是最高领导人的正确施政。哪些属于正确施政呢？修德义，行仁政，刑法宽缓，任用智谋之人来辅助。

不依赖地利，不等于否认地利在战争中的作用。文中开头以《孙子兵法·地形》篇为依据，赞同地利是用兵的辅助条件。《地形》篇还说："料敌制胜，计险厄远近，上将之道也。"《计篇》也说："地者，远近、险易、广狭、死生也。"打仗，要讲究占有比较好的地利条件，这是决定胜负的一个重要因素。吴起也认为，打仗要善于利用地形，《吴子·应变》说："以一击十，莫善于厄；以十击百，莫善于险；以千击万，莫善于阻。"总之得地之利者胜，这是兵家的共识。但是一味地依赖地利，最终是要败军亡国的。《管子·牧民》说："城郭沟渠，不足以固守；兵甲强力，不足以应敌；博地多财，不足以有众。惟有道者能备患于未形也，故祸不萌。"强调只有善于修德为政，才是固国的根本。

能正确使用地利条件的，只有智者。只要有了"圣主智将"，就能更好地使用地利。作者把决定战争胜负的希望完全寄托在个别圣主智将身上，反映了作者的历史局限性。

经曰：地利者为兵之助[①]，犹天时不可恃也。昔三苗氏[②]，左洞庭[③]，右彭蠡[④]，德义不修，禹灭之[⑤]。夏桀之居[⑥]，左河、济[⑦]，右太华[⑧]，伊阙在其南[⑨]，羊肠在其北[⑩]，修政不仁，汤放之[⑪]。殷纣之国[⑫]，左孟门[⑬]，右太行，常山在其北[⑭]，大河经其南，荒淫怠政，武王杀之[⑮]。秦之地，左崤、函[⑯]，右汧、陇[⑰]，终南、太华踞其前[⑱]，九原、上郡居其后[⑲]，刑政苛刻，子婴迎降于轵道[⑳]，姚泓面缚于灞上[㉑]。吴之居，五岭在其南[㉒]，三江在其北[㉓]，左沧海[㉔]，右衡山，刑政不修，吴王终于归命[㉕]，陈主卒于长城[㉖]。蜀之分，左巫峡，右邛僰[㉗]，南有泸溪之瘴，北有剑阁之险，时无英雄，刘禅不能守[㉘]，李势不能固[29]。由此言之，天时不能佑无地之主，地利不能济乱亡之国。地之险易，因人而险易；无险无不险，无易无不易。存亡在乎德，战守在乎地。惟圣主智将能守之，地何有险易哉！

【注释】

①地利者为兵之助：出自《孙子兵法·地形篇》，原文为"夫地形者，兵之助也。"

②三苗氏：又称有苗、苗民。古族名。尧舜禹时代南方较强大的氏族部落集团。《史记·五帝本纪》谓其活动地区在今河南南部至湖南洞庭湖、江西鄱阳湖一带。传说舜时被迁至三危。或认为即今苗族、瑶族先民。

③洞庭：湖名，今洞庭湖，在湖南省北部。

④彭蠡：湖名，今鄱阳湖，在江西省北部。

⑤禹：又称崇禹、戎禹、伯禹、大禹，姒姓，鲧之子。奉舜命继鲧治理洪水，以疏导方法平水治土，发展农业，在外十三年，终于成功。因功大，继舜位，为夏朝第一代王。曾"会诸侯于涂山，执玉帛者万国"。传又东巡狩，至会稽之山，大会诸侯，诛违命后至的防风氏，死后葬于会稽。

⑥夏桀：又称癸、履癸。夏代最后一王，发之子。相传有才力，性暴虐，嗜酒好声色。伐有施氏，得美女妹喜，宠之。殚百姓之财，建倾宫，修瑶台。民不堪其苦。大臣关龙逢、太史终古劝谏。他杀关龙逢，终古奔商。商汤乘机伐夏，战于鸣条。他败走，被放逐于南巢（今安徽巢湖西南）而死，夏朝灭亡。

⑦河、济：即黄河、济水。

⑧太华：即华山，今陕西华阴南。

⑨伊阙：又名阙塞山、龙门山，在今河南洛阳南。《水经·伊水注》："两山相对，望之若阙，伊水历其间北流，故谓之伊阙矣。春秋之

阏塞也。"

⑩羊肠:险塞名。又名羊肠坂,太行山的坂道。因盘旋如羊肠而得名。《楚辞·大招》:"西薄羊肠,东穷海只。"洪兴祖补注:"《战国策》注云:'羊肠,赵险塞名,山形屈辟,状如羊肠。今在太原晋阳之西北。'"

⑪汤:又称成汤、武汤、太乙、天乙,名履。主癸之子。商朝第一位王。商自始祖契至汤八次迁徙,汤始居亳。用伊尹、仲虺为辅佐,自葛开始征服夏之属国,放桀于南巢,遂灭夏,建立商朝。

⑫纣:或作受,又称辛、受辛、商辛、商纣、商王纣、商王帝辛。商朝最后一王。帝乙之子。帝辛是庙号。即位后好酒淫乐,使师涓作靡靡之音。为聚财而加重贡赋。广建离宫别馆。重用谀臣费仲、蜚廉、恶来。炫耀武力,大蒐于黎,又曾征伐东夷。伐有苏氏,得妲己而宠爱,唯其言是从。民有怨言,诸侯离叛,于是施以重刑,设炮烙之法。九侯、鄂侯进谏被杀。又囚西伯昌(周文王)于羑里,西伯昌之臣献美女奇物,昌始得释放。商容、祖伊、微子、箕子、比干等臣先后劝谏皆被杀、被囚或被迫出走。西伯昌死,子发(周武王)继位,伐商,在牧野会战。商军倒戈,他登鹿台自焚而死,商亡。

⑬孟门:春秋晋国隘道。在今河南辉县西。

⑭常山:古北岳恒山,西汉时因避文帝刘恒名讳而改名常山。在河北正定东北。

⑮武王:周朝建立者。周文王之子。姬姓,名发。用太公望、周公旦、毕公高、召公奭等人辅政。时商纣暴虐,武王率师东征,至盟津,有八百诸侯相会。以时机未至,暂返。二年后,纣暴虐更甚,乃率兵再渡盟津伐纣,与商军会战于牧野。商军前徒倒戈,纣登鹿台自焚而死。遂率军占领商都,灭商,建立周朝,都镐京。

⑯崤:崤山。函:函谷关。

⑰汧(qiān):水名,今千河的古称,源出甘肃省,流经陕西省入渭河。陇:这里指山,六盘山南段的别称。在陕西陇县西南,延伸于陕、甘边境。海拔2000米左右,山势陡峻。为渭河平原与陇西高原的分界。

⑱终南:终南山。

⑲九原:郡名。始皇三十三年(前214)取匈奴河南地后置。治所在九原(今内蒙古包头西),辖境相当今内蒙古河套及其以东地区。上郡:郡名。战国魏文侯置。秦代治所在肤施(今陕西榆林东南)。

⑳子婴迎降于轵(zhǐ)道:子婴(?—前206),秦始皇之孙。秦相赵高杀死胡亥后,立子婴为秦王。他设计杀死赵高并灭其三族。在位仅46天,降于刘邦。后为项羽所杀。轵道,古亭名。亦作"枳道"。位今陕西西安东北。

㉑姚泓面缚于灞上:姚泓(388—417),字元子,京兆郡长安县(今陕西西安)人,姚兴长子,后秦末代皇帝。仁孝友爱,宽宏和气。弘始十八年(416)即位,改元永和。永和二年(417),刘裕率军北伐后秦,姚泓出城投降,后秦自此灭亡。后被刘裕押解到东晋都城建康杀害,年仅三十岁。灞上,古地名。亦作"霸上"或称"霸头"。位今陕西西安东。为古代咸阳、长安附近军事要地。

㉒五岭:即越城、都庞、萌渚、骑田、大庾五岭之总称。位于今湖南、江西、广东、广西四省交界地区。

㉓三江:这里指太湖附近的松江、钱塘江、浦阳江。

㉔沧海:这里指大海。

㉕吴王:这里指三国时期东吴末代皇帝孙皓,孙权之孙。公元264—280年在位。字元宗。在位期间沉溺酒色,专于杀戮,昏庸暴虐。吴被晋灭后,孙皓被晋武帝封为"归命侯",太康五年(284)在洛阳去世。

㉖陈主:即陈后主,姓陈,名叔宝,字元秀。公元582—589年在位。

在位期间，荒废朝政，耽于酒色，醉心诗文和音乐。隋军南下时，他恃长江天险，不加防备。公元589年，被隋军所俘。隋仁寿四年（604），病逝于洛阳。死后被追赠为“长城县公”。

㉗邛（qióng）：指邛崃山脉，位于四川省西部，岷江和大渡河的分水岭，南北延伸，属横断山脉最东支。为四川盆地和青藏高原的分界线。僰（bó）：僰道，古县名。汉置，辖境约当今四川宜宾西南一带。

㉘刘禅（207—271）：三国蜀汉后主。刘备之子，字公嗣，小字阿斗。公元223—263年在位。蜀被魏灭后，刘禅被封为“安乐公”。西晋泰始七年（271）在洛阳去世。

㉙李势（？—361）：十六国时成汉的亡国之主。公元344—347年在位。字子仁。李势荒淫不恤国事，刑狱滥加，人怀危惧。国事日坏，人心离散。公元347年，东晋桓温伐汉，攻成都，李势兵败投降，成汉灭亡。桓温将李氏东迁建康，封李势为归义侯。后死于建康。

【译文】

经说：地利条件是用兵打仗的辅助，这也像天时一样是不能完全依赖的。从前三苗氏据有的地方，左有洞庭湖，右有鄱阳湖，但三苗氏不修行仁义之事，最终被大禹所灭。夏桀统治的地方，左有黄河、济水，右有华山，南面为伊阙关，北面是羊肠险塞，但夏桀治国不施仁政，最终被商汤放逐到了南巢。商纣王统治的地域，左有孟门险隘，右有太行山，北面有恒山，黄河从南边流过。但商纣王荒淫怠政，最后被周武王逼迫自杀。秦朝的疆域内，左边有崤山和函谷关，右边有汧水和陇山，南面雄踞着终南山和华山，后面有九原和上郡。但秦朝刑法残酷苛刻，最终子婴不得不在轵道向刘邦投降。姚泓拥有与秦朝同样的地利，却在灞上投降被缚。三国时吴国所处的地区，南面有五岭，北面有三江，左边是大海，右边是衡山，但吴国末帝孙皓不修刑法和政治，最终投降被封“归命侯”。

南朝陈后主占据同样的地利，最终死于北方而受封长城县公。蜀国的地分，左边是巫峡，右边是邛崃山与僰道，南边有泸溪的瘴气，北边有剑阁那样险要的地方，但蜀国没有英雄，刘禅最终也没能守住国家。李势与蜀国处于同样的地利中，最终也没能保有国祚。从这些事例来说，天时不能护佑没有地利的君主，地利也不能挽救将要灭亡的国家。地形的险易是依靠人的作用才显露出来它的作用。地形没有绝对的险要与不险要之地，也没有易取与不易取的区别。国家的存亡在于君主的德行，战争的攻守在于合理地利用地形。只有圣明的君主和智慧的将领才能守住国家和土地，地形本身哪里有什么险易的分别呢！

人无勇怯篇

【题解】

在上两篇分别讲天、地之后，本篇开始讲人。作者认为人的精神是决定战争的重要因素，在人的精神中，勇敢是军队精神的重要标志。

文章开头批判勇敢行为的地域决定论，揭示军队的勇敢精神是后天养成的道理。古人对军队的精神气质的理解，往往是根据经验做出判断。《吴子·料敌第二》中，吴起就对魏文侯说过“齐性刚”“秦性强”“楚性弱”“燕性悫”“晋性和”等。本篇开头曰“秦人劲，晋人刚，吴人怯，蜀人懦，楚人轻，齐人多诈，越人浇薄。海岱之人壮，崆峒之人武，燕赵之人锐，汧陇之人勇，韩魏之人厚。地势所生，人气所受，勇怯然也”，这一段话，应该是对吴子所说的继承与发挥。但是作者不同意这种传统看法，并列举历史事例加以反驳。

作者指出真正决定军队精神气质的是将帅的谋略与营造的兵势，同时军队是否勇敢也可以人为打造出来。只要刑赏运用得当，就能锻造出一支勇敢的部队。

本篇注意到军队精神气质是战斗力的重要组成部分，提倡通过制度来进行精神力量的建设,值得肯定。

经曰:勇怯有性,强弱有地。秦人劲,晋人刚,吴人怯,蜀人懦,楚人轻[①],齐人多诈,越人浇薄[②]。海岱之人壮,崆峒之人武[③],燕赵之人锐,汧陇之人勇,韩魏之人厚。地势所生,人气所受,勇怯然也。且勇怯在谋,强弱在势。谋能势成,则怯者勇[④];谋拙势失,则勇者怯。

【注释】

①"秦人劲"几句:"楚人轻"三字,原脱。下文"项羽破秦,虏王离,杀苏角,威加海内,诸侯俯伏莫敢仰视,则楚人何得而称轻",则原有"楚人轻"三字。今据《守山阁丛书》本补。

②浇薄:刻薄,不淳厚。

③崆峒:山名,即崆峒山。位于今甘肃平凉西。

④则怯者勇:四字原脱,据《守山阁丛书》本补。

【译文】

经说:勇敢或者胆怯,刚强或者懦弱,是人的本性,这种本性是由所居地域决定的。秦人勇猛,晋人刚烈,吴人胆怯,蜀人懦弱,楚人轻狂,齐人狡诈,越人刻薄。海岱地区的人强壮,崆峒地区的人英武,燕赵地区的人敏锐,汧陇地区的人勇敢,韩魏地区的人忠厚。地域的影响决定了当地人的气质性格,勇敢和怯懦就是这样生成的。但就军事而言,士兵的勇敢或怯懦,军队的强大或弱小,不完全在于地域,而在于统帅的谋略与当时所处的态势。如果统帅谋略高明,有利的态势就能形成,怯懦的人也会变得勇敢;如果统帅的谋略失当,造成不利的态势,那么勇敢的人也会变得怯懦。

既言秦人劲，申屠之子败于峣关[①]，杜洪之将北于戏水[②]，则秦人何得而称劲？吴王夫差兵无敌于天下[③]，败齐于艾陵[④]，长晋于黄池[⑤]，则吴人何得而称怯？诸葛孔明撮尔巴蜀之众[⑥]，窥兵中原，身为强将而威加魏师，则蜀人何得而称懦？项羽破秦[⑦]，虏王离[⑧]，杀苏角[⑨]，威加海内，诸侯俯伏莫敢仰视，则楚人何得而称轻？田横感五百死士[⑩]，东奔海岛，及横死，同日伏剑，则齐人诈乎？越王勾践[⑪]，以残亡之国，恤老弱之众，九年灭吴，以弱攻强，以小取大，则越果浇薄邪？蚩尤败于涿鹿[⑫]，燕丹死于易水[⑬]，王浚缚于蓟门[⑭]，公孙戮于上谷[⑮]，则燕赵汧陇亦未必勇且锐也！所谓勇怯在乎法，成败在乎智。怯人使之以刑，则勇；勇人使之以赏，则死。能移人之性、变人之心者，在刑赏之间。勇之与怯，于人何有哉！

【注释】

①申屠之子败于峣关：此言峣关之战。据《史记·留侯世家》载，秦二世三年（前207），赵高弑二世，九月立子婴为秦王，废帝号。子婴诛杀赵高，夷其三族，同时遣将扼守峣关抵御刘邦军。刘邦军至峣关，见有秦军扼险而守，欲强攻。张良献计曰："秦兵尚强，未可轻。臣闻其将屠者子，贾竖易动以利。愿沛公且留壁，使人先行，为五万人具食，益为张旗帜诸山上，为疑兵，令郦食其持重宝啖秦将。"秦将果然叛变，引刘邦军取峣关，并乘机袭取咸阳。这里说到"其将屠者子"，意思是秦军将领是屠夫之子，精于商贾买卖，易于收买。李筌错成申屠之子。峣关，故址在陕西蓝田城南，因临峣山得名，自古为关中平原通往南阳盆地的交通要隘。

②杜洪之将北于戏水：此言苻健、杜洪长安之役。杜洪，生卒年不详，十六国时期长安地方武装首领。351年，氐族武装首领苻健率兵进军关中。杜洪令张先等率兵在潼关附近阻击，大败后退还长安。杜洪召集关中全部人马抗击，但敌不过苻健。十月，苻健占领长安，杜洪逃奔司竹（今陕西扶风、周至之间）。戏水，古河名，在今陕西临潼。源出骊山，北流入渭河。

③吴王夫差（？—前473）：春秋末吴国国君，公元前495—前473年在位。吴王阖闾子。

④败齐于艾陵：艾陵，古地名。春秋齐地。在今山东莱芜东北。艾陵之战是公元前484年吴国在艾陵地区打败齐国军队的一次著名战役，是春秋时期规模较大、较彻底的围歼战，同时也是中国战争史上较早使用预备队的战例之一。此战，吴王夫差将精锐的宫廷护卫部队作为总预备队，对战争胜利起到巨大作用。

⑤长晋于黄池：即黄池之会。艾陵之战后，夫差率军西进，欲与晋国争霸。公元前482年，吴王夫差、晋定公、鲁哀公在黄池会盟。越王勾践利用吴王夫差带兵远在北方的时机，趁机袭占了吴国首都姑苏。夫差迫于形势，不得不退让，让晋国做盟主，即以晋为长。黄池，当济水与黄沟交汇处。在今河南新乡封丘南。

⑥诸葛孔明（181—234）：诸葛亮，字孔明，号卧龙，琅琊阳都（今山东沂南）人，三国时期蜀汉丞相，中国古代杰出的政治家、军事家、改革家。死后，刘禅追谥他为忠武侯，故后世常以“武侯”尊称诸葛亮。

⑦项羽（前232—前202）：项氏，名籍，字羽，泗水郡下相县（今江苏宿迁）人。秦末政治家、军事家。发动吴中起义，反抗秦朝，赢得巨鹿之战，率军攻破关中，推翻秦朝，自称西楚霸王，定都彭城。此后与汉王刘邦争夺天下，兵败于垓下，自刎于乌江。

⑧王离（？—前205）：频阳东乡（今陕西富平）人。秦朝后期名将，

武成侯王翦之孙、通武侯王贲之子。袭封武成侯，拜上将军，参加过秦灭六国之战，统一后常年跟随蒙恬抗击匈奴，率兵戍边备胡。秦末农民起义爆发后，与章邯一起统率秦军与起义军作战。在巨鹿之战中被项羽和诸侯联军击败俘虏，后被项羽所杀。

⑨苏角（？—前207）：秦朝后期将领。原为秦将蒙恬部将。秦末农民起义爆发后，与章邯一起镇压各地起义。秦二世三年（前207），与项羽战于巨鹿，率军突围失败，被杀。

⑩田横（？—前202）：古代守义不辱的典范。原为齐国贵族，在陈胜、吴广大泽乡起义后，与兄田儋、田荣也反秦自立。田荣为齐王，以田横为将军，尽占齐地。田荣死后，田横立田荣之子田广为齐王，自任相。田广死后，自立为齐王。韩信灭齐后，田横率五百门客逃往海岛，刘邦派人招抚，田横被迫乘船赴洛阳，走到距洛阳三十里地的尸乡（今偃师首阳山）自杀。随从安葬了田横后，也就地自杀。海岛五百部众听闻田横死，亦全部自杀。

⑪越王勾践（？—前465）：又称菼执。春秋末越国国君。公元前496—前465年在位。越王允常之子。勾践三年（前494）与吴王夫差战于夫椒（今浙江绍兴北），败后求和，与范蠡入吴为人质三年。返越后与文种、范蠡等大臣共谋强国，十年生聚，十年教训，终于转弱为强。十五年乘吴王夫差邀晋、鲁北上黄池相会，遂率军攻入吴都，俘吴太子友，逼吴与越媾和。后又多次攻吴，终于在公元前473年灭吴国。

⑫蚩尤败于涿鹿：蚩尤，上古时期东方九黎部族首领。与黄帝战于涿鹿（今河北涿鹿东南），失败被杀。

⑬燕丹死于易水：燕丹，即战国末燕国太子丹，燕王喜之子。曾派壮士荆轲入秦刺杀秦王。荆轲刺秦王未成，后秦军攻破燕国，他逃到辽东，其父将他斩首献给秦国。因此燕丹实际并非死于易水。易水，即今河北西部大清河上游支流，因源于易县而得名。

⑭王浚缚于蓟门：王浚（252—314），西晋太原晋阳（今山西太原西南）人，字彭祖。袭父爵博陵县公，拜驸马都尉。惠帝时为东中郎将。承贾后旨，参与杀害愍怀太子。后徙宁朔将军、都督幽州诸军事，镇蓟。八王之乱时，率鲜卑兵入邺（今河北临漳西南）讨成都王司马颖。惠帝还宫，加骠骑大将军、都督东夷河北诸军事，领幽州刺史。怀帝即位，以为司空。永嘉中，败石勒，兼领冀州。永嘉五年（311），刘聪将陷洛阳，杀太子，俘怀帝。他乃假立皇帝，自领尚书令，欲谋僭号。石勒乃诈降，兵袭杀之。

⑮公孙戮于上谷：公孙，指公孙渊（？—238），字文懿。辽东郡襄平县（今辽宁辽阳）人。三国时辽东地方割据军阀。于襄平称燕王，后被魏将司马懿率军攻杀。上谷，郡名。燕昭王置，燕国北长城的起点。其地北以燕山屏障沙漠，南拥军都俯视中原，东扼居庸锁钥之险，西有小五台山与代郡毗邻，所辖范围大致包括今张家口市怀来县、宣化区、涿鹿县、赤城县、沽源县以及北京延庆区等地。

【译文】

既然说秦地人勇猛，可是出身屠夫的将领在峣关战败，杜洪的大将在戏水败北，又怎么能说秦地人强劲勇猛呢？吴王夫差的军队无敌于天下，在艾陵打败齐国的军队，在黄池会盟中与晋国争盟主，又怎么能说吴地人怯懦呢？诸葛孔明集合巴蜀之众，窥视威胁着中原地区，打造着一支强大的军队威胁着魏军，又怎么能说蜀地人懦弱呢？项羽击败秦军，俘获王离，杀死苏角，威震四海，各路诸侯俯首听命，不敢有丝毫违抗，又怎么能说楚人轻浮呢？田横率五百视死如归的勇士东奔海岛，待到田横死的时候，他们在同一天伏剑自杀，又怎么能说齐地人狡诈呢？越王勾践收拾残破已亡的国家，爱护体恤孤寡老弱的百姓，用九年的时间灭亡了吴国。越国以弱小进攻强大，以小国攻取了大国，越地人又怎么能说是刻薄呢？蚩尤在涿鹿被黄帝打败，燕太子丹死于易水，王浚在蓟门被俘，公孙渊在上谷被杀，燕赵地区的人又怎么能说是精锐强劲呢？因此，人的勇敢或怯懦，关键在于法令严明；成功或失败，关键在于智谋优劣。对怯懦的人使用刑罚，则会使他变得勇敢；对勇敢的人使用奖赏，则会使他奋力拼死。能够改变人的本性、变化人的心理的方法，就在于刑罚和奖赏之间。勇敢和怯懦对于人来说，哪里是什么固定不变的本性呢？

主有道德篇

【题解】

“以道胜者帝，以德胜者王”，是本篇的主旨。

中国传统文化中，治国理政都是精英人群做的事，而英明的人主是精英的代表。自秦以来，传统的中国社会都是施行中央集权制，所有的权力集中在人主或者皇帝一人身上。皇帝的品行与道德水准往往决定着国家的安危与兴旺发达。因此治国理政的理论思考必须集中在人主身上。

儒家主张人主要修身，对百姓要仁慈，以德服人。所以人主要有“德”。这是就人主个人来说的。就人主治国理政的策略而言，还是要任用官员，以名分驾驭官员，循名责实。治国之策要秉承道家的思想，尤其是黄老道家的思想，所以人主要有“道”。合起来，就是人主所具有的“道德”。

本篇先是对中国古代政治思想的历史做一番总结，认为远古的三皇五帝时期施行的是道家的无为政治，顺应自然；春秋时期儒家倡导仁义；战国时期法家崛起，崇尚诈力，道德仁义逐渐被废弃。真正的治国方略是用法术权谋驭臣，但又不干扰百姓。用法术权谋驾驭臣子，实际也是循名责实，按职定分。总体来看，作者的治国思想与先秦时期黄老道家的思想有一致的地方。这也可从文中化用《淮南子》《尹文子》看得出来。

经曰：古者三皇得道之全，立乎中央，神与化游，以抚四方[①]，天下无所归其功。五帝则天法地[②]，有言有令而天下太平，君臣相让其功。道德废，王者出，而尚仁义；仁义废，伯者出，而尚智力；智力废，战国出，而尚谲诈。圣人之道不足以理，则用法；法不足以理，则用术；术不足以理，则用权；权不足以理，则用势。势用，则大兼小，强吞弱[③]。周建一千八百诸侯，其后并为六国。六国连兵结难，战争方起。六国之君[④]，非疏道德而亲权势。权势用，不得不亲；道德废，不得不疏，其理然也。

【注释】

①"古者三皇"几句：语出《淮南子·原道训》，原文为："泰古二皇，得道之柄，立于中央，神与化游，以抚四方。"三皇，传说中的上古三位帝王，说法不一：伏羲、神农、黄帝（《世本》《尚书序》、皇甫谧《帝王世纪》）；伏羲、女娲、神农（《风俗通义·皇霸》、司马贞补《史记·三皇本纪》）；伏羲、神农、燧人（《尚书大传》《白虎通·号》）；伏羲、神农、祝融（《白虎通·号》）；伏羲、神农、共工（刘恕《通鉴外纪》）。

②五帝：相传上古的五个帝王。其说不一：有伏羲（太昊）、神农（炎帝）、黄帝、尧、舜（《易·系辞下》）；黄帝、颛顼、帝喾、尧、舜（《世本》《大戴礼·五帝德》《史记·五帝本纪》）；太昊（伏羲）、炎帝（神农）、黄帝、少昊、颛顼（《礼记·月令》）；少昊、颛顼、帝喾、尧、舜（皇甫谧《帝王世纪》）；黄帝、少皞、帝喾、帝挚、帝尧（《道藏·洞神部·谱录类·混元圣纪）引梁武帝说）。

③强吞弱：三字原无。今据《守山阁丛书》本补。

④六：原作"小"，从上文"六国"二字来看，这里当为"六"，据《守

山阁丛书》本改。

【译文】

经说：古代的三皇能得全道，立于中央，精神与大化自然融通，顺应天道，治理天下，安抚四方，天下得到治理，但是并不知道功劳应该归功于谁。五帝效法天地，颁布教化，制定法令，天下太平，君主和臣子之间互相推让功劳。到了后代，三皇五帝所确立的顺应天道治国的思想被抛弃了，出现了以仁义治国的王道思想；仁义思想被抛弃后，出现了崇尚智谋和勇力的霸道思想；霸道思想被废弃后，战国纷争的局面就出现了，各国都崇尚欺诈和诡辩。圣人的天道不足以治理好国家的时候，就用法令；当法令不足以治理好国家的时候，那就用君主操纵臣下的权术；当权术也不足以治理好国家的时候，那就用权谋；当权谋也不足以治理好国家的时候，那就用威势。用威势治理国家，就会出现大国兼并小国，强国吞并弱国。过去周朝分封了一千八百个诸侯国，后来各国互相兼并成了六国。六国之间相互兴兵发难，战争就开始了。六国的君主并非是疏远仁义道德而仅仅崇尚权势。但权势一经使用，就不得不崇尚它；仁义道德一旦废弛了，就不得不疏远它，道理就是这样的。

惟圣人能返始复本，以正理国，以奇用兵，以无事理天下①。正者，名法也；奇者，权术也。以名法理国，则万物不能乱；以权术用兵，则天下不能敌②；以无事理天下，则万物不能挠。不挠则神清，神清者，智之源。智平者，心之府。神清、智平，乃能形物之情，人主知万物之情③，裁而用之，则君子小人不失其位。

【注释】

①“以正理国”几句：语出《老子》第五十七章，原文是：“以正理国，

以奇用兵，以无事取天下。”

②则天下不能敌：自开头至此是对《尹文子·大道下》的袭取。原文是“老子曰：以政治国，以奇用兵，以无事取天下。政者，名法是也；以名法治国，万物所不能乱。奇者，权术是也，以权术用兵，万物所不能敌。”

③乃能形物之情，人主知万物之情：原作“乃能形物，物情交至，知万物之情”，语气不连贯，疑有脱误。今据《守山阁丛书》本改。

【译文】

只有圣人才能返回到治国的本原，做到以“正”治国，以“奇”用兵，以“无事”治理天下。所谓“正”，就是指名分和法律；所谓“奇”，就是指智谋和权变。用名分和法律治理国家，则万物的秩序就不会乱；用智谋和权变用兵打仗，就会无敌于天下；用不烦扰百姓的方法统治天下，则社会就不会处于动荡之中。天下万物处于平静状态，人的神志就清醒，神志清醒是智慧的本源。心智正常，就是思想的宝库。神志清醒，心智正常，才能了解事物的本性。人主了解到万物的本性，根据情况利用物的本性和规律，那么君子和小人才不会失去应处的地位。

夫德厚而位卑者，谓之至德；德薄而位尊者，谓之至道。宁失于君子，无失于小人。失于君子，则未阙于理；失于小人，则物罹其殃。故曰人不鉴于流水而鉴于止水，以其清且平也。人主之道清平，则任人不失其才，六官各守其职。四境之内，百姓之事，任之于相；四封之外，敌国之事，任之于将。语曰：“将相明，国无兵。”舜以干戚而服有苗[①]，鲁以頖宫而来淮夷[②]。以道胜者帝，以德胜者王，以谋胜者伯，以力胜者强。强兵灭，伯兵绝，帝王之兵前无敌。人主之道，信其然矣。

【注释】

①干戚:古代的两种兵器。干,盾。戚,斧。

②頖(pàn)宫:即"泮宫"。西周诸侯所设大学。《礼记·王制》:"大学在郊,天子曰辟雍,诸侯曰頖宫。"淮夷:古族名。居住在今淮河至海一带。

【译文】

凡是能够使用道德高尚但身份地位低下的人,就被称作至德之人;凡是能够使用道德低下但是有贵族身份地位的人,就被称作是至道之人。宁可因为没有提拔君子而犯错误,也不要犯任用小人的错误。在没有提拔君子方面犯错误,百姓就会得不到好的治理;在任用小人上犯错误,治理国家的事务就要遭殃。因此说人们不用流水而用静水照镜子,这是因为静水清澈而且平静的缘故。如果君主的治国之法清静安定,那么就不会错过有才干的人,各部门的官员也会各尽其职。四境之内,有关老百姓的事情,委托给相去处理;四境之外,敌国的事情,委托给将去处理。俗话说:"将和相贤明,国家就没有战事。"舜用武力征服了有苗部落,鲁国用兴办学校、以教育感化的方法而使淮夷来归附。用道取胜的是帝,用德取胜的是王,用谋略取胜的是霸主,用武力取胜的是强者。强者的军队终归要被消灭,霸主的军队终归要灭亡,只有帝和王的军队无敌于天下。做君主的道理,确实是这样的啊!

国有富强篇

【题解】

国家富强,是历代有为的统治者追求的目标。作者认为,国家富强就是国家的综合国力强大。既包括经济实力富有,也包括军事实力的强大,而且军事实力的强大是以雄厚的经济实力作基础的。《太白阴经》虽然是兵书,但论兵从来就不能单从军事角度,而要从国家的综合国力来论。这是有远见的。

本篇主要论述如何使得国家富强。作者认为“乘天之时,因地之财,用人之力,乃可富强”,这是本篇的主旨。这种从“天、地、人”角度的思考,也是自先秦以来一贯的思维方式。不过,在“天、地、人”三者之中,作者特别强调人的因素,认为人是国家富强的最关键要素。人要勤奋,不能懒惰。人君要充分发挥智慧的作用,只要有“容身之地”,就不会贫穷;只要充分任用人才,国家就强大。

人才、人人富有智慧是治国的重要保障。但是人才是教育出来的,所以要高度重视教育的问题。文中认为“故神农教耕而王天下,汤武教伐而王夏商”,通过“教”天下,使得人人变成智者,国家就强大。所谓“国愚则智可以强国,国智则力可以强人”。这种看法对今天也有重要启发。

本篇提出的诸多富强之策,如使商不得籴、农不得粜,废逆旅、一山泽,贵酒肉之价,重关市之征,使农佚而商劳等,是吸取了商鞅的思想。商鞅的这些措施,在一定程度上导致了国家财政富裕而百姓贫困。国强民弱,是国家与民争利的结果。真正的国家富强应该是国家财政有余而百姓富足。这些思想反映了作者的历史局限性。

经曰:国之所以富强者,审权以操柄,审数以劝人①。课农者术之事,而富在粟;谋战者权之事,而强在兵。故曰兴兵而伐叛则武,武则爵,爵则任,任则兵强。按兵而劝农桑,农桑劝则国富②。国不法地不足以成其富,兵不法谋不足以成其强。

【注释】

①审权以操柄,审数以劝人:语出《商君书·算地》篇,原文为:“圣人审权以操柄,审数以使民。”数,即术。《商君书·算地》:“数者,

臣主之术,而国之要也。”此句意思是说,要使得国家富强,人君要善于操弄权术。

②“故曰兴兵”几句:化用《商君书·去强》篇,原文为:“兴兵而伐,则武爵武任,必胜。按兵而农,粟爵粟任,则国富。”

【译文】

经说:国家之所以富强的原因,在于人君善于操纵权术来驾驭臣民。发展农业,主要是“术”,人主循名责实,让大臣们去具体操作,最终国家会有富积的粮食;谋划战争,主要是“权”,人主运用谋略,让将军们去执行练兵打仗,最终国家会有强大的军队。所以说出兵讨伐叛乱,士兵就会勇猛;士兵勇猛作战,就要授予其爵位;士兵加封了爵位,就要得到任用;任用了这些勇猛的人,军队就会强大。不打仗时,国家就要去发展农业生产,农业生产发展了,国家就会富有。国家不注重发展农业生产就不能成为富国,军队不注重运用谋略就不能成为强大的军队。

古者,圣人法天而王,贤君法地而帝,智主法人而伯①。乘天之时,因地之财,用人之力,乃可富强。乘天时者,春植麦,夏种谷,夏长成、秋收藏。用地之财者,国有沃野之饶,而人不足于食,器用不备也;国有山海之利,而人不足于财,商旅不备也。通四方之珍异,以有易无,谓之商旅。饬力以长地之财,用资军实,谓之农夫。理丝麻,以成衣服,谓之女工②。

【注释】

①伯:通“霸”。

②“通四方之珍异”几句:化用《周礼·考工记序》,原文为:“通四方之珍异以资之,谓之商旅;饬力以长地财,谓之农夫;治丝麻以

成之,谓之妇功。"军实,指军队中的器械和粮食。

【译文】

在古代,圣人顺应天道而成为王,贤主顺应地道而成为帝,明君顺应人道而成为霸主。利用天时,凭借地利,使用人的力量,就可以富强。利用天时,就是春天要按时种麦,夏天按时播种稻谷;夏天让庄稼牲畜成长,秋天收获。凭借地利,就是如果国家有广阔肥沃的土地,而老百姓却没有足够的粮食,这是因为农具不齐备的缘故;如果国家有山川湖海的丰富资源,而老百姓却缺乏财物,这是因为商旅往来不畅的缘故。使四面八方珍奇的货物得到流通,让人们能够相互交换彼此需要的物品,叫做商旅。尽力耕作来增长土地的物产,用来资助军用的人,叫做农夫。加工丝麻做成衣服的人,叫做女工。

云梦之毛羽[①],黔泾之丹砂[②],荆扬之皮革角骨[③],江衡之柟梓[④],会稽之竹箭[⑤],燕齐之鱼盐毡裘[⑥],兖豫之漆枲絺苎[⑦];郑之刀,宋之斤,鲁之削,吴越之剑,燕之角,荆之幹,妢胡之笴,吴越之金锡,此地之财也[⑧]。燕之涿,赵之邯郸,魏之温,韩之荥阳,齐之临淄,陈之宛丘,郑之阳翟,洛川之二周[⑨],吴之具区[⑩],楚之云梦,齐之钜鹿,宋之孟诸[⑪],此地之良也。兵居其地,非有灾害疾病而贫者,非惰则奢;世无奇业而独富贵者,非俭则力。同列而相臣妾者,贫富使然也;同贵而相兼并者,强弱使然也;同地而或强或弱者,理乱使然也。苟有道理,地足容身,事使然也;苟有市井,交易所通,货财使然也。

【注释】

①云梦:古薮泽名。即云梦泽。据汉代人记载,云梦泽在南郡华容

县（今湖北潜江）南。

②黔：黔水，注入乌江。泾：泾水，注入渭水。

③荆扬：即荆州和扬州，分别为古代九州之一。

④江衡：长江、衡山一带。柟：同"楠"，即楠木，一种常绿乔木。梓：梓木，落叶乔木。

⑤竹箭：细竹。

⑥毡裘：古代北方游牧民族用畜兽毛等制成的衣服。

⑦兖豫：即兖州和豫州，分别为古代九州之一。枲（xǐ）：大麻的雄株只开雄花，不结果实，称"枲麻"。这里泛指麻类。绨（chī）：细葛布。苎（zhù）：苎麻。

⑧"郑之刀"几句：出自《周礼·考工记序》，原文为："郑之刀，宋之斤，鲁之削，吴粤之剑，迁乎其地而弗能为良，地气然也。燕之角，荆之干，妢胡之笴，吴粤之金锡，此材之美者也。"削，一种有柄而微弯的双刃小刀，又称书刀，来刊削竹、木简上的文字。簳（gǎn），小竹，可做箭杆。妢胡，原作"汾胡"，《周礼·考工记序》作"妢胡"，今据改。古国名，《周礼·考工记序》郑玄注曰："在楚旁。"位于战国时楚地。笴（gǎn），箭杆。

⑨洛川：即"洛水"。二周：指战国末周室分裂为东周、西周。

⑩具区：泽名，又称具区泽，《尔雅·释地》十薮之一，即今位于江苏、浙江之间的太湖。

⑪孟诸：古泽薮名。在今河南商丘东北、虞城西北。

【译文】

云梦地区出产羽毛，黔水、泾水地区出产丹砂，荆州、扬州地区出产皮革、角骨，长江至衡山地区出产楠木、梓木，会稽地区出产竹箭，燕国、齐国地区出产鱼、盐和毡裘，兖州、豫州地区出产漆树、麻、细葛布和苎麻布。郑地的刀，宋地的斧，鲁地的削刀，吴越之地的宝剑，燕地的牛角，荆地的竹，妢胡地区的箭杆，吴越地区的金锡，这些都是土地上的财富。燕国的涿鹿，赵国的邯郸，魏国的温轵，韩国的荥阳，齐国的临淄，陈国的宛丘，郑国的阳翟，洛河流域的东、西二周，吴国的具区泽，楚国的云梦泽，齐国的巨鹿，宋国的孟诸泽，这些地方都有非常好的地利条件。共同居住在这些地方，没有遇到自然灾害和疾病却贫穷的人，那么他不是懒惰就是奢侈；祖上没有留下显赫的家产而唯独他却富贵的人，那么他不是勤俭持家就是努力创业；原先处在同样的地位而后来变为臣仆关系的原因，是因为贫富不同造成的；原先处在同样显贵而后来互相兼并的原因，是因为强弱差距造成的；同居一地而有的国家强大，有的国家弱小，原因是治理的好坏不同。如果有高明的治国之法，那么这些土地足可以容身，事业就能成功；如果国家设立市场，保障物产交易通畅，财富就可以积累起来。

夫有容身之地，智者不言弱；有市井之利，智者不言贫。地诚任，不患无财；人诚用，不畏强御。故神农教耕而王天下[①]，汤武教伐而王夏商。国愚则智可以强国，国智则力可以强人。用智者，可以强于内而富于外；用力者，可以富于内而强于外。是以汉武帝南平南越以为园圃[②]，却羌胡以为苑囿[③]。珍宝异物，充于后宫；駒騟駃騠[④]，实于外厩。匹庶乘坚策，良人厌葡萄橘柚，是谓智强于内而富于外。秦孝公行垦田之令[⑤]，使商不得籴，农不得粜，废逆旅，一山泽，责酒肉之价，重关市之征，使农佚而商劳[⑥]。行之数年而仓庾实，人知礼义。至于始皇[⑦]，以为资，乘时而并吞诸侯，此谓力富于内而强于外也。故知伯王之业，非智不战，非农不赡，过此以往而致富强者，未之有也。

【注释】

①神农:即神农氏。传说中农业、商业、音乐和医药的发明者。战国时人传神农"人身牛首",教人播种五谷,发明农业生产工具,传授打井技术,是为农业神。又曾"日中作市",使民交易,是为商业神。又曾创制五弦琴,是为音乐神。又曾"尝百草"而知医药,是为医药神。

②汉武帝:即刘彻(前156—前87),西汉皇帝。公元前141—前87年在位。景帝子。初封胶东王,七岁立为皇太子。景帝后元三年(前141)正月继位。派卫青、霍去病多次出击匈奴,迫其远徙漠北。命张骞出使西域,沟通汉与西域各族联系。又征服闽越、东瓯和南越,经营西南夷,在其地设置郡县。南越:亦作南粤。古族名、国名。百越的一支。分布在今湖南南部、两广及越南北部一带,秦于其地置南海、象、桂林三郡。秦末,龙川令赵佗兼并三郡,建立南越国。汉初,高祖封佗为南越王。武帝元鼎六年(前111)置南海、苍梧、合浦、儋耳、珠崖、郁林、交趾、九真、日南等九郡。

③羌胡:古族名。最早见于甲骨卜辞。殷周时又称羌方,分布于黄河中上游地区,部分与周族杂居,结为婚姻集团。曾助周伐商。秦逐诸戎,其被迫西迁。汉初,湟水下游及祁连山以北诸羌役属于匈奴。景帝时,研种羌留何部求汉保护,被内徙于汉陇西郡南部边塞。武帝开河西,隔绝羌胡,置护羌校尉,统辖先零、烧当、烧何、罕开、牢姐、钟羌诸部。

④騊駼(táo tú)、駃騠(jué tí):古代良马名。

⑤秦孝公:名渠梁(前381—前338),战国时秦国国君。公元前361—前338年在位。秦献公之子。即位之时,周室衰微,诸侯争相兼并,秦僻在雍州(今陕西凤翔),诸侯以夷狄遇之。遂下令国求贤,以修穆公之业,东复侵地。秦孝公六年(前356,一说孝公三年),以商鞅为左庶长,实行变法,内务耕织,立法度。从此,秦

益富强，有窥周室、席卷天下之势。

⑥“使商不得籴”几句：按，这是对《商君书·恳令第二》有关“垦草”内容的概括。

⑦始皇：嬴政（前259—前210），战国时秦国国君、秦王朝建立者。公元前246—前210年在位。庄襄王之子。年十三即位，相国吕不韦专权，宦者嫪毐用事。秦王政九年（前238）亲政后，平定嫪毐叛乱，放逐吕不韦。好韩非之学，信用李斯、尉缭等客卿，派王翦等率兵进攻六国。自十七年（前230）开始，先后灭韩、赵、魏、楚、燕、齐，至二十六年（前221）完成统一大业，结束长期纷争割据局面，建立了中国历史上第一个封建专制主义中央集权国家。自称始皇帝。始皇三十七年（前210），在第五次巡行途中死于沙丘平台（今河北广宗西北）。

【译文】

因此，只要有容身之地，有智慧的人不会说国家弱小；只要有市场交易带来的利益，有智谋的人就不会说国家贫穷。如果充分地利用土地，就不用担心没有财富；如果诚心地任用人才，就不会畏惧强敌。所以，神农氏教导百姓农耕而称王天下，商汤和周武王攻战讨伐而称王天下。国家落后，运用智慧可以使国家富强；国家用智慧，那么实力就可以强加于人。运用智慧，国家就会内部强大而富足流于外；运用实力，就会内部富足而对外显示强大。所以汉武帝平定了南粤之地，把它作为皇家园圃；击退了匈奴，把其地当成帝王苑囿。各种珍宝异物，充满了汉武帝的后宫；各种宝马良驹，挤满了马圈。平民百姓都乘坐坚固的好车，使用优良的马匹。葡萄、橘子、柚子老百姓都吃腻了。这就是所说的智慧可以使国家内部强大而对外显示富足的样子。秦孝公实行奖励开垦荒地的法令，使得商人不能买入粮食，农民不能买卖粮食；废止各地的旅舍，使得商人不能到处贩运货物；禁止在山川湖泽里乱捕乱伐，提高酒和肉的价格，加重关市的税收，使得农夫安居乐业而商人劳苦。这种法令实行了几年，秦国粮仓充实，百姓知礼行义。到了秦始皇时期，凭借着这些资财，向东扩张，吞并了诸侯各国。这就是所说的国家有了实力，内部富足就可以对外显示强大。由此可知，霸王建立功业的关键就是没有运用智谋就不打仗，没有发达的农业就不养军队。除此而能使国家富强的，从来没有过。

贤有遭时篇

【题解】

国家富强，关键在于人才。发现并使用贤才，是作者一贯主张的思想。由于国家权力集中在人君身上，发现并使用人才关键在于人君的态度，在于人君的内心是否真正愿意去发现人才。所谓“其得之者，在明君之心”，是本篇的主旨。

贤才能不能遇到被重用的时机，在于“明君之心”。这就提出了贤才得用的两个条件：其一是明君。只有明君才能发现并任用贤才。如果是昏君，贤才就是在眼前，也发现不了。贤才遭时，主要的是能不能遇到明君。其二是“心”，可以理解为识别人的直觉。这是明君超出常人的地方。本篇列举了历史上大量明君发现并任用贤才的例子，如百里奚是秦穆公用五张羊皮换来的。秦穆公就有高人一等的眼光。这种高人一等的眼光实际是杰出的见识，明君就要具有这种杰出的见识。

文中还提出，发现贤才要善于关注社会地位低下的士子。因为真正有才能的人并不都出身于官宦贵族或门阀世家，社会中下层往往也是人才辈出。人君要有心在这些寒士中选拔人才。作者希望通过这样的方式寄语当朝统治者，暗喻有怀才不遇之意。这种打破阶层固化的看法，无疑是具有历史进步意义的。

经曰：贤人之用于世，无籍地①，无贵宗②，无奇状，无智勇；或贤或愚，乍醉乍醒；不可以事迹求，不可以人物得。其得之者，在明君之心，道同而志合，信符而言顺，如覆水于地，先流其湿；燎火于原，先就其燥。

【注释】

①籍地：官宦门第。地，通“第”。

②贵宗：贵族，显贵的家族。

【译文】

经说：贤德之士出现在世上，往往没有官宦门第，没有显贵宗亲，没有奇异的外貌，表面上也看不出大智大勇。有的像贤德之人，有的像愚蠢之人；有时表现得像是糊涂，有时表现得像是清醒。所以不能根据他们的行事去寻求，也不能根据他们是否有名去寻求。得到贤才的关键，在于英明君主杰出的见识。君主和贤才如果志同道合，信念一致，言谈投机，贤才就会自然而至。就像把水泼在地上，先从潮湿的地方流过；在原野上点火，先从干燥的地方燃烧一样。

故伊尹[①]，有莘之耕夫、夏癸之酒保[②]。汤得之于鼎饪之间，升陑而放桀[③]。太公，朝歌鼓刀之徒，棘津卖浆之叟耳。周得之于垂纶之下，杀纣而立武庚[④]。伍员被发徒跣[⑤]，挟弓矢，乞食于吴。阖闾闻风而高其义[⑥]，下阶迎之，三日与语，无复疑者。范蠡生于五湖之墟[⑦]，为童时，内视若盲，反听若聋，时人谓之至狂。大夫种来观而知其贤[⑧]，扣门请谒，相与归于地户。管夷吾束缚于鲁[⑨]，齐桓任之以相[⑩]。百里奚自鬻于秦[⑪]，穆公任之以政[⑫]。韩信南郑之亡卒、淮阴之怯夫[⑬]，汉高归之以谋[⑭]。

【注释】

①伊尹：商初大臣。名挚，又称伊挚，殷墟甲骨文中或简称伊。相传曾为有莘氏媵臣，入商辅佐成汤，伐桀灭夏，建立商朝，称为阿衡或保衡。

②有莘：商汤娶有莘氏之女，伊尹曾为有莘氏媵臣。有莘，古国名，姒姓。其故地在今山东曹县北。夏癸：癸，即夏桀，因其名履癸，故又称夏癸。相传伊尹在夏桀时期当过酒保。

③陑（ér）：古地名。位于今山西永济南。

④武庚：周初分封的殷君，名禄父，又称王子禄父、王子武庚。商纣之子。周武王灭商后，受封于商都以北之邶，以续商祀，与管叔、蔡叔合称“三监”。武王死后，周公相成王摄国政，“三监”联合东方夷族叛周，周公东征，遂被诛。

⑤伍员（？—前484）：名员，字子胥，春秋时人。楚国大夫伍奢之次子，伍尚之弟。楚平王七年（前522）遭陷害入吴国。推荐专诸，助阖闾刺王僚，夺取王位。阖闾任他为行人，助阖闾整军经武。因功封于申，又称申胥。吴王夫差二年（前494），吴败越于夫椒（今浙江绍兴北），越向吴求和，他劝谏夫差“去疾莫如尽”，夫差不听。夫差伐齐，欲北上争霸，他劝谏，又不听。后渐被疏远，终被吴王赐剑自杀。

⑥阖闾：春秋时吴王，名光。生卒年不详。公元前514—前496年在位。周敬王六年，派使专诸刺王僚而自立，后用楚亡臣伍子胥的建议，大败楚国。更东征卑庐，西伐巴、蜀，威震中国。后与越王勾践战于槜李，伤重而死。

⑦范蠡：春秋末楚国宛（今河南南阳）人，字少伯。在楚时与宛令文种为友，后与文种入越，事越王允常。勾践即位后用为谋臣。越王勾践三年（前494），越为吴败于夫椒，勾践被困于会稽（今浙江绍兴）。吴越媾和后，随勾践入吴为人质三年。返越后，君臣奋发

图强，等待时机，后助勾践灭吴。灭吴后，离越浮海到齐，称鸱夷子皮。到陶（今山东定陶西北）改称陶朱公，以经商成为巨富。

⑧大夫种：即文种。春秋时楚国郢城（今湖北荆州纪南城）人，字少禽（一作子禽）。曾任楚宛令。与范蠡入越，共事越王勾践，任大夫。越王勾践三年（前494），越被吴击破，退守会稽（今浙江绍兴），越王勾践用其计，赴吴请和，得免亡国。勾践返越后，授以国政，经过十年生聚，十年教训，终灭吴国。后勾践听信谗言，赐剑令其自杀。

⑨管夷吾（？—前645）：名夷吾，一称敬仲，春秋初颍上（今安徽颍上）人。初与鲍叔牙经商南阳，两人知己友好。齐襄公时，为公子纠之傅，随之奔鲁。鲁庄公九年（前685），助公子纠与公子小白（齐桓公）争位。失败后，经鲍叔牙推荐，被齐桓公任为卿。旋在齐进行改革，“寄军令于内政”，使军事组织与居民组织结合。划国为十五士乡与六工商乡，士乡五家为轨，设轨长；十轨为里，设里有司；四里为连，设连长；十连为乡，设乡良人；五乡一帅，共万人一军。共约有车千乘，兵三万人。齐经改革，国力大增。又帮助齐桓公推行“尊王攘夷”政策，使其成为春秋时第一个霸主。

⑩齐桓：即齐桓公（？—前643），名小白。春秋时齐国国君，公元前685—前643年在位。僖公之子，襄公之弟。为公子时因见内乱，离齐至莒（今山东莒县）。襄公被杀，齐之大夫迎立为君。即位后任用管仲，改革内政，国势强盛。因“九合诸侯”“尊王攘夷”，故为春秋五霸之首。

⑪百里奚：春秋时秦国大夫。家贫流落于虞，曾为虞国大夫。晋献公二十二年（前655），晋灭虞时为晋所俘。后为晋献公女媵臣陪嫁至秦，从秦逃楚，又为楚人所执。秦穆公闻其贤，用五张羊皮将其赎回，授以国政，故有“五羖大夫”之称。后与蹇叔、由余等共佐穆公创立霸业。

⑫穆公：这里指秦穆公（？—前621），名任好，春秋时秦国国君，公元前659—前621年在位。秦德公之子。选拔贤能，任用蹇叔、百里奚、由余、孟明治国。秦自此逐渐强大。

⑬韩信（？—前196）：秦末淮阴（今属江苏）人。早年家贫，常从人寄食，曾受胯下之辱。秦二世二年（前208），参加项梁、项羽反秦武装，未得重用。遂亡楚归汉，任连敖、治粟都尉。后因萧何保荐，拜大将军。建议刘邦决策东向，以图天下。楚汉战争中善于以少胜多，先定魏，击代、赵，降燕，破齐，战功卓著，为汉代著名军事家。

⑭汉高：即汉高祖刘邦（前256—前195）。西汉王朝创建者，庙号太祖高皇帝，又称高皇帝。前202—前195年在位。秦末泗水沛县（今属江苏）人，字季。曾任亭长。秦二世元年（前209）聚众响应陈胜、吴广起义，称沛公。后乘项羽与秦军主力在巨鹿决战之机，率部经颍川、南阳直趋关中。于汉王元年（前206）十月攻占咸阳（今属陕西），接受秦王子婴投降，灭秦。后与项羽展开长达四年多的楚汉战争，打败项羽，称帝，国号汉，建都长安。

【译文】

伊尹曾是有莘氏的耕夫，夏桀时期的酒保。商汤从厨房里得到了他，伊尹协助汤在陑地起兵伐夏，最后放逐了夏桀。姜太公原来是朝歌的一个屠夫，棘津卖酒浆的一个老头。周文王在他垂钓于渭水之滨时得到了他。在姜太公的辅佐下，周武王迫使纣王自杀，周公擒住了叛乱的武庚。伍子胥披头散发，光着脚，挟带弓箭，在吴国讨饭。吴王阖闾倾慕他的风采，钦佩他的节义，亲自从宫殿的台阶走下来迎接他，连着和他交谈了三天，毫不怀疑地真心任用他。范蠡出生在五湖边上的小村子里，小时候看东西好像盲人，听声音如同聋人，当时的人都说他不是一个正常人。越国大夫文种见到他后，发现他是贤才，叩门请求拜见，最后与他一起来到越国。管仲曾被鲁国捆绑囚禁，齐桓公接他回来任用他做了相。百里奚把自己卖给秦国，秦穆公委任他主持政事。韩信在南郑地区当了逃兵，又是曾在淮阴城里受过胯下之辱的懦夫，汉高祖将他追回来采用他的谋略。

故曰人君之心，如明鉴澄泉，圆明于中，形物于外，则使贤任能，不失其时。若非心之觉，非智之明，因人之视，借人之听，其犹眩耄叟以黼黻[①]，聒聋夫以韶濩[②]，玄黄、宫徵无贯于心[③]。欲求得人而幸其伯，未之有也。故五帝得其道而兴，桀纣失其道而废。废兴之道，在人主之心，得贤之用，非在兵强、地广、人殷、国富而已。

【注释】

①眩耄叟以黼黻（fǔ fú）：此句意思是给老眼昏花的老头看绚丽的花纹。眩，眼睛昏花。耄，年老，昏乱。叟，老头。黼黻，泛指礼服上所绣的华丽花纹。

②聒（guō）聋夫以韶濩（hù）：此句意思是给聋人听美好高亢的音乐。聒，声音高亮嘈杂，使人烦乱。韶濩，商汤乐名。

③玄黄：指颜色。玄，黑色。宫徵：两种音调。古有宫商角徵羽五音。这里以宫徵指代音乐。

【译文】

所以说，英明君主的内心，如同明亮的镜子、清澈的泉水，中心圆而明亮清洁，能把外物的形状清晰地映照出来。这样英明的君主使用贤才、任用能人就能够不失时机。如果君主不依靠自己内心的直觉，不凭借个人智慧的高明，而只凭别人的观察，只靠他人的所说，那就会像老眼昏花的老人去看衣服上的华丽花纹，又像聋人去听美妙的音乐一样，各种颜色和音调都没有入到他们的心里。像这样想得到贤才来成就君主的霸业，是从来没有过的。所以五帝懂得求贤之道而兴盛起来，桀、纣违背了求贤之道而失败。失败或成功的关键，就在于君主要有真正求贤的态度，在于是否能够得到贤才并任用他们；而不是取决于军队是否强大，地域是否广阔，百姓是否富裕，国家是否富足。

将有智谋篇

【题解】

战争历来是残酷的，决定战争的首要因素是人。在人的因素中，将帅的因素直接决定了战争的胜负及其带来的后果。《孙子兵法·谋攻》说："夫将者，国之辅也，辅周则国必强，辅隙则国必弱。"将帅是国君的重要辅佐。《尉缭子·攻权》篇说："将帅者，心也；群下者，支节也。"将帅是军队的主脑，是枢纽。而对将帅的要求就是要有智谋。《孙子兵法·谋攻》说："上兵伐谋。"战争比的就是双方智慧的高低。因此"有国家者，未有不任智谋而成王业也"，这是本篇的主旨。

中国古代军事理论家都特别重视将帅的智谋。《孙子兵法》论述将帅的素质，《计篇》说："将者，智、信、仁、勇、严也。"把"智"放在第一位，作为将帅素质的第一要求。《吴子·图国》："谋者，所以远害就利。"智谋的作用就是趋利避害。《六韬·文韬·上贤》："无智略权谋……勿使为将。"战争中，如果没有智略计谋，就不能任用为将帅。《孙膑兵法·将义》讲到"将者不可以不智胜"，以智取胜是为将者的必备要素。正因为将帅要有智慧，所以历代人主都十分重视任用有智之人辅助自己。文中列举了自秦以来的诸多谋士以及诸多战争实例，说明将帅有智慧的重要性。

将帅要有智慧，但在社会现实中，要找到既能领兵打仗的勇猛的将军，同时也要他们有谋略，这样的人还是很少的。在实际操作中，人主往往任用文士作谋臣，负责出谋划策，武将去执行。这样就弥补了将军智慧上的不足。

早期，中国社会是以德治国，即便是西周春秋时期，也讲究战争要符合礼的规定。战国中后期,战争更加强调谋略。谋略,就是兵略。从春秋到战国,军事思想的发展就是"先礼后兵"。本篇在对历史的叙述中,可以看出作者对中国古代军事思想的发展过程还是有了解的,也是颇有见地的。

经曰:太古之初,有伯皇氏[①],至于容成氏[②],不令而人自化,不罚而人自齐,不赏而人自劝;不知怒,不知喜,俞然若赤子[③]。庖牺氏、神农氏,教而不诛[④];轩辕氏、陶唐氏、有虞氏[⑤],诛而不怨。盖三皇之政以道,五帝之政以德。

【注释】

①伯皇氏:又作柏皇氏、柏黄氏。相传为上古帝王,在女娲之后。见《庄子·胠箧》。其后裔有柏亮父、柏招,春秋时之柏国即其后裔所建。

②容成氏:上古帝王。《淮南子·本经训》:"昔容成氏之时,道路雁行列处,托婴儿于巢上,置余粮于晦首,虎豹可尾(虎豹可牵其尾而不伤人),虺蛇可碾(踩着蛇而不被螫伤),而不知其所由然。"

③俞然:安然的样子。俞,安。

④庖牺氏:又作伏羲、伏戏、包羲、宓牺、虑戏、牺皇等,即太昊,或称黄熊氏。神话中人类的始祖。传说人类由他和女娲氏兄妹相婚而产生。相传为风姓,都于陈(今河南淮阳)。又传其教民结绳,以作网罟;捕鱼猎兽,嫁娶以皮为礼。

⑤轩辕氏:即黄帝。传说中中华民族的共同祖先。姬姓,号轩辕氏、有熊氏。少典之子。相传曾与炎帝战于阪泉(今河北涿鹿东南)之野,与蚩尤战于涿鹿(今属河北)之野。打败炎帝,擒杀蚩尤,被各部落尊为天子,即原始社会末期部落联盟的首领。相传蚕桑、

舟、车、文字、音律、算数都创始于黄帝时代。陶唐氏：即尧，又称唐尧。相传为上古帝王。帝喾之子，祁姓，名放勋，原封于唐，故称陶唐氏。代挚登帝位，都平阳（今山西临汾西南）。设官分职，命羲仲、羲叔、和仲、和叔分居东、南、西、北四方，观察天象，制定历法，以授民时，名为"四岳"。晚年，"四岳"荐舜，遂禅位于舜。有虞氏：即舜。相传为上古帝王。姚姓，名重华，号有虞氏，又称虞舜。生于妫汭（今山西永济），年二十以孝闻名。尧年老，以"四岳"荐举代尧摄政。他巡行四方，除去鲧、共工、驩兜和三苗"四凶"。尧死后登帝位，都于蒲坂（今山西永济西）。以禹、后稷、契、皋陶、倕、益等分掌政事。年老，荐举治理洪水有功的禹为嗣，后南巡狩，死于苍梧之野（今湖南宁远南），葬于九嶷（今宁远东南）。

【译文】

经说：远古时期，自有柏皇氏开始，一直到容成氏，不用颁行法令而老百姓互相教育感化，不用惩罚而老百姓同心协力，不用奖赏而老百姓能够努力耕作。人们不知道愤怒，也不知道欢喜，安于本分，就像赤子一样忠诚。到了庖牺氏和神农氏时期，他们推行教育感化而不滥杀。到了轩辕黄帝、陶唐氏尧、有虞氏舜的时期，他们实行了诛杀，但人们没有怨言。这都是因为三皇是用道来施政、五帝是用德来统治的缘故。

夏商周室弱，春秋战国废道德、任智谋。秦任商鞅、李斯之智而并诸侯[①]，汉任张良、陈平之智而灭项籍[②]，光武任寇恂、冯异之智而降樊崇[③]，曹操任许攸、曹仁之智而破袁绍[④]，孙权任周瑜、鲁肃之智而败魏武[⑤]，刘备任孔明之智而王西蜀[⑥]，晋任杜预、王濬之智而平吴[⑦]，苻坚任王猛之智而定八州之众[⑧]；石勒任张宾之智而生擒王浚[⑨]，拓拔任崔浩之智而保河朔之师[⑩]，宇文任李穆之智而挫高欢之锐[⑪]，隋任高颎之智而面缚陈主[12]，太宗任李靖之智而败颉利可汗[13]。有国家者，未有不任智谋而成王业也。故曰将军之事，以静正理，以神察微，以智役物。见福于重关之内，虑患于杳冥之外者，将之智谋也。

【注释】

①商鞅（约前390—前338）：战国时卫国人，公孙氏，名鞅，亦称卫鞅、公孙鞅、商君鞅、商君。少好刑名之学。初为魏相公孙痤家臣，痤死，西入秦以强国之术游说秦孝公，得孝公信任。从孝公六年（前356）起任左庶长，实行变法。以功封于商（今陕西商洛）十五邑，号商君。孝公死，惠文王立，以遭诬害，举兵反抗，兵败被处以车裂。李斯（？—前208）：战国末年楚上蔡（今属河南）人。少为郡吏，曾从荀卿学。战国末年入秦，初为秦相吕不韦舍人，任为郎。旋任长史，拜客卿。秦王政时，为秦并六国谋划，建议先攻取韩国，再逐一消灭各诸侯国，完成统一大业。秦二世时，被赵高诬为谋反，被腰斩于咸阳市，夷三族。

②张良（？—前190）：秦朝末年人，字子房。其先为战国韩人，祖与父相继为韩五世相。秦灭韩后，图谋复国。秦二世元年（前209），聚少年百余人响应陈胜、吴广起义。不久，归属刘邦，为重要谋士。刘邦数用其计，誉之为“运筹策帷幄中，决胜千里外”。汉高帝六年（前201），封留侯，又助刘邦定功行封，并劝刘邦西都关中，定立太子等。后病卒。陈平（？—前178）：秦末阳武（今河南原阳东南）人。少时家贫，治黄老之术。秦二世元年陈胜、吴广起义后，先后事魏王咎、项羽，随从入关破秦。刘邦还定三秦时，他间行归汉，历任都尉、亚将、护军中尉，为刘邦重要谋士，屡以奇策建功。汉惠帝时，历任郎中令，左、右丞相。项籍：即项羽。

③光武：即刘秀（前6—57），东汉王朝创建者。公元25—57年在位。汉高祖九世孙。南阳蔡阳（今湖北枣阳西南）人，字文叔。西汉皇族。早年与兄刘縯等率宾客起兵加入绿林起义军。更始称帝后，授为太常偏将军。更始元年（23）与王凤所率起义军配合，取得昆阳之战胜利，歼灭王莽军主力。建武元年（25）在鄗（今河北柏乡北）称帝。后镇压赤眉起义军，削平各地割据势力，统一全国，建都洛阳。寇恂（？—36）：东汉初上谷昌平（今属北京）人，字子翼，世为著姓。初任郡功曹，新莽败亡后，劝太守耿况归附刘秀，遂拜偏将军。后任河内太守，行大将军事，转输军需甚力。与冯异合兵破更始将苏茂。后从光武帝征陇西，逼降隗嚣余党高峻部。明帝时图画功臣，列为云台二十八将之一。冯异（？—34）：东汉初颍川父城（今河南宝丰东）人，字公孙。新莽末年与父城长苗萌共守城，拒义军。更始年间归降刘秀，任主簿，从破王郎，封应侯，助秀镇抚河北。性谦让，不伐己功。诸将并坐论功，异常独退避树下，军中号为“大树将军”。后为孟津将军，统兵拒击更始大将军朱鲔。光武帝即位，封阳夏侯，任征西大将军，镇压赤眉农民起义军，平定三辅。复领兵西击隗嚣，进军义渠，降青山胡，破走卢芳所部及匈奴奥鞬日逐王。兼领北地、安定太守，又兼行天水太守事。病卒军中。明帝时图画功臣，列为云台二十八将之一。樊崇（？—27）：新莽末年琅邪（今山东诸城）人，字细君。天凤五年（18），在莒县（今属山东）率众起义，得到饥民拥护，于成昌（今山东东平西）大破莽军，所部众至十余万人，号“赤眉军”。公元25年，率众进入长安，推翻更始政权。公元27年，在新安（今河南渑池东）、宜阳（今属河南）一带遭到刘秀所部围攻，归降东汉政权。旋拟再起，被杀。

④曹操（155—220）：东汉末沛国谯县（今安徽亳州）人，字孟德，小名阿瞒。曹嵩之子。少机警，任侠放荡，不治行业。年二十，

举孝廉为郎，除洛阳北部尉。后任骑都尉，参与镇压黄巾军。及董卓擅政，乃散家财起兵，与袁绍等共讨卓。初平三年（192）据兖州，分化诱降黄巾军三十余万，选其精锐编为青州军。自此兵力大振。先后击败袁术、陶谦、吕布等部。建安元年（196），迎献帝至许（今河南许昌东），自为司空，行车骑将军事，总朝政。十三年，进位丞相。十八年，封魏公。二十一年晋爵为魏王。二十五年，病死于洛阳。子曹丕代汉称帝后，追尊为魏武帝。许攸：东汉末南阳（今属河南）人，字子远。少与袁绍及曹操善。初平中，随袁绍在冀州。官渡之战，谏绍勿与曹操相攻，绍不听，乃知不可与谋。后奔操。向操献计轻兵袭乌巢（今河南延津东南）袁氏辎重，袁军自败。后果如其言。自恃勋劳，对操常不敬，遭忌被杀。曹仁（168—223）：三国时沛国谯县人。东汉末，结少年千余人从操起兵，为别部司马，行厉锋校尉。从征袁术、陶谦、吕布、张绣等，数有功，操用为议郎督骑。从操打仗，屡立战功。曹丕即王位，拜为车骑将军，都督荆、扬、益州诸军事，后迁大将军、大司马，封陈侯。袁绍（？—202）：东汉汝南汝阳（今河南商水西北）人，字本初。出身世家大族，四代任三公之职。少为郎。灵帝时辟大将军何进掾属，为侍御史、虎贲中郎将。中平元年（184），任佐军校尉。灵帝死后，劝何进召董卓率兵进京诛灭宦官。后董卓入京废少帝，以不满卓专横，出奔冀州。初平元年（190），起兵与诸州牧刺史讨伐董卓，自为盟主，号车骑将军，领司隶校尉。各地州郡先后响应。建安二年（197）称大将军，兼督四州。建安五年，与曹操决战于官渡（今河南中牟东北），大败。后病死。

⑤孙权（182—252）：吴大帝，三国时吴国创建者。公元229—252年在位。吴郡富春（今浙江杭州）人，字仲谋。孙策弟。东汉末，郡察孝廉，州举茂才，行奉义校尉。建安五年（200），策死，继有其兄所据江东五郡，被曹操表为讨虏将军，领会稽太守。又得张

昭、周瑜等委心服事。建安十三年，操占有荆州，挥兵南下。议与刘备联军大破操军于赤壁。曹魏黄初二年（221），遣使称臣于魏，拜为大将军，封吴王，加九锡。黄初三年，改元黄武。黄武八年，即皇帝位于武昌（今湖北鄂州），国号吴，立登为皇太子，改元黄龙，旋即迁都建业（今江苏南京）。太元二年（252）卒，谥大皇帝。庙号太祖。周瑜（175—210）：东汉末庐江舒县（今属安徽）人，字公瑾。少与孙策友善，将兵佐策平江东，授建威中郎将，时年二十四，吴中皆呼为周郎。策卒，与张昭同辅孙权。建安十三年（208）为前部大都督，与操军战于赤壁。以火攻大败曹军。又进军南郡，击败魏将曹仁于夷陵（今湖北宜昌东南）。拜偏将军，领南郡太守，镇江陵。后病卒于巴丘。鲁肃（172—217）：东汉末临淮东城（今安徽定远东南）人，字子敬。尝以仓米与周瑜为资粮，遂相亲结，后被荐于孙权。建安十三年，建联刘拒操之策，与周瑜力排众议，坚决主战。孙权遂任为赞军校尉，助瑜大破操军于赤壁。后又拜奋武校尉、汉昌太守、偏将军。

⑥刘备（161—223）：三国时蜀汉的建立者，公元221—223年在位。字玄德，涿郡涿县（今河北涿州）人。东汉远支皇族。东汉末起兵，参与镇压黄巾军。先后投靠公孙瓒、陶谦、曹操、袁绍、刘表。在荆州访得诸葛亮为军师。建安十三年（208），采纳诸葛亮联合孙权、北拒曹操的主张，大败曹兵于赤壁，占据荆州一部分，势力逐渐扩大。不久，又夺取益州和汉中。公元221年称帝，定都成都，国号汉，年号章武。次年，率军进攻孙权，在夷陵之战中大败，退居白帝城。章武三年，托孤于诸葛亮，病卒于永安宫。谥昭烈帝。

⑦杜预（222—285）：西晋京兆杜陵（今陕西西安东南）人，字元凯。司马昭妹婿。初为尚书郎。泰始中，守河南尹，转秦州刺史，再拜度支尚书。在任七年，损益万机，朝野称美，号“杜武库”。咸宁四年（278），拜镇南大将军、都督荆州诸军事。次年，与王濬等连

表请求攻吴。旋即分路进兵,他率一军南进。六年,取江陵,王濬从武昌顺流直趋建业,孙皓降。后以灭吴功,封当阳县侯。晚年耽思经籍,自称"《左传》癖",著有《春秋左氏经传集解》《春秋释例》《春秋长历》等,成一家之学。后征为司隶校尉,行至邓县卒。王濬(206—286):西晋弘农湖县(今河南灵宝西北)人,字士治。博涉典籍,恢廓有大志。州郡辟为羊祜参军。后除巴郡太守,迁益州刺史。造舟舰,练水师,力主伐吴。太康元年(280)受命进军,自成都出兵,克武昌,入建业,受孙皓降。以功封襄阳县侯,累迁抚军大将军。

⑧苻坚(338—385):十六国时前秦国君。略阳临渭(今甘肃秦安东南)人,字永固。一名文玉。氐族。苻雄子。初为东海王。寿光三年(357)与苻法等杀苻生,去皇帝号,自立为大秦天王。任用汉族士人王猛等。建元六年(370)灭前燕,次年徙关东豪强及各族十五万户于关中。十年攻占东晋益州。十九年派吕光出兵西域,西域三十余国归服,统一中国大部。同年,自领各族兵近百万,南下攻东晋,在淝水为晋所败。二十一年,出奔五将山,为姚苌俘获,缢死于新平(今陕西彬县)。王猛(325—375):十六国时北海剧县(今山东寿光南)人,字景略。出身寒门,少贫贱,鬻畚箕为业。性严谨,博学好兵书。初欲投东晋桓温,后改投前秦主苻坚,迭任中书侍郎、京兆尹、吏部尚书、尚书左仆射、司隶校尉等职,参与枢机决策。建元六年(370),率十万大军灭前燕,留镇邺(今河北临漳西南),都督关东六州诸军事。后入朝为丞相,军国内外机务,莫不归之。临终苻坚问以后事,劝勿攻东晋,苻坚不听,遂有淝水之败。谥武侯。

⑨石勒(274—333):十六国时后赵建立者。公元319—333年在位。字世龙。上党武乡(今山西榆社西北)人。羯族。少时务农,与邑人行贩洛阳。曾被晋官吏掠卖到山东为牧奴,与王阳、

夔安等起兵，号称十八骑。后投附刘渊，改姓石氏。历任辅国将军、平晋王、平东大将军，以襄国（今河北邢台西南）为据点，扩展势力。前赵光初二年（319）自称大将军、大单于、领冀州牧、赵王，建都襄国，置百官，重用汉人张宾为谋士。太和二年（329）围洛阳，灭前赵。次年称大赵天王，旋即皇帝位，改元建平。后病死。张宾（？—322）：十六国时赵郡中丘（今河北内丘西）人，字孟孙。少时博涉经史，有智谋。永嘉乱后，石勒下山东，他提剑至军门求见，以才识渐受倚重，被勒引为谋主，拜参军都督，领记室。石勒称赵王，他任大执法，专总朝政，位冠僚首，呼为右侯，凡所计策，勒多从之。后赵制度，多出其手。后因程遐、石弘等猜忌，免官。旋病死。

⑩拓拔：此指拓跋焘（408—452），北魏太武帝，公元423—452年在位，字佛狸。鲜卑族。明元帝长子。泰常八年（423）即位，时年十六。信用以崔浩为首之汉族官僚，接纳崔浩之计，率军迎敌，击破柔然。抵可汗庭，高车族三十余万人纷纷归附，国力大增。此后，攻灭夏、北燕、北凉，于太延五年（439）统一北方。正平二年（452），为中常侍宗爱所杀。谥太武帝。庙号世祖。崔浩（381—450）：南北朝时期北魏杰出的政治家、战略家。北魏清河东武城（今属山东）人，字伯渊。崔宏子。博览经史。初为直郎。天兴中，转著作郎。明元帝初，迁博士祭酒，赐爵武城子。参议军国大谋。太武帝始光中，晋爵东郡公，拜太常卿。时议伐夏、北凉、柔然，事皆如其所料。后迁司徒，举凡朝廷礼仪、军国书诏，无不执掌。河朔：古代泛指黄河以北的地区。

⑪宇文：此指宇文泰（507—556），北朝代郡武川（今属内蒙古）人，字黑獭。随贺拔岳迎魏孝庄帝回洛阳，有功，行原州事。寻为夏州刺史。永熙三年（534），拜关西大行台，传檄方镇，誓除丞相高欢。八月，迎魏孝武帝入关，寻杀帝，立元宝炬为帝，专军国大政，

授大将军,进位丞相。西魏大统元年(535),都督中外诸军事、大行台,改封安定公。十四年进太师,以冢宰总朝政。执政二十余年,奠定了北周基础。卒谥文公。闵帝受禅,追谥文皇帝,庙号太祖。李穆(510—586):隋初陇西成纪(今甘肃静宁西南)人,字显庆。西魏大统四年(538),从宇文泰战东魏军于邙山,以救驾之功,授武卫将军,加大都督,封安武郡公。复从于谨破江陵,进位大将军。又败曲沔蛮,授原州刺史。北周天和二年(567),晋爵申国公,后出为并州总管。静帝即位,任大左辅。向杨坚(隋文帝)献十三环金带,密表劝进。入隋,为太师。高欢(496—547):东魏渤海蓨县(今河北景县西)人,字贺六浑。北魏孝昌元年(525),从杜洛周起兵,投葛荣,复归魏大都督尔朱荣,为亲信都督,迁晋州刺史。尔朱荣死,乃用计离尔朱兆自立。永熙元年(532),攻入洛阳,改立元修为帝(即孝武帝),自任大丞相。旋移镇晋阳,遥控朝政。三年,元修被迫西逃关中,乃另立元善见为帝,都邺(今河北临漳西南),史称东魏。北魏从此分为东、西。前后执政十六年,南拒梁,北击柔然,西与宇文泰苦战。后病卒于晋阳。子高洋禅代东魏建北齐后,追崇为献武帝,庙号太祖。天统元年(565),改谥神武皇帝,庙号高祖。

⑫高颎(?—607):隋渤海蓨县(今河北景县西)人,一名敏,字昭玄。精明强干,有文武才。仕北周,以平北齐功,拜开府。杨坚当政,引为相府司录,委为心腹。入隋,拜尚书左仆射,兼纳言,进渤海郡公。隋开皇七年,献平陈之计。八年,辅晋王杨广攻陈,为元帅长史,参赞军务。次年灭陈,以功加上柱国,晋爵齐国公。炀帝即位,拜太常卿。炀帝乱政,数谏,被杀。

⑬太宗:即李世民(599—649)。唐代皇帝。公元626—649年在位。李渊次子。隋末,随父起兵太原,领右军克长安(今陕西西安)。唐武德元年(618),为尚书令,封秦王。率军击平割据势力

薛仁杲、刘武周、王世充，镇压窦建德、刘黑闼等起义军。武德九年，发动玄武门之变，旋即帝位，改元贞观。贞观四年(630)，平东突厥，西北各族尊为“天可汗”。九年(635)，平吐谷浑。十四年(640)，平高昌，置西州(治今新疆吐鲁番东)，略定唐代版图。葬昭陵，谥文皇帝。李靖(571—649)：唐京兆三原(今属陕西)人，本名药师。才兼文武，为其舅韩擒虎与杨素、牛弘所推重。隋大业末，为马邑郡丞。后入李世民幕府，从平王世充。贞观三年(629)，与李勣等出击东突厥。次年，擒颉利可汗。进尚书右仆射。九年，复起为帅，平吐谷浑。后封卫国公，图形凌烟阁。著兵书《六军镜》三卷，今佚。又有《李卫公兵法》散见于《通典》。颉利可汗(？—634)：东突厥可汗。启民可汗第三子。原称莫贺咄设，建牙五原以北。武德三年(620)嗣为大可汗。梁师都、刘黑闼、苑君璋等皆附其势，连年侵唐。贞观三年(629)，太宗令李靖统诸将分道并出，合击突厥。四年，唐军出塞，颉利奔铁山，遣使谢罪。唐鸿胪卿唐俭持节安抚，李勣乘间进击，大破之。东突厥亡。颉利至长安，太宗释之，授虢州刺史，辞不就；改授右卫大将军，赐园宅。卒赠归义王。

【译文】

从夏、商、周开始，用道德治世的局面就衰落了。春秋战国时期开始废弃道德而用智谋来治世。秦国使用商鞅、李斯的智谋而兼并了诸侯国，汉高祖依靠张良、陈平的智谋消灭了项羽，汉光武帝刘秀用寇恂、冯异的智谋而使樊崇投降，曹操用许攸、曹仁的智谋击破了袁绍，孙权用周瑜、鲁肃的智谋打败了曹操，刘备用诸葛亮的智谋而称王于西蜀，晋朝用杜预、王濬的智谋平定了东吴，苻坚用王猛的智谋而平服了八州之众，石勒用张宾的智谋而活捉了西晋大将军王浚，拓跋焘用崔浩的智谋而保全了河朔的军队，宇文泰用李穆的智谋而挫败了高欢的精锐部队，隋文帝用高颎的智谋活捉了陈后主，唐太宗用李靖的智谋而击败了东突厥的颉利可汗。凡是统治国家的人,没有不用智谋而成就帝王之业的。所以说将军的本领,就是内心平静来思考治国之道,用心明察秋毫,用智处理事情。能够看到重重难关内的胜机,能够预料出看不到的祸患,这就是将帅的智谋。

术有阴谋篇

【题解】

本篇强调如何正确对待战争中的谋略问题。“夫太上用计谋,其次用人事,其下用战伐”,是本篇的主旨。

兵家历来强调要重视谋略。谋略与计谋还是有区分的。“谋略”强调“略”,是战略层面的东西。“计谋”则强调的是“术”,具体运用在战争实践中。“谋略”是战略,因而要从全局来考量,故作者化用了《鬼谷子》的“量权”思想。量权,就是全面衡量一个国家的国内与国际两个大局。从大局出发,才能制定正确的计谋。

计谋是从战术出发。军事家孙武强调战争首要在于“伐谋”,即不经交战就能取得对敌斗争的完全胜利。《孙子兵法·谋攻篇》说:“上兵伐谋,其次伐交,其次伐兵,其下攻城。攻城之法,为不得已。”并据此认为:“百战百胜,非善之善者也;不战而屈人之兵,善之善者也。”孙子的思想追求的是取胜利益的最大化。作者在这一点上完全继承孙子“上兵伐谋”重要思想。篇中针对敌方的人君,列举了种种暗中实施阴谋的做法,以使敌方的人君或将帅失去战斗意志或战斗力,达到“不战而屈人之兵”的目的。这是对《孙子兵法》的引申与具体化,具有很强的操作性与现实指导意义。

但是这种做法也有历史局限性。战争胜负最终依靠的是国家的综合国力。这些阴谋手段虽然在某种程度上能达到目的,但终究不是治本之策。

经曰：古之善用兵者，必重天下之权，而研诸侯之虑。重权不审，不知轻重强弱之称；揣情不审，不知隐匿变化之动[1]。重莫难于周知，揣莫难于悉举，事莫难于必成，此三者，圣人能任之[2]。

【注释】

①“古之善用兵者”几句：此为化用《鬼谷子·揣篇》，原文为：“古之善用天下者，必量天下之权而揣诸侯之情。量权不审，不知强弱轻重之称；揣情不审，不知隐匿变化之动静。”权，这里指天下局势和各势力综合实力的熟知与比较。

②“重莫难于周知”几句：此为化用《鬼谷子·摩篇》，原文是：“故谋莫难于周密，说莫难于悉听，事莫难于必成。此三者，唯圣人然后能任之。”

【译文】

经说：古代善于用兵的人，必定重视天下形势的发展变化，研究各个势力的真实实力与内心企图。估量局势，但如果考虑不周密，就不知道各方势力中谁强大，谁弱小；不会知道各方势力内部哪些地方强，哪些地方弱；不会知道各方势力在国内地位的轻重。揣测对方使用的权谋但考虑不周密，就不知道对方内心隐秘的真实想法，不会洞悉事情隐藏、变化的动态。估量形势最难做到周密，揣测权谋最难做到全盘掌控，决定战事最难的是做到必然成功。这三个方面，只有圣人能够做到。

故兵有百战百胜之术，非善之善者也；不如不战而屈人之兵，善之善者也[1]。夫太上用计谋，其次用人事，其下用战伐[2]。用计谋者，荧惑敌国之主[3]，阴移谄臣，以事佐之；惑以巫觋，使其尊鬼神事；重其彩色文绣，使贱其菽粟而空其仓庾；遗之美好，使荧其志；遗之巧匠，使兴土木，以竭其财、役其力；易其性，使化改淫俗，奢暴骄恣。贤臣结舌，莫肯匡助；滥赏淫刑，任其喜怒，政令不行；信卜祠鬼神，逆忠进谄，请谒公行，而无圣人之政；爱而与官，无功而爵，未劳而赏；喜则赦罪，怒则肆杀；法居而自顺，令出而不行；信蓍龟、卜筮、鬼神、祷祀、谄谀、奇技④，货财行于门户，其所谓是者，皆非；非者，皆是。离君臣之际，塞忠谏之路。然后淫之以色，攻之以利，娱之以乐，养之以味。以信为欺，以欺为信，以忠为叛，以叛为忠。忠谏者死，谄佞者赏。令君子在野，小人在位，急令暴刑，人不堪命。所谓未战以阴谋倾之，其国素已破矣。以兵从之，其君可虏，其国可隳，其城可拔，其众可溃。故汤用此而桀放，周用此而殷纣杀，越用此而吴国墟，楚用此而陈蔡举，三家用此而鲁国弱⑤，韩魏用此而东周分。

【注释】

①“故兵有百战百胜之术”几句：化用《孙子兵法·谋攻》篇，原文为：“故百战百胜，非善之善者也；不战而屈人之兵，善之善者也。”

②“夫太上用计谋”几句：化用《孙子兵法·谋攻》篇，原文为：“故上兵伐谋，其次伐交，其次伐兵，其下攻城。”

③荧惑：这里谓迷惑。古代本指火星，因其隐现不定，使人迷惑，故名。

④奇技：奇特的技艺。古代对工程机械等手工操作精巧产品的蔑称。

⑤三家：此指鲁国的“三桓”，孟孙氏、叔孙氏、季孙氏。孟孙氏，名庆父；叔孙氏，名叔牙；季孙氏，名季友。鲁国公室自宣公起，日益衰弱，而国政被操纵在以季氏为首的三桓手中。所谓“三桓胜，鲁如小侯，卑于三桓之家”，也有“庆父不死，鲁难未已”的说法。

【译文】

虽然用兵有百战百胜的策略，但不是好中最好的；不战而迫使敌人屈服，这才是好中最好的。最高明的用兵之法是使用计谋，其次是运用外交手段，最下是用兵征战。运用计谋，就是迷惑敌国的君主，暗中促使善于阿谀奉承的奸臣来辅佐他；再用巫术迷惑他，使他迷信鬼神；让他偏爱华美的服饰，不重视农业生产，导致他的仓库空虚；送给他美女，用来消磨他的意志；送给他能工巧匠，给他兴建宫殿高台，以此耗尽他的财富，并大量役使民力；改变他的性情，使他变得荒淫奢侈、骄横残暴、放纵妄行；使贤臣不能讲话，没有人愿意辅佐帮助他；让他滥施奖赏，泛用刑罚，喜怒无常；让他政令不能推行，求神问卜，迷信鬼神，不听忠言，专喜媚语，请托送礼走后门的事公然流行，完全丧失了圣君之政；让他喜欢谁就给谁官职，没有功劳也得到晋爵，不付出辛劳也有奖赏；高兴的时候就随意赦免罪行，发怒的时候就肆意胡乱杀人；法律被束之高阁而强迫人们服从自己的心意，命令已发出却不执行；让他迷信占卜、巫术、鬼神、祭祀，阿谀奉迎之人和奇技淫巧之人出入他的门户。他所说的正确的其实都是错误的，他所说的错误的却都是正确的。这样就离间了君臣的关系，堵塞了忠臣进谏的言路。然后用女色使他荒淫无度，用财物使他利欲熏心，用舞乐使他欢娱忘忧，用美酒食物使他醉生梦死。让他把忠诚当作欺骗，把欺骗当成忠诚，把忠贞当成叛逆，把叛逆视为忠贞。让他把忠心直谏的人处死，使谄媚奸佞的人得到奖赏；使君子退位在野，奸邪小人当朝；严刑峻法盛行，人民不堪忍受。这就是所说的还没有交战就用计谋颠覆了他，他的国家已经破亡了。这时候，再用兵攻之，就能够俘虏他的君主，摧毁他的国家，攻占他的城邑，击溃他的军队。所以商汤运用谋略而使得夏桀被放逐，周武王运用谋略而使得商纣王自杀，越王勾践用谋略使得吴国成为废墟，楚国运用谋略而使得陈、蔡两国投降。季孙、叔孙、孟孙三家专权而使鲁国衰落，韩、魏二国反叛而使周朝分裂成东周、西周两个小国。

儒生之言皆曰[①]:“兵强大者必胜,小弱者必亡。”是则小国之君无伯王之业,万乘之主无破亡之日。昔夏广而汤狭,殷大而周小,越弱而吴强。所谓不战而胜者,阴倾之术[②],夜行之道,文武之教。圣人昭然独见,忻然独乐,其在兹乎!

【注释】

①儒生:这里指见识浅薄的读书人。

②阴倾:暗中实施。这里指阴谋。

【译文】

儒生们都说:“军队强大的国家必定会胜利,军队弱小的国家必定会灭亡。”按照这种说法,小国的君主就不可能建立起霸王之业,而拥有万乘兵车的大国君主就没有败亡的时候了。但是,事实却不是这样。夏朝的疆域广阔而商汤的国土狭小,殷商的疆域广大而周的土地狭小,越国国力弱小而吴国的国力强大。而商汤、周武王和越国最终都胜利了。所以,这里所说的不战就能够取胜的原因,不是依靠国家大小强弱,而是运用了暗中颠覆的阴谋、秘密行动的办法、文武并用的手段。圣人能够清楚地懂得这些道理,悠然独乐于此道,原因就在这里吧。

智有探心篇

【题解】

战争要求对敌情有深入准确的了解。《孙子兵法·谋攻》篇说:“知彼知己者,百战不殆;不知彼而知己,一胜一负;不知彼,不知己,每战必殆。”“知彼知己”的要求非常广泛,包括山川、河流等地理情况,土地、人口、市场等经济情况,国君、将帅、士兵、装备等军事情况等。而在“知彼知己”中,最难的是知悉对方(敌人)国君或将帅内心的真实想法。本篇就是讨论如何探悉对方内心世界的方法。

在作者之前,探悉国君内心的方法,已经有了一部名著《鬼谷子》。本篇的探心术基本上是沿袭了《鬼谷子》,涉及的篇目有《捭阖》《反应》《内揵》《忤合》《揣篇》《谋篇》《权篇》等,并有所拓展。综合起来看,探心术有“伺人之情,从欲攻之”“知己所长,攻其所短”“道贵制人,争取主动”“试之言辞,窥探内心”等四术。

“伺人之情,从欲攻之”,即从对方外在所表现出来的爱好喜恶去窥探对方的内心。

“知己所长,攻其所短”,即发挥自身的特长来洞悉对方的弱点,并加以利用。

“道贵制人,争取主动”,即探心的方法始终要掌握在自己手中。这样才能做到游刃有余,达到目的。

“试之言辞,窥探内心”,言为心声,从对方的言辞来窥探对方内心的真实想法。这是最为有效的方法。

《鬼谷子》一书在很大程度上就是探讨如何利用他人的弱点来达到自己目的的书。自古以来,这种手段都被认为违背道义,但是作为战争来说,这无疑是取胜的智慧。作者吸取用来指导战争,还是值得肯定的。

经曰:古者,邻国烽烟相望,鸡犬相闻,而足迹不至于诸侯之境,车轨不结于千里之外①。以道存生,以德安形,人乐其居。后世浇风起而淳朴散②,权智用而谲诈生。邻国往来用间谍,纵横橐括③。徐守仁义④,社稷丘墟;鲁通儒墨,宗庙泯灭。非达奥知微,不能御敌;不劳心苦思,不能原事;不悉见情伪,不能成名;材智不明,不能用兵;忠实不明,不能知人⑤。是以鬼谷子述《揣摩》《捭阖》《飞箝》《抵巇》之篇[⑥]，以教苏秦、张仪[⑦]，游说于诸侯之国而探诸侯之心，于是斯术行之。

【注释】

①“邻国烽烟相望”几句：化用《老子》第八十章，原文为：“小国寡民，使有什伯之器而不用，使民重死而不远徙。虽有舟舆，无所乘之；虽有甲兵，无所陈之；使人复结绳而用之。甘其食，美其服，安其居，乐其俗。邻国相望，鸡犬之声相闻，民至老死不相往来。”

②浇风：轻薄的社会风气。

③檃（yǐn）括：也写作“隐栝”，原意是矫正曲木的器具，后引申为对文章的剪裁改写。这里指纵横策士游说时对时事或事实的任意夸大或增删。

④徐：这里指徐国。东夷中最称强大。曾数次联合淮夷等抗周。春秋时为楚所败。周敬王八年（前512）为吴国吞并。

⑤“非达奥知微”几句：化用《鬼谷子·忤合》篇，原文为：“非至圣达奥，不能御世；非劳心苦思，不能原事；不悉心见情，不能成名；材质不惠，不能用兵；忠实无真，不能知人。”

⑥鬼谷子：又名鬼谷先生，战国时期人，纵横家的代表人物，同时也是军事理论家、教育家。曾至稷下游学，后隐居授徒，弟子中有苏秦、张仪。相传孙膑、庞涓也是其弟子。道教尊为鬼谷先师、王禅老祖。今传《鬼谷子》一书，为其所著。

⑦苏秦：战国时东周洛阳（今属河南）人，字季子。《史记》记载其为鬼谷子的弟子。张仪（？—前309）：战国时魏国人。魏贵族后裔。传曾学于鬼谷先生。先游说于楚，后入秦，秦惠王以为客卿，谋伐诸侯。秦惠文王十年（前328）为相，采用连横策略，使秦占有河西、上郡及河东、河南部分地。后因功封五邑，号武信君。秦武王即位，被逐之魏，相魏一岁而卒。

【译文】

经说：古代相邻的国家，虽然彼此之间看得见烽烟，听得见鸡犬的叫声，但是国人的足迹却不踏至他国的境内。即便有车，也不去千里之外。各国都是依靠道义生存，依靠德行安定形势，人民生活安居乐业。到了后代，轻薄风气兴起，淳朴风气消失，权术和计谋被使用，谎言和狡诈也出现了。邻国之间的交往使用间谍，合纵连横的外交活动中充斥着谎言与欺诈。徐国遵守仁义之道，国家变成了废墟；鲁国尊崇儒墨学说，而国家灭亡。不是能够通达高深洞悉微妙道理的人，不能抵御敌人；不是费尽心力苦苦思索的，不能穷尽事物的原理；不是精心地去发现事物的本质，就不能给事物以成功的命名，以达到名实相副；天赋的才干不够聪明，就不能用兵打仗；为人处事虽然忠于实际但没有真诚的态度，也是不能够去了解别人。所以鬼谷先生写了《揣摩》《捭阖》《飞箝》《抵巇》等篇章，用它来教导苏秦、张仪。苏秦、张仪在六国之间游说，探测各个诸侯的心理，于是探心之术便流行起来。

夫用探心之数者，先以道德、仁义、礼乐、忠信、诗书、经传、子史、计谋、成败，混而杂说，包而罗之[①]，澄其心，静其志。伺人之情，爱恶去就，从欲而攻之。阴虑而阳发，必虚往而实来。此虚言而往，彼实心而来。因其心，察其容，听其声，考其词。言不合者，反而求之，其应必出[②]。既得其心，反射其意，符应不失，契合无二，胶而漆之，无使反复，如养由之操弓、逢蒙之挟矢，百发而无不中正[③]；犹设罝罘[④]，以罹鱼兔，张其喙，磔其腰[⑤]，虚其腹，必冲网而挂目，亦何有孑遗哉！夫探仁人之心，必以信，勿以财；探勇士之心，必以义，勿以惧；探智士之心，必以忠，勿以欺；探愚人之心，必以蔽，勿以明；探不肖之心，必以惧，勿以常；探好财之心，必以贿，勿以廉[6]。

【注释】

①“先以道德”几句：化用《鬼谷子·内揵》篇文字，原文为：“由夫道德、仁义、礼乐、忠信、计谋，先取《诗》《书》，混说损益，议论去就。”

②“因其心”几句：化用《鬼谷子·反应》篇文字，原文为：“因其言，听其辞。言有不合者，反而求之，其应必出。”

③“既得其心”几句：化用《鬼谷子·反应》篇文字，原文为：“若探人而居其内，量其能射其意，符应不失，如螣蛇之所指，若羿之引矢。”

④犹设罝罘（jū fú）：化用《鬼谷子·反应》篇文字，原文为：“犹张罝网而取兽也。”

⑤磔（zhé）：古代一种分裂肢体的酷刑。

⑥“夫探仁人之心”几句：化用《鬼谷子·反应》篇文字，原文为：“夫仁人轻货，不可诱以利，可使出费；勇士轻难，不可惧以患，可使据危；智者达于数，明于理，不可欺以不诚，可示以道理，可使立功，是三才也。故愚者易蔽也，不肖者易惧也，贪者易诱也，是因事而裁之。”本段文字可以说是将《鬼谷子》“因事而裁之”的具体化。

【译文】

使用探心之术的人，根据对象先后从道德、仁义、礼乐、忠信、诗书、经传、子史、计谋、成败等某一个话题进行谈心，或者将其中一个或几个方面混杂在一起进行对话，使对方从内心里引起共鸣，接纳你，使被探者的心绪得以澄清，心态得以平静。观察他的爱好或者憎恶，远离或是亲近，然后顺应他的欲望而攻其心。暗地里考虑好了，就要在实际中付诸实施。这里说的是虚言假语，却要引出对方用真心实意来回答。观察他的表情来推测他心中的真实想法，依据他说的话去分析他的真实意愿。如果对方所说的话不符合你的需要，就重新找办法再次探求，对方的真实情况就一定会反映出来。已经掌握了对方的心理，再反过来观察他的实际行动，这样对方暴露出来的信息就能与自己的需要符合一致，就像用胶和漆粘起来一样，不要让能紧紧抓住对方的情况发生变化，失去驾驭对方的机会。这样做就像养由基和逢蒙操弓射箭一样，百发百中；又像撒网捕鱼和设网捉兔一样，使它们愿意张开嘴，收住腰，紧缩两肋，死命冲向网。这样就会牢牢挂在网上，还会有漏网的吗？探察仁人的内心，一定要以诚信相待而不要用贿赂的办法；探察勇士的内心，一定要以信义相待而不要用威胁的办法；探察智者的内心，一定要以忠诚相待而不要用欺诈的办法；探察愚人的内心，一定要用蒙蔽的办法而不要讲明；探察不肖之人的内心，一定要用威胁的办法而不要用平常的办法；探察贪财人的内心，一定要用贿赂的办法而不要用廉洁的办法。

夫与智者言，依乎博。智有涯而博无涯，则智不可以测博。与博者言，依乎辨。博师古而辨应今，则古不可以应今。与贵者言，依乎势。贵位高而势制高，则位不可以禁势。与富者言，依乎物。富积财而物可宝，则财不足以易宝。与贫者言，依乎利。贫匮乏而利丰赡，则乏不可以周丰[①]。与贱者言，依乎谦。降下则贱不可以语谦。与勇者言，依乎敢。勇不惧而敢刚毅，则勇不可以慑刚。与愚者言，依乎锐。愚质朴而锐聪明，则朴不可以察聪[②]。此八言，皆本同其道，而末异其表。同其道，人所欲听；异其表，听而不晓。如此，则不测浅、不测深，吾得出无间、入无阻，独往而独来，或纵而或横；如偃枯草，使东而东，使西而西；如引停水决之则流；壅之则止，谋何患乎不成哉！

【注释】

①周（zhōu）：接济，救济。

②则朴不可以察聪：本段开头至此，是对《鬼谷子·权篇》的借用与发挥，原文为："与智者言依于博，与博者言依于辩，与辩者言依于安，与贵者言依于势，与富者言依于豪，与贫者言依于利，与贱者言依于谦，与勇者言依于敢，与愚者言依于说。"

【译文】

与智者交谈，要依靠渊博的知识。人的智慧是有限的，而知识是无限的，所以仅凭智谋难以揣度渊博之人。与知识渊博的人交谈，要依靠能言善辩。渊博的知识往往是师承古人，而能言善辩则能适应现实的需要，所以仅凭渊博的知识不能应付能言善辩之士。与地位尊贵的人交谈，要依靠权势。尊贵的人地位高，但权势可以制服地位高，所以仅凭地位尊贵压不住有权势的人。与富有的人交谈，要依靠稀奇的珍宝。富翁积聚财富，而稀奇的宝物是更加珍贵的东西，所以财富不足以换取稀奇的珍宝。与贫穷的人交谈，要依靠物质利益。贫穷的人缺乏的是财物，而物质利益能使人富足，所以跟贫穷的人讲话不能要求他们接济他人过多的财物。与地位低下的人交谈，要依靠谦让。卑贱的人所处地位低下，所以与地位低贱的人交谈就不可以要求他们谦让。与勇猛的人交谈，要依靠果敢。勇猛的人只是无所畏惧，而果敢的人却是刚毅，所以与勇猛的人交谈要讲刚毅的那些话震慑他。与愚蠢的人交谈，要依靠敏锐。愚蠢的人本质淳朴，而敏锐就是聪明，所以与淳朴的人讲话就要讲那些聪明的话。上述八种交谈方法，根本道理都是相同的，只是对象不同而表现不同罢了。所言合乎所好，那么人皆愿听；所言异乎所好，对方听了也不晓得真实用意。这样，对方就难以探测我的深浅，我就可以出无阻碍，入无征兆，独往独来，或纵或横，或左或右，就像狂风压倒枯草一样，让它向东倒就向东倒，让它向西伏就向西伏；又像导引静止的水一样，决开堤坝水则流入，堵塞决口水则不流。如此，那还担心什么计谋不能成功吗？

夫道贵制人，不贵制于人。制人者，握权也；制于人者，遵命也[①]。制人之术，避人之长，攻人之短；见己之所长，蔽己之所短。故兽之动，必先爪牙；禽之动，必先嘴距[②]；螯虫之动，必以毒；介虫之动，必以甲。夫禽兽虫豸，尚知用所长以制物，况其智者乎[③]！夫人好说道德者，必以仁义折之；好言儒墨者，必以纵横遇之；好谈法律者，必以权术挫之。必乘其始、合其终、摧其牙、落其角，无使出吾之右。徐以庆吊之言，忧喜其心，使其神不得为心之主。长生、安乐、富贵、尊荣、声色、喜悦，庆言也；死亡、忧患、贫贱、苦辱、斩僇、诛罚，吊言也[④]。与贵者谈，言吊则怒；与贱者谈，言庆则悦。将其心，迎其意，或庆或吊，以感其志。情变于内者，形变于外，常以所见而观其所隐，所谓测隐探心之数也[⑤]。虽有先王之道，圣智之术而无此者，不足以成王伯之业也。

【注释】

①“夫道贵制人”几句：化用《鬼谷子·谋篇》文字。原文为：“故曰事贵制人，而不贵见制于人。制人者，握权也；见制于人者，制命也。”

②距：雄鸡爪子后面突出像脚趾的部分。这里指鸟禽的爪子。

③况其智者乎：自“制人之术”至此，化用《鬼谷子·权篇》文字。原文为：“是故智者不用其所短，而用愚人之所长；不用其所拙，而用愚人之所工，故不困也。言其有利者，从其所长也；言其有害

者,避其所短也。故介虫之捍也,必以坚厚;螫虫之动也,必以毒螫。故禽兽知用其长,而谈者亦知其用而用也。”

④“长生、安乐、富贵、尊荣、声色、喜悦,庆言也”几句:化用《鬼谷子·捭阖》篇文字。原文为:“故言长生、安乐、富贵、尊荣、显名、爱好、财利、得意、喜欲,为‘阳’,曰始。故言死亡、忧患、贫贱、苦辱、弃损、亡利、失意、有害、刑戮、诛罚,为‘阴’,曰终。”

⑤“情变于内者”几句:化用《鬼谷子·揣篇》文字。原文为:“情变于内者,形见于外。故常必以其见者,而知其隐者。此所以谓测深揣情。”

【译文】

做任何事情的关键都在于控制对方,而不能被对方所控制。控制了对方,就掌握了主动权;被对方所控制,就只能俯首听命。控制对方的方法,就是避开他的长处,攻击他的短处;而自己需要发挥自我的长处,克服自身的短处。所以野兽发动攻击,必然先张牙舞爪;猛禽发动攻击,必然先动锋利的嘴和爪;螫人的虫子发动攻击,必然依靠毒液;甲壳之虫发动攻击,必然依仗甲壳来做掩护。鸟兽虫豸尚且知道利用它们自身的长处来制服他物,更何况有智慧的人呢!对于喜好道家的人,一定要用儒家的仁义之理使他折服;对于喜好谈论儒家、墨家的人,一定要用纵横家的理论制服他;对于喜好法家的人,一定要用黄老权术挫败他。一定要让对方在一开始的时候就背离他自己的理路,走来合乎我的意志。然后乘机消除他的长处,这就如同拔掉野兽的牙齿、砍掉动物的犄角一样,使他的长处不能高出我之上。然后再说一些喜庆或是悲哀的话,使对方心情高兴或是忧虑,使对方心神不定导致六神无主。长生、安乐、富贵、尊荣、声色、喜悦,这些都是喜庆的吉利话;死亡、忧患、贫贱、受苦、受辱、刑罚、杀戮、诛杀,这些都是悲哀的晦气话。与地位尊贵的人谈话,说晦气的话就会使他悲哀;与地位低贱的人谈话,说喜庆的话就会使他高兴。投合他们的心意,逢近他们的意愿,或者用喜庆的话,或者用丧气的话,这样来迷惑他们的志向。内心情感发生变化的，在外表上就要表现出来。所以常常可以根据所见到的外在表现来观察对方的内心世界。这就是所说的窥测隐秘、探察内心的方法。虽然有先王的道德、圣贤的智慧，但如果不会运用这些测隐探心之术，也是不足以成就霸王之业的。

政有诛强篇

【题解】

此篇专门讲整肃军队中豪强乱军的问题。文章一开头直奔主题：一旦有豪强乱军，就会导致军纪涣散，兵无斗志。豪强乱军是导致军队丧失战斗力的重要因素。豪强指主要的豪门大族、权臣亲信、人君宠臣，这些人一旦混入军队中，就会对军队产生巨大影响。

文中列举了古人诛杀豪强的诸多事例，指出对乱军的豪强一定要予以严厉打击，并把敢不敢打击豪强作为将帅树立威望的重要手段。同时作者也认为对待豪强要做到辩证对待。对于乱军的豪强，当然要除掉以立军威；但是对一些有才华的豪强，要能做到加以引导，驾驭他们，让他们为军队服务，也是好事。

乱军的豪强之所以成为豪强，背后都有着庞大的关系网和权势依仗。如果随意杀这些乱军豪强，有可能给自己带来祸害，这样于国、于军、于己皆不利。因此在如何诛杀这些豪强的方法上不得不讲究手段。作者认为，方法就是“长其恶，积其凶，纵其心，横其志，使祸盈于三军，怨结于万人”，放纵他们，让他们的罪恶积累，祸害了三军，结怨于众人，然后再除掉他们。这样既给除掉他们有了充分的理由与依据，也保全了自身。历史上最著名的例子就是《左传》中的“郑伯克段于鄢”。郑庄公继位的时候，他的母亲不喜欢郑庄公，想让自己的小儿子共叔段来继位。这样，郑庄公就受到了弟弟共叔段的威胁。共叔段有了母亲的依靠，堪称豪强。郑庄公一心想除掉自己的这个弟弟，就在暗中不知不觉地放纵共叔段。共叔段不断扩张自己的势力，直至最终发动叛乱，发兵抢夺国君之位。这个时候，郑庄公果断平叛，以叛乱罪将共叔段赶出郑国。

经曰：夫国有乱军者，士卒怯弱，器械柔钝，政令不一，赏罚不明，不预焉！所谓乱军者，豪家、权臣、阍寺、嬖昵①，为之军。变权军之势，擅大将之威，公政私行，私门公谒。上发谋，下沮议；上申令，下不行。猛如虎、狠如羊，贪如狼，强不可制者，是谓乱军，皆宜诛之②。文宣诛少正卯于两观而鲁国清③，穰苴斩庄贾于表下而军容肃④，魏绛戮杨干而诸侯服⑤，项籍斩宋义而天下怖⑥。夫诛豪者，益其威；僇强者，增其权。威权生于豪强之身，而不在于士卒之庸愚。豪强有兼才者，则驾而御之，教而导之，如畜鸷鸟，如养猛兽，必节其饥渴，翦其爪牙⑦，绊其足，猰其舌⑧，呼之而随，嗾之而造⑨，牢笼其心，使驯吾之左右。豪强无兼才者，则长其恶，积其凶，纵其心，横其志，使祸盈于三军，怨结于万人。然后诛之，以壮吾气。故曰："不善人者，善人之资⑩。"为将帅国之师，不诛豪强，何以成军之威哉！

【注释】

①阍（hūn）寺：这里指古代宫中掌管门禁的官。也指宦官。阍，守门人。寺，指寺人，常指宦官。嬖（bì）昵：指受到人君宠幸亲近的人。嬖，宠幸。昵，爱昵，亲近。

②"猛如虎"几句：此当为借用《史记·项羽本纪》，原文为："猛如虎，很如羊，贪如狼，强不可使者，皆斩之。"这是说，豪家、权臣、阍寺、嬖昵，这些人像老虎一样凶猛，像羊一样倔强，像狼一样贪

婪，而且将帅不能节制他们。

③文宣诛少正卯于两观：文宣，指孔子（前551—前479），春秋晚期鲁国陬邑（今山东曲阜东南）人，名丘，字仲尼。深好学问，相传曾问礼于老聃，学琴于师襄。鲁定公九年（前501），五十一岁时任中都宰。十年，鲁、齐夹谷之会时相定公。旋任大司寇。十二年，因政治主张与执政的“三桓”不合，遂离开鲁国，自此周游卫、陈、曹、宋、郑、蔡等国，终不见用。鲁哀公十一年（前484），六十八岁时回到鲁国。四十岁前后即聚徒讲学，相传弟子三千，著名者达七十人。曾整理研究《诗》《书》《周易》等文献，并把鲁国史官所记《春秋》加以删修，成为中国第一部编年体史书。唐玄宗开元二十七年（739）封孔子为文宣王。少正卯（？—前498），春秋末鲁国人，少正氏，名卯。一说少正为官名。相传在鲁聚徒讲学，与孔子思想不合。鲁定公十二年（前498），孔子任鲁大司寇，“闻国政三月”，诛之。两观，指宫门。观，宫门前的双阙。

④穰苴斩庄贾于表下：穰苴，即司马穰苴，田氏，名穰苴，春秋时齐国人。据《史记·司马穰苴列传》载，晏婴以其“文能附众，武能威敌”，荐为齐景公将军，击败晋、燕，收复齐国失地，因功尊为大司马。齐威王时整理古《司马兵法》，附其著作于其中，称为《司马穰苴兵法》。庄贾，春秋时齐国大夫，齐景公宠臣。齐景公时，晋国攻齐国阿、甄，燕国侵齐河上之地，齐国军队被打败。齐景公听从晏子的推荐，任命司马穰苴为将军，带兵御敌。穰苴认为自己人微言轻，怕驾驭不了军队，要求齐景公派一名宠臣去监军。齐景公于是派庄贾前去。穰苴与庄贾约定期限一起发兵，庄贾逾期未至，穰苴在三军之前怒斩庄贾。三军震服。穰苴大军到，燕、晋之军立退。事见《史记·司马穰苴列传》。表：古代测日影的标杆，用来计时。

⑤魏绛戮杨干：魏绛即魏庄子。春秋时晋国人。晋厉公八年（前

573)，任晋中军司马。杨干，晋悼公弟。晋悼公三年（前570)，晋会诸侯，杨干在曲梁（今河北邯郸东）扰乱军队行列，魏绛杀其车仆，悼公以其用刑得当，升为新军佐。三年，升下军佐。辅助晋悼公八年之内九会诸侯。

⑥项籍斩宋义：宋义（？—前207)，原为楚国令尹。秦末大起义，投奔项梁。项梁战死后，应楚怀王熊心的招聘，任为大将军，号卿子冠军。章邯攻赵时，宋义奉楚怀王命令，率兵解救，屯兵安阳四十六日，观望不进。项羽发动兵变，被斩杀。事见《史记·项羽本纪》。

⑦翦（jiǎn)：斩断，除去。

⑧猰（yà)：古代传说中的一种吃人凶兽，像貙，虎爪，奔跑迅速。这里引申为控制、卡住。

⑨嗾（sǒu)：教唆。造：到，往。

⑩不善人者，善人之资：出自《老子》第二十七章，原文为："故善人者，不善人之师；不善人者，善人之资。"

【译文】

经说：大凡国家出现扰乱军队的情况，都会导致士兵怯懦，武器装备不良，政令不统一，赏罚不分明，这是不言而喻的。所谓乱军的人，一般都是指豪强、权臣、宦官和宠妃掌握了军队。他们干预军队，破坏了军队原有的形势，专擅将军的威风，将公务和政事用来谋取私利，把私人的家门当成卖官买官公开谒见的场所。上面下达的谋策，私下非议批评；上面三令五申，下面拒不执行。他们像老虎一样凶猛，像羊一样倔强，像狼一样凶狠，强势而不受制约。这些人都可以说是乱军之人，都应该杀掉。孔子诛杀少正卯于宫门外，使得鲁国得到安宁；田穰苴斩庄贾于测日影的旗杆下，使得军容得到整肃；魏绛杀掉目无军纪的杨干，使得诸侯各国臣服；项羽击杀宋义，使得天下震恐。诛杀乱军的豪强能够增强将帅的威势，杀戮强横的豪强能够加强将帅的权力。军队威势和权力的失落，根源在于豪强的身上，而不在于士兵的平庸。对于既是豪强而又有才干的人，则要驾驭他、教导他，就像畜养凶禽、猛兽一样，一定要节制它们的饮食，剪除它们的爪牙，捆住它们的腿脚，卡住它们的舌头，使它们做到呼之即来，唤之而去，紧紧把握住它们的内心，使它们驯服地追随在我的左右。对于那些没有什么才干的豪强，就要助长他们的恶行，积累他们的凶暴，纵容他们的恶习，放纵他们的志向，待他们的祸患遍及三军，怨恨结于万人的时候，再诛杀他们来增强我军的士气。因此《老子》说："恶人是善人的资本。"作为将帅，统领着国家的军队，不诛杀豪强，凭什么建立起军威呢？

卷二

人谋下

善师篇

【题解】

作战必须依赖有战斗力的军队。但是什么样的军队才有战斗力，最好的部队是什么，如何才能打造一支最好的部队，这些是军事理论家必须思考的问题。本篇提出“非道德、忠信不能以兵定天下之灾、除兆民之害”观点，主张把军队打造成“仁义之师”才是根本。仁义之师才是最有战斗力的军队，才是最好的作战力量，将军队打造成“仁义之师”也是将帅努力的方向。

作者认为“夫兵者，凶器；战者，危事”，战争是危险的游戏，用兵是凶兆，不得已而用之。军队善于技击格斗、英勇顽强等都能生成战斗力，但不是战斗力生成的根本。只有搞清楚战争的目的，才能真正决定是否发动与迎接战争。《荀子·议兵》篇说：“凡诛，非诛其百姓也，诛其乱百姓者也。”发动战争的立脚点是为了天下百姓的安宁与太平，而不是彼此之间的争权夺利。《议兵》又说：“彼兵者，所以禁暴除害也，非争夺也。故仁人之兵，所存者神，所过者化，若时雨之降，莫不说喜。”中国古代的思想家和军事家都认识到，战争要带有仁义的旗号。《尉缭子·武议》篇也说：“凡兵，不攻无过之城，不杀无罪之人。夫杀人之父兄，利人之货财，臣妾人之子女，此皆盗也。故兵者，所以诛暴乱、禁不义也。兵之所加者，农不离其田业，贾不离其肆宅，士大夫不离其官府，由其武议在于一人，故兵不血刃而天下亲焉。”战争，即便是迫不得已，也要追求“兵不血刃”。《孙子兵法》所说的“不战而屈人之兵”也是这个意思。这就是本篇“兵非道德仁义者，虽伯有天下，君子不取”的思想渊源。

“义兵”是中国古代军事思想上著名的观点。先秦诸子中的孟子、荀子、尉缭子、吕不韦主编的《吕氏春秋》等都主张“义兵”。本篇是“义兵”思想在后世尤其是唐代兵学思想中的反映。可见，这是中国兵学思想的一个传统。

经曰：兵非道德仁义者，虽伯有天下，君子不取。周德既衰，诸侯僭礼乐，专征伐，始于鲁隐公①。夫齐以技击强，魏以武卒奋，秦以锐士胜，说者以孙、吴为宗②。唯荀卿明于王道而非之③，谓齐之技击是亡国之兵，魏之武卒是危国之兵，秦之锐士是干赏蹈利之兵。至于齐桓、晋文之师④，可谓入其域而有节制也。“故齐之技击，不可以御魏之武卒；魏之武卒，不可以敌秦之锐士；秦之锐士，不可以当桓文之节制⑤；桓文之节制，不可以当汤武之仁义⑥。”

【注释】

①鲁隐公（？—前712）：春秋时鲁国国君，名息姑，一作息。公元前722—前712年在位。鲁惠公子，母为惠公继室声子。后惠公以宋女仲子为夫人，生太子轨（桓公）。惠公卒，轨年幼，他立而率国人奉轨。即位后曾与宋、齐、郑等国会盟，与齐、郑伐宋、伐许，皆获胜。十一年（前712）冬，为桓公及大夫羽父谋杀。《春秋》记事始于其元年（前722）。

②孙、吴：指军事家孙武、吴起，也称孙子、吴子。吴起（？—前381），战国时卫国左氏（今山东定陶西）人。少时家累千金，游仕不遂，遂破其家。曾学于曾子，继学兵法。初事鲁君，后入魏为将。魏文侯以其善用兵，任为西河守，甚有名声。魏武侯时因遭大臣王错排挤，去魏之楚。楚悼王图强，任之为宛（今河南南阳）守，旋擢令尹，主持变法。变法促进楚国富强，使楚南收扬越，取得苍梧（今属广西）；北并陈、蔡，却三晋，西伐秦，威震诸侯。楚悼王死，宗室大臣作乱，吴起被杀。《汉书·艺文志》兵权谋家著录《吴起》四十八篇，已佚。今存《吴子》六篇，系后人所编。

③荀卿（约前313—前238）：战国末赵国人。名况，字卿。汉人避宣帝讳，称孙卿。初游学于齐。齐湣王末年，上书说齐相，不用，遂去齐适楚。齐襄王时返齐，三为稷下学官祭酒（学长）。秦昭王四十一年（前266），应聘至秦，见秦昭王及秦相范雎。赞秦国之政治清明，民风淳朴。后返回赵国，曾和临武君在赵孝成王前议论兵法。约于楚考烈王八年（前255），任楚兰陵令。春申君死后，著书授徒以终。弟子甚多，以韩非、李斯和汉初传授《诗经》之浮丘伯最著名。

④晋文：即晋文公（前697或前671—前628），春秋时晋国国君。前636—前628年在位。名重耳。晋献公之子。为公子时，因献公欲立宠妾之子奚齐为嗣而遭加害，被迫流亡于外十九年。后由秦军护送返晋，立为国君。即位后，善于听取臣下意见，改革内政，扩建二军为三军，国势渐强。晋文公二年（前635）讨伐周室王子带叛乱，送周襄王回王城（今河南洛阳），安定王室。五年，大败楚军于城濮（今山东鄄城西南）。主持践土之盟。自此称霸诸侯。

⑤桓文：古人常将齐桓公、晋文公并称“桓文”。

⑥不可以当汤武之仁义：自“故齐之技击”至此，出自《荀子·议兵》，原文为：“齐之技击不可以遇魏氏之武卒，魏氏之武卒不可以

遇秦之锐士，秦之锐士不可以当桓、文之节制，桓、文之节制不可以敌汤、武之仁义。”

【译文】

经说：不符合仁义道德的战争，即使能够称霸天下，也是为仁人君子所不取的。自从周代天子之势衰落以后，各个诸侯僭越礼制，自己制作礼乐，专事征伐，这是从鲁隐公时代开始的。齐国凭借技击而强大，魏国凭借武卒而兴盛，秦国凭借锐士而取胜。这样说的人都是以孙子、吴起的观点为依据。只有荀子明白以仁义王道取天下，而否定孙子、吴起的说法。荀子说，齐国的技击军虽然善于技击格斗，但事实上却是亡国之兵；魏国的武卒军虽然英勇善战，实际上却是危国之兵；秦国的锐士军虽然精锐顽强，却只是一些为了获取爵位追求赏赐的士卒。至于说到齐桓公和晋文公的军队，才可以算是攻入其他国家的境内后而能有所节制的军队。所以说：“齐国的技击抵御不了魏国的武卒，魏国的武卒抵挡不了秦国的锐士，秦国的锐士抵挡不了齐桓公和晋文公的军队，而齐桓公、晋文公的军队又不能抵挡商汤、周武王的仁义之师。”

故曰：“善师者不阵，善阵者不战，善战者不败，善败者不亡①。”黄帝独立乎中央而胜四帝②，所谓善师者不阵也。汤武征伐，陈师誓众，放桀伐纣，所谓善阵者不战也。齐桓南服强楚，使贡周室；北伐山戎③，为燕开路，所谓善战者不败也。楚昭王遭阖闾之祸④，国灭，出亡秦，相与奔秦请救⑤，秦人出兵，楚王反国，所谓善败者不亡也。

【注释】

①“善师者不阵”几句：出自《汉书·刑法志》。又见桓宽《盐铁论·本议》：“故善克者不战，善战者不师，善师者不阵。”

②黄帝独立乎中央而胜四帝：语本《孙子兵法·行军》篇，原文为："黄帝之所以胜四帝也。"

③山戎：又称北戎、无终。古族名，戎人的一支。原活动于山西北部，后迁今河北涞源，又东迁至玉田西北无终山。燕庄公二十七年（前664）无终侵燕，齐桓公助燕败之于孤竹（今河北卢龙南），得其冬葱、戎菽，移植齐国。后又西迁晋北。晋悼公四年（前569），无终子嘉父派使臣孟乐至晋，献虎豹皮求盟。悼公派魏绛与诸戎结盟。晋平公十七年（前541），晋兵败无终及群狄于太原（今属山西）。

④楚昭王（？—前489）：春秋时楚国国君。公元前515—前489年在位。名珍，楚平王之子。楚昭王十年（前506），楚军于柏举之战中为吴所败，郢都陷落，乃逃至随避难。次年，吴军退出后，返郢复王位。十二年，因惧吴，迁都于鄀（今湖北宜城东南），并整顿内政。二十一年，率师灭胡（今安徽阜阳）。二十七年，因吴伐陈，率师往救，病死军中。

⑤相与奔秦请救：吴楚柏举之战，楚大败，楚昭王出奔至随国，楚大夫申包胥赴秦求救。秦穆公不愿出兵，申包胥哭了七天七夜，感动了秦穆公，秦终于出兵。

【译文】

因此说："善于统率军队的人，不需要布阵；善于布阵的人，不需要打仗；善于打仗的人，不会失败；善于应付失败的人，不会亡国。"黄帝独自占据中原而战胜了其他四帝，这就是所说的善于统率军队的人不需要布阵的事例。商汤、周武王起兵征伐夏桀、商纣时，布阵誓师，最后放逐了夏桀，逼死了商纣，这就是所说的善于布阵的人不需要打仗的事例。齐桓公向南制服了强大的楚国，使楚国向周王室朝贡；又向北征伐了山戎，为燕国开辟了道路。这就是所说的善于打仗的人不会失败的事例。楚昭王遭到吴王阖闾军队入侵之祸，国家灭亡，自己出逃。楚昭王的亲属、臣子先后奔逃到秦国请求救兵，秦国发救兵，楚昭王返回了故国。这就是所说的善于应付失败的人不会亡国的事例。

凡兵，所以存亡继绝、救乱除害。故伊吕之将[1]，子孙有国，与殷周并隆。下至末代，苟任诈力贪残，故孙、吴、韩、白之徒[2]，皆身被刑僇，子孙不传于嗣。夫兵者，凶器；战者，危事。阴谋逆德，好用凶器，非道德、忠信不能以兵定天下之灾、除兆民之害也。

【注释】

①伊吕：指商初的伊尹与周初的吕尚，后人喜欢将其二人并称“伊吕”。

②韩：这里指汉初名将韩信。白：这里指秦代名将白起。白起（？—前257），一称公孙起。战国郿（今陕西眉县东）人。善用兵。秦昭王十三年（前294）为左庶长，攻韩新城（今河南伊川西南）。十四年，为左更，大破韩、魏联军于伊阙（今河南洛阳西），斩首二十四万，拔五城，迁为国尉。次年为大良造，攻魏，取垣（今山西垣曲东南）。十八年，复攻魏，拔六十一城。二十九年，击楚，破楚都郢（今湖北荆州江陵西北），烧夷陵（今湖北宜昌），东进至竟陵（今湖北潜江西北），南进至洞庭湖一带。秦在江南置南郡。以功封武安君。四十七年，在长平（今山西高平西北）大败赵军，坑杀赵降卒四十余万。后与秦相范雎有隙，被免为士伍，迁之阴密（今甘肃灵台西南），被迫自杀。

【译文】

大凡动用军队都是用来保护将要灭亡的国家、接续没有断绝的民族、制止混乱铲除祸害的。所以伊尹、吕尚这样的将帅，他们的子孙有封地，与商朝和周朝一起共享盛世。商、周之后，一直至今，如果专门致力于欺诈暴力，进行贪婪掠夺的战争，结果就会像孙子、吴起、韩信、白起等人一样被诛杀，子孙后代也不能继位传嗣。所以说军队是凶器，战争是危险的事情。崇尚阴谋、不讲道德忠信的人，就不能用军队平定天下的灾祸，消除百姓的祸害。

贵和篇

【题解】

战争与和平是一个问题的两个方面，用古人的思维，可以称之为“阴”和“阳”。战争为出动，可以称为“阳”；“和平”为守成，可以称为“阴”。在阴阳关系中，中国古人更主张以“阴”为上。《老子》即崇阴尚柔，其第八章说：“上善若水，水善利万物而不争。”第四十三章又说：“天下之至柔，驰骋天下之至坚。”水为柔，亦为阴。这种思想应用到军事上，《老子》不主张用兵，第三十一章说：“兵者，不祥之器，不得已而用之。”

本篇继承了老子的思想，提出“不尚战”“和为贵”的思想，可以归纳为“和胜”的思想。文中列举了晋惠公怀柔姜戎，最终在与秦国作战时，姜戎出力相帮的事例。恩服就是“和胜”的策略。所以“夫有道之主，能以德服人；有仁之主，能以义和人”，这是战争的最高境界。《孙子兵法》也讲“不战而屈人之兵，善之善者也”。“和胜”就是不战而屈人之兵的具体体现与发挥。

但是“和胜”也是有条件的。那就是对方愿意接受恩服。如果对方不愿意接受恩服，而是死战到底，在“和胜”无望的条件下，“命上将练军马、锐甲兵，攻其无备，出其不意”，再发兵攻击。攻击时也要做到“攻其无备，出其不意”，目的还是要减少伤亡。

“和”的策略在国势衰微的时候，不失为一种生存策略。两汉时期，汉朝与匈奴对立，汉朝采用“和亲”的方式，赢得了国家的生存空间。但是如果迷恋“和胜”而不注重国家综合实力的提高，最终还是不能取得决定性的胜利。因此“和胜”的策略，在实际运用中也是有限的。

经曰：先王之道，以和为贵①。贵和重，而人不尚战也。《春秋左氏传》曰②：“君若以德绥诸侯，谁敢不服；君若以力强诸侯，诸侯谁肯心服哉！方城以为城，汉水以为池，虽军之众，无所用也③。”是故，晋悼使魏绛和戎④，以正诸华，八年之间，九合诸侯，如乐之和，无所不谐，姜戎亦归⑤；晋惠以纳不侵不叛之臣⑥，于是有崤之师⑦。譬如捕鹿，晋人角之，戎人掎之。

【注释】

①先王之道，以和为贵：化用《论语·学而》，原文为：“有子曰：礼之用，和为贵。先王之道，斯为美。”

②《春秋左氏传》：亦称《左传》《左氏传》《春秋左传》或《左氏春秋》。《春秋》三传之一。传为春秋末鲁太史左丘明所作，近人多认为完成于战国前期。

③“君若以德绥诸侯”几句：语出《左传·僖公四年》，原文为：“君若以德绥诸侯，谁敢不服？君若以力，楚国方城以为城，汉水以为池，虽众，无所用之。”

④晋悼：晋悼公（前586—前558），春秋时晋国国君。前573—前558年在位。名周，一作纠。又称周子。晋襄公之曾孙，惠伯之子。晋栾书、荀偃因杀厉公，自周迎他即位。时年十四岁。欲复文公之霸业，遂举贤任能，整顿内政，盟诸侯，和戎狄。在位时，晋内部卿族强大，霸业已成强弩之末。

⑤姜戎：又称姜姓之戎。古族名，戎的一支。周宣王三十九年（前

789),周师伐之,反为所败。后受秦人追逐,其首领吾离率众迁至晋地,晋惠公安置之于晋南。晋襄公元年(前627),秦伐郑,商人弦高计退秦师,晋人复与姜戎邀击之,败秦师于崤(今河南西崤山)。后长期为晋附庸,首领参与晋国会盟。

⑥晋惠:即晋惠公(?—前637),春秋时晋国国君。公元前650—前637年在位。名夷吾,晋献公之子。初因受献公夫人骊姬迫害,出奔梁(今陕西韩城南)。献公死,骊姬子奚齐立。不久被大夫里克所杀。荀息立卓子,又被里克所杀。齐、秦以兵送他还晋即位。

⑦崤之师:这里指秦、晋两国之间的崤之战。时间为公元前627年,秦穆公趁晋丧而派兵偷袭郑国,后因郑有备而退回。晋襄公联合姜戎,在崤山隘道设伏全歼回师的秦军,俘虏秦军三帅。

【译文】

经说:古代圣王的治国之道,是以和平为贵。崇尚和平,就会导致人们不会去崇尚战争。《春秋左氏传》上说:"您如果用仁德来安抚诸侯,谁敢不服从呢?您如果使用武力强迫诸侯,诸侯谁肯心悦诚服呢?楚国以方城作为防御之城,以汉水作为自己的护城河,虽然你们军队众多,也是没有用的。"所以晋悼公派遣魏绛为使,与山戎和好,使山戎归顺。晋国得以治理诸国,成为中原霸主。晋国在八年之间,九次召集诸侯会盟,如同诸种乐器一起合奏,没有不和谐的地方。从此姜戎也归附了。晋惠公以仁爱的胸怀接纳了那些不侵扰也不反叛的臣属国,于是才有崤之战时姜戎协助取得的胜利。这就好像捕鹿一样,晋人在前面抓住了它的角,戎人在后面拖住了它的腿,双方合力终于捉到了鹿。

夫有道之主,能以德服人;有仁之主,能以义和人;有智之主,能以谋胜人;有权之主,能以势制人。战胜易,和胜难。《语》曰[①]:"先王耀德不观兵,兵戢而时动,动则威。观则玩,玩则无震[②]。"故有衣冠之会,未尝有歃血之盟;有兵革之会，未尝有战阵之事[3]。

【注释】

①《语》：此指《国语》。相传为春秋末年鲁国史官左丘明作。二十一卷。春秋时期的国别史。

②"先王耀德不观兵"几句：语出《国语·周语上》"祭公谏穆王征犬戎"，原文为："穆王将征犬戎，祭公谋父谏曰：'不可。先王耀德不观兵。兵戢而时动，动则威，观则玩，玩则无震。'"

③"故有衣冠之会"几句：化用《春秋穀梁传》庄公二十七年。原文为："衣裳之会十有一，未尝有歃血之盟也，信厚也。兵车之会四，未尝有大战也，爱民也。"

【译文】

大凡有道的君主，能够以德服人；有仁义的君主，能够以义来团结人；有才智的君主，能够用智谋战胜别人；有权势的君主，能够用权势控制别人。所以说，通过战争取得胜利很容易，而用和平取得胜利却很难。《国语》有说："古代的圣王总是显示德行而不炫耀武力。军队平时收敛，等待有利时机才出动。但只要一出动军队，就要威震四方。如果平时炫耀武力，就会使军队习以为常而产生懈怠，军队懈怠就失去了威力。"所以说，有过诸侯和好的盟会，而未曾有过歃血的盟会；有过带军队兵车的盟会，而未曾发生过布阵打仗的事情。

兵者，不祥之事，不得已而用之[1]。古先帝王所以举而胜人，成功出于众者，先文德以怀之；怀之不服，饰玉帛以啖之[2]；啖之不来，然后命上将练军马、锐甲兵，攻其无备，出其不意[3]。所谓叛而必讨，服而必柔。既怀既柔，可以示德。《书》曰："戒之用休，董之用威[4]。"夫如是，则四夷不足吞，八戎不足庭也。

【注释】

①兵者,不祥之器,不得已而用之:语出《老子》第三十一章,原文为:“兵者,不祥之器,非君子之器,不得已而用之。”

②啖(dàn):利诱。

③攻其无备,出其不意:语出《孙子兵法·计篇》。

④戒之用休,董之用威:语出《尚书·大禹谟》。

【译文】

战争是不吉利的东西,在不得已的时候才使用它。古代的先帝圣王之所以一发动就能战胜别人,他们的成功往往超过一般人之处,就在于首先用仁义之心来安抚对方;如果安抚也不能使对方顺从的,就用珠宝绸缎等财物去利诱他们;利诱他们还不归附的,然后才去任命高明的将军,操练好车马,准备好铠甲、尖锐的兵器,攻其不备,出其不意,一举取胜。这就是所说的,对反叛的人一定要讨伐他,对服从的人一定要怀柔他。既笼络又安抚,这样可以显示出君主的仁德。《尚书》说:“要用仁德来劝诫,要用刑威来督察。”如果能够这样做的话,那么就可以并吞四面的蛮夷,八方的戎人就不敢分庭抗礼了。

庙胜篇

【题解】

古代在战争开始前,人君与文臣、武将要在宗庙里举行会议,讨论是否作战及命将仪式。孙子把这种过程称作“庙算”。

“庙算”涉及内容非常广泛,主要是讨论敌我双方的战略态势、进行战争所需要的内部与外部条件、实施战争的时机选择、进行战争的目标以及如何实施战争的对策与举措、如何任命将军等。“庙算”越多越全面，战争取胜的可能性就越大。“庙算”越少越片面，战争取胜的可能性就越小。如果预先没有“庙算”，那么战争的结果就可想而知了。《孙子兵法·计篇》就说：“夫未战而庙算胜者，得算多也；未战而庙算不胜者，得算少也。多算胜，少算不胜，而况于无算乎？”毛泽东也说过：“不打无准备之仗。”实际也是主张要多“庙算”。

本篇是对《孙子兵法》“庙算说”的继承与发挥。主要还是从天时、地利、人和三个方面进行论述。作者认为，“庙算”的原则是“天道无灾，不可先来；地道无殃，不可先兆；人事无失，不可先伐”。发动战争的时机要符合“上见天灾，下睹地殃，旁观人失”，如果天下太平，则不可发动战争。

李筌的这种战争观是与其坚持的“义战”相一致的，对于约束战争是有积极意义的。

经曰：天贵持盈①，不失阴阳四时之纪纲；地贵丰盈②，不失生长均平之土宜；人贵节事，调和阴阳，布行时令，事来应之，物来知之，天下尽其忠信，从其政事③。

【注释】

①盈：圆满无缺，这里引申为天时运行正常，风调雨顺。

②丰盈：这里指土地肥沃。

③从其政事：此段当为化用《国语·越语下》范蠡的思想。原文为：“范蠡进谏曰：‘夫国家之事，有持盈，有定倾，有节事。’王曰：‘为三者奈何？’范蠡对曰：‘持盈者与天，定倾者与人，节事者与地。’”

【译文】

经说：天贵在能保持风调雨顺，不打乱阴阳、四季变化的规律；地贵在保持肥沃，不失掉生长万物的特性；人君贵在掌控事物，调和阴阳，公布节气时令，事情来了可以知道缘由并能应付。使天下的人都能尽忠尽职，听从政令。

故曰天道无灾，不可先来；地道无殃，不可先兴；人事无失，不可先伐。四时来乘，水旱愆和，冬雷夏霜，飞虫食苗，天灾也。山崩川涸，土不稼穑，水不润下，五菓不树[①]，八谷不成，地殃也。重赋苛政，高台深池，兴役过差，纵酒荒色，远忠昵佞，穷兵黩武，人失也。上见天灾，下睹地殃，旁观人失。兵不则天不可动，师不法地不可行，征伐不和于人不可成。天赞其时，地资其财，人定其谋。静见其阴，动见其阳，先观其迹，后知其心。所谓"胜兵者，先胜而后求战；败兵者，先战而后求胜也"[②]。故曰："未战而庙算胜者，得算多矣。未战而庙算不胜者，其算少矣。多算者胜，少算者不胜，而况于无算乎！以此观之，胜负亦易见矣[③]。"

【注释】

①五菓：栗、桃、杏、李、枣。菓，同"果"。

②"胜兵者"几句：语出《孙子兵法·形篇》，原文为："是故胜兵先胜而后求战，败兵先战而后求胜。"

③"未战而庙算胜者"几句：语出《孙子兵法·计篇》，原文为："夫未战而庙算胜者，得算多也；未战而庙算不胜者，得算少也。多算胜，少算不胜，而况于无算乎！吾以此观之，胜负见矣。"

【译文】

所以说敌方尚未发生自然灾害，就不能先去进攻；敌方土地上尚未出现没有收成，就不能出兵攻击；敌方治国政策没有过失，也不能兴兵讨伐。如果敌国的四季时令错乱，水灾和旱灾交替发生，冬天打雷，夏天降霜，飞蝗吞食禾苗，这就是发生了天灾；山陵崩塌，江河干涸，土地不长庄稼，流水不能灌溉土地，各种果树不结果，各种庄稼也没有收成，这就是土地上出现的灾祸；对老百姓加重税赋和严酷统治，修筑巍峨的宫殿和城池,大兴土木,过度役使民夫,花天酒地,沉湎于女色,疏远忠臣,亲近奸臣,穷兵黩武,这就是统治者的过失。发动战争的时机,要上观天灾,下见地祸,旁可见统治者的过失。军队如果不能利用天时,就不可以出动;如果不能利用地利,就不可以去征伐;征伐不符合人们的意愿,也不能成功。只有当上天给予有利时机,大地提供足够的财物,人能制定出正确的谋略,才可以考虑出兵。敌人静止时,就能看出它的阴谋;敌人行动时,就能观察到它的动向;先观察到敌人的各种活动踪迹,然后再推测敌人的意图打算。这就是所说的"打胜仗的人往往都是先有取胜办法,然后再去交战;打败仗的人往往先交战,然后再去寻求取胜的办法"。所以说:"在没有交战之前而事先进行各种谋划能取胜敌人的人,他取胜的机会就多;在没有交战之前而事先谋划不能胜过敌人的,他取胜的机会就少。谋划周详的,就能取胜;谋划不周详的,就不能取胜,而何况根本就没有谋划的呢?用上述观点来判断,谁胜谁负是很明显的了。"

沉谋篇

【题解】

《孙子兵法·计篇》说:"孙子曰:兵者,国之大事,死生之地,存亡之道,不可不察也。"正因为战争是生死存亡之道,关系到国家的兴亡,所以对待战争一定要慎重。

慎战要求作出作战决策时务必有取胜的把握。决策是否最终能取胜,又取决于谋略。战争胜负"不在武夫行阵之势,而在智士权算之中"。作者把谋略问题看作是决定战争胜负的关键。"五寸之键,能制阖辟;方寸之心,能易成败。"谋略就是锁芯,能主宰胜负的大门。这与上文倡导的"庙算"是一致的。

谋略既然如此重要,那么保密工作就十分重要。己方的制胜之策不能被敌方所知,这就是沉谋。《鬼谷子·谋篇》说"圣人之道阴",就是说智士的谋略要隐蔽，也可以说是“阴谋”。《鬼谷子·谋篇》说：“智用于众人之所不能知，而能用于众人之所不能见。”又说：“圣人之制道，在隐与匿。”“谋之于阴”，做到“隐与匿”，才能确保谋略得到使用，最终战胜敌人。

本篇继承了《孙子兵法》《鬼谷子》等前人关于阴谋的思想，“沉谋”是“阴谋”的另一种表达。为什么谋略不要为外人所知？这是兵学的性质决定了。“兵者，诡道也”，兵学就是要用诡计诈欺。所以“至谋不说，大兵不言”。

除了分析了“沉谋”的重要性质外，本篇还侧重讲了几个谋略：其一，利用人性的弱点。如“贪者利之，使其难厌；强者卑之，使其骄矜；亲者离之，使其疑贰。难厌则公正阙，骄矜则虞守废，疑贰则谋臣去”。人性皆有弱点，利用这种弱点，达到蒙蔽对方的目的。其二，以逸击劳，以众击寡，用己所长，攻敌之短。这些谋略原则对后世也有极大的启发。

经曰：善用兵者，非信义不立，非阴阳不胜，非奇正不列，非诡谲不战。谋藏于心，事见于迹。心与迹同者，败；心与迹异者，胜。

【译文】

经说：善于用兵打仗的人，对自己的士兵不讲信义就无法树立威信，对谋略不懂阴阳变化规律就不能取得胜利，对战术不熟悉奇正的变化就无法布列战阵，对敌人不善于运用诡诈欺瞒就不能作战。谋略藏于心中，战事表现在外部。外在的行动透露出心中的谋划的，必定失败；外在的行动没有透露出心中的谋划的，必定取胜。

兵者，诡道也。能而示之不能，用而示之不用[①]。心谋大，迹示小；心谋取，迹示与。惑其真，疑其诈；真诈不决[②]，则强弱不分。湛然若玄阴之无象[③]，渊然若沧海之不测。如此，则阴阳不能算，鬼神不能知，术数不能穷，卜筮不能占，而况于将乎！

【注释】

①"兵者"几句：出自《孙子兵法·计》篇。

②真诈：二字原无，今据《守山阁丛书》本补。

③湛然：安然貌。玄阴：幽暗，黑暗。

【译文】

用兵打仗，就是诡诈之道。能打却向敌人显示出不能打，要打时却向敌人显示不想打。内心里谋划着大的作战计划，而公开行动上却显示出只有小计划；内心里谋划着攻取，表面上却显示出要给予。以假乱真，诡诈难测。敌人真假不分，犹豫不决，就看不清我军力量的强弱。我平安地躲在黑暗之中，找不到一点踪迹；内心的真实想法隐藏起来，像沧海一样深不可测。如果能做到这样，那么即使是擅长阴阳之术的人也难以推断，求助于鬼神也不能知晓，使用各种方术也不能识破，占卜算命也不能问出吉凶，更何况一般的将军呢！

夫善战者，胜败生于两阵之间。其谋也，策不足听；其胜也，形不足观。能言而不能行者，国之宝；能行而不能言者，国之用。故曰至谋不说[①]，大兵不言。微乎！神乎！故能道天地之理，备万物之情。是故，贪者利之，使其难厌[②]；强者卑之，使其骄矜；亲者离之，使其疑贰[③]。难厌则公正阙，骄矜则虞守废，疑贰则谋臣去。周文利殷而商受杀[④]，勾践卑吴而夫差僇，汉高离楚而项羽亡。是故屈诸侯者以言，役诸侯者以策。

【注释】

①谋:原作“事”,据《守山阁丛书》本改。

②厌:满足。

③疑贰:疑有二心。

④周文:即周文王。又称周侯、西伯、姬伯,周原甲骨文作周方伯。姬姓,名昌。王季之子,武王之父。原为商朝的诸侯,三公之一,封西伯。能敬老慈少,礼贤下士。太颠、闳夭、散宜生、鬻子、辛甲大夫等人皆先后投奔他。商纣暴虐,作炮烙之刑,醢九侯,脯鄂侯,他知而叹惜,被囚于羑里(今河南汤阴北)。经闳夭等人赂纣得释,献洛西之地,请纣废炮烙之刑。归周后,建立丰邑(今陕西长安沣河西),迁都居之,诸侯归者日众。在位共五十年。商受:即商纣王,名受。

【译文】

凡是善于搏战但有勇无谋的人,他们的胜败都是在两军对垒之间决定的。他们所作的谋划,主帅在做决策时不值得听取;他们即便取胜,战场上的情形也是十分惨烈,不忍卒视。能说会道但不能亲身实践的人,是国家的宝贵人才;能够身体力行但不善言辞的人,也是国家的有用之才。所以说极妙的谋略或者大的军事行动都是不能说出来的。微妙呀!神秘呀!所以能够通晓天下之理,备知万物之情。因此,对于贪婪的敌人,要用利益去引诱他,使他们的欲望难以满足;对于强大的敌人,要自示卑小,使他更加骄傲自满;对于内部团结的敌人,要离间他们,使他们各怀二心。欲壑难填就会缺少公平正义,骄傲自满就会放松守备,各怀二心就会导致谋士出走。周文王用利益引诱商纣王,最后商纣王自杀。越王勾践卑事吴王,最后吴王夫差被杀。汉高祖刘邦离间项羽的谋臣范增,最后项羽灭亡。所以,征服诸侯要用离间手段,役使诸侯要依靠计谋策略。

夫善用兵者，攻其爱，敌必从[①]；捣其虚，敌必随[②]；多其方[③]，敌必分；疑其事，敌必备。从随不得城守，分备不得并兵，则我逸而敌劳，敌寡而我众。夫以逸击劳者，武之顺；以劳击逸者，武之逆；以众击寡者，武之胜；以寡击众者，武之败。能以逸击劳，以众击寡，吾可以得全胜矣。

【注释】

①攻其爱，敌必从：当为化用《孙子·九地》篇，原文为："先夺其所爱，则听矣。"李筌注此句说："所爱，谓敌之所便爱也，或财帛子女，吾先困辱之，则敌进退皆听也。"

②捣其虚，敌必随：当为借用《史记·孙子吴起列传》，原文为孙膑讲的话："批亢捣虚，形格势禁，则自为解耳。"

③方：方向。

【译文】

善于用兵打仗的人，攻击敌人要害的地方，敌人一定会去救援；进攻敌人力量薄弱的地方，敌人一定会随之而援；在多个方向上进攻敌人，敌人必定会分散兵力；伪装做出进攻的态势，敌人一定会四处防备。敌人随从我方的调遣就无法防守城池，分散防备就无法集中兵力，这样就会形成我方安逸而敌人劳累、敌军兵少而我军众多的局面。以逸击劳，用兵取胜就顺利；以劳击逸，用兵取胜就费力。以众击寡是指挥上的高明，以寡击众是指挥上的败笔。能够以逸击劳、用众击寡，我方就可以获得全胜了。

夫竭三军气、夺一将心、疲万人力、断千里粮者，不在武夫行阵之势，而在智士权算之中[①]。柔兮弱兮，卷之不盈怀袖；沉兮密兮，舒之可络寰海[②]。五寸之键，能制开阖[③]；

方寸之心，能易成败。智周万物而不殆，曲成万物而不遗[4]。顺天信人，察始知终，则谋何患乎不从哉！

【注释】

①权算：筹算谋划。

②寰海：犹言海内。

③五寸之键，能制开阖：语本《淮南子·主术训》，原文为："五寸之键，制开阖之门。"

④曲成万物而不遗：语本《周易·系辞上》，原文为："范围天地之化而不过，曲成万物而不遗，通乎昼夜之道而知，故神无方而《易》无体。"

【译文】

能够耗尽敌军士气、动摇敌军主帅的决心、疲惫万众敌人的精力、切断敌军的千里粮道，都不取决于武将的行军布阵，而取决于谋士的谋划筹算。这些谋划筹算的智慧，看起来像柔软之物，卷起来装不满怀袖；可它们又是那样的深沉神秘，展开它就可以经略四海。五寸大小的锁簧可以控制门的开闭，方寸之大的心想出来的谋略就能改变战争的胜败。智谋周全则万物不会受到损害，随机应变则万物不会被遗漏。顺应天时而取信于人，观察事情的开始就能预料到它的结果，那么还怕什么谋略不能实现呢？

子卒篇

【题解】

"子卒"，意思是把士卒当做子女。《孙子兵法·地形》篇就有"视卒如婴儿，故可与之赴深溪；视卒如爱子，故可与之俱死"。强调将帅要爱民如子，做到将帅与士卒同心，才能做到上下一心，提高部队的战斗力。

“子卒”的篇名来自对《孙子兵法》有关思想的概括。

本篇是讲将帅如何对待士兵和中下层军官的，是从战略高度来认识治军的问题。作者认为，军队的战斗力主要来源于士兵，士卒是国家武装力量的主体。战争中没有广大士卒的冲锋陷阵、奋勇杀敌，要取胜是不可能的。而要士卒乐于奋勇作战，就必须与士卒建立亲密无间的关系。

中国古代军事家很早就认识到将帅要仁爱士卒，与士卒同甘共苦。《尉缭子·战威》说：“夫勤劳之师，将必先己。暑不张盖，寒不重衣，险必下步，军井成而后饮，军食熟而后饭，军垒成而后舍，劳佚必以身同之。”《黄石公三略·上略》引用过《军谶》上的这样一段话：“军井未达，将不言渴；军幕未办，将不言倦；军灶未炊，将不言饥。冬不服裘，夏不操扇，雨不张盖。是谓将礼。”在历史中，确实有许多杰出的将领是这样去做的。春秋时期，吴起就曾为受伤的士兵吸去伤口上的脓血。《史记·孙子吴起列传》记载：“起之为将，与士卒最下者同衣食。卧不设席，行不骑乘，亲裹赢粮，与士卒分劳苦。卒有病疽者，起为吮之。”所以吴起带的楚国军队战斗力就强大。

将帅要把士卒当成子女，但士卒与将帅之间并不是真正的父子关系，这是要分清的。如果关爱过分，真的当成孩子，那就舍不得让他上战场，反而对提高士兵的战斗力不利。将帅对士卒的关爱也不是无条件的，这种关爱是为了有利于提高战斗力。“厚而不能死，爱而不能令，乱而不能理，譬骄子，不可用也。”因此，将帅在关爱士卒的基础上，要对士卒加强教育。要让士卒知道忠诚与廉耻的道理，所谓“国必有孝慈廉耻之俗，然后人以死易生”。士卒懂得了忠诚于将帅的道理，将帅的关爱才有丰厚的回报。

经曰：古者，用民之力，岁不过三日，籍敛不过什一[①]。公刘好货[②]，居者有积仓，行者有裹粮。太王好色[③]，内无怨女，外无旷夫[④]。文王作刑，国无冤狱。武王行师，士乐其死。

【注释】

①“古者”几句：语出桓宽《盐铁论·取下》，原文为：“古者，上取有量，自养有度，乐岁不盗，年饥则肆。用民之力，不过岁三日，籍敛，不过什一。”

②公刘：周先公，不窋之孙。迁居于豳（今陕西旬邑西），恢复发展农耕，周人逐渐兴盛。

③太王：即古公亶父，又称古公、公亶父。周先王。周文王之祖父。早年居于豳，后为避狄人侵扰，南迁周原（今陕西岐山、扶风间），发展农耕，建设宫室都邑，人民皆乐从迁居。周武王伐纣灭商后追称太王。

④外无旷夫：自“公刘好货”至此，化用《孟子·梁惠王下》，原文为：“昔者公刘好货。《诗》云：‘乃积乃仓，乃裹餱粮，于橐于囊，思戢用光。弓矢斯张，干戈戚扬，爰方启行。’故居者有积仓，行者有裹粮也。”又曰：“昔者太王好色，爱厥妃。《诗》云：‘古公亶父，来朝走马，率西水浒，至于岐下。爰及姜女，聿来胥宇。’当是时也，内无怨女，外无旷夫。王如好色，与百姓同之，于王何有？”

【译文】

经说：古代的统治者，役使百姓每年不过三天，征收赋税不超过十分之一。周先祖公刘喜欢财物，但是他能使平时在家的人有积年的粮食，在外行役的人有携带的干粮。周先祖古公亶父喜好女色，但是他能让平时居家没有恨嫁的女子，在外行役没有无妻的男人。周文王制定刑法，但能做到国家没有冤案。周武王出师征伐商纣王，将士们都心甘情愿地去赴死。

古之善率人者，未有不得其心而得其力者也，未有不得其力而得其死者也。故国必有亲爱礼信之义，然后人以饥易饱；国必有孝慈廉耻之俗，然后人以死易生。人所以守战至死不衰者，上之所施于人者厚也。上施厚则下报之亦厚。

且士卒之于将，非有骨肉之亲，使冒锋镝、突干刃、死不旋踵者[①]，以恩信养之，礼恕道之，小惠渐之，如慈父之爱子也。故能救其阽危[②]，拯其涂炭。卑身下士，一齐甘苦。亲临疾病，寒不衣裘，暑不操扇，出不乘马，雨不张盖。军幕未办，将不言坐；军井未达，将不言渴[③]。妻子缝补于行间，身自分功于作役。箪醪之馈，必投于河[④]；挟纩之言，必巡于军[⑤]。是以人喜金铎之声、勇鼓鼙之气者[⑥]，非恶生而乐死，思欲致命而报之于将也。

【注释】

①锋镝：刀锋与箭头。这里指兵器。干：盾牌。刃：这里指刀。

②阽（diàn）危：临近危险。

③"亲临疾病"几句：化用《黄石公三略·上略》，原文为："军井未达，将不言渴；军幕未办，将不言倦；军灶未炊，将不言饥。冬不服裘，夏不操扇，雨不张盖。是谓将礼。"

④箪（dān）醪（láo）之馈，必投于河：化用《黄石公三略·上略》，原文为："昔者，良将之用兵，有馈箪醪者，使投诸河，与士卒同流而饮。"箪，古代盛饭的圆形竹器。醪，浊酒。

⑤挟纩之言，必巡于军：化用《左传》宣公十二年，原文为："申公巫臣曰：师人多寒。王巡三军，拊而勉之，三军之士皆如挟纩。"挟纩，披着绵衣。亦以喻受人抚慰而感到温暖。

⑥金：这里指金属做的乐器。铎：大铃，形如铙、钲而有舌。古代宣布政教法令用，亦为古代乐器。鼙（pí）：古代军中的一种小鼓。

【译文】

古代统御百姓善于带兵的人，没有不通过赢得人心而能得到士卒拼死效力的，也没有不通过士卒效力而能让士兵在前线拼死作战的。因此国家实施的政策一定要充满仁义礼信,充满亲情,然后人们才愿意忍受饥饿以换取国君的温饱;国家一定要形成尊老爱幼清正廉耻的社会风气,然后人们才能甘愿牺牲以换取国家的生存。人们之所以能够坚守攻战至死斗志不衰的原因,是在于统兵者给予了他们很多的好处。统治者给予的利益丰厚,则人们的回报也很丰厚。况且士卒对于将帅来说,不是骨肉之亲,要想使他们冒着万箭齐发,冲向箭戟刀丛,至死不退,就必须用恩惠和信义对待他们,用礼义和忠恕教导他们,用小恩小惠抚慰他们,就像慈父抚育心爱的儿子一样。在士卒遇到危险的关键时候,将帅要能够及时解救。而在平时,将帅要礼贤下士,与士卒同甘共苦:亲自探视生病的士兵;天气寒冷时自己不穿保暖的皮衣,天气炎热时自己也不用扇子;出门不骑马,下雨不打伞;军营帐篷没有搭好,将帅不说坐下休息;临时水井未凿通,将帅不说口渴喝水。将帅的妻子在军中给士兵缝补衣服,将帅亲自动手从事各种力役和劳作。如果有酒,也一定要倒入河中,与士兵同饮。要把国君慰问的话传遍全军上下。因此士兵们喜闻金鼓之声。闻战鼓声就士气高昂的原因,不是不愿活着而甘心死去,而是想要以死报答将帅的恩情。

故曰:"视卒若婴儿,可与之赴深溪;视卒若爱子,可与之俱死。厚而不能死,爱而不能令,乱而不能理,譬骄子,不可用也①。"是故令之以文,齐之以武,是谓必取②。语曰:"夫谐妻,可以攻齐;小夫怒③,可以攻鲁。"王翦、李牧、吴起、穰苴竟以此术而兵强于诸侯也④。

【注释】

①"视卒若婴儿"几句:语出《孙子兵法·地形》篇,原文为:"视卒如婴儿,故可与之赴深溪;视卒如爱子,故可与之俱死。厚而不能使,爱而不能令,乱而不能治,譬若骄子,不可用也。"

②“是故令之以文”几句：语出《孙子兵法·行军》篇。

③小夫怒：原作“小复恕”，据《守山阁丛书》本改。

④王翦：战国末频阳东乡（今陕西富平东北）人。少好军事。事秦王政。秦王政十一年（前236），与桓龄、杨端和率兵攻赵。取九城。十八年，复攻赵。次年，拔赵，赵王降。二十年，攻燕，燕王喜走辽东，拔蓟城（今北京西南）。二十三年，率军六十万攻楚，大破楚军，杀其将项燕，乘胜略定楚地城邑。岁余，虏楚王负刍，楚亡。又南征百越之君。李牧（？—前229）：战国时赵将。常驻守赵北边境，习射骑，谨烽火，甚得军心，曾大败匈奴。赵王迁三年（前233），秦将桓齮攻赵赤丽、宜安（今河北石家庄东南），他以大将军率边兵反攻，大败秦军于肥（今河北晋州西），致桓齮畏罪出奔，因功封武安君。后屡败秦军，秦以之为患，遂设计扬言李牧欲反，赵王中反间计，捕杀之。不久，赵即为秦所灭。

【译文】

所以说：“如果将帅把士兵看作是自己的孩子一样，士兵就能够和将帅一起赴汤蹈火同生共死。如果对士兵厚爱而放纵他们不听从命令，对士兵溺爱而不去教育，士兵违法而不去惩治，这样的士兵就像被娇惯的孩子一样，不能使用。”因此，一定要用“文”的手段来怀柔士兵，用“武”的手段来整治士兵，这样才能打造战能必胜的军队。俗话说：“一个国家内的夫妻能和睦相处，就能够进攻强大的齐国；平民百姓同仇敌忾，就可以进攻鲁国。”王翦、李牧、吴起、司马穰苴就是用这样的办法而使军队强大起来，一举超过其他的诸侯国。

选士篇

【题解】

军队的组成不单是作战部队，还需要各种专门技术人才，比如情报收集、兵器制造、后勤供给、谈判订约甚至兽医等人才。一支战斗力强的军队，是综合性的军队。“选士”主要是选拔军中所用的各类人才。《尉缭子·战威》篇说：“武士不选，则众不强。”如果不懂得分类使用，而是“混而杂用”，不考虑士卒的特长，不注意发挥其各自特长所带来的整体效益，打仗多是失败的。

文中列举了十类军中人才，指出他们的特点及如何使用。这些概括也多是继承前人的思想。如《六韬·犬韬·练士》提出“此军之练士，不可不察也”，强调按士兵的个性组成不同的军队，然后进行训练。文中说：“军中有大勇敢死乐伤者，聚为一卒，名曰冒刃之士；有锐气壮勇强暴者，聚为一卒，名曰陷阵之士；有奇表长剑、接武齐列者，聚为一卒，名曰勇锐之士；有拔距伸钩、强梁多力、溃破金鼓、绝灭旌旗者，聚为一卒，名曰勇力之士；有逾高绝远、轻足善走者，聚为一卒，名曰冠兵之士；有王臣失势、欲复见功者，聚为一卒，名曰死斗之士；有死将之人子弟，欲与其将报仇者，聚为一卒，名曰敢死之士。”这里是讲要把士兵进行分类，根据作战需要进行训练。作者继承了这些看法，并做了引申：不仅要对作战士兵进行分类，而且扩大到后勤保障的士兵；要根据每个人的特长，充分发挥士兵的作用。

至于如何发挥各类人才的作用，作者认为主要还是发挥奖赏与惩罚的作用。所谓“夫选士以赏，赏惟其进；用士以刑，刑惟其退”，并根据士兵的不同特长给予其不同的待遇，或上赏，或次赏，或下赏。值得注意的是，十类人才中，只有一类，即“技术之士”得到的是“下赏”，其他基本上都是“上赏”。原因就是“技术之士”的特长是“步五行、运三式，多言天道，谲说阴阳者”，只是用来迷惑欺骗敌人的。这些看法反映了作者不再迷信五行和太乙神数、奇门遁甲之类的术数，体现了作者认识上的进步。

值得注意的是本篇阐述的“选锋”思想。“选锋”就是要选拔组成一支精锐的突击队或者敢死队。这是一把利刃，在作战中往往能起到攻坚拔寨的效果。这在今天仍然具有现实意义。

经曰：统六军之众[①]，将百万之师，而不选锋[②]，混而杂用，即智者无所施其计，辨者无所施其说[③]，勇者无所奋其敢，力者无所著其壮。无异独行中原，亦何取于胜负哉！故《孙子》曰："兵无选锋，曰北[④]。"

【注释】

①六军：《周礼·夏官司马·叙官》："凡制军，万有二千五百人为军。王六军，大国三军，次国二军，小国一军。"后以"六军"泛称朝廷的军队。

②选锋：经过精心挑选的精锐士兵组成的突击队。

③辨者：即辩说之士。辨，通"辩"。

④兵无选锋，曰北：语出《孙子兵法·地形》篇，原文为："将不能料敌，以少合众，以弱击强，兵无选锋，曰北。"

【译文】

经说：统率六军，带领百万之师准备作战，如果没有选择组成一支精锐的突击队，而将各种各样的士兵混在一起使用，那么即使是智者也无法去施展他的谋略，善辩的人也无处施展他的口才，勇敢的人也没有机会显示他的勇气，身强有力的人也没有战场展示他的强壮。这样做无异于一个人独闯天下，到哪里能取得战争的胜负呢？所以《孙子兵法》说："军队如果没有精锐的突击队，作战必败。"

夫选士以赏，赏惟其进；用士以刑，刑惟其退。古之善选士者，悬赏于中军之门。有深沉谋虑出人表者，以上赏而礼之，名曰智策之士。有辞纵理横、飞箝捭阖[①]，能移人之性、夺人之心者，以上赏而礼之，名曰辩说之士。有得敌国君臣门间请谒之情性者[②]，以上赏而礼之，名曰间谍之士。有知山泉水草次舍、道路迂直者[③]，以上赏而礼之，名曰乡道之士。有制造五兵[④]，善攻守、利器械、奇变诡谲者[⑤]，上赏得而厚之，名曰技巧之士。有引五石之弓、矢贯重札[⑥]，戈矛剑戟便于利用，陆搏犀兕，水攫蛟鼍[⑦]，佻身捕虏[⑧]，搴旗摭鼓者[⑨]，上赏得而抚之，名曰猛敌之士。有立乘奔马，左右超忽，逾越城堡，出入营垒而无形迹者，上赏得而聚之，名曰趫捷之士[⑩]。有往返三百里不及夕者，上赏得而聚之，名曰疾足之士。有力负六百三十斤行五十步者，上赏得而聚之；四百二十斤者，次赏得而聚之，名曰巨力之士。有步五行、运三式[⑪]，多言天道，诵说阴阳者，下赏得而聚之，名曰技术之士[⑫]。

【注释】

①辞纵理横：即辞理纵横。纵横，战国时合纵或连横的两种主张。辞理纵横，即用言辞论纵横之道理。飞箝：一种游说之术，先用言辞迎合进而进行控制的游说方法。《鬼谷子》有《飞箝》篇。捭阖：即开合，一种社交智慧。分化或拉拢，联合或对抗，在政治、经济、军事、外交领域采取种种方法，造成有利于我方的态势。《鬼谷子》有《捭阖》篇。

②间：里巷大门。请谒：请求拜见。

③次舍：驻扎。这里指军队的驻扎。

④五兵：这里指五种兵器。到底是哪五种兵器，历史上说法不一。《周礼・夏官・司兵》："掌五兵五盾。"郑玄注引郑司农云："五兵

者，戈、殳、戟、酋矛、夷矛。"《荀子·儒效》："反而定三革，偃五兵。"王先谦《集解》引范宁云："五兵，矛、戟、钺、楯、弓矢。"

⑤善：此字原脱，据《守山阁丛书》本补。

⑥五石（dàn）之弓：需要有五石重的力才能拉起来的弓。石，这里指计算重量的单位，一百二十斤为一石。矢贯重札：箭穿透了多层的铠甲。重札，即重札甲，多层的铠甲。札，这里指铠甲的叶片。

⑦鼍（tuó）：即扬子鳄。

⑧佻（tiāo）身：轻捷的身手。

⑨搴（qiān）旗：拔取敌方的旗帜。摭（zhí）鼓：夺取敌人的战鼓。

⑩趫（qiáo）捷：行动敏捷。

⑪步五行：部署阴阳五行。五行，即金、木、水、火、土，五者相互之间有相生与相克的关系，人们以此解释自然与社会现象，并预测吉凶。运三式：运用三式来进行占卜预测吉凶。三式，太乙神数、奇门遁甲、大六壬。

⑫技术：方术。

【译文】

选择精锐之兵要依靠奖赏，奖赏能使他们奋勇前进；使用这些精锐之兵要依靠惩罚，惩罚使他们不敢轻易后退。古代善于选择精兵的人，往往都在中军营门上张贴悬赏布告。对那些深藏不露、谋略超出常人之上的人，用上等的赏赐来礼遇他们，称他们为"智能之士"。对那些能言善辩、善于纵横捭阖、分化拉拢、改变敌人的打算、扰乱敌人心志的人，用上等的赏赐来礼待他们，称他们为"辩说之士"。对那些能够出入敌国君主和大臣之门、得到对方情报的人，用上等的赏赐来礼待他们，称他们为"间谍之士"。对那些通晓山川、水草、驻扎宿营、道路曲直的人，用上等赏赐来礼待他们，称他们为"乡道之士"。对那些能够制造各种兵器、制造各种进攻与防守的器械、能够神奇而灵活地使用武器的人，用上等的赏赐得到并且厚待他们，称他们为"技巧之士"。对那些能够拉开五石的强弓，能用弓箭射穿多层铠甲，能熟练地使用戈、矛、剑、戟，在陆地上能搏杀犀牛，在水中能捕获鳄鱼，能够敏捷地捕捉俘虏，夺取敌人的军旗和战鼓的人，用上等的赏赐得到并抚慰他们，称他们为“猛敌之士”。对那些能够站在马背之上，左冲右突、逾越城堡、出入营垒而不留下形迹的人，用上等的赏赐得到并把他们聚集起来，称他们为“趫捷之士”。对那些一天之内能够往返三百里的人，用上等的赏赐得到并把他们聚集起来，称他们为“疾足之士”。对那些能够扛起六百三十斤走五十步的人，用上等的赏赐得到并把他们聚集起来；对那些能扛四百二十斤的人，用次一等的赏赐得到并把他们聚集起来，称他们为“巨力之士”。对那些能够布局阴阳五行、运行三式，讲述天道、阴阳，善于愚弄欺诈的人，用下等的赏赐得到并保有他们，称他们为“技术之士”。

夫十士之用，皆尽其才、任其道。计谋使智策之士，谈说使辩说之士[①]，离亲间疏使间谍之士，深入诸侯之境使乡道之士，建造五兵使技巧之士，观锋捕虏、守危攻强使猛敌之士，掩袭侵掠使趫捷之士，探报计期使疾足之士，破坚摧刚使巨力之士，诳愚恐痴使技术之士。此谓任才之道、选士之术也。三王之后，五伯之辟，得其道而兴，失其道而亡。兴亡之道不在聪明文思[②]，在乎选能之各尽其才者也。

【注释】

①辩说：原作“辩给”，误，据《守山阁丛书》本改。

②聪明：原作“听明”，误，据《守山阁丛书》本改。

【译文】

上述十类人才的使用，一定要发挥他们的才干，充分利用他们的特长。制定计谋时，要使用“智能之士”；交战双方谈判时，要使用“辩说之士”；离间敌国各种亲疏关系时，要使用“间谍之士”；深入诸侯国的境内作战时，要使用“乡道之士”；制造各种兵器时，要使用“技巧之士”；击败敌军前锋、捕捉敌人俘虏、防守危险的地方、进攻强敌的时候，要使用“猛敌之士”；奇袭侵掠敌国时，要使用“趫捷之士”；约定时间传递情报，要使用“疾足之士”；攻陷防守坚固的阵地时，要用“巨力之士”；欺骗恐吓敌人的时候，要使用“技术之士”。这些就是所说的任用人才的方法、挑选人才的手段。三王之后，从春秋五霸开始，掌握了这些方法就会兴盛起来，未掌握这些方法就会衰亡。兴盛和衰亡的关键不在于君主耳聪目明，才思敏捷，而在于能否选择人才并能使他们各尽其能。

励士篇

【题解】

“励士”，就是激励士气。士气是军队战斗力的重要组成部分。军队战斗力包括物质部分，如军事装备、后勤保障等，也包括精神部分。士气属于战斗力中的精神要素，是精神战斗力。《孙子兵法·军争》篇说：“故三军可夺气，将军可夺心。”夺气，就是打击敌方的精神力量。而对己方，则要不断励气。至于如何激励士气，作者认为主要是重奖。所谓“重奖之下，必有勇夫”。本篇的主旨是讲如何奖励功臣以激励士气，从而最终赢得战争的胜利。

士气是属于精神层面的东西，看不见、摸不着，但是确实是存在的，在战争中能发挥极大的作用。李筌说：“木石无心，犹可危而动、安而静，况于士乎！”作者看到了决定战争的根本因素是人，而人是有感情的，这一点可以加以利用，用来打造军队的战斗力。当然作者这样来认识，也不是他的发明，也是继承了前人的思想。本篇承袭《吴子·励士》篇而作了发挥。《吴子》认为“严刑明赏”不足以取胜，只有“励士”才能取胜。当然，励士主要是针对没有军功的人，激励他们建功立业。《励士》

篇说："起对曰：'君举有功而进飨之，无功而励之。'于是武侯设坐庙庭，为三行，飨士大夫。上功，坐前行，肴席兼重器、上牢。次功，坐中行，肴席器差减。无功，坐后行，肴席无重器。飨毕而出，又颁赐有功者父母妻子于庙门外，亦以功为差。"可见，激励士气一直是中国古代军事家关注的重要问题之一。

作者认为奖励功臣主要应通过举办隆重的表彰大会形式。表彰大会上邀请立功受奖的功臣及其家属，给予丰厚的物质与精神奖励。对表彰大会的程序也进行了设计，体现了仪式的庄重感。同时也要把这种仪式传播到乡村里弄之中，以激发人们建功立业的愿望与爱国主义豪情。这些在今天仍然具有启发意义。

经曰：激人之心，励人之气。发号施令，使人乐闻；兴师动众，使人乐战；交兵接刃，使人乐死[①]。其在以战励战，以赏励赏，以士励士。木石无心，犹可危而动、安而静，况于士乎！

【注释】

①"发号施令"几句：语本《吴子·励士》篇，原文为："夫发号布令而人乐闻，兴师动众而人乐战，交兵接刃而人乐死。"

【译文】

经说：激发人的决心，激励兵的勇气。将帅发号施令，众人乐于听从；兴师动众，士兵渴望打仗；两兵相接，白刃格斗，士兵甘于牺牲。原因在于将帅善于用英勇战斗的精神激励士兵作战，用奖赏战功的办法激励士兵受奖，用士卒中的榜样来鼓励其他官兵。木头和石头是没有思想的，它们处在危险之处时会自行滚动，处在平坦地方时则会静止，何况处于危险中的将士呢！

古先帝王伯有天下，战胜于外，班师校功[①]，集众于中军之门。上功：赐以金章紫绶[②]，锡以锦彩，衣以缯帛，坐以重裀[③]，享以太牢[④]，饮以醇酒。父母妻子皆赐纹绫，坐以重席，享以太牢，饮以酎酒[⑤]。大将军捧赐，偏将军捧觞。大将军令于众曰："战士某乙等奋不顾身，功超百万，斩元戎之首[⑥]，搴大将之旗，功高于众，故赐上赏，子孙后嗣常称元勋之家。父母妻子皆受重赏，牢席有差，众士咸知。"

【注释】

①校功：校核功劳大小。

②金章紫绶：紫色印绶和金印，古丞相所用。后用以代指高官显爵。

③重裀（yīn）：有多层垫子的座位。裀，垫子。

④太牢：古代祭祀时，牛、羊、豕三牲都具备，谓之太牢。

⑤酎（zhòu）酒：醇酒，经过两次或多次重酿的酒。

⑥元戎：主将，统帅。

【译文】

古代的先帝圣王的称霸天下，将士在外打了胜仗，班师回朝，论功行赏，都在中军门前集合众将士，举行隆重的立功授奖仪式。立有上等战功的士兵，赏赐他们金印和紫色绶带，赏赐他锦缎和彩色丝绸，赐他穿丝帛衣裳。让他坐在有多层的座垫上，享用牛、羊、猪三牲齐备的最高规格的宴席，让他喝香醇的上等美酒。他的父母妻儿都赐给绫罗绸缎，坐在多层的座席上，用牛、羊、猪齐备的宴席款待他们，让他们喝醇酒。大将军亲自捧着赏赐物品颁给上等功的人，偏将军亲自捧着酒杯给他们敬酒。大将军当着众人发布号令说："战士某某等人奋不顾身，功勋居全军将士之首，斩了敌人头领的首级，夺取了敌军大将军的军旗，功勋高于全军将士，所以赐给他上等赏赐。子孙后代，全都袭称元勋之家，父母妻儿全都给予重赏，所享用的宴席都符合相应的等级位次。众官兵都要周知。”

次功：赐以银章朱绶，纹绫之衣，坐以重席，享以少牢[①]，饮以酎酒。父母妻子赠以缯帛，坐以单席，享以鸡豚，饮以酾酒[②]。偏将军捧赐，子将军捧觞。大将军令于众曰：“战士某乙等勇冠三军[③]，功轻百战，斩枭雄之首，搴虎豹之旗，功出于人，赐以次赏，子孙后嗣长为勋给之家[④]。父母妻子皆受荣赏，牢席有差，众士咸知。”

【注释】

①少牢：古时祭祀，只用羊、豕二牲叫少劳。

②酾（shī）酒：过滤去糟的酒。

③战士：二字原脱。上文上等功有言“战士某乙等”，下文下等功有言“战士某乙等”，则此处也应该有“战士”二字。据《守山阁丛书》本补。

④勋给之家：立过功勋的家庭。

【译文】

立了次等功勋的士兵：赏赐他们银印、红色绶带和彩色绸缎衣裳，让他们坐在有多层席子的座位上，用猪、羊齐备的宴席款待他们，让他们喝酾酒。他们的父母妻儿都赠给丝帛，都坐在单层的席子上，用鸡、猪齐备的宴席来款待他们，让他们喝酾酒。偏将军捧赏赐财物奖赏立了次等功勋的士兵，子将军捧着酒杯给他们敬酒。大将军当众发布号令说：“战士某某等人，勇冠三军，历经百战而立功，斩了敌人猛将的首级，夺了敌人将领的旗帜，功勋高于一般将士，所以赐给他次等的赏赐。子孙后代也都是功勋之家，父母妻儿全都给予荣耀和赏赐，所享用的宴席都符合相应的等级位次。众官兵都要周知。”

下功：赏以布帛衣，坐以单席，享以鸡豚，饮以酾酒。父母妻子立而无赏，坐而无席。子将军捧赐，卒捧觞。大将军令于众曰："战士某乙等僇力行间，劬劳岁月[①]，虽无搴旗斩将，实以跋涉疆场，赐以下赏，子孙后嗣无所庇诸。父母妻子不及坐享，众士咸知。"

【注释】

①劬（qú）劳：劳累，辛劳。

【译文】

立了下等功勋的士兵：赏赐他们麻布和丝帛衣裳，让他们坐在单层的席子上，用鸡、猪齐备的宴席款待他们，给他们喝酾酒。他们的父母妻儿站立在旁边而没有赏赐，也没有坐下的宴席。子将军捧着赏赐的财物授予立了下等功的士兵，士卒给他们敬酒。大将军当众发布号令说："战士某某等人，长年累月不辞辛劳，效力疆场。虽然没有斩将夺旗，但确实跋涉疆场，所以赐予下等赏赐。子孙后代，没有封爵和优待，父母妻儿没有宴席享用，众将士都要周知。"

令毕，命上功，起，再拜大将军，让曰："某乙等忝列王臣，敢不尽节，有愧无功，叨受上赏。"大将军避席曰："某乙等不德，缪居师长，赖尔之功，枭悬凶逆[①]，盛绩美事，某乙等无专美[②]。"退而后坐。命次功再拜上功，上功曰："某乙等无谋无勇，遵师长之命，有进死之荣，无退生之辱，身受殊赏，上光父母，下及妻子，子其勉诸。"退而后坐。命下功再拜次功，次功曰："某乙等少猛寡毅，遵师长之命，决胜负于一时，身受次赏，上光父母，下及妻子，子其勉诸。"下功，退而后坐。

【注释】

①枭(xīao)悬:斩首悬挂示众。

②专美:专擅美名、独享美名之意。

【译文】

大将军号令完毕,命令立了上等功的士卒起立,再次拜谢大将军,谦让地说:"我等某某,荣幸地作为君王的臣子,怎敢不尽忠尽节?很惭愧没有立下什么功劳,却接受了上等的赏赐。"大将军从座席上站起来,说:"我某人不才,错居统帅之位,依靠你们的功劳,将凶敌叛逆枭首示众,如此盛大的功绩和美好的事迹,我等不敢归功于己。"立上等功的士兵退回原席位坐下。大将军又命令立了次等功的士兵起立,拜谢立了上等功的人。立了上等功的士兵从席位上站起来,说:"我某某人无谋无勇,遵照大将军的命令,唯求奋勇向前殊死杀敌的荣耀,没有后退偷生蒙受耻辱的想法。如今身受特殊的奖赏,上光耀父母,下恩及妻子儿女,我们大家一起努力吧。"立了次等功的士兵退回到原来的席位坐下。大将军又命令立了下等功的士兵起立,再次拜谢立了次等功的士兵。立了次等功的士兵在席位上站起来,说:"我某某人缺乏勇猛刚毅,遵照大将军的命令,一时打了胜仗。如今身受次等赏赐,上光耀父母,下恩及妻子儿女。我们大家一起努力吧。"立了下等功的士兵退回到原来的席位坐下。

夫如是励之,一会①,则乡勉党,里勉邻,父勉子,妻勉夫。二会,则州勉县,朋勉友。三会,则行路相勉,闻金革之声相践而出②。邻无敌国,邑无坚城,士何患乎不勇哉!

【注释】

①一会:指这样的奖励功臣的大会一次。下"二会""三会",指这样的奖励功臣的大会二次、三次。

②金革:这里指战争。

【译文】

如果像这样鼓励士兵,一次这样的表彰功臣的大会,就可以使同乡的人勉励同党的人,同里的人勉励近邻,父亲勉励儿子,妻子勉励丈夫。两次这样的表彰功臣的大会,就可以使同州的人勉励同县的人,朋友之间互相勉励。三次这样的表彰功臣的大会,就会使陌生人也互相勉励,士兵们一听到金鼓之声就争先恐后地出战。这样的话,邻近的国家就没有可以相匹敌的,也没有什么攻不下的城池,还担心将士们不英勇奋战吗?

刑赏篇

【题解】

上一篇讲了对立功者进行重奖。但单纯实施重奖并不能提高军队的战斗力。本篇是讲要真正提高军队的战斗力,还需要做到“文武双全”。“赏,文也;刑,武也。文武者,军之法,国之柄”,这是本篇的主旨。

早在先秦时期,黄老道家与法家就已经觉察到要“刑赏并用”。黄老道家代表作品马王堆帛书《经法》中多次讲到“刑德”,刑德就是“刑赏”。《十六经·姓争》:“刑德相养,逆顺若成。刑晦而德明,刑阴而德阳,刑微而德章(彰)。”《商君书》中专列《赏刑》篇,专门讨论“刑赏”问题,提出“赏”要“壹赏”,“刑”要“壹刑”。“所谓壹赏者,利禄官爵抟出于兵,无有异施也”。壹赏,就是所有的赏赐必须依赖立有军功,其他一律不予奖赏。“所谓壹刑者,刑无等级,自卿相、将军以至大夫、庶人,有不从王令、犯国禁、乱上制者,罪死不赦。”壹刑,就要执法一视同仁,没有私心。《北史·杜弼传》载杜弼的话说:“天下大务,莫过刑赏二端。赏一人使天下之人喜,罚一人使天下之人服,二事得衷,自然尽美。”杜弼的话是就治国而言的,当然对治军也有启发意义。

本篇继承了前人的思想,作者把刑赏推崇到无以复加的地位,认为

“治乱之道在于刑赏,不在于人君”。这种认为国家制度大于君主个人的主观看法的认识,体现了作者的历史进步性。这与以孔子为代表的儒家思想大相径庭。以孔子为代表的儒家认为国家治乱的好坏,取决于人君个人的德行与修养。只有人君个人修身,然后才能齐家、治国、平天下。因此,一个国家能否治理得好,关键在于君主个人的德行与品质。李筌显然不这么认为,他更多地吸收了先秦时期法家的思想,以刑赏为治国之本,也是治军之本。

至于实施刑赏,关键在于要公正。做到公正,首先就要没有私心:“刑赏之术,无私于人,常公于世,以为道。”这也是法家“壹刑”思想的翻版。

经曰:有虞氏画衣冠,异章服[①],以刑辅缪[②],而奸不犯,其人醇。汤武凿五刑[③],伤四肢,以缪辅刑,而奸不止,其人淫。有虞非仁也,汤武非暴也,其道异者,时也。

【注释】

①有虞氏画衣冠,异章服:语出《慎子》佚文,原文为:“有虞之诛,以幪巾当墨,以草缨当劓,以菲履当刖,以艾韠当宫,布衣无领当大辟,此有虞之诛也。斩人肢体,凿其肌肤,谓之刑;画衣冠,异章服,谓之戮。上世用戮而民不犯也,当世用刑而民不从。”有虞氏为上古部落,舜曾为其首领。这里说的是“象刑”,在衣服或帽子上画有特殊的符号,代替受刑;或者换上一种特定的衣服,表示正在接受惩罚。“画衣冠,异章服”,表示虽然犯了法,而不真正地按法惩处,而只作象征性惩罚。

②以刑辅缪:意思是用接受一定的刑法来代替杀头。这是减轻惩处。缪,通“戮”。

③五刑：古代的五种刑罚的总称。商周时期为墨（将墨涂于犯人刺刻后的面额部）、劓（割去犯人的鼻子）、剕（弄断犯人之足）、宫（割去男犯生殖器，闭塞女犯生殖器）、大辟（对死刑的通称）五种。隋代至清代改为笞、杖、徒、流、死五种。

【译文】

经说：上古时舜用在人们衣服帽子上画上不同的图案，或者穿上专门的衣服来代替行刑，用接受一定的刑法来代替杀头，但人们不犯罪，那时的人心思淳朴。后代商汤、周武王制定了墨、劓、剕、宫、大辟五种刑罚，伤害犯人四肢，用杀戮作刑罚来统治，但作奸犯科的事屡禁不止，这时的人心思散乱了。舜并非仁慈，商汤、周武王也不是残暴，他们治理国家的方法不同，是因为时代不同了。

古之善治天下者，不赏仁，赏仁则争为施而国乱；不赏智，赏智则争为谋而政乱；不赏忠，赏忠则争为直而军乱；不赏勇，赏勇则争为先而阵乱。夫莅事以仁，权谋以智，事君以忠，制物以能，临敌以勇。此五者，士之常也[①]。赏其常则致争，致争则政乱，政乱则非刑不治。故赏者，忠信之薄而乱之所由生[②]；刑者，忠信之戒而禁之所由成。刑多而赏少则无刑，赏多而刑少则无赏。刑过则无善，赏过则多奸。

【注释】

①士：原脱，据《守山阁丛书》本补。

②薄：迫近。

【译文】

古代擅长治理天下的人，不奖赏仁爱的行为，因为一旦有仁爱的行为得到了奖赏，那么人们都争着去施仁爱，这样国家就会混乱。不奖赏贡献才智的行为，因为一旦有人贡献才智得到了奖赏，那么人们就会争着去出谋划策，这样政治就会混乱。不奖赏忠直的行为，因为一旦有率直的行为得到了奖赏，那么人们就会争着去做率直的行为，军队就会变得混乱。不奖赏勇猛的行为，因为一旦作战勇猛得到了奖赏，那么人们就会个个争先，军队的阵势就会混乱。治理民众要仁爱，出谋划策要智谋，侍奉君主要忠诚，处理事务要能干，临敌陷阵要勇猛。这五种要求是将士们原本应该做到的本职工作。奖赏这些本职工作就会引起争名夺利，人人争名夺利就会引起政治混乱，政治混乱了，不用刑罚就无法治理。所以奖赏这东西，忠信的人一旦靠近就会乱了心神；刑罚这东西，忠信的人一直引以为戒，又是禁令能够发生作用的保证。刑罚多而奖赏少，刑罚就会没有作用；奖赏多而刑罚少，奖赏也不会产生作用。刑罚过度滥用，就会没有善良之辈；奖赏过度滥用，就会使奸邪之人增多。

王者以赏劝[①]，以刑禁[②]，求过而不求善，而人自为善。赏，文也；刑，武也。文武者，军之法，国之柄。明主首出，庶物顺时[③]，以抚四方，执法而操柄，据罪而制刑，按功而设赏。赏一功而千万人悦，刑一罪而千万人惧；赏无私功，刑无私罪，是谓军国之法、生杀之柄。故曰能生而能杀，国必强；能生而不能杀，国必亡。一曰能生死而赦杀者，上也。刑赏之术，无私于人，常公于世，以为道。其道也，非自立于尧舜之时，非自逃于桀纣之朝。周得之而天下治，及其衰也，失之而天下乱[④]。治乱之道在于刑赏，不在于人君。过此以往，虽弥纶宇宙、缠络万品，生杀之外，圣人错而不言[⑤]。

【注释】

①以赏劝：原作“以赏禁”，不词，据《守山阁丛书本》改。

②以刑禁：原作“以刑劝”，不词，据《守山阁丛书本》改。

③庶物：众物，万物。

④“刑赏之术”几句：语出《尹文子·大道下》，原文为：“刑者所以威不服，亦所以生陵暴；赏者所以劝忠能，亦所以生鄙争。凡此八术，无隐于人而常存于世。非自显于尧、汤之时，非自逃于桀、纣之朝。用得其道则天下治，失其道则天下乱。”

⑤“过此以往”几句：语出《尹文子·大道下》，原文为：“过此而往，虽弥纶天地，笼络万品，治道之外，非群生所餐挹，圣人错而不言也。”

【译文】

君王要用奖赏起到劝人从善、用刑罚起到禁止犯罪的作用。在使用奖赏和刑罚时，宁可失之过严也不苛求完善，人们就会自觉为善。奖赏是文的方法，刑罚是武的手段。文和武两种手段是治军的法规与治国的关键。英明的君主一出现，便使万物都顺应天时，以此安抚天下四方。执掌刑罚和奖赏，根据犯罪的情况而制定刑律，按照立功的情况而设置奖赏。奖赏一个人的功劳，能使千万人欢喜；惩罚一个人的犯罪，能使千万人谨慎。奖赏中没有凭借私心而获得的功劳，惩罚中也没有因私人恩怨而受到的处罚。这就是所说的治理军队和国家的方法与掌握的生杀之权的关键。所以说既能使人活命又能加以诛杀，国家必定强盛；能够使人活命却不能加以诛杀，国家必定灭亡。能够使要死的人活下去，能够赦免被诛杀的人，这是最高明的统军治国之法。推行刑赏制度，要没有私心，经常公布于世，作为治国的根本。这个方法，不是在尧、舜时代自动流行的，也不是在夏桀、商纣之朝自行消失的。周代能够正确地运用它，天下就得到了治理。等到周代衰落了，不能正确地使用刑赏制度，天下就大乱了。因此，国家是治还是乱，关键就在于是否正确地运用刑赏制度，而不在于君主自身。从古到今，虽然还有许多充满宇宙、包罗万象的制度，但除了掌握和运用好生杀大权以推行刑赏之术外，圣明之人对其他事物都可以置之不论。

地势篇

【题解】

战争历来都是在一定的空间中进行的。今天的一些战争可能在网络的虚拟空间进行，但是在冷兵器时代，打仗必须在某处地形上展开。因此地形就是最重要的战争空间，也是决定战争胜负的重要外部条件。由地形造成的有利或不利态势，往往决定了战争的最终结果。作者认为“兵因地而强，地因兵而固”，阐明了“兵”与“地”之间的关系，也是本篇的主旨。

古人特别重视利用地形造成战争的有利态势。兵圣孙武就地形对战争的影响有精辟的论述。《孙子兵法·地形》篇说：“地形有通者，有挂者，有支者，有隘者，有险者，有远者。”地形有通、挂、支、隘、险、远六类。孙子结合作战对每类地形都分析了利弊。“通”这种地形“利粮道，以战则利”。“挂”这种地形，“敌无备，出而胜之；敌若有备，出而不胜，难以返，不利”。“支”这种地形，我据守无出，或者“引而去之，令敌半出而击之”。“隘”这种地形，要“我先居之，必盈之以待敌”，“若敌先居之，盈而勿从”。“险”这种地形，“我先居之，必居高阳以待敌”。“远”这种地形，“势均，难以挑战，战而不利”。具体到指挥作战，针对遇到的地形要灵活应对。《孙子兵法·九地》中列举了九种不同作战地区的用兵原则：“孙子曰：用兵之法，有散地，有轻地，有争地，有交地，有衢地，有重地，有圮地，有围地，有死地。”在不同的地形条件下，指挥作战要有不同的方法。本篇就是在继承《九地》篇的基础上而作的借用与发挥。

作者也认识到，对待地形，古人所说的这些看法都是一些原则性意见，需要灵活对待。“城有所不攻，计不合也；地有所不争，未见利也”，根据作战目标与是否能带来战争利益来决定是否去夺地。这种思想还是比较开明的。其实早在李筌之前，就有人在实践中做出过成功的案例。如三国时期，曹魏大将邓艾伐蜀，偷渡阴平，出奇兵。单从地形上看，阴平地势险要，要利用这样的地势是不可能的，但是恰恰是在人们都认为不可能的情况下，才能出奇制胜。决定战争因素的最主要方面是人，地形只是战争的外部条件而已。忽视战争中的地形要素不可取，但是过高估计地形要素也是不可取的。

经曰：善战者，以地险，以势胜，如转圆石于千仞之坂者，地势然也[①]。

千仞者，险之地；圆石者，转之势。地无千仞，而有圆石，置之窳塘之中[②]，则不能复转；地有千仞，而无圆石，投之方棱偏匾之石[③]，则不能移。地不因险，不能转圆石；石不能圆，不能赴深溪。故曰："兵因地而强，地因兵而固。"

【注释】

①"善战者"几句：语出《孙子兵法·势篇》，原文为："故善战人之势，如转圆石于千仞之山者，势也。"

②窳（yǔ）塘：低洼的水池。

③方棱：这里指方形有棱块的石头。偏匾：这里指形状不规则扁而奇怪的石头。匾，同"扁"。

【译文】

经说：善于打仗的人往往凭借险恶的有利地形，依靠地势来取胜。就像在千仞的山顶上向下滚动圆石一样，势不可挡，这是地势造成的结果。

千仞的高山，是险要的地形；圆石，有滚动之势。没有千仞的高山而仅有圆石，如果把圆石放在水池之中，那么它也不能滚动。有千仞的高山而没有圆石放在上面，如果把方正有棱或形状不规则的扁状石头放在山坡上，石头也不能向下滚动。地形不险要，就不能使圆石滚动；石头不圆，也不能从高山滚动到深谷中去。所以说："军队依靠有利地形而强大，地形也依靠军队守卫而成为坚固的阵地。”

夫善用兵者，高陵勿向，背丘勿逆[①]。负阴抱阳，养生处实，则军无百疾[②]。是故诸侯自战于其地[③]，名曰散地。入人之境不深，名曰轻地。彼此皆利，名曰争地。彼我可往，名曰交地。三属诸侯之国，名曰衢地。深入敌人城邑，名曰重地。山林、沮泽、险阻，名曰危地。出入迂隘，彼寡可以击吾众，名曰围地。疾战则存，不战则亡，名曰死地。故散地无战[④]，轻地无留，争地无攻，交地无绝，衢地合交，重地则掠，危地则行，围地则谋，死地则战[⑤]。

【注释】

①“夫善用兵者”几句：语出《孙子兵法·军争》篇，原文为：“故用兵之法，高陵勿向，背丘勿逆。”

②“负阴抱阳”几句：化用《孙子兵法·行军》篇，原文为：“凡军好高而恶下，贵阳而贱阴，养生而处实，军无百疾，是谓必胜。”

③故：原作“放”，疑字形相似而讹。今据《守山阁丛书》本改。

④无战：原作“无散战”，疑“散”字衍，今据《守山阁丛书》本删。

⑤死地则战：自“是故诸侯自战于其地”至此，语出《孙子兵法·九地》篇，原文为：“诸侯自战其地，为散地。入人之地而不深者，为轻地。我得其利，彼得亦利者，为争地。我可以往，彼可以来者，为交地。诸侯之地三属，先至而得天下之众者，为衢地。入人之地深，背城邑多者，为重地。行山林、险阻、沮泽，凡难行之道者，为圮地。所由入者隘，所从归者迂，彼寡可以击吾之众者，为围地。疾战则存，不疾战则亡者，为死地。是故散地则无战，轻地则无止，争地则无攻，交地则无绝，衢地则合交，重地则掠，圮地则

行，围地则谋，死地则战。”

【译文】

善于用兵打仗的人，敌人占据高山，就不要去仰攻；敌人背靠山丘，就不要正面去攻击。军队扎营要选择向阳避荫之地，居于粮草充裕、水源充足、地形有利的地方，这样军队就可避免发生各种疾病。所以诸侯在本国的领地里作战，就叫做“散地”。进入别国的境内但不深入的地区，就叫做“轻地”。我军得到有利、敌人得到也有利的地区，就叫做“争地”。敌我双方都可以通行的地区，就叫做“交地”。处在多个诸侯国之间能够连接多个诸侯国的地区，就叫做“衢地”。深入到敌国境内而附近城邑多的地区，就叫做“重地”。多山林险阻、沼泽遍布难以通行的地区，就叫做“危地”。进军的道路入口狭窄，退路迂回曲折，敌人用少数兵力可以攻击我多数兵力的地区，就叫做“围地”。迅速战斗还可以生存、不迅速战斗就会死亡的地区，就叫做“死地”。所以处于散地就不宜作战，处于轻地就不宜停留，处于争地就不宜进攻，处于交地就不宜断绝联络，处于衢地应当结交各国，处于重地应当夺取城邑，处于危地应当迅速通过，陷入围地应当设法脱险，陷入死地应当拼死战斗。

是故，城有所不攻，计不合也；地有所不争，未见利也；君命有所不听，不便事也①。凡地之势，三军之权，良将行之，智将遵之，而旅将非之②，欲幸全胜，未之有也。

【注释】

①“城有所不攻”几句：化用《孙子兵法·九变》篇，原文为：“涂有所不由，军有所不击，城有所不攻，地有所不争，君命有所不受。”

②旅将：出征在外的将领。

【译文】

因此，有些城邑是不去攻打的，因为不符合我方的预定目标；有些地区也不去争夺,因为争夺这些地区不能获得期望的利益。君主的命令,有些也不能听从,因为它对作战取胜不利。大凡地形造成的态势,是全军胜败的关键,优秀的将领一般都利用它,聪明的将领也都遵循它。但是如果出征在外的将领不利用它,想要侥幸获得彻底的胜利,是从来没有过的。

兵形篇

【题解】

古代兵学上的"形",主要是指军事资源的分布位置与投放方向,表现在外的客观物质形态。兵形既包括军队的服装、武器、营房、后勤装备等,也包括军队的组织、队列组成等,还包括在作战过程中表现出来的战斗过程。本篇作者不是谈"形"的问题,而是重点谈"形"对"神"的依赖,也就是军事资源的分布与投放要受到智谋的支配。所谓"战胜攻取,形之事,而用在神",突出智谋在战争中的主导地位。

比如说柴禾,虽然在资源利用上主要是用来烧火做饭,但是在春秋时期的城濮之战中,晋国的栾枝却把柴禾绑在战车上在战场上来回拖,企图用激起的尘土飞扬来营造部队逃跑的假象。楚军果然上当,猛烈追击晋军。在追击的过程中,楚军遭到晋国军队的夹击。同样是柴禾,有人用来做饭,有人却用来作战,这就是军事资源的利用上的不同。锅灶原来是用来做饭的,在齐魏马陵之战中,孙膑用减少锅灶的使用来诱敌深入。同样是锅灶,有人用来做饭,有人却用来作战。柴禾、锅灶都是"形",如何使用却是"神",这就是智谋产生的神奇效果。

任何一支部队,它的军事资源在一定范围内都是有限的,需要合理支配与投放,以追求资源利用效率的最大化。至于具体的支配原则,兵圣孙武曾精辟概括过。《孙子兵法·虚实》篇说:"故兵无常势,水无常形。能因敌变化而取胜者,谓之神。""兵无常势,水无常形",调配军事资源要像水流不断变化一样，没有固定的套路。如果被固定的思维束缚，认为柴禾、锅灶之类只能用来做饭，干不了别的，那就无法取胜。只有“因敌变化”，灵活机动，才能制胜。而要做到这一点，只能依靠指挥者的智谋了。

经曰：夫兵之兴也，有形有神。旗帜金革依于形，智谋计事依于神。

战胜攻取，形之事，而用在神；虚实变化，神之功，而用在形。形粗而神细，形无物而不鉴，神无物而不察。形诳而惑事其外[①]，形圆而密事其内。视其形不见其神，见其神不见其事。以是参之，曳柴扬尘[②]，形其众也；减灶灭火[③]，形其寡也。勇而无刚，当敌而速去之，形其退也；斥山泽之险，无所不至[④]，形其进也。油幕冠树[⑤]，形其强也；偃旗仆鼓，寂若无人，形其弱也。故形象陶人之埏土，凫氏之冶金[⑥]；为方为圆，或钟或鼎。金土无常性，因工以立名；战阵无常势，因敌以为形。故兵之势，至于无形，则间谍不能窥，智略不能谋。因形而措胜于众，众不能知；人皆知我所以胜之形，莫知吾所以制胜之形。形不能神不能为变化，神不能敌不能为智谋。水因地而制流，兵因敌而制胜也[⑦]。

【注释】

①诳（kuáng）：欺骗。

②曳柴扬尘：战例如晋楚城濮之战，见《左传》僖公二十八年。当时晋国的将军栾枝为了引楚军上当，“使舆曳柴而伪遁”。楚军上当，去追击晋军，结果遭到晋国中军与上军前后夹击，楚军大败。

③减灶灭火：战例即齐魏马陵之战，见《史记·孙子吴起列传》附《孙膑传》。孙膑以“使齐军入魏地为十万灶，明日为五万灶，又明日为三万灶”的减灶之计诱使庞涓追击，庞涓在马陵受到孙膑的伏击，自杀身亡。

④至：原作“在”，与上下文意不连贯，今据《守山阁丛书》本改。

⑤油幕：涂了油彩的帐幕。冠树：覆盖在树上。

⑥凫氏：《周礼》官名。职掌作乐钟之事。

⑦“故兵之势”几句：化用《孙子兵法·虚实》篇，原文为：“故形兵之极，至于无形；无形，则深间不能窥，智者不能谋。因形而错胜于众，众不能知；人皆知我所以胜之形，而莫知吾所以制胜之形。故其战胜不复，而应形于无穷。夫兵形象水，水之形，避高而趋下；兵之形，避实而击虚。水因地而制流，兵因敌而制胜。故兵无常势，水无常形，能因敌变化而取胜者，谓之神。”

【译文】

经说：兴兵作战，有其外在表现状态的“形”，也有内在精神的“神”。军队的旗帜、金鼓、装备等都是“形”的表现，而将帅的智谋计策则是“神”的体现。

战胜敌人、攻城取地是“形”的表现，但却是“神”的作用；作战中体现出来的虚实变化是“神”的作用，但具体表现在“形”上。“形”是表现在外的具体能看得见的物质，而“神”是隐秘在内看不见摸不着的意识。“形”没有什么事物不能鉴别，“神”没有什么事物不能洞察。在“形”上做假，就可以对外迷惑敌人；在“形”上考虑周密，就可以在内部保证成就事情。观察军队的形而不能了解其谋略，了解了对方的谋略也不一定能了解对方行事的目的。用这种观点来检验，拖着树枝以扬起烟尘，是为了表现军队人多势众的样子；逐渐减少锅灶，是为了暗示军队减员的情况。交战中虽然勇猛却不显示出刚强，一接触敌人就迅速撤离，这是示意退却的样子以诱惑敌人。探测侦察山地沼泽等险阻，没有不到之处，这是表现出要进攻的样子以迷惑敌人。用油彩涂抹营帐然后覆盖在树上，表现出军营阵势强大的样子以震慑敌人；偃旗息鼓、安静得就像没人一样，这是显示弱小的样子以引诱敌人。所以说用兵的方式就像制陶工人揉捏泥土，凫氏人冶炼金属一样，可以随意把陶器做成方的或是圆的，把金属做成钟或是鼎。金属和泥土是没有固定形状的，根据将它们做成什么样子来命名；打仗布阵也没有固定的形式，根据敌情来决定它的方式。因此，示"形"诱敌的方法运用到极妙的程度，就能使人们看不出一点形迹。这样就是有深藏的间谍也无法探明我方的虚实；即使智谋高明的人，也想不出对付我方的计谋来。根据敌情变化灵活运用战法而取得的胜利，众人也看不出来其中的奥妙；人们只知道我取胜的表面现象，但不知道我取胜的原因。一支军队的"形"如果不依靠神，就不能生出多种战法的变化；而军队的"神"生出的智谋计策，如果不根据敌人的实际来制定，则不能成为取胜的智谋。流水随地势而变化形态，用兵打仗也要根据不同的敌情来制定具体的制胜方法。

作战篇

【题解】

作战是战争的主要表现形式，如何作战是历代军事家十分关注的问题。《孙子兵法》中专列《作战》篇，主要讲"兵贵胜，不贵久"的速胜思想。本篇与之不同，主要讨论作战要遵循"势"的原则。将孙子的"势"论运用到作战的具体指挥之中，也是对孙子兵学思想的发展。

"势"是孙子兵学思想的重要内容。《孙子·势》篇说："善战者，求之于势，不责于人。"意思是善于指挥作战的将帅，往往去利用有利于取胜的态势，而不是对手下的偏将有苛刻的要求。对此，李筌是认同的，他在解释这段话时说："得势而战，人怯者能勇，故能择其所能任之。"意思是说，一旦得到了"势"，怯弱的人都能变得勇敢起来，这样调兵遣将也就容易了。杜牧也解释说："言善战者，先料兵势。"善于指挥作战的人，都是预先谋算兵势。

具体如何来利用"势"？文中列举了多种用"势"的原则。比如在峡谷中遇到敌军，如何利用这种地势？作者认为，此种情况要"我则金鼓蔽山、旗帜依林、登高远斥、出没人马"。因为这种地形，敌人不容易把我方情况弄清楚，那么我方就可以利用这一点来迷惑敌人。可以在山上多响金鼓，多插旗帜，以显示我军数量众多，实力强大。当然这也是吸取前人的智慧。《吴子兵法·应变第五》说："武侯问曰：'左右高山，地甚狭迫，卒遇敌人，击之不敢，去之不得，为之奈何？'起对曰：'此谓谷战，虽众不用。募吾材士，与敌相当，轻足利兵，以为前行。分车列骑，隐于四旁，相去数里，无见其兵。敌必坚阵，进退不敢。于是出旌列旆，行出山外营之，敌人必惧。车骑挑之，勿令得休。此谷战之法也。'"吴起认为，在左右两侧均为高山的狭迫之地（即谷地）突然与敌遭遇，那就叫做"谷战"。在这种地形条件下作战，因受地形限制，可以采用多种疑兵之计。其中"出旌列旆，行出山外营之"就是其中一种。其他因利之战、平地之战、水上之战，皆可归为用"势"。

经曰：昔之善战人者，如转木石。木石之性，圆则行，方则止[①]。行者，非能行而行，势不得不行；止者，非能而止，势不得不止。

【注释】

①"昔之善战人者"几句：化用《孙子兵法·势》篇，原文为："故善战者，求之于势，不责于人，故能择人而任势。任势者，其使人也，如转木石。木石之性，安则静，危则动，方则止，圆则行。故善战人之势，如转圆石于千仞之山者，势也。"

【译文】

经说：过去擅长用兵打仗的人，就如同转动木头和石头一样。木头和石头的特性都是圆形的就滚动，方形的就停止。能滚动的木头和石头，不是它们自己会滚动，而是他们本身的圆形形状使它们不得不滚动；停止不动的木头和石头不是它们自己会静止，而是他们本身的方形形状使它们不得不静止。

夫战人者①，自斗于其地则散，投之于死地则战。散者非能散，势不得不散；战者非能战，势不得不战。行止不在木石而制在于人；散战不在于人，而制在于势。此因势而战人也。

【注释】

①战人：见于《孙子兵法·势》篇，意为“与人战”，与敌人作战。

【译文】

与敌人打仗，如果在自己的土地上作战，士兵就容易溃散；如果把士兵置于死地，士兵就会拼死战斗。士兵溃散不是他们没有战斗力，而是离家近要照顾家人的形势使他们不得不溃散；士兵拼死战斗不是他们愿意死战，而是处在死地的形势使他们不得不拼死作战。木头和石头的滚动或静止，原因不在于木头和石头本身，而在于控制它们使它们滚动或静止的人；士兵溃散或死战的原因不在于士兵本身，而在于态势。这就要求根据形势而与敌人作战。

夫未见利而战，虽众必败；见利而战，虽寡必胜利者，彼之所短，我之所长也。见利而起，无利则止，见利乘时，帝王之资。故曰时之至，间不容息。先之则太过，后之则不及。

见利不失，遭时不疑，失利涉时，反受其害[①]。疾雷不及掩耳，卒电不及瞑目，赴之若惊，用之若神[②]，此因利之战人也。

【注释】

①“见利不失”几句：语本《六韬·龙韬·军势》，原文为：“善者，见利不失，遇时不疑。失利后时，反受其殃。”

②“疾雷不及掩耳”几句：语本《六韬·龙韬·军势》，原文为：“是以疾雷不及掩耳，迅电不及瞑目。赴之若惊，用之若狂。”

【译文】

尚未看到对己有利的形势就与敌人交战，虽然兵力多也一定会失败；看到有利形势才与敌人交战，虽然兵力少也一定会取胜。所谓有利的形势就是知道了敌之所短与我之所长。看到形势对我方有利就起而作战，对我方不利就按兵不动。看到形势有利，抓住有利时机，这是帝王赖以成功的资本。因此时机一到，容不得半点耽搁。如果提前行动就会太过头了，推后就来不及了。见到形势有利，千万不要犹豫迟疑，一旦错过有利时机，反而会深受其害。一遇到有利时机，就要像迅雷不及掩耳、闪电不及闭眼一样的速度行动。军队开进时如同惊鸟飞驰，利用有利形势犹如神助。这就是依靠有利形势和时机与敌人作战。

夫战者，左川泽，右丘陵，背高向下，处生击死，此平地之战人也。

【译文】

作战的地区，如果遇到左边有河流沼泽，右边有丘陵山地，就应当背倚高地、向下攻击，占据生地、攻击死地的敌人。这就是在平地与敌人作战的原则。

逼敌无近于水，彼之不免，致死拒我，困兽犹斗，蜂虿有毒[①]，况于人乎！令其半渡而击之，前此致免，涉者慕之，蔑有斗心[②]。敌逆水而来，勿迎之于水内，此水上之战人也。

【注释】

①虿（chài）：古书上说的蝎子一类的毒虫。

②“令其半渡而击之”几句：语出《左传》定公四年，原文为：“困兽犹斗，况人乎？若知不免而致死，必败我。若使先济者知免，后者慕之，蔑有斗心矣。半济而后可击也。”

【译文】

逼歼敌人不要把他们逼到水边，因为如果被逼到水边，敌人知道不免一死，就会拼死抵抗。被围困的野兽犹在搏斗挣扎，黄蜂和蝎子尚用毒刺螫人，更何况于人呢？不如先让敌军渡河，等他们渡到一半时再攻击他们。敌军先渡过河的人知道可免一死，未渡过河的人也急于过河，这样敌人就会争相逃跑，军无斗志。敌军如果逆水而来，我军不要下水在水上迎击他们，要利用在岸上的优势，要等他们一半渡上岸，再发动攻击。这就是在水上与敌作战的原则。

左右山陵、溪谷险狭，与敌相遇，我则金鼓蔽山、旗帜依林、登高远斥、出没人马，此山谷之战人也。

【译文】

左右都是山陵、溪谷和险隘，如果与敌人相遇，我军要在漫山遍野中敲响金鼓之声，在山林中遍插旗帜，登高望远来侦察敌情，使人马神出鬼没。这就是在山谷中与敌作战的原则。

势利者，兵之便；山水平陆者，战之地。夫善用兵者，以便胜，以地强，以谋取，此势之战人也。如建瓴水于高宇之上，砉然而无滞霤；又若破竹，数节之后，迎刃自解，无复着手矣[①]。

【注释】

①“又若破竹”几句：语出《晋书·杜预传》，原文为：“今兵威已振，譬如破竹，数节之后，皆迎刃而解，无复著手处也。”

【译文】

态势有利，这是作战的便利。有山水和平坦的地区，往往是作战的地方。善于用兵打仗的人，依靠有利态势来取胜，依靠地形增强取胜的把握，依靠谋略取胜，这就是依靠态势与人作战。就像从高高的屋脊上向下倒水一样，哗啦一声直泄而下没有什么阻拦；又像剖竹子一样，劈开几节之后，竹子就迎刃而解，不需用力。

攻守篇

【题解】

进攻与防守是战争的两种最基本的样式。历代兵家都注意思考攻与守的理论问题。兵圣孙武主张“上兵伐谋，其次伐交，其次伐兵，其下攻城”。《孙子·谋攻》篇说：“攻城之法为不得已。”虽然“攻城”为最下，但也不失为取胜的重要手段之一。

战国晚期秦国的国尉尉缭子专门论及城市的攻防。《尉缭子》中既有《攻权》，也有《守权》，都是就城市的攻守而做的阐发。《尉缭子·兵谈》篇说：“量土地肥硗而立邑。以城称地，以城称人，以人称粟。三相称，则内可以固守，外可以战胜。”可见，到了战国时期，围绕城市的攻防作战已经成为常态，城市也成为保卫一方土地的支撑点。但是攻占城市是一个新生事物，也是指挥作战的新课题。正因为城市的重要性，所以尉缭子在《攻权》篇说："战不必胜，不可以言战；攻不必拔，不可以言攻。"强调攻城的基本原则，就是一定在有胜算的情况下，才可以去实施。至于具体方法，尉缭子认为"夫城邑空虚而资尽者，我因其虚而攻之"。也就是一定要等到敌方城市粮食军用物资枯竭的时候，再去攻打。至于具体方法，《尉缭子·守权》篇说："攻者不下十余万之众，其有必救之军者，则有必守之城；无必救之军者，则无必守之城。若彼城坚而救诚，则愚夫蠢妇无不蔽城尽资血城者。"意思是说，攻城敌军再多，如果敌人有救兵，那么城就攻不下来。如果没有救兵，那么就很容易攻下来。至于守城，尉缭子又说："后其壮，前其老，彼敌无前，守不得而止矣。此守权之谓也。"意思是说，敌方把精壮部队放在后面，把老弱部队放在前面，那敌军便无有力的前锋，城中的守势也就不再继续而中止了。这说的就是防守的谋略。

本篇多为袭取《尉缭子》的军事思想而作的发挥。攻城的方法，也是"先绝其援，使无外救，料城中之粟，计人日之费"，然后再做决断。总之是根据城中粮食情况与兵力配置情况再做打算。至于守城，考虑到性别之间的差异与吸引，三军的配置也注意壮男不与壮女一起守。这比尉缭子考虑得更为细致。

经曰：地所以养人，城所以守地，战所以守城①，内得人焉，所以攻守②。力不足者守，力有余者攻。

【注释】

①"地所以养人"几句：语本《尉缭子·战威》篇，原文为："地所以养民也，城所以守地也，战所以守城也。"

②内得人焉，所以攻守：当为化用《司马法·仁本》，原文为："内得

爱焉，所以守也。外得威焉，所以战也。”

【译文】

经说：土地之所以能够养育人，城池之所以能守护土地，打仗之所以能够坚守城邑，是因为内部上下一心，得到广泛的支持，所以才能够进行攻击与防守。如果兵力不足就防守，兵力有余就进攻。

攻人之法，先绝其援，使无外救，料城中之粟，计人日之费。粮多人少者，攻而勿围；粮少人多者，围而勿攻[1]。力未屈、粟未殚、城尚固而拔者，攻之至也；力屈、粟殚、城坏而不拔者，守之至也。

【注释】

①粮少人多者，围而勿攻：原无，疑上句语意未足，据《守山阁丛书》本补。

【译文】

进攻敌人的方法，先阻断敌人的增援，使其得不到外部的救兵，再估计敌人城中的粮食，计算每人每日的消耗量。如果城中粮多人少，就迅速攻城但不要围困；如果城中粮少人多，就围困而不要进攻。敌人的力量尚未折损、粮草尚未用尽、城池仍然坚固的时候就攻下来了，这是最好的进攻；我方已经精疲力竭、粮草已经耗尽、城墙已被毁坏却仍未被攻下城来，这是最好的防守。

夫守城之法，以城中壮男为一军，壮女为一军，男女老弱为一军。三军无使相遇。壮男遇壮女，则费力而奸生[1]；壮女遇老弱，则老使怨，弱使强。悲怜在心，则使勇。人受虑，壮夫不战。故曰：善攻者，敌不知所守；善守者，敌不知所攻。微乎！微乎！至于无形。神乎！神乎！至于无声，故能为敌之司命[②]。

【注释】

①奸：原作“好”，字体形似而误。今据《守山阁丛书》本改。

②“故曰”几句：语出《孙子兵法·虚实》篇，原文为：“故善攻者，敌不知其所守；善守者，敌不知其所攻。微乎微乎，至于无形；神乎神乎，至于无声，故能为敌之司命。”

【译文】

防守城邑的方法，将城中青壮年男子编为一军，青壮年女子编为一军，其余男女老弱编为一军。守城时不要让这三军相遇。因为青壮年男子遇到青壮年女子就会耗费精力，而且容易出现奸淫之事。如果青壮年女子遇到老弱之军，那么会使青壮年女子抱怨让老年人来守城，同情那些守城的孩子。悲哀和怜悯在心中存在，就会使那些原本勇敢的人顾虑重重。人们对老弱参战多有顾虑，导致强壮的人不愿打仗。所以说善于进攻的人，敌人不知道如何防守；善于防守的人，敌人不知道如何进攻。这真是微妙啊，微妙到了看不到具体形态。这真是神奇啊，神奇到了无声无息的地步。因此能够掌管敌人的命运，主宰敌人的生死。

行人篇

【题解】

行人是春秋战国时期一种特殊官职的称谓，各国多有设置。《周礼·秋官》中有“大行人”“小行人”。春秋战国行人的职责多样，有负责外交事宜的，如《周礼·秋官·讶士》：“邦有宾客，则与行人送逆之。”战国时期有不少纵横家即出身行人。也有负责传送号令的。有负责天子给诸侯号令的使者，也有诸侯之间互通信息的使者。所以行人又称号令之官。汉代有大行令的官职,职责也类似。有学者认为,行人为间谍,这是不正确的。文中所举吕望、李斯、韩信、荀彧、贾充、崔浩等人也并不是间谍。本篇的"行人"是借代手法,指熟悉敌情的人。

本篇重视行人在军队中的作用。主要是因为行人在诸侯各国之间奔走,对敌国的国情有比较深入的了解。《孙子兵法·谋攻》篇说:"知彼知己,百战不殆。"战争中对敌方的了解是十分重要的。而要了解敌方,必须要有深入敌方了解情况的人。先秦时期,行人由于在各诸侯国之间奔走,所以比较熟悉敌情。如果没有行人,那么最好也要收罗属于敌方的人,上文所列伊尹、吕望、李斯、韩信、荀彧、贾充、崔浩等,原来都是敌方的人,后来为我方所用。所以本篇实际上也是谈如何使敌方的贤臣与能人为我所用的专篇。"能收敌国之人而任之",是本篇的主旨。

至于如何利用行人,文中提出两个原则:其一是收买敌方之人。"高其爵、重其禄",化敌为友,为我所用。其二是派遣我方之人。也可以说是用间。主要了解敌方"左右执事,孰贤孰愚?中外近人,孰贪孰廉?舍人谒者,孰君子孰小人"。这些都打探清楚,就达到了"知彼"的目的;用于作战,就容易取胜。

文章最后强调行人的作用、行人工作的危险性,强调千万要做好保密工作,不能泄密。这是行人安全的重要保证,也是决定战争胜负的主要因素之一。

经曰:国君择日登坛拜大将军,缮甲兵①,具卒乘②。出则破人之国、败人之军、杀人之将、虏人之俘。裹粮万里,行于敌人之境,而不知敌人之情,将之过也。敌情不可求之于星辰,不可求之于鬼神,不可求之于卜筮。

【注释】

①缮:修补。甲兵:这里指兵器。

②具：备办。卒乘：士兵与兵车。

【译文】

经说：国君选择吉日登坛拜封大将军，开始修整铠甲武器，备办兵车准备士卒。一旦出兵就要攻破敌人的国家，击败敌军，斩杀敌军的将帅，俘虏敌军的人员。如果事先不了解敌情，大军带着粮草行军万里，深入敌人境内，这是将帅的过失。了解敌情不可求之于星相变化，不可求之于鬼神，也不可以求之于占卜问卦。

昔商之兴也，伊尹为夏之庖厨；周之兴也，吕望为商之渔父；秦之兴也，李斯为山东之猎夫；汉之兴也，韩信为楚之亡卒；魏之伯也，荀彧为袁绍之弃臣①；晋之禅也②，贾充仕魏③；魏之起也④，崔浩进。故七君用之而帝天下。

【注释】

①荀彧（163—212）：东汉末颍川颍阴（今河南许昌）人，字文若。少有才名。中平六年（189）举孝廉，迁亢父令。董卓之乱，弃官归乡里。旋至冀州，依袁绍。初平二年（191）归附曹操，为操重要谋士。先后任奋武司马、镇东司马。建议操迎献帝都许，为侍中、守尚书令。曹操每征伐在外，军国诸事，皆与之筹划，使曹操得以顺利擒吕布、定徐州，并于官渡一战击败袁绍。弃臣：原作“弄臣”，疑“弃”与“弄”字形相近而误。今据《守山阁丛书》本改。

②晋之禅也：这里指晋武帝司马炎取代曹魏政权。

③贾充（217—282）：西晋平阳襄陵（今山西临汾东南）人，字公闾。少孤，袭父魏豫州刺史贾逵爵为侯，拜尚书郎。后参大将军司马师军事。又为大将军司马昭司马，转右长史。得司马昭信重，朝廷机密、立嗣之事皆得参预。入晋，转车骑将军、散骑常侍、尚书

仆射，封鲁郡公。后任司空、侍中、尚书令。善谄媚，为武帝所宠信，与中书监荀勖等相为党友，朝野恶之。魏：原脱，据《守山阁丛书》本补。

④魏：这里指北魏。

【译文】

过去商室兴起，是因为得到了在夏朝做过厨师的伊尹辅佐；周文王兴起，是因为得到了在商朝做过渔夫的吕望辅佐；秦始皇登上帝位，是因为得到了山东的猎夫李斯的辅佐；汉高祖刘邦能够称帝，是因为得到了楚霸王项羽手下的逃兵韩信的辅佐；魏武帝曹操能够称霸，是因为得到了袁绍的弃臣荀彧的辅佐；晋武帝司马炎能够取得曹魏的帝位，是因为得到了曹魏官员贾充的辅佐；北魏兴起，是因为得到了崔浩的辅佐。上述不同时代的七个君王，皆是因为任用熟悉敌情的能臣而拥有了天下。

夫贤人出奔，必有佞臣持君之衡[①]，是以失度。雅侈佞桀[②]，崇侯谄纣[③]，优旃惑晋[④]。故曰三仁去而商墟，二老归而周炽，子胥死而吴亡，范蠡存而越伯，五羖入而秦喜，乐毅出而燕惧[⑤]。将能收敌国之人而任之，以索其情，战何患乎弗克！故曰罗其英，敌国倾；罗其雄，敌国空。它山之石，可以攻玉。

【注释】

①衡：这里指权柄。

②雅侈：亦作“推侈”，夏桀时的佞人。力大，能手格猛兽，生裂兕虎，助桀为虐。商汤伐桀，夏亡，为汤擒杀。

③崇侯：又名崇侯虎，商纣时诸侯，封于崇（今陕西户县东）。商纣淫佚暴虐，杀九侯、鄂侯，西伯昌为之叹息，乃告密于纣。纣因囚

西伯昌于羑里（今河南汤阴北）。后西伯昌获释，遂伐灭崇国。

④优旃：春秋时优人。他在晋献公晚年，曾助骊姬杀害太子申生，公子重耳被迫流亡。故有"优旃惑晋"之说。

⑤"三仁去而商墟"几句：语出扬雄《解嘲》，原文为："昔三仁去而殷虚，二老归而周炽；子胥死而吴亡，种、蠡存而越伯；五羖入而秦喜，乐毅出而燕惧。"乐毅，战国时灵寿（今属河北）人。魏将乐羊后代。燕昭王时入燕，任亚卿，辅助昭王治燕。昭王二十八年（前284），以上将军率燕、赵、魏、韩、秦五国联军大败齐军。后率燕军独进，先后下齐城邑七十多座，攻入齐都临淄，齐湣王逃奔莒（今山东莒县）。因功封为昌国君。燕昭王死，惠王素与他不和，又中田单反间计，改用骑劫为将。遂出奔赵国，受封于观津（今河北武邑东南），号望诸君。骑劫败死后，惠王曾使人召之，不肯就，终老于赵。

【译文】

贤能的人出逃，一定是有奸佞之臣把持了君主的权力，因此国家失去衡量贤能与奸邪的标准。推侈佞事夏桀，崇侯虎谄媚商纣，优旃惑乱晋国。所以说，微子、箕子、比干三位仁人离去后，商就化为废墟；伯夷、吕望二位长者归顺后，周朝的国势就强盛起来；伍子胥死，吴国就灭亡了；文种、范蠡在，越国就称霸；五羖大夫百里奚进入秦国而秦国人就欢欣鼓舞；乐毅因惧怕从燕国出逃，燕国就开始惧怕齐国。如果将帅能够收容敌国的人并且任用他们，以此获得敌国的情报，那么还用担心不打胜仗吗？所以说收罗敌国的英才，就会导致敌国倾覆；网罗敌国的雄才，就会造成敌国空虚。他山之石，可以攻玉。

夫行人之用事有二：一曰因敌国之人来观衅于我[①]，我高其爵、重其禄、察其辞、覆其事[②]，实则任之，虚则诛之。任之以乡道[③]。二曰吾使行人观敌国之君臣；左右执事，孰贤孰愚？中外近人，孰贪孰廉？舍人谒者，孰君子孰小人？吾得其情，因而随之，可就吾事。

【注释】

①观衅（xìn）：等待机会，有所企图。

②重其禄、察其辞：原作“重其辞”，疑有脱误，今据《守山阁丛书》本补。

③乡道：向导。

【译文】

行人的使用有两个要点：其一是利用敌国的行人来窥探我方情况的时机，我方用很高的爵位与丰厚的俸禄来吸引他的加盟，观察他的言辞，考核他的行事。如果是真心归附就任用他，如果有诈就杀掉他。如果任用他，就用作向导。其二是我方派遣行人去观察敌国的君臣，看其身边当政的人谁贤德、谁愚蠢，朝廷内外亲近的大臣谁贪婪、谁廉洁，左右亲信和门生弟子谁是君子、谁是小人。我方了解了这些情况，根据情况采取行动，就可以达到我方的目的。

夫三军之重者，莫重于行人。行人之谋未发，有漏者、与告者皆曰死。谋发之日，削其稿、焚其草[①]，金其口、木其舌，无使内谋之泄。若鹰鹯之入丛林，无其踪；若游鱼之入深潭，无其迹。离娄俛首[②]，不见其形；师旷倾耳[③]，不聆其声。微乎！微乎！与纤尘俱飞。岂饱食醉酒争力轻命之将，而得行人之事哉！

【注释】

①削其稿、焚其草：这里指毁掉草稿与文稿。

②离娄：传说中视力好的人，能看到很微小的东西。

③师旷：春秋时晋国乐师。目盲，善弹琴，尤长于辨音。

【译文】

三军之中最重要的，莫过于行人。行人的计划还没有实行就有人泄露了，泄密的人和被告诉的人都要杀死。行人的计谋泄密之后，要销毁他的文稿与草稿，使他守口如瓶不说话，不要使内情计谋等泄露出去。要像鹰隼飞入密林之中，无影无踪；像游鱼潜入深潭，不留痕迹。就是离娄低头来看，也看不见踪迹；师旷倾耳来听，也听不到声音。微妙啊！微妙啊！就像微小的灰尘起飞一样，无踪无迹。那些酒足饭饱、奋力拼命的将领，怎么能够了解行人的作用呢！

鉴才篇

【题解】

国家兴盛或衰亡，最为关键的是人才。决定战争的最终因素也是人才。历史上无数事实证明，得人才者得天下。战国时期，秦国之所以能最终吞并六国，其中最主要的原因之一就是秦国善于发现与重用人才。秦孝公重用商鞅，秦昭王重用范雎、白起，秦始皇重用吕不韦、尉缭子、李斯、蒙恬、王翦等，最终灭六国，统一了天下。汉高祖刘邦以善用人才著称，帐下也是人才荟萃。刘邦曾说："夫运筹策帷帐之中，决胜于千里之外，吾不如子房。镇国家，抚百姓，给馈饷，不绝粮道，吾不如萧何。连百万之军，战必胜，攻必取，吾不如韩信。此三者，皆人杰也，吾能用之，此吾所以取天下也。项羽有一范增而不能用，此其所以为我擒也。"与《选士》篇选拔军事人才有所不同，本篇更多的是讨论如何正确识别人才。

作者注重从人的性格特征来识别人才，要求任用人才要考虑到人才的个性。李筌认识到人的个性是有差别的，如柔和、刚猛、贞良、清介、沉静等，要根据人个性上的差异任以不同的工作。如对于个性"柔和安恕”的人，他们的缺点是不善于决断，优点是循规蹈矩。任用这样的人，要扬长避短，可以让他们从事维护遵循制度方面的工作，不要让他们从事应激随机应变的工作。对于个性“强悍刚猛”的人，他们的缺点是容易怀疑猜忌，优点是敢于挑战困难，不畏艰险。要让他们在危险苦难时刻处理紧急事务，而不是处理平时的事务。对于个性“贞良畏慎”的人，他们的缺点是犹豫小心而不善于创新，优点是善于守成稳重，因此不要把创新性的工作交给他们。对于个性“清介廉洁”的人，他们的个性往往是拘于法度，看重名节，不愿变通。因此要任用他们在执法监督的岗位，维护制度的执行。对于个性“韬晦沉静”的人，要发挥他们善于思考的优点，可与谋对策，而不让他们应付紧急事变。如此等等。这些都是十分先进的人才观念。

作者又将人的品性分为八种：仁、义、忠、信、智、勇、贪、愚，指出每种品性的特征：“仁者好施，义者好亲，忠者好直，信者好守，智者好谋，勇者好决，贪者好取，愚者好矜。”根据这八种不同的品性，来分别使用人才。

本篇还讲到人主鉴才的原则与方法：“明主择人之际者，阅其才通而周，鉴其貌厚而贵，察其心贞而明。”提出要考察人才的才智，观察他的容貌，洞察他的内心。三者结合，才能对人才有较为深入的认识。当然，考察人才的智谋，洞察他的内心，在今天也是很有启发意义的；但是人不可貌相，不能凭人的相貌来取才，对于李筌的识人也要辩证地对待。

经曰：人禀元气所生，阴阳所成。淳和平淡，元气也；聪明俊杰，阴阳也。淳和不知权变，聪明不知至道。

【译文】

经说：人是禀受元气而孕育，是由阴阳养成的。淳厚平和，宁静淡泊，来自元气。聪明和才华，来自阴阳二气。淳厚平和就不知道运用权谋机变，聪明睿智就不知道淳朴的大道。

夫人柔和安恕，失于决断，可与循节[1]，难与权宜[2]。强悍刚猛，失于猜忌，可与涉难，难与持守。贞良畏慎，失于狐疑，可与乐成，难与谋始。清介廉洁，失于拘执，可与立节[3]，难与通变。韬晦沉静，失于迟回[4]，可与深虑，难与应捷。

【注释】

①循节：守法，循规蹈矩。

②权宜：权变。

③立节：树立名节。

④迟回：迟疑，犹豫。

【译文】

那些性格柔顺安稳宽恕的人，往往犹豫不决。这种人可以循规蹈矩，难以随机应变。性格强悍不屈勇猛刚强的人，往往猜疑妒忌，可以奔赴危难，却难以守成。心地善良、胆小怕事的人，往往犹豫多疑，乐于守其成，却难于谋创业。清正廉洁的人，往往拘于气节，可以树立名节，却难于灵活变通。胸怀韬略外表沉静不露的人，往往迟疑反复，可以深谋远虑，却难以应付突变。

夫聪明秀出谓之英，胆力过人谓之雄。英者，智也；雄者，力也。英不能果敢，雄不能智谋，故英得雄而行，雄得英而成。

【译文】

聪明过人的，称作英才；胆识过人的，称作雄才。英才，依靠的是智力；雄才，依靠的是勇力。英才不能果敢行事，雄才不能运用智谋，所以英才加上雄才才能行事，雄才加上英才才能成就事业。

夫人有八性不同，仁、义、忠、信、智、勇、贪、愚。仁者好施，义者好亲，忠者好直，信者好守，智者好谋，勇者好决，贪者好取，愚者好矜[1]。人君合于仁义，则天下亲；合于忠信，则四海宾；合于智勇，则诸侯臣；合于贪愚，则受制于人。

【注释】

①矜：自夸，自大。

【译文】

人有八种不同的品性，即仁、义、忠、信、智、勇、贪、愚。仁慈的人喜好施舍，讲义气的人喜好亲近，忠诚的人喜好耿直不屈，诚信的人重约守信，聪明的人喜好谋略，勇敢的人喜好坚决果断，贪婪的人喜好索取财货，愚笨的人喜好自以为是。如果君主的本性仁义，那么天下人就和他亲近；如果君主的本性忠信，那么四海之人就会臣服归顺他；如果君主的本性有智有勇，那么诸侯各国都会臣服他；如果君主的本性贪婪愚蠢，那么他往往就会受人控制。

仁义可以谋纵，智勇可以谋横；纵成者王，横成者伯。伯王之道不在于兵强士勇之际，而在于仁义智勇之间。此亦偏才，未足以言大将。若夫能柔能刚，能张能翕[1]，英而有勇，雄而有谋，圆而能转，环而无滞，智周乎万物，而道济于天下。此曰通才，可以为大将矣。故曰："将者，国之辅。辅周则国强，辅隙则国弱[2]。"是谓人之司命，国家安危之主[3]，不可不察也。

【注释】

①翕（xī）：合，聚。

②“将者”几句：语出《孙子兵法·谋攻》篇，原文为：“夫将者，国之辅也。辅周则国必强，辅隙则国必弱。”

③人之司命，国家安危之主：语出《孙子兵法·作战》篇，原文为：“故知兵之将，生民之司命，国家安危之主也。”

【译文】

仁义的人可以谋划合纵各国，智勇的人可以谋划连横各国。合纵成功的人可以成王，连横成功的人可以称霸。成王称霸的关键，不在于兵强士勇，而在于仁义智勇。这也是指向某一方面特长的人才，还不足以说是大将所应具备的条件。如果能柔能刚，能屈能伸，既具备英才又有勇力，既具备雄才又有谋略，遇事随机应变，左右逢源而不受拘束，智谋周全，而所行之道有益于天下，这样的人就叫做通才，可以做大将。所以说：“将领，是国家的辅佐。辅佐周详则国家强盛；辅佐不周则国家衰弱。”将领就是所说的掌握人们生命和国家安危的人，不可不仔细考察选择。

明主择人之际，阅其才通而周，鉴其貌厚而贵，察其心贞而明。居高而望远，徐视而审听，神其形，聚其精，若山之高不可升，若泉之深不可测。然后审其贤愚以与言，择其智勇以任事，乃可任之也。

【译文】

英明的君主在选择大将军的时候，要看他的才智是否博通而周密，要看他的外貌是否忠厚而高贵，要观察他的内心是否忠贞而明辨。鉴察人才要站得高看得远，要徐徐观察仔细倾听。看他的外形和内心是否像高山一样不可企及，像深泉一样不可测深浅。然后与他交谈来审察他的贤愚与否，让他办事来考察他的智谋和勇气，这样才可以决定是否任用他。

夫择圣以德，择贤以道，择智以谋，择勇以力，择贪以利，择奸以隙，择愚以危。事或同而观其道，或异而观其德[①]，或权变而观其谋，或攻取而观其勇，或货财而观其利，或捭阖而观其间隙，或恐惧而观其安危。故曰欲求其来，观其往；欲求其古，察其今。先察而任者昌，先任而察者亡。昔市偷自鬻于晋，晋察而用之，胜楚。伊尹自鬻于汤，汤察而用之，放桀。智能之士，不在远近[②]。仁人不因困厄[③]，无以广其德；智士不因时弃，无以举其功；王者不因绝亡，无以立其义；伯者不因强敌，无以遗其患。

【注释】

①或：前衍一“道”字，今据《守山阁丛书》本删。

②“昔市偷自鬻于晋”几句：化用《越绝书·外传记范伯传》，原文为：“昔者市偷自衒于晋，晋用之而胜楚。伊尹负鼎入殷，遂佐汤取天下。有智之士，不在远近取也。”市偷，市井小偷。

③困厄：困苦。

【译文】

选拔任用圣人要依据德行，选拔任用贤人要依据天道，选拔任用智者要依据智谋，选拔任用勇猛的人要依据胆力，鉴别贪婪的人要依据他在利益面前的态度，考察奸佞的人要依据他在有机可乘时的表现，识别愚笨的人要根据他在危机时候的反应。从这样的情况中看他们是否符合天道时机，从那样的情况中看他们的德行；或者观察他们能否随机应变出谋划策，或者通过攻守战取来观察他们是否勇武，或者观察他们面对财货利益的态度，或者通过合纵连横来观察他们彼此之间的分歧，或者通过面对恐惧来观察他们面对危险时的态度。所以对待人才，要想知道他们未来的作为，首先要考察他们过去的做法；要想知道他们的过去，首先要考察他们现在的表现。先考察清楚再任用，事业就会兴旺发达；先任用然后再考察，事业就会衰败而亡。从前，市井小偷将自己卖身给晋国，晋国考察之后任用他，从而战胜了楚国。伊尹将自己卖给商汤，商汤考察之后任用他，从而放逐了夏桀。有智慧和才能的人，不在于与人君之间是疏远或是亲近。仁德的人如果不是由于遭到困厄，就无法使他们的仁德广为播散；有才智的人如果不是由于时代的遗弃，就无法建功立业；成就王业的人如果不是由于身处绝境，就无法树立他的道义；成就霸业的人如果不是由于能够战胜强敌相逼，就无法摆脱祸患。

明主任人，不失其能；直士举贤[①]，不离于口。无万人之智者，不可据于万人之上。故曰："不知军中之事，而同军中之政者，则军士惑矣。不知三军之权，而同三军之任者，则军士疑矣。三军既惑且疑，则诸侯之难至矣[②]。"夫如是，则主不虚王，臣不虚贵。所谓君道知使臣，臣术知事者耳[③]。

【注释】

①直士：正直、耿直之士。

②"不知军中之事"几句：语出《孙子兵法·谋攻》篇，原文为："不知三军之事而同三军之政者，则军士惑矣；不知三军之权而同三军之任，则军士疑矣。三军既惑且疑，则诸侯之难至矣，是谓乱军引胜。"

③"所谓"二句：原作"所谓君道知臣，臣术知事者耳"，语句不联贯，恐有脱误错讹，今据《守山阁丛书》本改。

【译文】

英明的君主任用人才，不会错过让他发挥才能的机会；正直的人臣推举贤才，能够做到对他交口称赞。没有超过万人之上的才智，不可居于万人之上的职位。所以说:“不了解军队的内部事务,却要干涉军队的行政,就会使士兵感到迷惑。不懂得军事指挥上的权宜应变,却要干涉军队的指挥,就会使士兵产生疑虑。三军将士既迷惑又疑虑,那么诸侯兴兵作乱的灾难就会降临。”如果真像这样说的有灾难降临,那么诸侯的君主不能安然居于王位,臣子也不能享有尊贵的地位。这就是所谓为君之道要知道如何使用臣子,为臣之术要懂如何事君的重要性。

卷三

杂仪类

授钺篇

【题解】

“杂仪”是军中一系列仪式的统称。中国古代特别重视礼,《礼记·丧服四制》说:“凡礼之大体,体天地,法四时,则阴阳,顺人情,故谓之礼。訾之者,是不知礼之所由生也。”礼是体阴阳顺人情而生,所谓“夫礼,吉凶异道,不得相干,取之阴阳也”。因为有战争,就会有胜负,胜负就蕴含吉凶。吉凶就对应阴阳。所以在战争之前都要进行一番仪式,也是顺应阴阳之道的要求。战争仪式一般都是为了求吉避凶,希望能获胜,赢得一个好结果。所以军礼是十分重要的。

《周礼·大宗伯》中有五礼,分别是吉、凶、军、宾、嘉,军礼是其中的一部分。《大宗伯》云:“以军礼同邦国,大师之礼用众也,大均之礼恤众也,大田之礼简众也,大役之礼任众也,大封之礼合众也。”军礼分为大师之礼、大均之礼、大田之礼、大役之礼、大封之礼。这些更多是指向国家的军事制度,而与战争仪式无关。

本篇主要讲任命将帅的仪式。钺是古代一种兵器,具有军权的象征意义。授钺表示国君把军权交给了将军。授钺仪式,也可以说是授予军事指挥权的仪式。授钺仪式十分隆重,一般都要在祖庙举行,斋戒三日,有固定的程序。本篇就详述了授钺仪式的整个过程。作者强调的是,一旦君主授钺,将帅就具有对军队的绝对支配权,君主不得干涉,做到"军中之事,不闻君命,皆由于将",确保将帅的指挥不受干扰。这样才能保证军令得到执行,"临敌决战,无有二心"。除了对君主进行约束外,作者也对将帅进行了约束。因为一旦将帅取得了对军队的绝对支配权,那么往往也就关系到国家的安危。如果将帅对君主不利,君主就会出现危险,国家也将出现动荡。因此,将帅一定要对君主忠诚,千万不能有二心。除此之外,将帅就要奋勇作战,做到"战胜于外,功立于内"。

本篇多采用《六韬·龙韬·立将》的思想。所以其中一些仪式,也不是唐代所有的。这是阅读本篇需要注意的。

经曰:国有疆埸之役①,天子升正殿,命将军,诏之曰:"朕以不德,缪承大运,致寇敌侵扰,攻掠边陲,日旰忘食②,忧在寤寐,劳将军之神武,帅师以应之。"将军再拜受诏。乃令太史卜③,斋三日,于太庙拂龟。太史择日以授钺④,君入庙,西面而立,亲操钺,以刃授将军曰:"从此以往,上至于天,将军制之。"复操斧柄,授将军曰:"从此以往,下至于泉,将军制之。"将军既受命,跪而答曰:"臣不可以从外治,军不可以从内御。二心不可以事君,疑心不可以应敌。臣既受命,专𫓧钺之威⑤,臣不愿生还,请君亦垂一言之命于臣,臣不敢将。"君许,乃辞而行⑥。

【注释】

①疆埸(yì):疆界,边境。

②日旰(gàn):日晚,天色晚。

③卜:原作"上",当误。据《守山阁丛书》本改。

④钺（yuè）：古代兵器，青铜制，像斧比斧大，圆刃可砍劈。中国商及西周盛行。又有玉石制的，供礼仪、殡葬用。

⑤铁（fū）：铡刀，用于切草。古代也用为斩人的刑具。

⑥乃辞而行：自“乃令太史卜”至此，语出《六韬·龙韬·立将》，原文为：“将既受命，乃命太史卜，斋三日，之太庙，钻灵龟，卜吉日，以授斧钺。君入庙门，西面而立。将入庙门，北面而立。君亲操钺，持首，授将其柄，曰：‘从此上至天者，将军制之。’复操斧持柄，授将其刃，曰：‘从此下至渊者，将军制之。见其虚则进，见其实则止。勿以三军为众而轻敌，勿以受命为重而必死，勿以身贵而贱人，勿以独见而违众，勿以辩说为必然。士未坐勿坐，士未食勿食，寒暑必同。如此，则士众必尽死力。’将已受命，拜而报君曰：‘臣闻国不可从外治，军不可从中御。二心不可以事君，疑志不可以应敌。臣既受命，专斧钺之威。臣不敢生还，愿君亦垂一言之命于臣。君不许臣，臣不敢将。’君许之，乃辞而行。”

【译文】

经说：如果国家有外敌入侵边境的战事，那么天子就要亲自在正殿上任命大将军，并下诏令说：“朕没有得到上天之德，错承天意继承了皇位，致使敌寇侵扰我边境，攻打抢掠。朕日夜忧虑，寝食难安。有劳将军的神韬武略，统帅军队来对付入侵之敌。”大将军两次叩拜，接受诏书。皇帝再命令太史占卜，斋戒三天，然后到太庙看龟背裂纹中的结果。太史选择吉日举行授钺典礼。到吉日那天，君主步入太庙，面向西方站立，亲自拿着钺授给将军，对将军说：“从此以后，上至于天，军中的一切事情都归将军统辖。”君主又拿着斧柄授给将军，对将军说：“从此以后，下至于泉，军中的一切事情都归将军辖制。”将军接受任命后，跪拜而答道：“臣听说国家事务不能听从外国势力干预挟持，作战指挥不能听从朝廷内部的干预；怀有二心不可以侍奉君主，意志不坚定不可以对付敌人。臣既然接受任命，独掌军权，臣不奢望能活着回来，请求君主授予臣全权指挥的命令。君如果不答应臣的请求，臣不敢为将军。”君应允，大将拜辞，率军出发。

军中之事，不闻君命，皆由于将。将出临敌决战，无有二心。若此无天于上，无地于下，中无君命，旁无敌人。是故智者为虑，勇者为斗，气厉青云，疾若驰骛，兵不接刃而敌降服，战胜于外，功立于内[①]。于是将军乃缟素避舍[②]，请命于君，君命舍之。

【注释】

①“军中之事”几句：语出《六韬·龙韬·立将》，原文为：“军中之事，不闻君命，皆由将出。临敌决战，无有二心。若此，则无天于上，无地于下，无敌于前，无君于后。是故智者为之谋，勇者为之斗，气厉青云，疾若驰骛，兵不接刃，而敌降服。战胜于外，功立于内。”

②缟（gǎo）素：缟与素都是白色的生绢，引申为白色，指丧服。

【译文】

自此军中之事不再听命于国君，所有命令都由将军发布。面对敌军展开决战，全军上下团结一心。这样就会上不受天时的制约，下不受地形地势的阻碍，军中没有君命的牵制，也不受敌人干扰。因此军中有才智的人才能够为将军谋划，军中勇猛的人才能为将军拼搏，全军士气高昂，行动迅速，像疾驰的奔马，不等两军兵器相接开始搏斗，敌军就会降伏。军队获胜在外，功名显扬在朝内。这时将军为战死将士身穿孝服，离家而住军营，并向君主请求处置。君主命他脱掉丧服，可以回家。

部署篇

【题解】

在冷兵器时代，作战部队在野外的驻扎不是随意的安营，而是有章法的。这种章法就是军阵。军阵是十分重要的作战部署，起源很早，在战国时期已经非常成熟了。《孙膑兵法·八阵》篇说："孙子曰：用八阵战者，因地之利，用八阵之宜。"由于竹简残缺，八阵的具体内容不得而知。《孙膑兵法·十阵》说："凡阵有十：有枋阵，有员阵，有疏阵，有数阵，有锥行之阵，有雁行之阵，有钩行之阵，有玄襄之阵，有火阵，有水阵，此皆有所利。"这里讲的是十种具体阵法，反映了战国时期阵法思想的成熟。

本篇要讲的军队阵势结合下文《合而为一阵图》与《离而为八阵图》来看，此八阵为东方虎翼阵（兑）、南方蛇蟠阵（坎）、西方飞龙阵（震）、北方鸟翔阵（离）、东北地阵（坤）、东南天阵（乾）、西南云阵（艮）、西北风阵（巽）。大将军居中，两旁分列握奇将。作者还把一军的人数做了详细规定，一军一万二千五百人，其中三千七百五十人、共七十五个战斗队为握奇兵，由握奇将统领。八千七百五十人为正兵，共一百七十五个战斗队，分为八阵，分守八方。这是一个军的兵力部署。由此可见唐代军队的编制与组织结构情况。

经曰：兵有四正四奇①，总有八阵②。或合为一，或离而为八。以正合，以奇胜，余奇为握奇③。聚散之势，节制之变也。

①四正四奇：奇正，古代兵学术语。《孙子兵法·势》篇："凡战者，以正合，以奇胜。"本源于古代方阵本身的队形变换。方阵的前、后、左、右为战斗部队的位置，称"阵地"或"实地"，战斗部队之间的间隙地带称"闲地"或"虚地"。位于"实地"的部队就是正

兵，利用"虚地"实施机动的部队就是奇兵。随着奇正概念内涵及运用价值的不断发展，也被用来说明一般和特殊的战法。一般按常理出兵，即为正兵；不按常理出兵，是为奇兵。奇与正并没有刻板的规定，二者是相互联系不可分割的。正中有奇，奇中有正，完全根据战场的具体情况相机变化，灵活运用。这里的"正"，指"正阵"；"奇"，指"奇阵"。

②八阵：从下文《合而为一阵图》与《离而为八阵图》来看，此八阵为东方虎翼阵（兑）、南方蛇蟠阵（坎）、西方飞龙阵（震）、北方鸟翔阵（离），东北地阵（坤）、东南天阵（乾）、西南云阵（艮）、西北风阵（巽）。八阵是根据八方而来的，也对应八卦。

③握奇：根据《合而为一阵图》，握奇是大将军的左右将，居于战阵的中心，实处战阵的"虚地"。八阵在作战时，如有需要，握奇将可以随时支援。

【译文】

经说：兵力的部署分为四正阵和四奇阵，总共有八阵。有时候八阵合为一阵，有时候一阵分为八阵。用正阵兵与敌对峙，用奇阵兵突击取胜。一部分奇兵作为握奇兵，为握奇将所掌管。或八阵聚而为一，或一阵散而为八，阵势的变化，由大将军节制和掌控。

一万二千五百人为一军。一万二千象十有二月，五百象闰余。穷阴极阳，备物成功。征无义，伐无道，圣人得以兴，乱人得以废。兴废存亡、昏明之术，皆由兵也。司马穰苴曰："五人为伍，十伍为部[①]。"部，队也。一军凡二百五十队，每十队以三为奇。《风后》曰[②]："余奇握奇。"故一军以三千七百五十人为奇兵，队七十有五，余八千七百五十人，队一百七十五，分为八阵[③]。

【注释】

①五人为伍，十伍为部：原作“五五为伍，二伍为部”，据《守山阁丛书》本校勘改。

②《风后》：风后，相传为黄帝之臣。黄帝得于海隅，拜为相。黄帝与蚩尤战于涿鹿之野（今属河北），蚩尤作大雾，士兵迷惑，黄帝命风后作指南车，以辨别四方，逮擒蚩尤。《汉书·艺文志》有《风后》十三篇、《风后孤虚》二十卷，皆后人依托之作。

③分为八阵：此句下原有“军正，主军令，斩决罪隶，及行军礼仪，进止。宾客，祭祀，四人。军典，谨厚明书算者任之”，是下《阵将》篇内容。因下篇《将军》篇原佚，《阵将》篇前亦有佚，故被误入此处。今删除。

【译文】

一万二千五百人为一军，一万二千象征十二个月，五百象征着多出的天数。这样就与阴尽阳来的规律相配，为成功创造了条件。征讨不义无道的敌人，圣人得以兴起，作乱的人得以去除。兴废存亡，国家陷于黑暗或获得光明的关键，取决于如何用兵。司马穰苴说：“五人为伍，十伍为部。”部，就是队。一军共有二百五十队，每十队中以三队作为奇兵。风后说：“所余的奇兵就是握奇兵。”因此，一军中以三千七百五十人为奇兵，一共是七十五队。此外的八千七百五十人，共有一百七十五队，分为八阵。

将军篇

【题解】

根据下文《合而为一阵图》与《离而为八阵图》来看，李筌认为作战部队的军营设置为八阵，八阵分居八方，而大将军居中。大将军是军事指挥的核心，其帐下有辅助官员与幕僚。本篇就是叙述大将军帐下军官与幕僚的组织编制人员数额，以及选拔任用各级军官、军队辅助官员的基本条件。八阵的军官与幕僚的组成在下文《阵将》中叙说。

作者认为，大将军帐下，当有大将军一人、副将军两人、总管四人、子将八人、判官一人、军正一人、军典四人。大将军、副将军、总管、子将等中上层人员还有八人的佐官、十六人的侍从人员等。这些构成了大将军幕府的基本架构，覆盖了作战指挥、军师参谋、后勤供给、军纪执行等各方面。由此可见，唐代军一级的组织指挥具有机构齐全、分工细致、职权明确等特点。这对了解唐代的军事制度有重要的参考价值。

俗话说“千军易得，一将难求”。选拔任用将军以及军队中的各级将领，关系到军队建设的成败。因此历代的军事理论家都十分重视选将。《吴子》中有《论将》篇说：“凡战之要，必先占其将而察其才，因其形而用其权，则不劳而功举。”并提出将应该具有“威、德、仁、勇”的品格与素质。本文对选任各级军官提出了品德、个性以及办理能力上的要求，提出不同的岗位其人员应具有的基本素质，或精通业务，或忠于职守等，做到才能称事，各取所长。

本篇自“经曰”至“濡钝勿用”，原脱，据《守山阁丛书》本补。

经曰：三军之众，万人之师，张设轻重，在于一人，不可不察也[①]。

【注释】

①“三军之众”几句：语出《吴子·论将》，原文为：“三军之众，百万之师，张设轻重，在于一人。”

【译文】

经说：三军的将士，万人的军队，指挥调度，决定于一个人，这是不能不认真考察研究的。

一人，大将军，智信、仁勇、严谨、贤明者任。

二人，副将军，智信、仁勇、严毅、平直者任。一人主军粮，一人主征马。

四人，总管[①]，严识军容者任。二人主左右虞候[②]，二人主左右押衙[③]。

八人，子将[④]，明行阵、辨金革、晓部署者任。

八人，大将军别奏[⑤]；十六人，大将军傔[⑥]。八人，副大将别奏；十六人，总管傔。八人，子将别奏；十六人，子将傔。忠勇、骁果、孝义、有艺能者任[⑦]。

一人，判官[⑧]，沉深谨密、计事精敏者任，濡钝勿用[⑨]。

一人，军正[⑩]，主军令斩决罪隶及行军礼仪、祭祀宾客进止。

四人，军典[⑪]，谨厚、明书算者任。

【注释】

①总管：武官名。北周始称地方总揽军事的长官为总管。隋至唐初在各州设总管，边镇和大州设大总管，均系地方军政长官，后又恢复都督称，但统兵出征之将帅仍为总管。

②虞候：隋唐时期武官，执掌不尽相同。隋时为东宫禁卫官，掌侦察、巡逻。唐代虞候为军中执法的长官。

③押衙：唐武官名，原作“押牙”。牙，牙旗。押牙，即军中管牙旗的武官。

④子将：唐武官名，隶属于大将军。协助大将军布列行阵、金鼓号令及部署卒伍的副将、偏将。

⑤别奏：唐武官名，是各级将领的佐官。

⑥傔(qiàn):唐武官名,是各级将领的侍从官。

⑦骁果:骁勇果敢。

⑧判官:唐职官名。为辅佐节度使、观察使的官吏。军中亦设。

⑨濡钝:思维迟钝。

⑩军正:军中执法之官,专职军事法官。先秦至汉代均有设,隋唐因之。

⑪军典:军中掌文书档案会计账簿的人。

【译文】

大将军一人。大将军要挑选具有聪慧忠信、仁义勇敢的品德,以及办事严格谨慎、具有贤达明察个性的人来担任。

副将军两人,要选择具有聪明忠信、仁义勇敢的品德,以及办事严格果断、具有平和正直的个性的人来担任。副将军的两人中,其中一人负责粮草的征集与调用,一人管理战马的征选训练。

行军总管四人,要挑选通晓军队礼仪法度的人来担任。其中两人指挥左、右虞候的工作,两人指挥左、右押衙的工作。

子将八人,挑选能行军布阵、精通金鼓号令、明辨各种兵器铠甲、通晓军力部署的人担任。

大将军有别奏八人,侍从官十六人。副将军有别奏八人,有侍从官十六人。子将有别奏八人,侍从官十六人。以上这些别奏、侍从官都要挑选忠诚果敢、尽孝守义、有技艺才能的人担任。

判官一人,要选择沉着老练、做事周密严谨、谋划精确敏锐的人担任,不要让思维迟钝的人担任。

军正一人,掌管执行军令,监斩罪犯,以及军队的行军、礼仪、祭祀、宾客、前进和停止等事项。

军典四人,要选择谨慎忠厚、会书写文案、通晓算术的人担任。

阵将篇

【题解】

阵将，是在一线作战承担局部作战与防御任务的将领。根据下文《合而为一阵图》与《离而为八阵图》来看，李筌认为作战部队的军营设置为八阵，每一阵皆有一将领带兵驻守。负责某一阵的将领，就是阵将。其中天、地、风、云为四正阵，飞龙、虎翼、鸟翔、蛇蟠称为四奇阵。因此阵将的数量为八个，有四正阵将与四奇阵将。本篇主要是讲八个阵的组织指挥机构的人员编制数量及选配原则的问题。

每个阵的组织机构如下：最高指挥是偏将军一人，副偏将军二人，子将军四人，虞候二人，承局二人，偏将军别奏六人，偏将军傔从十二人，副偏将军别奏六人，副偏将军傔从十二人，虞候兼充子虞候八人，判官一人，军典二人。

文中也提及了各级军官的选任条件，提出不同的岗位其人员应具有的基本素质，或精通业务，或忠于职守，在品德、个性以及办理能力上达到要求才可以。

值得注意的是，李筌在这里提出了军事指挥“以智使勇”的原则。他说：“故大将以智，裨将以勇。以智使勇，何得不从哉！”作为一军统帅的大将军必须是智谋型的人才，能谋善断，以智胜人。这是继承了《孙子兵法》“庙算胜”的思想。大将军麾下也要有勇猛型的战将，这是取胜的必要条件。但是勇将要听命于智将的指挥。“以智使勇”是李筌对《孙子兵法》思想的发挥。

经曰：古者，君立于阳，大夫立于阴，是以臣不得窥君，下不得窥上，则君臣上下之道隔矣。

【译文】

经说：古代的时候，君主属阳，臣下居阴，所以臣下不能窥探君位，居下的人不能窥探上位。那么君臣之间、上下级之间的关系都能做到各守其分，不会逾越。

夫智均则不能相使，力均则不能相胜，权均则不能相援。道同则不能相君，势同则不能相王，情同则不能相顺[①]。情异则理，情同则乱[②]。故大将以智，裨将以勇。以智使勇，何得不从哉！

【注释】

①情同则不能相顺：原无，据《守山阁丛书》本补。

②情异则理，情同则乱：原无，据《守山阁丛书》本补。

【译文】

智慧相当的人就不能互相指使分派对方做事，力量相当的人彼此就不能战胜对方，权谋相当的人就不会去向对方进行增援。道同的人不能同时并立为君主，势力相同的人不能并立称王，才情相同的人不能彼此顺从。才情不同就容易任用，才情相同同时任用，就会造成混乱。所以，做大将军凭借的是智谋，做副将凭借的是勇猛。用智谋来指挥勇猛，怎么会有不听从的呢！

一人偏将军，勇猛果敢、轻命好战者任。

二人偏将军，无谋于敌、有死于力、守成规而不失者任。

四人子将军，目明旌旗、耳察金鼓、心存号令、宣布威德者任。

二人虞候，擒奸摘伏、探觇非常、伺察动静、飞符走檄、安忍好杀、事通惟时者任[1]。

二人承局[2]，差点均平、更漏无失、纠举必中者任[3]。

六人偏将军别奏，十二人偏将军傔，六人副偏将军别奏[4]，十二人副偏将军傔，八人虞候兼充子虞候，并忠勇好义者任。

一人判官，主仓粮财帛出纳，军器刑书公平者任[5]。

二人军典，明书计、谨厚诚确者任。

【注释】

①探觇（chān）非常：侦察意外事件。觇，偷偷地察看，侦察。

②承局：官府的公差。

③差（chāi）点：差遣，分派。

④副偏将军：原脱，据《守山阁丛书》本补。

⑤刑书：掌管兵械器具、档案文书。

【译文】

偏将军一人，挑选勇猛果敢、不怕死、喜欢打仗的人担任。

副偏将军二人，挑选虽然缺乏谋略，但能拼力死战、遵守命令而不失误的人担任。

子将四人，挑选能目辨旌旗徽章、耳听金鼓号角、心里牢记各种作战号令、善于传达并执行威严军令的人担任。

虞候二人，选择善于抓捕奸细除掉密探，侦察意外事件、观察军队内外动静，能迅速传达将令给各级将领并上报战况、安于忍受委屈、有勇战杀伐之心、办事准时的人担任。

承局二人，挑选分派差役公正、分配物资公平、打更计时没有差错、检举纠正错误必定符合事实的人担任。

偏将军别奏六人、偏将军侍从官十二人、副偏将军别奏六人、副偏将军侍从官十二人、虞候兼任子虞候的八人。以上这些人都要选择忠勇果敢、骁勇善战、尽孝守义、有一技之长的人担任。

判官一人，主管仓库中的粮草财帛、收发兵器，要挑执法公平的人担任。

军典二人，选择通晓文书计算、谨慎敦厚、诚实守信的人担任。

队将篇

【题解】

队是军队作战的基本单位，根据上文《部署》篇所言，“故一军以三千七百五十人为奇兵，队七十有五，余八千七百五十人，队一百七十五，分为八阵”，奇兵中七十五个队，正兵中有一百七十五个队，一军之中有两百五十个队，每个队是五十人，每个队的将领就是队将。

每个队的组成人员如下：队将一人，押官一人，队头一人，副队头二人，秉旗一人，副旗二人，枹鼓一人，吹角一人，司兵一人，司仓一人，承局一人，火长五人。每个岗位的人员选任也有相应的标准。

值得注意的是，本篇继承了《孙子兵法》中的“愚兵”思想。《孙子兵法·九地》篇中有“能愚士卒之耳目，使之无知”，将军使用士兵“若驱群羊，驱而往，驱而来，莫知所之”。指将领有意采取某些举措误导士卒，是上层对下层在军事情报上的一种不对等的蒙蔽。将军指挥士兵打仗，不能让士兵知道谋略的详情，只要听命令就行。孙武这样做出于保密的考虑，在战术上是有积极意义的。但是李筌却对此加以发挥，认为“役之以事，勿告之以谋；语之以利，勿告之以害”，将领要对士兵“聋其耳，瞽其目，迷其心，任其力”。完全把士兵当做战争的工具，不尊重士兵在战争中的主动性，不尊重士兵的生命价值，不把士兵当作人来对待，不得不说是错误的思想。这也是李筌思想认识上的局限性。

经曰：智者之使愚也，聋其耳，瞽其目，迷其心，任其力，然后用其命。如驱群羊，驱而往，驱而来，莫知所之。与之登高去其梯，入诸侯之境废其梁[①]。役之以事，勿告之以谋；语之以利，勿告之以害。则士可以得其心而主其身。如此，则死生聚散听之于我，是谓良将。

【注释】

①"如驱群羊"几句：语见《孙子兵法·九地》篇。原文为："如登高而去其梯，帅与之深入诸侯之地，而发其机，焚舟破釜，若驱群羊，驱而往，驱而来，莫知所之。"

【译文】

经说：良将带兵，要把士兵当做愚昧的人来使唤。使他们的耳朵听不到，眼睛看不见，心里迷惑，甘于出力，然后就可以使他们效命。像驱赶羊群一样，驱赶他们去就去，让他们来就来，但他们却不知道所要去的地方。就比如等他们登上高处就撤掉梯子，等他们进入诸侯国境内就毁掉回撤的桥梁。役使他们干事，但不要告诉他们为什么要这么干；告诉他们有什么利益，但不要告诉他们有什么害处。这样就能够控制士卒的内心，从而指挥他们的行动。如果能做到这样的话，那么士兵生死聚散都会听从我的指挥，这样才可以叫做良将。

一人队将，经军阵、习战斗、识进止者任。

一人押官[①]，一人队头，二人副队头，主文书、酬功赏、知劳苦、明部分行列疏密，并责成于副队头，公直明晓者任。

一人秉旗[②]，二人副旗，并勇壮者任。

一人枹鼓[③]，主昏明严警、进退节制，气锐充勇者任。

一人吹角，主收军，谨守节制、懦怯忠谨者任。

一人司兵，主五兵利钝、支分器仗，明解者任。

一人司仓[④]，主分支财帛、给付军粮，清廉者任。

一人承局，主杂供差科，无人情、恶口舌者任。

五人火长[⑤]，主厨膳饭食、养病守火、内衣、资樵采、战阵不与，仁义者任。

【注释】

①押官：武官名。唐置。《旧唐书·职官志二》："凡诸军镇，每五百人置押官一人，千人置子总管一人，五千人置总管一人。"唐初边疆的军、镇，每五百兵士置押官一人，亦有一队五十人置一押官者。任期随兵交替。

②秉旗：军中负责执掌旗帜的官员。

③枹鼓：军中负责击鼓的官员。

④司仓：军中负责掌管粮草仓库的官员。

⑤火长：军中负责伙食的官员。

【译文】

队将一人，挑选经历过行军布阵、熟悉对敌作战、识别进退号令的人担任。

押官一人、队头一人、副队头二人，掌管文书与奖赏功绩，了解士兵劳苦，明了士兵的分类和各类士兵的任务，懂得行列布阵的疏密，并能指挥副队头掌管。要挑选公正无私、明白事理的人担任。

秉旗一人、副旗二人，都要挑选勇敢健壮的人担任。

击鼓一人，掌管黄昏和黎明击鼓报警、作战时用鼓声指挥调动军队的前进或后退，要挑选士气高昂、英勇无畏的人担任。

吹角一人，负责用角声指挥收兵撤退，要挑选遵守节制调遣，虽然懦怯但忠诚、谨慎的人担任。

司兵一人，掌管修缮、打造各种兵器与分发兵器，要挑选熟悉各种兵器性能的人担任。

司仓一人，掌管分派财物绢帛、供给军粮，要选择清正廉洁的人担任。

承局一人，掌管杂货供应和分派工料，要挑选不徇私情、没有坏名声的人担任。

火长五人，掌管厨房膳食、医治伤病、缝补衣服、帮助储备柴草，他们不上阵打仗，要挑选有仁爱道德之心的人担任。

马将篇

【题解】

中国古代的战争是由步战演变到车战，再逐渐过渡到马战。人类早期的战争主要是步兵作战。神话传说中，黄帝与炎帝、黄帝与蚩尤的作战大都是步战。商代西周直至春秋时期，主要是车战，以一乘战车和其附属的徒步的士兵为一个基本作战单位。而计算各诸侯国的军事实力，也常常以战车数量的多少来计算。到了战国时期就出现了马战，汉代马战则彻底地取代了车战。无论是步战还是车战，作战范围都有限。只有马战大大地扩展了作战范围，可以实施快速突击与远征。汉代与匈奴作战基本上都是用骑兵的马战。隋唐时期的战争主要还是马战。因此对管理战马的将领以及组织机构，对军马的饲养、训练、使用等要实施系统管理。本篇是对战马的驯养实践经验的一次总结。

本篇论述了管理军马的一些经验举措，最主要的是要做到“人马相亲”的原则。要爱护战马，做到安其处所，适其水草，节其饥饱，宁劳于人，慎无劳马。

本篇论述了选拔马将的条件以及战马机构的人员编制问题。一军之中，设征马副大将一人、征马总管副偏将二人、征马子将军八人、征马押官五十人、群头五百人、马子一千人。骑兵中，一般一名战士要分配两匹战马，全军需要征马二万五千匹。这些战马与士兵所需的粮食、马料、饲草等数量十分庞大。可见，马战需要强大的综合国力才能支撑。

经曰：夫戎马，必安其处所，适其水草，节其饥饱。冬则温厩，夏则凉庌[①]。刻剔鬃毛[②]，谨络四蹄。狎其耳目，无令惊骇；习其驱驰，闲其进止。人马相亲，然后可使。鞍、勒、辔、衔，必先完坚，断绝必补。

【注释】

①庌（yǎ）：马棚。

②鬃毛：原作"毛衣"，据《守山阁丛书》本改。

【译文】

经说：战马必须要有安定的马厩，适时给他饮水吃草，节制它们的饥饱。冬天马厩要保持温暖，夏天要保持凉爽。经常刷剔马的鬃毛，小心修理马的蹄掌。骑手要亲近马的耳目，使战马习惯骑手而不会惊恐；还要练习战马，使得战马习惯于驾驭奔驰，熟悉前进和停止的口令。骑手和战马相亲近，然后就可以驱使战马。马鞍、笼头、缰绳、衔口等马具，事先需完好坚固，如果出现损坏或短缺一定要补足。

凡马不伤于终，必伤于始；不伤于饥，必伤于饱。日暮道远，必数上下，宁劳于人，慎勿劳马，常令有余，备敌乘载。能明此者，可以横行八表。

【译文】

所有的战马不是伤于执勤的结尾，就是伤于执勤的开始；不是伤于饥饿，就是伤于过饱。从白天到晚上，道路有多远，一定要计算好上下里途。宁可人辛苦一点，也不要让战马疲劳。经常让战马处于有余力的状况，以防备敌人偷袭我军。能够明白这个道理的人，就可以战无不胜，横行八方。

凡军马，人支两匹[①]。一军征马二万五千匹。其无马亦加三分[②]，令以两匹为率。

一人，征马副大将，军中择善牧养者任。

二人，征马总管副偏将，军中择善牧养者任。

八人，征马子将军，子将军中择明闲牧养者任。

五十人，征马押官，定见军中择善牧养者任。

五百人，群头[③]，善乘骑者任；毉亦群头中取，军外差。

一千人，马子，亦军外差。

【注释】

①人支：每人分派。

②三分：分为三队。

③群头：头领。

【译文】

凡是骑兵，一人需要配备两匹战马，一军共需要征用战马二万五千匹。那些尚未分到战马的骑兵，总体上分为三队，每队分配两匹马用于训练。

军中设征马副大将一人，挑选军中擅长放牧、饲养战马的人担任。

设征马总管副偏将二人，挑选军中善于放牧、饲养战马的人担任。

设征马子将军八人，选择军中懂得并且熟悉放牧、饲养战马的人担任。

设征马押官五十人，挑选军中善于放牧、饲养战马的人担任。

群头五百人，挑选善于骑马的人担任。兽医也从群头中挑选。

马子一千人，也是应付军马以外事务的差遣。

鉴人篇

【题解】

相学在中国历史悠久，先秦时期即出现。《左传》文公元年："元年春，王使内史叔服来会葬。公孙敖闻其能相人也，见其二子焉。叔服曰：'穀也食子，难也收子。穀也丰下，必有后于鲁国。'"鲁文公元年，周襄王派内史叔服到鲁国来参加鲁僖公的葬礼。鲁国的公孙敖听说叔服会看相，就带自己的两个儿子穀、难来见叔服，让叔服看看相。叔服说，"穀可以祭祀供养您，难以安葬您。穀的下颌丰满，后代在鲁国必然昌大。"可见，叔服会相面之术。

战国时，看相比较流行，荀子看不惯，著有《非相》篇，对看相进行批驳。《非相》说："相人，古之人无有也，学者不道也。古者，有姑布子卿；今之世，梁有唐举，相人之形状颜色而知其吉凶妖祥，世俗称之。古之人无有也，学者不道也。"荀子认为，看相这种术，古代是没有的，为学之人不关注，老师教育学生也不会去教。荀子说："盖帝尧长，帝舜短；文王长，周公短；仲尼长，子弓短。"但不管个子是高还是矮，都不影响其成为圣人。《非相》举例说："昔者，卫灵公有臣，曰公孙吕，身长七尺，面长三尺，焉广三寸，鼻、目、耳具，而名动天下。楚之孙叔敖，期思之鄙人也，突秃长左，轩较乏下，而以楚霸。叶公子高，微小短瘠，行若将不胜其衣。然白公之乱也，令尹子西、司马子期皆死焉，叶公子高入据楚，诛白公，定楚国，如反手尔。"公孙吕、孙叔敖长相丑陋，叶公子高个子矮小，但都是有能之人，名垂后世。所以"长短大小、美恶形相，岂论也哉？"不能根据人的外在相貌来预测人的贤愚甚至未来。《非相》篇说："且徐偃王之状，目可瞻马；仲尼之状，面如蒙倛；周公之状，身如断菑；皋陶之状，色如削瓜；闳夭之状，面无见肤；傅说之状，身如植鳍；伊尹之状，面无须麋，禹跳，汤偏，尧、舜参牟子。”这些人虽然长相丑陋，但都享有富贵，做事成功。而历史上一些长相美好、相貌堂堂的人，命运也不见得好，“古者桀纣长巨姣美，天下之杰也；筋力越劲，百人之敌也。然而身死国亡，为天下大僇，后世言恶，则必稽焉。是非容貌之患也”。夏桀、商纣都长相美好，但最终下场都是身死国亡。

虽然荀子所论极为正确，但是相人之术仍很流行。司马迁在《史记》中写人常写人的外貌，然后预判他的性格，并写出他的命运与相貌之间的吻合。这对后世影响很大。相人之术在某种程度上与中医相关。中医强调望闻问切，望就是通过查看外伤判断病情，也包括观察人的外貌、表情、气色等判断人的内在病情，其中也涉及人的内在心理与性格。人的内在心理、精神上的疾病、性格上的优点与缺陷也可以通过望闻问切得到一些判断与预测。因此，相人术也不是一点道理没有。相人术与中医相伴而生，在当时社会生产力低下的情况下，人们对自己的命运与未来极不确定的情况下，相人术仍有市场。因此，中国古代相法盛行，产生了系统的理论体系，甚至成为职业，相学著作也有很多。本篇所言仅就选将而言，影响不大。

当然相人术完全凭相人者个人的解释与经验，没有多少科学依据，结论带有预测性与欺骗性。今人在学习利用中要注意加以辨别，不可盲从。

经曰：凡人，先观其外，足知其内。七窍者，五脏之门户。九候、三停[1]，定一尺之面；智愚勇怯，形一寸之眼。天仓、金匮[2]，以别其贵贱贫富。夫欲任将者，先观其貌，乃知其心。

①九候：中医术语。《黄帝内经·素问·三部九候论》中说：“岐伯

曰：天地之至数，始于一，终于九焉。一者天，二者地，三者人。因而三之，三三者九，以应九野。故人有三部，部有三候，以决死生。”又说：“九野为九脏。故神脏五、形脏四，合为九脏。”人有三部，部有三候，三三得九，故有九候。所以，九候实际上是人的九脏在外部反映的症候。这些症候都能反映在人的面相与脉象上。所以中医通过“望”，即看面相的办法来判断一个人是否健康。这种方法也适用于相面。三停：相法用语。古代相术家以人体的头为上停，腰为中停，足为下停。这里指面部，则以天中至印堂为上停，山根至准头为中停，人中至地阁为下停。

②天仓：原作“天窗”，面相术语中有“天仓”，“仓”“窗”音近而讹，今改。天仓，位置在太阳穴，位于眉毛尾部与发际之间。面相家认为，根据天仓可判断家境的贫富以及能否继承到家产。金匮：面相术语中是指鼻翼。鼻子在面相中属于“财帛宫”，主个人的富贵财运。

【译文】

经说：通过观察人的外貌，就能了解他的内心。面部的七窍是人五脏的门户。人的九脏都显示为面部的各种特征，显示在一尺面相上。人是智慧还是愚笨，勇敢还是胆怯，都能在人的眼睛中表现出来。从人的面部天仓、金匮，可以判断人的贵贱贫富。如果要任用将领，首先要通过观察他的外貌，然后了解到他的内心。

神有余法：容貌堂堂，精爽清彻，声色不变，其志荣华，不易其操，是谓神有余法。

【译文】

神有余法：相貌堂堂，精神十足，嗓音清彻，不近声色，志向坚定，顺境和逆境不改节操，这就是所说的“神有余法”。

形有余法：头顶丰停[1]，腹肚浓厚，鼻圆而直，口方而稜，颐额相临，颧耳高耸，肉多而不余，骨粗而不露，眉目明朗，手足红鲜，望下而就高，比大而独小[2]，是谓形有余法。

【注释】

①丰停：面部上停丰润。

②比大而独小：此句下原有"无以自负，无危人以自安，好施阴德，常守忠信，豁达大度，不拘小节"，当为下文"心有余法"内容窜入，今删。

【译文】

形有余法：头顶额头宽阔丰润，腹部肚子紧凑丰厚，鼻子圆而且挺直，嘴唇方正而且有棱，面颊和前额相临，颧骨和耳朵高耸，肉多而不肥胖，骨骼粗壮却不外露，眉清目秀，手脚红润，朝下看的时候往往不会去看最低的部分而喜欢看高的部分，喜欢与大的相比而不关注小的，这就是所说的"形有余法"。

心有余法：遏恶扬善，后己先人，不疾人之善，不扬己之长，无以自负，无危人以自安，好施阴德，常守忠信，豁达大度，不拘小节，是谓心有余法。

【译文】

心有余法：抑恶扬善，先人后己，不嫉妒他人的长处，不宣扬个人的长处，不自负，不危害别人来使自己安全，常常不张扬地做好事，对人始终恪守忠信，豁达大度，不拘小节，这就是所说的"心有余法"。

鉴头、目、鼻、口、舌、齿法

虎头高视，富贵无比；犀头崒嵂[1]，富贵郁郁；象头高广，福禄居长；鹿头侧长，志气雄强；龟头却缩，喉丰酒肉；獭头横阔，志气开豁；驼头蒙鸿，福禄千钟；貉头大锐，贫厄无计；狗头尖圆，泣涕涟涟。

眉直头昂，富贵吉昌；眉薄而稀，失信多欺；发欲细密，须欲粗疏。

眼目光彩明净者，贵；眼鼻成就者，贵；眼大口小者，多虚无实；眼鼻口大者，有实无虚。眼中赤脉贯瞳子者，死于兵难。鸡目掩头②，不淫即偷；羊目直视，能杀妻子；猪目应瞪，刑祸相仍；蜂目豺声，当行安忍；鱼目多死；猴目贫寒；鹰视狼顾，常怀嫉妒；牛目虎视③，富贵无比。

鼻隆圆实，富贵终吉；鼻孔小缩，悭贪不足。

野狐须，无信期；羖羊鬚，多狐疑。

口如马喙，心难信制；口如鸟嘴，穷寒客死；口如河海，富贵自在；唇如点朱，才学代无。

舌红且厚，神机自守；吐舌及鼻，有寿复贵。

锯齿食肉，平齿食菜，疏齿猛毅，密齿淳和，细齿长寿，名曰鬼齿。

【注释】

①崒嵂（zú lǜ）：山高峻的样子。这里指犀牛的头向前突出。

②鸡目：原作“目”，从下文“羊目”“猪目”“蜂目”等看，此处当有一动物名。《守山阁丛书》本作“鸡眼”，今改为“鸡目”。

③牛目：原作“牛头”，本段主要言“目”，故改为“牛目”。

【译文】

鉴别头、眼、鼻、口、舌、齿的方法：

虎头高视，富贵无比。犀头高峻，富贵繁盛。象头高广，福禄绵长。鹿头侧长，志气雄强。龟头后缩，喉大食肉。獭头横阔，志气豁达。驼头蒙鸿，多福多财。貉头尖锐，注定贫苦。狗头尖圆，泣泪涟涟。

眉直头昂，富贵吉昌。眉薄稀少，少信多诈。头发细密，胡须粗疏。

眼光有神、明净纯洁的人富贵。眼睛与鼻子生得靠近的人富贵。眼睛大、嘴巴小的人，多是虚情假意，很少说实话。眼睛、鼻子、嘴巴都大的人，做事踏实，不弄虚作假。眼中有红血丝贯穿瞳孔的人，会死于战事。眼睛长得像鸡眼、头发卷曲掩盖住额头的人，不淫乱就偷盗。眼睛长得像羊眼直视的人，能够杀妻杀子。眼睛长得像瞪圆的猪眼的人，刑罚和祸事相继而来。眼睛长得像蜜蜂眼会发出豺狼那样的叫声的人，常常安静忍让。眼睛长得像鱼眼的人，多遇困苦。眼睛长得像猴眼的人，贫穷寒酸。眼睛长得像老鹰的眼睛常常像狼一样左顾右盼的人，经常心怀嫉妒。眼睛长得像牛眼常常像老虎一样看人的人，富贵无比。

鼻子圆、隆起而且厚实的人，富贵吉祥。鼻孔小而收缩的人，吝啬而且贪心不足。胡须像野狐胡须的人，不可靠。胡须像山羊胡须的人，多猜疑。

口如马嘴的人，心难信制。口如鸟嘴的人，穷寒而客死他乡。口如河海的人，富贵自在。嘴唇颜色像点上去的红色的人，才学绝代。

舌头红润而且厚实的人，心神能自守。吐出舌头能够舔到鼻子的人，长寿而且富贵。

牙齿的形状像锯齿的人，常能食肉。牙齿平整的人，只能吃菜。牙齿稀疏的人，刚毅勇猛。牙齿紧密的人，淳朴平和。牙齿细小的人，长期贫穷，这种牙齿叫做鬼齿。

鉴颔、耳、项、脑、背、手、肚、黑子、面形法

燕颔封侯，腮大足肉，意智不足。

耳轮厚大鲜明者，贵而且寿；小而薄者，夭而贱。

虎项圆粗，富贵有余；鹤顶了了，财物乏少。颈粗短者，富贵；长细者，贫贱。

胸背若龟，富贵巍巍；胸长而方，智慧无殃。

手足纤浓，指密而厚者，富贵；手如鸡足，智意偏促；手如猪蹄，智意昏迷；手如狙掌，勤劳伎俩[①]。

肚若垂壶，富贵有余；牛肚，贪婪；狗肚，穷寒；虾蟆腹[②]，懒；蜥蜴腹，缓。

凡人声，欲深且实，不欲浅而虚[③]；远而不散[④]，近而不亡；浅而非壮，深而不藏；大而不浊，小而不彰；细而不乱，幽而能明；余响澄彻，有若笙簧；宛转洒韵，能圆而长。虎声，将军；马声，骁勇；雄声雌视者，虚伪人也；气急而声重者，真实人也。

凡黑子，欲大而明，生隐处者，吉；露处者，凶。

人面欲圆，胸欲方，尻欲厚，背欲负，上欲长，下欲短。

五岳成[⑤]，四渎好[⑥]，头高足厚，颈短臂长，似虎如龙，所谓行往坐临，饮食音声，似非一处也。

【注释】

①“手如鸡足”几句：原脱，今据《守山阁丛书》本补。

②虾蟆：癞蛤蟆。

③虚：原脱，据《守山阁丛书》本补。

④远：原脱，据《守山阁丛书》本补。

⑤五岳：面相学上的五岳，指面部高出的五个部位，额为北岳，颏为南岳，左颧骨为东岳，右颧骨为西岳，鼻为中岳。

⑥四渎：面相学上的四渎，指面部能流出水的四个器官，耳为江，目

为河，口为淮，鼻为济。

【译文】

鉴别下巴、耳、项、脑、背、手、肚、黑痣、脸面形状的方法：

脸颊像燕子面颊的人，贵能封侯。腮大多肉的人，意志与智慧都不足。

耳轮厚大鲜明的人，富贵而且长寿；耳轮小且薄的人，贫贱而且短命。

脖子像虎颈一样圆粗的人，富贵有余。脖子似鹤颈一样细长的人，缺乏财物。脖子短粗的人，富贵。脖子细长的人，贫贱。

胸背如龟的人，大富大贵。胸长而方的人，智勇无双。

手指足趾纤细而毛发浓密、手指紧密而且厚实的人，高贵。手如鸡爪的人，思维偏执。手如猪蹄的人，思维迷乱。手如猴掌的人，有劳动技能。

肚子如垂壶的人，富贵有余；如牛腹的人，性格贪婪；如狗腹的人，一生穷寒；如蛤蟆腹的人，性格懒惰；如蜥蜴腹的人，脾气和缓。

人说话的声音，最好深厚而且充实，不要小而又虚弱。声音应传远而不散乱，传近而不衰弱。说话不要声浅显得气势不壮，要声音雄厚显得不愿隐藏。说话声音大而不浑浊，说话声音小而要清晰。说话声音细但不要乱，说话声音深沉但要清楚。说话的余音要清脆，就像笙簧奏乐之声；宛转合韵，既圆润又悠长。说话像虎啸声音的人，能做将军。说话像马嘶的人，作战勇猛。声音雄壮却看人柔顺，是虚伪的人。语气急促而声气沉重的人，是真诚的人。

凡是黑痣长得大而且明显的，生在身体的隐处就吉祥，生在显露处就不吉祥。

人的面相，脸最好是圆的，胸部最好是方的，臀部要厚，背部要能负重，上身要长，下身要短。

面部五岳方正，四渎正常，头高脚厚，脖子短，胳膊长，人就似虎似龙般强壮有力。人的行、住、坐、卧、饮、食、音、声，都是不一样的。

鉴头骨、玉枕、额法

脑头耸起，将军。

三，三关玉枕[1]，万户侯。

▭，车轴枕，封侯。

∴，三星枕，封王。

◡，偃月枕，封三公。

口，四方枕，封侯。

十，十字枕，封二千石，三公之位。

上，上字枕，封侯。

○，圆枕，封侯。

北，额上有北字文，将军。

ll，额上有两立字文，二千石。

川l，眉间有四字文，封侯。

八，眉间有八字文，将军。

三，额上有三字偃月文，封侯。

◠，额上有覆月文，将军。

八，眉上有文通发，将军。

文，眉间有文字文者，兵死。

凡人色，欲正不欲邪！白如凝脂，黑如傅漆，紫如烂椹，黄如蒸粟，赤如炎火，青如浴蓝。此皆三公将相之职也。

【注释】

①玉枕：枕，即枕骨。中医名后山骨、玉枕骨、乘枕骨、后枕骨。头颅骨的后部分，位于顶骨之后，并延伸至颅底。面相学上，枕骨的形状诸多分类，若三骨皆圆曰三才枕；四角各有一骨，中央亦耸者，

名五岳枕；两骨尖起名双龙枕；四边高中间凹曰车轮枕；三骨并者曰连光枕；骨如弯月者名偃月枕。其他有覆月枕、山字枕、川字枕，为双环、为连珠等。道教养生学以尾闾、夹脊、玉枕三个穴位名为三关。

【译文】

鉴别头骨、后颅骨和前额皱纹的方法：

脑头骨高耸起，将军。

三，三关玉枕，万户侯。

⊂⊃，车轴枕，封侯。

∴，三星枕，封王。

◡，偃月枕，封三公。

口，四方枕，封侯。

十，十字枕，封二千石。

上，上字枕，封侯。

○，圆枕，封侯。

北，额头上有北字纹，将军。

||，额头上有两道竖纹，二千石。

||||，眉间有四竖纹，封侯。

八，眉毛上有八字龙纹直通头发，将军。

三，眉间有三道半月纹，封侯。

◠，额头上有覆月纹，将军。

八，眉上有纹通至头发，将军。

文，眉间有“文”字纹者，战死。

凡是人的面色，最好是本来的颜色。要白如凝脂，黑如涂漆，紫如桑果，黄如蒸粟，赤如炎火，青如洗蓝。这几种面色都是三公、将相的面色。

相马篇

【题解】

马在古代不仅是人们从事生产劳动的重要工具，也是战争中常用的工具。汉代伏波将军马援曾说："马者，甲兵之本，国之大用。"（《后汉书·马援列传》）由于马的作用大，古人积累了一套鉴别良马与劣马的经验与技巧，形成了一系列相马的理论，如《相马经》。1973年在湖南长沙马王堆三号汉墓出土了珍贵帛书，其中就有一部《相马经》，这是我国动物学、畜牧学的重要古代文献，是早已失传的《相马经》的抄本。帛书残片现存77行，约5200字。由于其中残缺500字，又没有相当的今本可查对，所以一些内容我们无法完全了解。《相马经》内容包括经、传、故训三部分。可见，相马历史悠久，理论成熟。北魏贾思勰《齐民要术·养牛马驴骡篇》则是从农学畜牧角度谈相马与养马，是相马技术的进一步发展。

随着战争形势的发展，骑兵在战争中以速度快、利于快速机动而越来越重要。因此作为军队的将领，要对马的选择、饲养、治疗等知识精通。马援爱马，精通相马，曾得杨子阿相马法的真传。《后汉书·马援列传》载马援的话说："近世有西河子舆，亦明相法。子舆传西河仪长孺，长孺传茂陵丁君都，君都传成纪杨子阿，臣援尝师事子阿，受相马骨法。考之于行事，辄有验效。"李贤注说："援《铜马相法》曰：'水火欲分明。水火在鼻两孔间也。上唇欲急而方，口中欲红而有光，此马千里。颔下欲深，下唇欲缓。牙欲前向。牙去齿一寸，则四百里；牙剑锋，则千里。目欲满而泽。腹欲充，膁欲小，季肋欲长，悬薄欲厚而缓。悬薄，股也。腹下欲平满，汗沟欲深而长，而膝本欲起，肘腋欲开，膝欲方，蹄欲厚三寸，坚如石。'"这是马援的《铜马相法》，可见古代军事家善于相马。李筌在这里也是吸取了前人的经验归纳总结而成，对今日如何养马有重要的参考价值。

经曰：相马之法，先相其耳，耳若拨竹[①]，眼如鸟目[②]，獐脊、麟腹、虎胸，其尾若垂带。次相头骨：棱角成就，前看、后看、侧看，俱是骨侧狭，见皮，薄露鼻，衡柱侧高低，额欲伏。立蹄如聚，行止循走。喘息均细，擎头如鹰，龙头高举而远望，深视而远听。

【注释】

①拨竹：拨开的竹叶。

②眼如：原文作“人眼”，不词，据《守山阁丛书》本改。

【译文】

经说：相马的方法，先看马耳。马耳像拨开的竹叶，眼像鸟目，獐脊，麟腹，虎胸，马尾如下垂的带子。其次相马的头骨。棱角分明，前看、后看、侧看，都是骨侧狭窄仅有一层皮，薄露鼻梁，柱侧高低起伏，前额下伏。马站不动时，四蹄攒聚。马走动和停下来时都很温顺，一旦跑起来，起动快，跑得轻灵。马的喘息均匀轻细。马抬头似雄鹰、苍龙，高举而远望。马眼流转四顾，马耳能听到远处的声响。

前看如鸡鸣，后看若蹲虎[①]，立如狮子，避兵万里。鼻中欲得受人拳，名曰太仓。太仓宽，易饲。胸臆欲阔，胸前三台骨欲起，逐段分明，鬣欲高，头欲方，目欲大而光，脊欲强壮有力，腹胁欲张，四下欲长。耳欲紧小，小则耐劳。目大，胆大，胆大则不惊。鼻欲大，鼻大则肺大，肺大则能走。膁欲得小[②]，小则易饲。肋欲得密。口欲上尖下方，舌欲薄而长，赤色如朱，齿欲髎瓣分明，牙欲去齿二寸，腹下欲广且平方。牙欲白，则长寿[③]。望之大，就之小，筋马也。前视见目，旁观见腹，后视见肉，骏马也。齿欲齐密，上下相当，上唇欲急而方，下唇欲缓而厚。口欲红而有光，千里马也。臆间欲广一尺以上，能久走，头欲高，如剥兔；龙颅突目，平脊大腹，胜肉多者，行千里；眼中紫缕贯瞳子者，五百里；上下彻者，千里。

【注释】

①蹲虎：原作“疏局”，据《守山阁丛书》本改。

②膁（qiǎn）：兽类身体两旁肋骨和胯骨之间的部分。

③则长寿：三字原脱，据《守山阁丛书》本补。

【译文】

从前方看，马的形状像雄鸡打鸣；从后面看，似蹲坐的猛虎。马昂首挺立像狮子一样威风凛凛，有吓退敌兵于万里之外的气势。马的鼻腔里能放下人的一个拳头，这部分叫太仓。太仓宽就容易饲养。马的胸部要宽阔，胸前三台骨要凸起，一段一段的要清晰分明。马颈上的鬃毛要长，马头要方正，马眼要大而发光，马脊背要强壮有力，马腹和马肋要宽大，马的四腿要修长。马耳要小，耳小的马能吃苦耐劳。马眼大，马的胆就大，胆大就不惊恐。马鼻要大，马鼻大则马肺大，马肺大就能跑远路。马膁要小，马膁小，马就容易饲养。马肋骨要紧密。马嘴要上尖下方。马舌要又薄又长，舌头颜色要朱红。马齿的两瓣上腭要分明，马槽牙要距离马前齿二寸。马腹下部要广且平坦方正。马牙要白，马牙白，马就长寿。马望着很高大，骑上去看却小，这是筋马。从前面能看见马眼，从旁边能看见马腹底部，从后面能看清马的腱肉，这是骏马。马齿齐整紧密，上下相当，马上唇紧缩而且方正，下唇平缓而且厚实，马嘴红而有光彩，这是千里马。马胸部广一尺以上，马头高昂，形如正在剥皮的兔子，这样的马能长时间奔跑。头似龙、眼凸出、脊背平坦、腹部宽大、大腿肉多的马，能行千里。眼睛中有紫色血丝横贯瞳孔的马，能行五百里。眼睛中的紫色血丝竖贯眼睛上下的马，是千里马。

凡马，不问大小肥瘦，数肋有十二、十三者，四百里；十四、十五者，五百里；旋毛起腕膝上者，六百里；腹脊上者，五百里；项辕大者，三百里；目中有瞳仁如并立并坐者[①]，千里；耳本下生角长一二寸者，千里；头如渴乌者，千里；马初生无毛，七日方得行者，千里；尿过前蹄一寸者，五百里；尿举一足如犬者，千里；腹下有逆生毛者，千里；兰孔中有筋皮及毛者[②]，五百里。

【注释】

①仁：原作"人"，音近而误。今改。

②兰孔：眼上孔。

【译文】

凡是马，不论大小肥瘦，有肋骨十二、十三根的，能行四百里；有十四、十五根肋骨的，能行五百里。马腕、马膝上长着卷毛的马，能行六百里；腹部、脊背上长着卷毛的马，能行五百里。马颈和马的负辕之处宽大的马，能行三百里。眼中有瞳仁并起并坐的马，能行千里。马耳根下角长一二寸的马，能行千里。头如渴乌的马，能行千里。初生无毛、七天后才能行走的马，能行千里。马撒的尿能过前蹄一寸以上的马，能行五百里。马撒尿时，抬起一条腿就像狗那样撒尿的马，能行千里。腹下有逆毛的马，能行千里。兰孔有筋皮和毛的马，能行五百里。

凡马，后两足白者，老马驹也；前两足白者，少马驹也。

【译文】

凡是两个后蹄为白色的马,是老马驹;两个前蹄为白色的马,是小马驹。

马有五劳:卸鞍不振者,骨劳;振而不起者,筋劳;起而不振者,皮劳;振而不喷者,气劳;喷而不尿者,血劳。

骨劳,绊脚却行三十步,瘥[1]。皮劳,以手摩两鞍下汗出,瘥。气劳,长缰牵行得尿,瘥。血劳,高系勿令头低而食,瘥。马口春青色、夏赤色、秋白色、冬黑色,此名入口病。

【注释】

①瘥(chài):病愈。

【译文】

马有五劳:卸去马鞍而马精神不振的,是骨劳。精神不振而不想站起的,是筋劳。站起来不抖毛的,是皮劳。抖毛而不打响鼻的,是气劳。喷响鼻而不撒尿的,是血劳。

对骨劳的马,绊住它,使它倒行三十步,就可以痊愈了。对皮劳的马,用手按摩马的两鞍下面的部位,按摩得马出汗了,就可以痊愈了。对气劳的马,用长缰绳牵着它溜达,走到能撒出尿了,就可以痊愈了。对血劳的马,把缰绳拴在高处,不要让马低头吃料,就可以痊愈了。马嘴如果在春天为青色,夏天为赤色,秋天为白色,冬天为黑色,这种病叫做入口病。

军令誓众篇

【题解】

本篇主要是讲战前"誓师"与军队要执行的"军令"。

战前誓师有着悠久的历史。作者首先回顾了古代誓师的历史。夏代誓师于军中，商代誓师于军门，周人誓师于作战之前。誓师时，将领一般要讲战争的目的与意义，揭露敌人的罪恶，强调纪律与作风，明确作战目标等。誓师对指挥战斗、鼓舞士气有着重要的作用。《尚书》所载《甘誓》《汤誓》《牧誓》等，都是上古著名的誓师之辞。《书·大禹谟》："禹乃会群后，誓于师曰：'济济有众，咸听朕命。'"李筌在这里提供了一段唐代的誓师文字，对研究唐代军事有重要意义。

誓师一般要宣布军令，强调执行军令的重要性。故军令与誓师文编在一起。军令对于维护军队正常纪律以及作战时的军事指挥，确保作战胜利具有重要意义。因此，历代军事家均重视军令。战国晚期《尉缭子》中就有大量有关的军令的篇章，如《重刑令》《伍制令》《分塞令》《束伍令》《经卒令》《勒卒令》《将令》《踵军令》《兵令》等，内容涉及军队的组织、训练、作战各部协同以及战败处罚等。李筌也重视军令，认为"令之不行，不可以称兵"，强调执行军令的责任人主要在于军官："三令而不如法者，吏士之罪也；申明而不如法者，将之过也。"

从李筌所写的军令看，主要内容是强调军人要服从纪律以及违反军纪的处罚。强调军队不要侵害普通百姓的利益，"侵欺百姓子女"者，处以斩刑。这一点对维护军队与普通民众之间的关系是有积极意义的。

经曰：陶唐氏以人戒于国中①，欲人强其命也。有虞氏，以农教战，渔猎间习②，故人体之。夏后氏誓众于军中，欲人先其虑也。殷人誓于军门之外，欲人先意以待事也。周人将交刃而誓之，以致人意也。夏赏于朝，赏善也。殷僇于市③，僇不善也。周赏于朝，僇于市，兼质文也。

【注释】

①戒：告诫。

②间习：即见习、演习。

③僇：同“戮”。

【译文】

经说：尧在国中严格要求自身，想让众人都勉力效命。舜寓战于农耕，教习捕鱼打猎，因此众人都身体力行。夏禹在军中誓师，让众人战前下定死战决心。商人在军门之外誓师，让众人预先下决心来等待战事。周人在上阵前誓师，是为了表达众将士的决心。夏朝在朝廷上赏赐，是奖赏善人。商朝在市集上杀人，是杀戮恶人。周朝在朝廷上赏赐，在市集上杀戮，兼有赏善戮恶的目的。

夫人以心定言，以言出令。故须振雄略、出劲辞、壮铁石之心，凛风霜之气，发挥号令，申明法度。

【译文】

人是用思想来决定言论，用言辞来发布命令的。所以将军必须先振奋将士们的胆略，发出强有力的誓词，坚定拼死战斗的决心，加重风霜肃杀的气氛，然后发布号令，申明军法。

誓众文曰：

某将军某乙告尔六军将吏士伍等：圣人弦木为弧，剡木为矢，弧矢之利，以威不庭[①]，兼弱攻昧，取乱侮亡[②]。今戎夷不庭，式于王命[③]，皇帝授我斧钺，肃将天威，有进死之荣，无退生之辱。用命赏于祖，不用命僇于社。军无二令，将无二言。勉尔乃诚，慎从王事，无干典刑。

【注释】

①“弦木为弧”几句：语出《易·系辞下》，原文为：“弦木为弧，剡木

为矢，弧矢之利，以威天下，盖取诸《睽》。”不庭，不朝于王庭的人。

②兼弱攻昧，取乱侮亡：语出《尚书·仲虺之诰》，原文为：“兼弱攻昧，取乱侮亡。推亡固存，邦乃其昌。”此句意思是：对于弱小的，兼而并之；对于昏聩的，加以讨伐。对于国政混乱的，取而代之；导致国亡的国君，要受到凌辱。

③式：法。《说文解字》：“式，法也。”这里指效法王而下达命令，有僭越王位之意。

【译文】

誓师文：

某将军某人告诉六军将吏士伍等人：圣人将木棍套上牛筋做成弓，削尖木棍做成箭，凭借弓箭之锐利，威加于不臣服的人，兼并弱小和君主昏聩的国家，攻取侮弄混乱将亡的国家。现在戎夷不服，反叛王命。皇帝授我军权，我挟天威，拜将发兵，唯有进攻战死的荣耀，绝无后退偷生的耻辱。三军用命的将会在祖庙前得到奖赏，不用命的将会在社稷前被杀。军无二令，将无戏言。这既是勉励你们也是告诫你们，慎重为君王之事效力，不要触犯典刑。

军令：

经曰：师众，以顺为武，有死无犯为恭。故穰苴斩庄贾，魏绛僇杨干，而名闻诸侯，威震邻国。令之不行，不可以称兵。三令而不如法者，吏士之罪也；申明而不如法者，将之过也。先甲三日[①]，悬令于军门，付之军吏，使卒宣于六军之众。有犯命者，命军正准令按理而后行刑，使六军知禁而不敢违也。

【注释】

①先甲三日：提前三天公布军令。

【译文】

军令：

经说：军队，以服从命令为武德，宁可战死也不触犯军令，这就是恭敬。因此司马穰苴斩庄贾，魏绛杀杨干，从而名闻诸侯，威震邻国。军令不能执行，不可以用兵打仗。再三申明军令而不遵守，是官吏士兵的罪过；申明法令却不依法办事的，是将军的过失。先于打仗的前三天，在军门张贴军令，把军令交给各级军官，最终要在六军将士前宣布。有违犯军令的，命令军正依照军令，核实情况后行刑，使六军将士都知道禁令而不敢违犯。

漏军事者，斩；漏泄军中阴谋者，皆死罪。

背军走者，斩；在道及临阵者同。

不战而降者，斩；背顺归逆者同。

不当日时而后期者，斩；阻雨雪水火者不坐[①]。

与敌人私行交通者，斩；言语书信者同。

失主将者，斩；随从者不坐。

失旌旗节钺者，斩；与敌人所取者同。

临难不相救者，斩；为敌所急不相救助者同。

诳惑讹言者，斩；妄说阴阳以动众者同。

无故惊军者，斩；呼叫奔走妄言烟尘有贼者同。

遗弃五兵军装者，斩；不谨固检察者同。

自相盗者，不计多少，斩。

将吏守机不平藏情相容者，斩；理事曲法者同。

以强凌弱，樗蒲忿争[②]，酗酒喧竞，恶骂无礼，于理不顺者，斩；因公宴醉者，不坐。

军中奔驰车马者，斩；将军以下，并步入营乘骑者同。

破敌先掳掠者，斩；入敌境者同。

更铺失候、犯夜失号、擅宿他火者[3]，斩；

守围不固者，斩；罪及一火。

不服差遣及主吏役使不平者，斩；有私及强梁者同。

侵欺百姓子女及将妇人入营者，斩；军中慎女子气。

违将军一时一命者皆斩。

【注释】

①不坐：意即不施行连坐之法。坐，连坐之刑。

②樗蒲：古代一种赌博游戏。类似今日的掷骰子。

③他火：意即他队。火，唐代兵制单位。《新唐书·兵志》："十人为火，火有长。"

【译文】

泄漏军情的人，斩；泄漏军队的秘密行动计划的人，都是死罪。

背叛军队逃跑的人，斩；无论是在行军路上还是身临战阵而逃跑的人都同罪。

不战斗就投降的人，斩；背叛己军、归附叛逆的人，同罪。

不按照约定日期到达的人，斩；被雨雪、水火阻挡不能按期到达的，不治罪。

与敌人暗自交往通讯的人，斩；与敌有言语、书信来往的人，同罪。

没有保护好主将导致失去主将的人，斩；随从的人，不治罪。

失去旌旗、符节、斧钺的人，斩；给敌人所需要的东西的人，同罪。

同伴遇难不相救助的人，斩；同伴被敌人急攻而不援的人，同罪。

说假话欺骗、迷惑众人的人，斩；乱说阴阳吉凶来鼓动众人的人，同罪。

无缘无故惊动军队的人，斩；呼叫奔走、妄言敌军踪迹的人，同罪。

遗弃各种兵器装备的人，斩；不谨慎收藏、不检查的人，同罪。

士兵之间相互盗窃的人，不论偷盗物品多少，斩。

将吏执行职守不公正、徇情互相包庇纵容的人，斩；办事违犯军法的人，同罪。

军中以强凌弱、因赌博而激愤争斗、酗酒喧哗、无理谩骂、违背常理行动的人，斩；因为公务在宴饮上醉酒的人，不治罪。

在军中让车马乱行冲撞奔跑的人，斩；将军都已下马步行，那些仍骑着马进入营地的人，同罪。

打败了敌军而带头掳掠的人，斩；入敌境内带头掳掠的人，同罪。

换岗错过时间、触犯夜行纪律失去自己的号位、擅自住在其他营铺的人，斩。

防守城堡而没守住的人，斩；同时罪及一火。

不服从上级调遣和主管官吏役使士兵不公正的人，斩；有徇私包庇强盗的人，同罪。

侵扰欺凌百姓、带妇人进入军营的人，斩。军中一定要谨慎，不要有女人的气息。

违抗将军时限、命令的人，斩。

关塞四夷篇

【题解】

战争都是发生在一定的地域，地理环境，包括山川、河流、物产、人口、民族等是军事家必须考虑的问题。因此古代兵书中强调“地利”因素。如孟子就强调“天时不如地利，地利不如人和”。《新唐书》中有《兵志》篇，也记录了唐代的区域地理及其特征。唐代地域辽阔，与周边少数民族不断战争，因此作为将军要对全国的地理地形熟悉，尤其是对少数民族的地理位置、风俗人情要熟悉，才能指挥作战。由于唐代的战争几乎都发生在东南西北的边疆，故称“关塞四夷”。

文中所列的“道”，为唐太宗贞观元年（627）初设。《旧唐书·地理志一》：“分为十道，一曰关内道，二曰河南道，三曰河东道，四曰河北道，五曰山南道，六曰陇右道，七曰淮南道，八曰江南道，九曰剑南道，十曰岭南道。”后来区划也有变动，到唐玄宗开元二十一年（733）分天下为十五道，如山南道就分为山南东道与山南西道，江南道分为江南东道、江南西道，增加黔中道。关内道中分出京畿采访使、都畿道。李筌这里说的与《旧唐书》记载不一致。《旧唐书》记载是当时全国的区划，其中山南道、江南道、淮南道等并不处于边疆，战事少，所以李筌未言及。本篇所言唐代之道有十二，既不是十道，也不是十五道，反映了唐代关于道的设置存在着变化。李筌是唐人，所载是当时事实，比较可信。

文中在言地理方位时以西京长安与东京洛阳为中心，兼及各道与两京之间的距离远近。这样便于计算出兵时日期与粮草需求。文中也记载了各道的周边少数民族情况，这样便于了解对手的生活习性，便于指挥作战。文中记载了各道下辖州、县情况，为行军作战提供了翔实的地理知识。有了这样的篇章，出兵作战就能在“地利”上取得主动。文中记载的行军路线对于边疆作战也是十分有用的。

经曰：关塞者，地之要害也。设险守固，所以率蛮隔夷[①]，内诸夏而外夷狄，尊衣冠礼乐之国，卑毡裘毳服之场[②]，是以荒要绥甸[③]，从兹别耳。

【注释】

①率蛮隔夷：统领治理或隔绝蛮夷。率，统领。

②毡裘毳（cuì）服：皆为古代北方游牧民族的服饰。毳服，用鸟兽的绒毛制成的衣服。毳，细毛。

③荒要绥甸：古代王畿外围，以五百里为一区划，由近及远分为侯服、甸服、绥服、要服、荒服，合称五服。《尚书·益稷》："弼成五服，至于五千。"孔传："五服，侯、甸、绥、要、荒服也。服，五百里。四方相距为方五千里。"

【译文】

经说：关塞是地形的要害。设置险阻，坚守关城，是为统治与隔离蛮夷，使关内为华夏各族的生活区域，关外为夷狄等少数民族生活区域，尊崇华夏汉服礼乐之国，归服着毡裘与服毳服的游牧民族首领。所以荒远地区与王畿及周围的中心地区就是以关塞来分别的。

关内道[①]

自西京北出塞门镇，经朔方节度[②]。去西京一千三百五十里，去东京二千里。五原塞[③]，匈奴之地，以浑邪部落为皋兰都督府[④]，斛律部落为高关州，浑匐焦部落为浚稽州。鲁丽塞下置六胡州[⑤]，党项十四州，拓拔、舍利、仆固、野刹、桑乾、节子等部落，牧其原野。

【注释】

①关内道：唐贞观元年(627)置。《唐六典》卷三载，关内道"东距河，西抵陇坂，南据终南之山，北边沙漠"。相当于今陕西秦岭以北，内蒙古阴山以南，宁夏贺兰山、甘肃六盘山以东地区。开元二十一年(733)分置京畿道，与关内道同治长安(今陕西西安)。乾元元年(758)废。

②朔方节度：《旧唐书》卷三十八"志"十八《地理志》："朔方节度使，捍御北狄，统经略、丰安、定远、西受降城、东受降城、安北都护、振武等七军府。朔方节度使，治灵州。"唐玄宗开元九年

(721)十月六日置。朔方节度使治所在灵州(故址在今宁夏灵武境内)。

③五原塞:汉代五原郡境内北边的长城。唐代指五原县北境的长城。

④皋兰都督府:唐代羁縻府之一。贞观二十一年(647)以铁勒浑部置。后改为东皋兰州。永徽元年(650)复为都督府。开元元年(713)复为东皋兰州,所治在灵州鸣沙县(今宁夏中卫东北鸣沙镇)。下高关州、浚稽州、六胡州,皆为唐代羁縻州之一,属关内道。

⑤鲁丽塞下置六胡州:《新唐书》卷三十七:"调露元年(679),于灵、夏南境以降突厥置鲁州、丽州、含州、塞州、依州、契州,以唐人为刺史,谓之六胡州。"

【译文】

关内道

自西京长安出塞门镇,经朔方节度使辖地。距西京长安一千三百五十里,距东京洛阳两千里。五原为关塞,外为匈奴故地。以浑邪部落为皋兰都督府,斛律部落为高关州,浑匐焦部落为浚稽州。鲁丽塞下设置六胡州、党项十四州,拓拔、舍利、仆固、野利、桑乾、节子等部落在其原野上放牧。

河北道[①]

安北旧去西京五千二百里[②],东京六千六百里。今移在永济[③],去西京二千七百里,去东京三千四百里。大漠以北,回纥部落为瀚海都督府,多览部落为燕然都督府,思结部落为庐山都督府,同罗拔拽石部落为幽陵都督府,同罗部落为龟林都督府,匐利林为鸡田州,奚浩部落为鸡鹿州,道历阴山、牟那山、龙门山、牛头山、铁勒山、北庭山、木剌山、洛真山，三窟故地。

【注释】

①河北道：原作“黄河北道”，“黄”字衍，今删。据《旧唐书·地理志》：“分为十道：一曰关内道，二曰河南道，三曰河东道，四曰河北道，五曰山南道，六曰陇右道，七曰淮南道，八曰江南道，九曰剑南道，十曰岭南道。”可见唐代只有“河北道”。又，《旧唐书·地理志》河北道“理魏州”。

②安北：即安北都护府。安北都护府是唐朝重要的六个都护府之一，是唐朝管理北方边疆的军政机构，所辖地区基本上包括今蒙古国和俄罗斯部分地区。辖境原为燕然都护府，龙朔三年(663)，改名为瀚海都护府。总章二年(669)改名为安北都护府。至德二载(757)改名为镇北都护府。每次改名，辖境都有所扩大或变化。

③永济：唐县名。据《新唐书·地理志》，永济县是唐代宗“大历七年，田承嗣析魏州之临清置”。

【译文】

河北道

安北都护府过去距西京长安五千二百里，距东京洛阳六千六百里。今安北都护府驻地移到永济，距西京长安二千七百里，距东京洛阳三千四百里。大漠以北，回纥部落为瀚海都督府，多览部落为燕然都督府，思结部落为庐山都督府，同罗拔拽石部落为幽陵都督府，同罗部落为龟林都督府，匐利林为鸡田州，奚浩部落为鸡鹿州。道路经过阴山、牟那山、龙门山、牛头山、铁勒山、北庭山、木剌山、洛真山，进入三窟部故居地。

河东道[①]

自西京东出蒲津关，经太原，抵河东节度。去西京二千七十五里，去东京一千六百四十五里。关榆林塞，北以颉利左渠故地置定襄都督府，管阿德等四州[2]。以右渠地置云中都督府，管阿史那等五州[3]。道历三川口，入三山母谷，道通室韦大落泊[4]，东入奚[5]，西入默啜故地[6]。

【注释】

①河东道：此段文字原无，今据《守山阁丛书》本增。

②阿德：原脱，据《旧唐书·地理志一》补。四州，原作"六州"，据《旧唐书·地理志一》改。定襄都督府下辖阿德州、执失州、苏农州、拔延州。

③阿史那：唐州名。隶属于云中都督府，主要居住人为党项部落。

④室韦：古族名。《旧唐书·北狄列传》："室韦者，契丹之别类也。"大落泊：明代称答剌海，今内蒙古达来诺尔湖。

⑤奚：古族名。南北朝时称"库莫奚"，隋唐称"奚"。以游牧为生。

⑥默啜：本姓阿史那氏，名环，突厥族。唐时东突厥可汗。

【译文】

河东道

自西京长安东出蒲津关，经太原，抵河东节度使驻地。距西京长安二千七十五里，距东京洛阳一千六百四十五里。关为榆林塞。关北在东突厥颉利可汗左部首领故地设立定襄都督府，管辖阿德等四州。在颉利可汗右部首领故地设置云中都督府，管辖阿史那等五州。道路经过三川口，入三山母谷，道路通往室韦大落泊，东入奚，西入默啜故地。

陇右道[1]

自西京出大镇关，经陇西节度。去西京一千四百里，去东京一千二百七十五里。南出关，党项杂羌置岷、丛、麟、可等四十州，分隶缘边等诸州。西距吐番，去西京一万二千里。北去凤林关，度黄河，西南入郁标、柳谷、彰豪、清海、大非海、乌海、小非海、星海、泊悦海、万海、白海、鱼海，入吐番。

【注释】

①陇右道：此段文字原无，今据《守山阁丛书》本增。

【译文】

陇右道

自西京长安出大镇关，经陇西节度使驻地。距西京长安一千四百里，距东京洛阳一千二百七十五里。南出关，外为党项、杂羌，设置岷、丛、鳞、可等四十州，分别隶属沿边各州。西邻吐蕃，距西京长安一万二千里。北出凤林关，渡黄河，西南行进入郁标、柳谷、彰豪、清海、大非海、乌海、小非海、星海、泊悦海、万海、白海、鱼海，进入吐蕃。

河西道①

自西京西北出萧关、金城关，自河西节度。去西京二千一十里，去东京二千八百十一里。抵北海、白亭海、弥娥山、独洛河②，道入九姓、十箭、三屈故居地③。

【注释】

①河西道：此段文字原无，今据《守山阁丛书》本增。

②抵北海：原作"北海抵"，不词，疑倒，今乙正。白亭海：又名休屠泽，在今甘肃民勤东北。

③九姓：唐朝对蒙古高原北部铁勒游牧部落的总称。《旧唐书·太宗本纪下》："铁勒回纥、拔野古、同罗、仆骨、多滥葛、思结、阿跌、契苾、跌结、浑、斛薛等十一姓各遣使朝贡。"《唐会要·铁勒传》

载回纥、拔野古、同罗、仆骨、多滥葛、思结、阿跌、浑、斛薛为九姓。十箭:唐时西突厥分其国为十部,每部命一人统辖,赐箭一支,号为十箭。《旧唐书·突厥传下》:"俄而其国分为十部,每部令一人统之,号为十设。每设赐以一箭,故称十箭焉。"

【译文】

河西道

自西京长安西北出萧关、金城关,经河西节度使驻地。距西京长安二千一十里,距东京洛阳二千八百十一里。抵北海、白亭海、弥娥山、独洛河,道路进入九姓、十箭、三屈故居地。

北庭道[①]

自西京北出[②],经河西节度,出玉门关。东出高昌故地,置西州,以突厥处密部落为瑶池都督府,以杂种故胡部落为北庭都护。去西京五千七百五十六里,去东京六千八百七十里。北抵播塞厥海、长海,以突结骨部落置坚昆都督府,为独龙州。北抵瀚海[③],去西京三万里。

【注释】

①北庭道:所辖境为陇右道之西部地区。唐十道中无北庭道。

②西京北出:原作北京西出,今乙正。

③瀚海:此处当指贝加尔湖。

【译文】

北庭道

自西京长安北出,经河西节度使驻地,出玉门关。东出关为高昌国故地,设置西州。以突厥处密部落为瑶池都督府,以杂种故胡部落为北庭都护府。北庭都护府距西京长安五千七百五十六里,距东京洛阳六千八百七十里。自北庭都护府北抵播塞厥海、长海，在突结骨部落设置坚昆都督府，为独龙州。从这里向北可抵瀚海，距西京长安三万里。

安西道

自西京出铁门关，至安西节度。去西京八千五十里，去东京九千八百五十里。路入疏勒、鄢耆、于阗、黑海、大宛、月支、康居、乌孙等国。

【译文】

安西道

自西京长安出发，过铁门关，到安西节度使驻地。距西京长安八千五十里，距东京洛阳九千八百五十里。道路进入疏勒、鄢耆、于阗、黑海、大宛、月支、康居、乌孙等国。

剑南道

自西京西南出大散关①，经百牢关，越剑门关、到剑南节度。去西京二千三百七十里，去东京三千二百里②。出蚕涯关，过筰道、杂羌六十四州③，分列山谷。西出吐蕃。南出邛僰④，度泸河、云南关。西南徼外，路入夜郎、滇池、身毒五天竺国⑤，去西京三万里。

【注释】

①大散关：位于今陕西宝鸡南郊秦岭北麓。

②三千：原作"一千"，与地理位置不符，据《守山阁丛书》本改。

③筰（zuó）道：即筰关，今四川汉源境内。

④邛（qióng）：即邛崃关，在今四川荥经县西南，以邛崃坂而名。僰

（bó）：僰道，县名，汉置，隋唐复置。治所在今四川宜宾。

⑤身毒五天竺国："身毒"为印度的古译名之一，又称"天竺"。古代印度分东、南、西、北、中五个部分，故又称"五天竺国"。

【译文】

剑南道

自西京长安西南出大散关，经百牢关，越过剑门关，至剑南节度使驻地。距西京长安二千三百七十里，距东京洛阳三千二百里。再出蚕涯关，过筰道，杂羌六十四州分列山谷。向西可至吐蕃。南出邛僰，渡过泸河，为云南关。出西南境外，道路进入夜郎、滇池、身毒五天竺国，距西京长安三万里。

范阳道

自西京出潼关，至范阳节度。去西京二千五百里，去东京一千八百八十里。北去居庸关，卢龙塞外以契丹酋长置饶乐都督府①，回纥五部落分为五州②，以白霫部落为居延州③，黑霫部落为寘颜州。北至乌罗浑，去西京一万五千里。

【注释】

①卢龙塞：在今河北遵化东北。饶乐都督府：原无，《守山阁丛书》本作"饶察都督府"，《旧唐书·北狄列传》有"饶乐都督府"，故补。

②五部落分为五州：原作"部落外为五州"，不词，据《守山阁丛书》本改。

③霫（xí）：古族名，汉匈奴后裔。《旧唐书·北狄列传》："霫，匈奴之别种也。"

【译文】

范阳道

自西京长安出潼关，到范阳节度使驻地。距西京二千五百里，距东京一千八百八十里。北出居庸关,卢龙塞外以契丹酋长设置饶乐都督府,回纥五部落分为五州,以白霫部落为居延州,黑霫部落为寘颜州。北至乌罗浑,距西京长安一万五千里。

平卢道

自西京经范阳节度,东至平卢节度。去西京二千七百里,去东京三千里。抵安东[①],渡辽水,路接奚、契丹、高丽、黑水[②]。

【注释】

①安东:原作"安乐",误。据《守山阁丛书》本改。唐代设有安东都护府,是唐朝六个主要都护府之一,是唐朝在东北地区设置的重要军政管理机构。所辖包括辽东半岛全部、朝鲜半岛北部、吉林西北地区和朝鲜半岛西南部的百济故地,包有今乌苏里江以东和黑龙江下游西岸及库页岛,直至大海。

②黑水:即黑龙江。隋唐时黑水一带居住着靺鞨部落,叫"黑水靺鞨",唐初设有黑水都督府进行管理。

【译文】

平卢道

自西京长安经范阳节度使驻地,再到平卢节度使辖地。距西京二千七百里,距东京三千里。抵安东都护府,渡过辽河,道路就连接上了奚、契丹、高丽、黑水。

岭南道

自西京南出蓝田关,涉汉、江,越大庾岭,经南海节度。去西京五千六百里,去东京四千二百七十里。路入铜柱、林邑、九真、日南、交趾等国[①]。

【注释】

①铜柱:《后汉书·马援传》"峤南悉平"李贤注引《广州记》:"援到交趾,立铜柱,为汉之极界也。"林邑:古国名,象林之邑的省称。其故地在今越南中部。九真:郡名,中国古代行政区。秦时属象郡,汉武帝时始置。唐时仍存。在今越南中部。日南:郡名,中国古代行政区。汉武帝时设立,在今越南中部。交趾:郡名,中国古代行政区。秦设"交趾郡",为今越南北部。故址在今越南河内。

【译文】

岭南道

自西京长安南出蓝田关,涉过汉水、长江,越过大庾岭,经过南海节度使驻地。距西京长安五千六百里,距东京洛阳四千二百七十里。道路进入铜柱、林邑、九真、日南、交趾等地。

河南道

自西京出潼关,经东莱节度[①]。去西京二千七百里,去东京一千八百五十里。东涉沧海,驱熊津都督府[②],又东抵鸡林都督府[③],又东南经利磨国[④],属罗,涉海,达倭国(一名日本),其海行不计里数。

【注释】

①东莱节度:据《旧唐书·地理志一》载,当为"东莱守捉"。守捉,唐朝在边地的驻军机构。《新唐书·兵志》:"唐初,兵之戍边者,大曰军,小曰守捉,曰城,曰镇,而总之者曰道。"守捉的官员,一般为刺史,或副将。

②熊津都督府:唐朝灭亡百济后,于百济故地设立的管理机构,属安东都护府管辖。治所在百济熊津城(今韩国公州)。

③鸡林都督府:唐朝在新罗领土上设立的羁縻都督府,都督由新罗王担任。治所在新罗金城(今韩国庆州)。

④利磨国:不详。疑是黑水靺鞨铁利部族建立的国家,在朝鲜半岛南部。

【译文】

河南道

自西京长安出潼关,经东莱节度使驻地。距西京长安二千七百里,距东京洛阳一千八百五十里。东涉沧海,就到熊津都督府,又东抵鸡林都督府,又东南经利磨国,属新罗。再涉海,可抵达倭国(一名日本),其在海中航行不计里数。

卷四

战攻具类

攻城具篇

【题解】

在冷兵器时代，城市的攻防器具与设施在战争中发挥着重要作用。本篇反映了唐代攻城器具的种类、制造与使用情况，对研究唐代的城市攻防战有重要参考价值。

文中所载诸多兵器，辒辒车、飞云梯、砲车、车弩、板屋、木幔、火箭等，又见《通典·兵十三》，可见在唐代属于尖端武器，里面蕴含着先进科技。

如车弩。中国古代使用弩的历史非常悠久。据《周礼·夏官·司弓矢》记载，在战国时期弩就分为夹弩、庾弩、唐弩、大弩四种，时称“四弩”。汉代，弩的技术水平不断提高，种类增加，张力扩大。唐代的弩分为擘张弩、角弓弩、木单弩、大木单弩、竹竿弩、大竹竿弩和伏远弩七种。当时最著名的是车弩，《通典·兵二》记载：“绞车弩，中七百步，攻城拔垒用之……置弩必处其高，争山夺水，守隘塞口，破骁陷果，非弩不克。”本篇记载的车弩是将十二石之巨弩设在绞车上而成，能同时发射七支箭。绞车弩威力大、射程远，发射的箭“所中城垒，无不摧陨”，是当时主要的远程杀伤武器。

如飞云梯，是在前代云梯的基础上改造而成，分主梯与副梯。主梯可以直立于空中，用来观察城中的情况。副梯叫上城梯，在梯子顶端装上两个辘轳，将梯子靠在城墙上，士兵操控辘轳，顺梯而攻上城内。飞云梯是当时攻城的先进武器装备。

又如砲车，或称抛车，即抛石机。与弩同为当时的重型远射兵器。砲车的历史也非常悠久，相传战国时期就有了，《汉书·甘延寿传》引张晏注说："《范蠡兵法》：飞石重十二斤，为机发，行二百步。"三国时期，在官渡之战中，曹军使用砲车发石击毁袁军的橹楼，时称"霹雳车"。唐代砲车的造型比过去大，甚至有一个车用两百人操作的，能抛投三百余斤重的石头，所至皆毁。又称"将军炮"或"擂石车"。

这些先进武器装备显示了中国古代劳动人民的智慧，使得唐代的武装力量十分强大，在与周边少数民族作战中往往能够取胜。

经曰：善守者，藏于九地之下；善攻者，动于九天之上[①]。人所不见，谓之九地；见所不及，谓之九天。是故墨翟萦带为垣[②]，公输造飞云之梯[③]，无所施其巧。所谓善守者，敌不知其所攻；善攻者，敌不知其所守。守而必固者，守其所不攻；攻而必取者，攻其所不守[④]。孙武子曰："具器械，三月而后成；拒城闉，三月而后已[⑤]。"其攻守之具，古今不同。今约便事而用之。

【注释】

①"善守者"几句：语出《孙子兵法·形篇》。

②墨翟（约前468—前376）：名翟。墨家创始者。战国时鲁国（一说宋国）人，曾为宋国大夫。初"学儒者之业，受孔子之术"，后另立新说，聚徒讲学，徒属满天下，形成墨家学派。

③公输：亦作公输班、公输般、公输盘、公输子。战国时鲁国人，故又称鲁班。为善于制造新器械之能工巧匠，与墨翟同时。曾为楚王作舟战之器钩拒及攻城之具云梯，用以攻宋。墨翟步行赶至楚说服之，并劝止楚王攻宋。又传曾发明撞车、车弩、木匠工具等，后人奉为建筑匠与木匠之祖师。

④“所谓善守者”几句：语见《孙子兵法·虚实》篇，原文为：“攻而必取者，攻其所不守也；守而必固者，守其所不攻也。故善攻者，敌不知其所守；善守者，敌不知其所攻。”

⑤“具器械”几句：语见《孙子兵法·谋攻》篇，原文为：“修橹轒辒，具器械，三月而后成；拒闉，又三月而后已。”

【译文】

经说：善于防守的人就像藏于深不可测的九地之下一样，使敌人无迹可寻；善于进攻的人就像在高不可攀的九天之上一样，使敌人无法防备。人们看不到的地方，叫做“九地”；人们看到却达不到的地方，叫做“九天”。因此，墨翟用腰带围绕做成城垣的模型，竟使得公输般所造的云梯也无法施展其机巧。所谓善于防守的人，敌人不知应从什么地方进攻；善于进攻的人，敌人不知道应该在什么地方防守。防守而且一定能守住的人，是连敌人不攻的地方也防守；进攻而且一定能攻取的人，是从敌人所没有防守的地方进攻。孙武说：“准备作战用的器械，三个月才能完成；堆筑攻城用的土山，也要三个月才能完工。”进攻和防守的器具，古今不同，现在简要叙述，以便在作战中根据需要而使用。

轒辒车[①]：四轮，车上以绳上为脊，犀皮蒙之，下藏十人。填隍推之[②]，直抵城下，可以攻掘。木石所不能及。

飞云梯：以大木为床[③]，下置六轮，上立双牙，有桰[④]。梯长一丈二尺，有四棁[⑤]，相去三尺。势微曲，递相桰，飞于云间,以窥城中。其上城,首冠双双辘轳,枕城而上。

砲车[⑥]:以大木为床,下安四轮,上建双陛,陛间横栝,中立独竿,首如桔槔状。其竿高下、长短、大小,以城为准。竿首以窠盛石,小大多少随竿力所制,人挽其端而投之。其车推转,逐便而用之。亦可埋脚着地而用。其旋风四脚,亦随事用之。

车弩:为轴转车。车上定十二石弩弓,以铁钩绳连轴,车行轴转,引弩持满弦挂牙上。弩为七衢[⑦]:中衢大箭一,簇长七寸,围五寸;箭笴长三尺[⑧],围五寸,以铁叶为羽;左右各三箭,次差小于中箭。其牙一发,诸箭皆起,及七百步。所中城垒,无不崩溃。

尖头木驴:以木为脊,长一丈,径一尺五寸,下安六脚,下阔而上尖,高七尺,可容六人。以湿牛皮蒙之,人蔽其下,共舁直抵城下[⑨]。木石金火不能及。

【注释】

①辒辒(fén wēn)车:古代用于攻城的四轮战车。

②隍:没有水的城壕。

③床:这里指云梯底部起托架、支撑作用的部分。

④栝(kuò):箭末扣弦处。

⑤棁(zhuō):云梯上端的短柱。

⑥砲车:攻城的一种车载抛石机。

⑦衢:道路,这里指箭道。

⑧箭笴(gǎn):箭杆。

⑨舁(yú):抬,载。

【译文】

辒辒车：四轮战车。车上用绳做车背，用犀牛皮蒙上，皮下可藏十人。填平干的护城河，直接运抵城墙下，用它攻城或者撞开城门。敌人用滚木、礌石都攻击不了它。

飞云梯：主梯用粗大的木头做底座，下面安装六个车轮，上面竖立两个木柱，木柱上装有转轴机关。梯子每节长一丈二尺，有四根横木，横木之间相距三尺。各节梯子呈微曲折叠状态，节与节之间有转轴相连，竖立起来，可以直立于空中，用来观察城中的情况。副梯叫上城梯，在梯子顶端装上两个辘轳，将梯子靠在城墙上，顺梯而攻上城。

砲车：用粗大的木头做底座，下面安装四个车轮，上面树立两根立木，两根立木之间架一根横木转轴。横木转轴中间架一根长木杆，杆头就像桔槔一样。木杆的高低、长短、大小，以城墙情况为准。杆头悬一个囊袋，用来装石头，石头的大小、多少，根据长杆的承受力装填，人拉长竿的另一端而抛出石头。这种抛车可以随意推动转弯，怎么方便就怎么使用。也可以把车的四轮埋在地下固定使用。抛车可以旋转四个轮子，也可以根据战况随意转向使用。

车弩：为车轴和车轮一齐转动的车。车上安装一张拉力为十二石的弩弓，用铁钩连在车轴上，推车前进时，车轴转动就把弩弓拉满，把弓弦挂在弩牙上。弩架上有七支箭道可同时放七支箭：中间的是一支大箭，箭头长七寸，宽五寸；箭杆长三尺，宽五寸，用铁叶做箭羽。大箭左右各有三支箭，比中间大箭略小。弩牙一动，各箭齐发，能射七百步。所射中的城垒没有不崩溃的。

尖头木驴：用木头做脊，木头长一丈，直径一尺五寸，下面安装六只脚，下宽上尖，高七尺，可容纳六个人。用湿牛皮把它蒙起来，人藏在下面，人抬着直抵城下。滚木礌石、金属箭和火把都攻击不了它。

土山：于城外堆土为山，乘城而上。

地道：凿地为道，行于城下，因攻其城。每一丈建柱，以防崩陷。后积薪于柱间而烧之，柱折城崩。

板屋[①]：以八轮车，车上树高竿，上安辘轳，以绳挽板屋上竿首，以窥城中。板屋高五尺，方四尺，有十二孔，四面列布。车可进退，围城而行，于营中远望，谓之巢车，状若鸟巢。

木幔[②]：以板为幔，立桔槔于四轮车上，悬逼城堞，使趫卒蔽之[③]，蚁附而上。矢石所不能及。

火箭：以小瓢盛油贯矢端，射城楼橹板上，瓢败油散。后以火箭射油散处，火立焚。复以油瓢续之，则楼橹尽焚。

雀杏：磨杏核中空，以艾内火实之[④]，系雀足。薄暮群放之，飞入城中，栖宿积聚庐舍，须臾火发。

【注释】

①板屋：古代一种兵车，用以瞭望。车上有用辘轳升降的木板制成的小屋子，人站在里面可以瞭望，远望如同鸟巢。《通典·兵十三》："以八轮车，上树高竿，竿上安辘轳，以绳挽板屋，止竿首，以窥城中。板屋方四尺，高五尺，有十二孔，四面别布。车可进退，圜城而行，于营中远视。亦谓之'巢车'，如鸟之巢，即今之'板屋'也。"

②木幔：古代一种装有木板作掩护的攻城车。《通典·兵十三》："以板为幔，立桔槔于四轮车上，悬幔逼城堞间，使趫捷者蚁附而上，矢石所不能及，谓之'木幔'。"

③趫（qiáo）卒：身手敏捷矫健的士兵。

④内火：纳入火种。

【译文】

土山：在城外堆土为山，用来登山入城。

地道:挖地道,通到敌人城下,用以攻城。地道中每隔一丈就树立木柱支撑,以防地道塌陷。然后于撑柱周围堆积柴草,点火燃烧,撑柱烧断,城墙就倒塌了。

板屋:用八轮车,在车上树立两根高竿,两竿之间顶端横木上安装一个辘轳,用绳子把一间板屋吊上木杆的顶部,用来观察敌人城中情况。板屋高五尺,方四尺,有十二个孔洞,分布在板屋四周,用来窥视。车子可进可退,绕城而行,也可在营中瞭望。称之为巢车,因为它的形状像鸟巢一样。

木幔:用木板做成帷幕,在四轮车上立起桔槔,悬吊着木幔逼近墙垛口,命令行动敏捷善于攀登的士兵躲避在木幔后面,到城墙下面像蚂蚁爬墙那样一拥而上。这样城上的箭、礌石就不能打伤木幔后的士兵。

火箭:用小葫芦盛油穿在箭头上,射到城楼上木板瞭望台上,瓢裂油散,洒在木板上。然后用燃烧着的箭射向油洒开的地方,立即就会着火。再用盛油的小葫芦穿在箭头上继续发射,敌人的城楼与木制的瞭望台等就都会被烧毁。

雀杏:把杏核磨成孔,掏空杏仁,用艾绒草包着火填充进入杏核,系在麻雀的脚上。黄昏成群放出,麻雀飞入敌人城中栖宿,聚集在房屋顶上,房屋很快就会起火燃烧。

守城具篇

【题解】

"城",主要是为了防卫而用城墙围起来的地域。城市本身就有防御功能,《吴越春秋》中说"筑城以卫君,造郭以守民"。城市的防守及其器具是确保战争胜利的前提。因此历代军事理论家都十分重视城市的防守问题。《孙子兵法·形篇》说:"故善战者,立于不败之地。"任何战争,务必先使己方立于不败之地,然后才能谈得上进攻。《尉缭子·攻权》也说："战不必胜，不可以言战；攻不必拔，不可以言攻。"因此防守是先于进攻的。关于守城的理论，战国晚期的尉缭子已经有很深入的论述。其《守权》篇说："夫守者，不失险者也。"提出守城的原则是依险而守。至于守城的方法，《守权》篇说："故为城郭者，非妄费于民聚土壤也，诚为守也。千丈之城，则万人守之，池深而广，城坚而厚，士民备，薪食给，弩坚矢强，矛戟称之，此守法也。"城垣高，城壕深，拥有基础、强大的防御力量是守城的关键。

本篇不再讨论防守城市的理论问题，而是详细记载防守城市的武器装备种类、制造及其使用方法，反映了唐代守城器具的实际情况，对研究唐代的城市攻防战有重要参考价值。

文中所载诸多兵器，转关桥、笓篱战格、布幔、木弩、钩竿、地听等，又见《通典·兵五·守拒法》，制造与用法几同。可见在唐代属于尖端武器。

经曰：善守者，藏于九地之下①，人所不见，谓之九地。禽滑厘问②，墨翟答以五十六事，皆繁冗不便于用。其后韦孝宽守晋州、羊侃守台城③，皆约《封胡子》技巧之术④，古法非不妙，然不宜于今也。

【注释】

①善守者，藏于九地之下：语出《孙子兵法·形篇》。

②禽滑厘：又作禽骨釐、禽屈釐，亦作禽子、子禽子、子禽。战国初魏国人。初受业于子夏，后从学于墨子，尽传其学。精于攻防城池之术。《墨子·公输》载其曾奉墨子之命率弟子三百，持守圉（御）之器于宋城待楚兵，作为墨子止楚攻宋之后援，楚遂不攻宋。

③韦孝宽守晋州：事见《周书·韦孝宽传》。韦孝宽（509—580），北朝时京兆杜陵（今陕西西安东南）人，名叔裕。涉猎文史，有经略之才。北魏末，历镇潼关、穰城。大统八年（542），转晋州刺

史。东魏丞相高欢欲西进,以重兵围城。苦攻五十日,智力皆困,终因发疾而退。因授骠骑大将军,晋爵建忠郡公。建德后,因周武帝志在平齐,遂陈三策。历大司空、延州总管,进位上柱国。羊侃守台城:事见《梁书·羊侃传》。羊侃(495—549),南朝梁泰山梁父(今山东泰安东南)人,字祖忻。初仕北魏为泰山太守,有南归之意。大通二年(528)降梁。次年,至建康(今江苏南京)。大通四年(532),为侍中。太清二年(548),为都官尚书。时侯景反,直下建康。遂指挥守城事宜。屡击退侯景军。旋病卒。

④《封胡子》:书名,《汉书·艺文志》载"《封胡》五篇",颜师古注:"黄帝臣,依托也。"

【译文】

经说:善于防守的人,像藏于深不可测的九地之下一样。人们看不到的地方,称为"九地"。禽滑厘请教防守城邑的器具,墨翟以五十六件事回答他。这五十六件事都复杂而不便于采用。后代韦孝宽守卫晋州、羊侃守卫台城,大约用的是《封胡子》书中所讲的防守技巧。古代的方法不是不巧妙,但是今天却不适用。

今述便于事者,如左:

浚隍:深开濠堑也。

增城:增修楼橹也。

悬门:悬木板以为重门①。

突门:于城中对敌营自凿城内为暗门,多少临时。令厚五六寸勿穿。中夜于敌初来,营列未定,锐卒从突门跃出,击其无备,袭其不意。

涂门:以泥涂门扇,厚五寸,以备火。又云涂栈,以泥涂门上木栈棚也。

积石：积砲石，大小随事。

转关桥：一梁为桥。梁端着横栝，拔去栝，桥转关，人马不得渡，皆倾水。秦用此桥，以杀燕丹。

凿门：为敌所逼，先自凿门为数十孔，出强弩射之。

积木：备垒木[②]，长五尺、径一尺，小至六七寸，抛下打贼。

积石：备垒石于城上，不计大小，以多为妙。

楼橹：城上建堠楼[③]，以板为之，跳出为楼橹。

笓篱战格[④]：于女墙上跳出[⑤]，去墙三尺，内着横栝，前端安转关。以荆柳编之，长一丈、阔五尺，悬于椽端[⑥]，以蔽矢石。

布幔：以复布为幔，以弱竿横挂于女墙外，去墙七八尺，折砲石之势。

【注释】

①重（chóng）门：双重城门。

②垒木：古代军中作防守用的木材。

③堠（hòu）楼：古代瞭望敌情的哨楼。

④笓（bì）篱战格：古代城墙上的防御设施。由竹或荆柳编织而成，用以遮隔矢石。

⑤女墙：又名城垛，城墙上呈凹凸形的矮墙。

⑥椽（chuán）：椽子，指放在檩子上用以支撑房顶而托住灰瓦的条木。

【译文】

现讲述守城之事和器具如下：

浚隍：深挖开掘壕沟和护城河。

增城：增修用来进行侦察、攻守的高架木楼，外护大盾牌。

悬门：悬吊厚木板，做成双重的城门。

突门：在我方城内正对敌营方向自凿城墙做成暗门。凿多少个，根据当时的情况而定。暗门在城墙内留五六寸的墙壁不凿穿。在半夜敌人初来、营阵行列未布置好时，用精锐士兵从暗门跃出攻击，出敌不意，攻其不备。

涂门：用稀泥涂在城门扇上，泥厚五寸，防备火攻。这又叫做涂栈，在城门上用一些木条钉成木栈棚，再用泥涂上。

积石：堆积用来抛射的石头。石头大小根据情况而定。

转关桥：架一木梁在护城河上做成桥。桥的大梁一端安装横向控制机关，拔去其控制机关，桥就随机关而翻转，人马不能通过，在桥上的人马都会被翻入水中。秦军用这种桥，杀死了燕太子丹。

凿门：敌人逼近城门，自己预先在城门上凿数十个洞，从洞内用强弩射击敌人。

积木：准备好推下击敌的滚木，长五尺，直径一尺。小的滚木直径也六七寸，从城墙上抛下打击敌人。

积石：在城上准备好推下击敌的滚石。滚石不计大小，以多为好。

楼橹：在我方城上建立瞭望战情的哨楼，楼上挑出木板做成防护哨楼的大盾牌。

笓篱战格：在墙垛上，用椽子挑出，距城墙三尺，内有横木，前端安装金属扣，以防脱落回滑。笓篱用荆条和柳条编成，长一丈，宽五尺，悬在椽子一端，用来遮蔽箭和抛石。

布幔：用多层布做成。用细竹竿横挑挂在城垛子外，距离城墙七八尺，以减少敌人抛石的力量，使箭不能射到城墙上。

木弩：以黄杨、桑柘木为之[①]，可长一丈一尺，中径七寸，两稍三寸，以绞车张之，巨矢一发，声如雷吼，以败队卒。

燕尾炬：缚苇草为炬，尾分为二岐，如燕尾，油蜡灌之，加火从城上坠下，使跨木驴而烧之。

松明炬：以松木烧之，铁索坠下，巡城点照，恐敌人乘暗上城。

暗油烛炬：然灯秉烛于城中四冲、要路、门口，晨夜不绝，以备非常。

行炉：常熔铁汁炉，舁行于城，以洒敌人。

游火：铁筐盛火，加脂蜡，铁索悬坠城下，烧孔穴掘城人。

石灰糠粃：因风于城上，扬之，以眯敌人目，因以铁汁洒之。名曰眯目。

连梃[②]：如打禾连枷[③]，打女墙上城敌人。

叉竿：如枪刃，有两歧，用叉飞云梯上人。

钩竿：如枪[④]，两边有曲钩，可以钩物。

天井：敌攻城，为地道来攻，反自于地道上直下穿井邀之，积薪井中，加火熏之，敌人自焦灼矣。

油囊：盛水于城上，掷出火中，囊败火灭。

【注释】

①柘：落叶灌木或乔木，树皮有长刺，叶卵形，可以喂蚕，皮可以染黄色，木材质坚而致密，是贵重的木料。

②连梃（tǐng）：古代一种守城兵器。

③打禾连枷：由一个长柄和一组平排的竹条或木条构成，用来拍打谷物，使其脱粒。

④如：原作“有”，据《通典·兵五·守拒法》改。

【译文】

木弩：用黄杨木、桑木、柘木做成弩，弓长一丈一尺，中径七寸，两端末梢各三寸。用绞车张开，巨大的箭发出去时，声音就像雷鸣，用它来击败成队的敌兵。

燕尾炬：用芦苇、干草捆扎成火炬。火炬尾端分为两岔，就像燕子尾巴的形状。用油、蜡浇灌后，点火，从城上扔下去，使火炬跨在敌人攻城的尖头木驴上焚烧。

松明炬：把松木点燃，用铁链系着放到城下，在巡视城墙时照明，防备敌人乘黑夜爬上城来。

暗油火炬：在城中四冲要路和各家门口，点燃用脂油浸泡的火把，从黑夜到清晨不得熄灭，用来防止突发事件。

行炉：经常用来熔化铁水，在城墙上抬着炉子走，用铁水淋洒攻城的敌人。

游火：用铁筐装上火把，再加上脂油和蜡，用铁索挂着放到城下，烧那些躲在洞里挖城墙的敌人。

石灰糠粃：把石灰或糠粃顺着风向在城墙上抛撒，用来迷敌人的眼睛，接着用铁水淋洒敌人。这种东西又叫做"眯目"。

连梃：就像打谷用的连枷一样，用来打击攀登上城墙的敌人。

叉杆：像长矛尖刀，分为两叉，用来叉挑从飞云梯上攻上来的敌人。

钩竿：像长矛，两边有弯钩，可以用来钩物。

天井：敌人挖地道反攻城时，我在敌人地道正上方，直向下挖井截断地道。在井中堆积柴草，点火熏燃敌人。这样敌人会被烧焦。

油囊：盛满水，从城墙上投掷到敌人用来焚烧城门木棚等防卫设施的"火车"中，油囊破裂，水出灭火。

地听：于城中八方穿井，各深二丈，令人头覆戴新瓮，于井中坐听，则城外五百步之内有掘城道者并闻，于瓮中辨方所、远近。

铁菱：状如蒺藜[1]，要路、水中置之，以刺人马之足。

陷马坑：长五尺、阔一尺、深三尺，埋枪戟坑中，其坑十字相连，状如钩锁，复以刍草[②]，加土种，令生苗蒙覆。城营、要路设之。

拒马枪：木径二尺，长短随用。十字凿孔，纵横安栝，锐其端，可以塞城门、要路，人马不得奔于前。

木栅：为敌所逼，不及筑城垒，或山河险隘，多石少土，不任版筑，其建木为栅。方圆高下，随事深浅。埋木根，重复弥缝，其阙内为阁道。外柱，外层长出四尺为女墙，皆泥涂之。内柱上布板木为栈，立阑十行于栅上。濠堑、拒马，一如守城法。

【注释】

①蒺藜（jí lí）：植物名。叶布地，子有尖刺，状如菱而小。后世兵家乃铸铁作之，以布敌路，名铁蒺藜。

②刍（chú）草：饲草。喂牲口用的草。

【译文】

地听：在城中四面八方挖井，每口井深二丈，让人在井中用新制的瓮套在头上贴井壁听，则城外五百步之内有挖掘城墙和地道的敌人，在瓮中都能听到。这样还可以辨出挖地道的方向、处所和远近。

铁菱：形状像蒺藜，在交通要道和水中放置，用来刺伤敌人和战马的脚。

陷马坑：坑长五尺，宽一尺，深三尺，坑中埋枪和戟，各坑呈“十”字形相连，形状像一条锁链一样。再用饲草覆盖，草上加土，土里种上草种，使土中生出草苗，蒙盖在陷马坑上。在城邑、营垒和要路上都设置。

拒马枪：用一根直径二尺的木头，木头长短根据情况而定。在木头上凿成十字交叉的孔，交叉安装木棍，削尖棍端，可以用来堵塞城门、要道，使人马不能奔驰向前。

木栅：被敌人所逼迫，来不及构筑城墙堡垒，或者因为山河险阻，多石少土，不能垒土筑墙，那么就要用树木桩做成木栅。木栅或方或圆、或高或低根据情况而定。要深埋木桩根部，用双重木桩错落来弥补桩与桩之间的空隙，根据内层木柱的长短情况架成阁道。树立外层的木柱，外层的木柱长出内层木柱四尺，作为城垛。木栅都用泥涂抹上。内柱上铺上木板栈道，并在栈道上立十行栏杆。凭借壕沟、拒马枪等防守，如同守城的方法。

水攻具篇

【题解】

本篇主要论述如何制造与运用水平槽来测量水位，以便在攻城时发挥作用。

城市由于集中了较多的人口，一般均要选择在淡水资源丰富的地区建城，因此古代的城市往往依水（或大江、或大河、或大湖）而建。水就是地利的重要组成部分，也可以作为战争的辅助因素。根据《史记》记载，公元前455年，晋国的智氏胁迫韩、魏两家共同出兵攻打赵氏，赵襄子退居晋阳固守。智伯围困晋阳而不能下，于是引水淹灌晋阳城。《水经注·晋水》也载："昔在战国，襄子保晋阳，智氏防山以水之，城不没者三版。"因此如何掌握所在城市的高度与水位之间的关系就至关重要。如果城市外的水位高，那么城市就会有被水淹没的危险。即便城外的水位没有高过城市，但如果通过堵塞河道的办法使得水位增高，也可以用水淹攻城。这样测量水位高程的技术就十分有用了。李筌在这里提供的一种测量办法就是"水平槽"，他介绍了"水平槽"与"照板""度杆"等配套测量器材的构造尺寸、制作过程与使用方法，反映了我国古代的劳动人民已经掌握了测量水位高程的方法。这些方法不仅有助于以水攻城，对防洪、治水也是十分有益的。

经曰：以水佐攻者强。水因地而成势，为源高于城，本大于末，可以遏而止，可以决而流，故晋水可以灌晋阳①，汾水可以浸平阳②，先设水平，测其高下，可以漂城、灌军、城败将死。

【注释】

①晋水可以灌晋阳：晋阳，原作“安邑”。《水经注·晋水》：“（晋水）东北注入晋阳城，以周灌溉。”据改。

②汾水可以浸平阳：古平阳，今山西临汾，在汾水下游。《水经注·汾水》：“又南过平阳县东。”

【译文】

经说：用水辅助的进攻，能加强攻势。水随着地形高低而形成一定的态势。水的源头高于城市，干流大于支流，就可以堵塞河道而增高水位，然后决堤而让水奔流。因此，晋水可以淹没晋阳，汾水可以浸淹平阳。用水攻城，首先设置水平仪，测量要冲淹地区的高低，然后可以使水流漂淹城池，浸淹敌营，城破将死。

水平槽：长二尺四寸，两头、中间凿为三池，池横阔一寸八分，纵阔一寸，深一寸三分。池间相去一尺五寸，中间有通水渠，阔三分，深一寸三分。池各置浮木，木阔狭微小于池匡，厚三分，上建立齿，高八分，阔一寸七分，厚一分。槽下为转关脚，高下与眼等，以水注之，三池浮木齐起，眇目视之，三齿齐平，以为天下准。或十步，或一里，乃至十数里，目力所及，置照板、度竿，亦以白绳计其尺寸，则高下丈尺分寸可知。

【译文】

水平槽：长二尺四寸，两头和中间一共凿三个小水池。每个水池横宽一寸八分，纵长一寸，深一寸三分。每个水池间距离一尺五寸，各池之间有通水渠，宽三分，深一寸三分。每池都放置一块浮木。浮木的宽窄比水池略小，浮木厚三分，浮木上面安一个齿形立柱，高八分，宽一寸七分，厚一分。水槽下面有能够转动的机关。水槽脚高低与人眼调齐。把水注入水槽，三个池的浮木一齐浮起来，用一只眼睛看过去，三块浮木的齿形立柱成一水平线，以此作为测量高低的标准。或者十步远，或者一里乃至十几里远，凡是眼睛能看到的地方，设置照板和度竿，也可用绳子代替度竿计算高低尺寸，这样该地区的高低尺寸就可以知道了。

照板①：形如方扇，长四尺，下二尺黑，上二尺白，阔三尺，柄长一尺六寸。

度杆②：长二丈，刻作二百寸二千分。其分随向远近高下立竿，以照版映之。眇目视之，三浮木齿及照板黑映齐平，上尺寸为高下，递相往来，尺寸相乘，则水源高下，可以分寸尺度也。

【注释】

①照板：古代一种测量工具。

②度杆：古代一种标有刻度的测量工具。

【译文】

照板：形状如同方形扇子，长四尺，下面二尺涂成黑色，上面二尺涂成白色，宽三尺，手柄长一尺六寸。

度竿：长二丈，刻成二百寸二千分，每寸内再刻更小的分度（刻度）。带刻度的竿，随便在任何方向、远近、高低的地方树起来，用照板衬映在度竿后面。测量的人眯上一只眼，用另一只眼从水平槽观测，用手势指挥照板沿度竿上下移动。三个浮木的立齿线与照板上黑白分界线成一线时，就召回手持照板的人。根据照板黑白分界线在度竿上的尺寸高低，经过计算，则水源处的高低，就可以测量得不差分寸了。

火攻具篇

【题解】

人们在日常生活中常用火燃烧制作熟食，用火烧水也可以起到消毒的作用。火在人们的生产生活中起到了重要作用。在战争中，火也常常被运用。火攻是古代战争中常用的手段。

火攻的理论源远流长。早在春秋时期，兵圣孙武就专门论述过火攻。《孙子兵法·火攻》篇："孙子曰：凡火攻有五：一曰火人，二曰火积，三曰火辎，四曰火库，五曰火队。行火必有因，烟火必素具。发火有时，起火有日。时者，天之燥也；日者，月在箕、壁、翼、轸也，凡此四宿者，风起之日也。"利用火攻，要选择天气干燥和有风的时机。孙子讲火攻比较全面，部队中有专门实施火攻的特殊部队，同时准备火攻的材料与装备。实施火攻是有条件的，要利用合适的时机与风向。至于火攻的原则，《孙子兵法·火攻》说："凡火攻，必因五火之变而应之。火发于内，则早应之于外。火发而其兵静者，待而勿攻。极其火力，可从而从之，不可从而止。火可发于外，无待于内，以时发之。火发上风，无攻下风。昼风久，夜风止。凡军，必知有五火之变，以数守之。"实施火攻要随机应变，在敌人内部实施火攻时一定要与外部大军配合，火攻时敌方要在风向的下方；同时注意风的规律，白天风刮久了，晚上就一定会停止，如果准备晚上火攻就不行了。

实施火攻关键在于预测出风向。李筌在孙武所论的基础上，进一步论述了推测风向的时间与方法。根据推算的时间，而“用五火之具”。这是本篇的主体。这些预测依靠经验，并没有多少可靠的根据。今天有了科学的气象预报，这些依靠计算日期来预测风向的方法已经没有多少实用价值。文中也论述了火兵、火兽、火禽、火盗、火矢五种火攻的组织方法。其中火兵、火盗、火矢都是利用人来实施，火兽、火禽则是利用动物来实施。这些方法反映了古代劳动人民的智慧，即便在今天也有借鉴意义。

经曰：以火佐攻者明①。因天时燥旱，营舍茅竹，积刍穗军粮于秸草、宿莽之中，月在箕、壁②，设五火之具③，因南风而焚之。

【注释】

①以火佐攻者明：《孙子兵法·火攻》篇：“以火佐攻者明，以水佐攻者强。水可以绝，不可以夺。”

②箕、壁：星宿名。

③五火：即下文火兵、火兽、火禽、火盗、火矢。

【译文】

经说：用火辅助的进攻，效果显著。要在当天气干旱、气候干燥，而敌军的营房多是用茅草、竹木搭盖的时候，并且敌军将饲料和军粮堆积在枯草或过冬的草中。我军要在月亮运行到箕、壁这两个星宿的时候，准备好五种火攻的用具，乘南风而放火焚烧敌军。

推月宿法①：

周天三百六十五度四分度之一，二十八宿四方分之。

月二十八日夜一周天，行二十八宿，一日夜行十三度少强，皆以月中气[②]，日月宿为首。

角十二度[③]，亢九度，氐十五度，房五度，心五度，尾十八度，箕十一度。东方七宿，共七十五度。

斗二十六度，牛八度，女十二度，虚十度，危十七度，营室十六度，壁九度。北方七宿，共九十八度。

奎十六度，娄十二度，胃十四度，昴十一度，毕十六度，觜二度，参九度。西方七宿，共八十度。

井三十三度，鬼四度，柳十五度，星七度，张十八度，轸十七度，翼十八度。南方七宿，共一百一十二度。

【注释】

①推月宿法：按一个月的周期推星宿的运行方法。

②中气：古代历法以太阳历二十四气配阴历十二月，阴历每月二气：在月初的叫节令，在月中以后的叫中气。

③二：原作“三”，角宿为十一度九，约为十二度，作“十三度”误，今据改。

【译文】

推测一个月星宿的运行位置的方法：

一周天三百六十五零四分之一度，二十八宿在四方分列。月亮二十八个日夜运行一周天，经行二十八宿，平均每天（一日一夜）行十三度多一点，都以月中气，日月交合所在的那个星宿为一月经行星宿的首宿。

角宿占十二度，亢宿占九度，氐宿占十五度，房宿占五度，心宿占五度，尾宿占十八度，箕宿占十一度。以上为东方的七个星宿，共占七十五度。

斗宿占二十六度，牛宿占八度，女宿占十二度，虚宿占十度，危宿占十七度，营室宿占十六度，壁宿占九度。以上为北方七宿，共占九十八度。

奎宿占十六度，娄宿占十二度，胃宿占十四度，昴宿占十一度，毕宿占十六度，觜宿占二度，参宿占九度。以上为西方七宿，共占八十度。

东井宿占三十三度，鬼宿占四度，柳宿占十五度，星宿占七度，张宿占十八度，轸宿占十七度，翼宿占十八度。以上为南方七宿，共占一百一十二度。

雨水：正月中，日月合宿，营室八度，于辰在亥，为娵訾[①]，于野卫[②]，分并州，于将登明[③]。

春分：二月中，日月合宿，奎十四度，于辰在戌，为降娄，于野鲁，分徐州，于将河魁。

谷雨：三月中，日月合宿，昴三度，于辰在酉，为大梁，于野赵，分冀州，于将为从魁。

小满：四月中，日月合宿，参四度，于辰在申，为实沈，于野魏，分益州，于将为传送。

夏至：五月中，日月合宿，井二十五度，于辰在未，为鹑首，于野秦，分雍州，于将为小吉。

大暑：六月中，日月合宿，星四度，于辰在午，为鹑火，于野周，分三河，于将为胜光。

处暑：七月中，日月合宿，翼九度，于辰在巳，为鹑尾，于野楚，分荆州，于将为太乙。

秋分：八月中，日月合宿，角四度，于辰在辰，为寿星，于野郑，分兖州，于将为天罡。

霜降：九月中，日月合宿，氐十四度，于辰在卯，为大火，于野宋，分豫州，于将为太冲。

小雪：十月中，日月合宿，箕十二度，于辰在寅，为析木，于野燕，分幽州，于将为功曹。

冬至：十一月中，日月合宿，斗二十度，于辰在丑，为星纪，于野吴越，分扬州，于将为大吉。

大寒：十二月中，日月合宿，虚五度，于辰在子，为玄枵，于野齐，分青州，于将为神后。

【注释】

①娵訾（jū zī）：十二次之一。十二次，天球分区名。按照每年的日月交会位置，沿黄道把周天分作十二部分，合称十二次。又名十二星次、十二纪等。十二次的名称依次是：星纪、玄枵、娵訾、降娄、大梁、实沈、鹑首、鹑火、鹑尾、寿星、大火、析木。十二次与十二辰、二十八宿的对应关系如下：

十二辰	丑	子	亥	戌	酉	申	未	午	巳	辰	卯	寅
十二次	星纪	玄枵	娵訾	降娄	大梁	实沈	鹑首	鹑火	鹑尾	寿星	大火	析木
二十八宿	斗、牛	女、虚、危	室、壁	奎、娄	胃、昴、毕	觜、参	井、鬼	柳、星、张	翼、轸	角、亢	氐、房、心	尾、箕

十二次的创立一是用来指示一年四季太阳所在的位置，以说明节气的变换；二是用来说明岁星（木星）每年运行所到的位置，并以此来纪年。

②野：分野。

③登明：月将的神名。月将，即主月之将。因月亮不发光，月亮的

光是由太阳主宰的。所以主月的将就是太阳。太阳行至十二次的中点，就是十二气。太阳每进入一个“气”，就命个名，称为月将。月将的名都是神名。十二次、十二气、分野、月将神名对应关系如下：

十二次	星纪	玄枵	娵訾	降娄	大梁	实沈	鹑首	鹑火	鹑尾	寿星	大火	析木
十二气	冬至	大寒	雨水	春分	谷雨	小满	夏至	大暑	处暑	秋分	霜降	小雪
分野	扬州	青州	并州	徐州	冀州	益州	雍州	三河	荆州	兖州	豫州	幽州
	吴越	齐	卫	鲁	赵	魏	秦	周	楚	郑	宋	燕
月将	大吉	神后	登明	河魁	从魁	传送	小吉	胜光	太乙	天罡	太冲	功曹

【译文】

雨水：为正月中气。日月合宿，在营室宿八度，时辰在亥时，方位在娵訾，分野为卫国、并州，月将为登明。

春分：为二月中气。日月合宿，在奎宿十四度，时辰在戌时，方位在降娄，分野为鲁国、徐州，月将为河魁。

谷雨：为三月中气。日月合宿，在昴宿三度，时辰在酉时，方位在大梁，分野为赵国、冀州，月将为从魁。

小满：为四月中气。日月合宿，在参宿四度，时辰在申时，方位在实沈，分野为魏国、益州，月将为传送。

夏至：为五月中气。日月合宿，在东井宿二十五度，时辰在未时，方位为鹑首，分野为秦国、雍州，月将为小吉。

大暑：为六月中气。日月合宿，在星宿四度，时辰在午时，方位为鹑火，分野为周、三河，月将为胜光。

处暑：为七月中气。日月合宿，在翼宿九度，时辰在巳时，方位为鹑尾，分野为楚国、荆州，月将为太乙。

秋分：为八月中气。日月合宿，在角宿四度，时辰在辰时，方位为寿星，分野为郑国、兖州，月将有天罡。

霜降：为九月中气。日月合宿，在氐宿十四度，时辰在卯时，方位为大火，分野为宋国、豫州，月将为太冲。

小雪：为十月中气。日月合宿，在箕宿十二度，时辰在寅时，方位为析木，分野为燕国、幽州，月将为功曹。

冬至：为十一月中气。日月合宿，在斗宿二十度，时辰在丑时，方位为星纪，分野为吴越、扬州，月将为大吉。

大寒：为十二月中气。日月合宿，在虚宿五度，时辰在子时，方位为玄枵，分野为齐国、青州，月将为神后。

假如正月雨水，一日夜半，月在营室八度，至后三日夜半，行十三度少强，即至东壁五度；至后三日夜半，行十三度少强，即至奎九度。顺行二十八宿，每日夜行十三度少强，二十八宿一周天。其晦朔三日，则不见也。

【译文】

假如正月雨水这个节气，第一天夜半，月亮在营室宿八度，行三天，到第四天夜半，月亮运行十三度多一点，就到了东壁宿五度；又经过三天运行，到第四天夜半，又运行十三度多一点，就到了奎宿九度。如此顺行二十八宿，一日夜行十三度多一点，二十八天运行一周天。月初、月底两天，月亮不出现。

玄女式[①]

《玉门经》曰："倍月加日，从营室顺数，即知月宿所在。”假令正月五日，倍月成二，加五成七，从营室顺数七宿至毕，他皆仿此。然东井三十三度，觜二度，恐不定，故为通算以决之，而用五火之具。

火兵：以骁骑夜衔枚，马缚口，人负薪、槁草，藏火，直抵贼营，一时举火，营中惊乱，急而乘之。静，则弃而勿攻。

火兽：以艾煴火置瓢中，开四孔，系野猪、獐鹿项下，爇其尾端[②]，望敌营而纵之。

火禽：以胡桃剖令空，开两孔，实艾以火煴，系野鸡足，针其尾而纵之。

火盗：选一人勇捷，语言、服饰与敌同者，窃号逐便，怀火偷入营中，焚其积聚。火发，乘乱而出。

火矢：以臂张弩射及三百步者，以瓢盛火贯矢端，以百数，中夜，齐射入敌营中，焚其积聚。火发，乘乱急攻。

【注释】

①玄女式：下《杂式》篇云：“玄女式者，一名六壬式，玄女所造，主北方万物之始。因六甲之壬，故曰六壬。”玄女式就是大六壬。

②爇（ruò）：烧。

【译文】

玄女式

《玉门经》上说：“月份数加倍，再加上日期数，从营室顺着数，就知道月亮所在的星宿。”假如是正月五日，月数加倍为二，再加日数五得七，从营室宿顺着数七个星宿到毕宿，就是月亮所在的星宿。其他都像这样推算。但是东井宿三十三度，觜宿二度，恐怕会不确定，所以要统一推算来确定。根据推算来运用五种火攻器具。

火兵：在夜里用勇猛快速的骑兵，人衔枚，马罩口，骑兵背负柴草，身藏火种直抵敌营；同时举火烧营，造成敌营中惊慌混乱，乘机猛攻。如果敌营镇静不乱，就弃而不攻。

火兽：用艾草包着火种放在瓢中，瓢开四个洞，系在野猪、獐鹿的脖子下，点燃它们的尾巴，使它们奔入敌营中。

火禽：把胡核剖空，挖开两个洞，将包着火种的艾草填充到里面，系在野鸡的腿上，用针扎野鸡的屁股而放了它。

火盗：挑选一个勇敢机智、语言衣饰与敌人相同的人，偷用敌人的暗号，趁隙怀揣火种偷偷潜入敌营中，焚烧敌人积聚起来的粮草器物。火烧起来后，乘敌人混乱逃出敌营。

火矢：挑选那些用胳膊可以拉开强弓、射箭到三百步远处的士兵，用小瓢盛火种穿在箭头上，用数百枝这样的箭，等到夜半时一齐射入敌营中，焚烧敌人的粮草物资。火烧起来了，敌军混乱，我军乘机急攻。

济水具篇

【题解】

自古以来，中华大地土地广袤，河流纵横。为了争夺水源与土地，围绕河流的战争往往不少。战争中远程作战也少不了渡河。因此，河流也是战争所必须考虑的重要的地理要素。早在春秋时期，南方的吴国与楚国为了争霸发生过多次大规模的水战。为了适应水战，要建造用于水战的大型战船，军队建制中有了相当规模的舟师（水师）。下篇《水战具篇》云“晋王濬伐吴，造大船，长二百步，上置飞檐阁道，可奔车驰马”，可见造船技术已经非常发达。这是水战一大进步的表现。三国时期的赤壁之战，前秦的淝水之战，都是著名的水战。唐代已经建成了一定规模的海军，从现在的山东半岛出发进军朝鲜半岛的高句丽。因此思考总结水战以及与水战相关的武器装备是军事理论家必须考虑的问题。

水战中不可避免地要使用到渡水工具。本篇记述了唐代军队渡水作战所采用的数种渡水工具的制作与使用方法。渡水工具主要有三类，一类是木筏或竹筏。或用竹木料做，或临时用枪做。因为枪柄是木头做的，如果急用时没有木料，临时把枪的金属头褪掉，枪柄编排起来可用作木筏；渡河之后，再把木筏拆开，枪柄安上枪头，继续使用。一类是浮瓮：人在瓮中，浮在水上，可以用棹划水过河。还有一类是泅渡：用羊皮气囊系在身上，防止溺水。这些渡水工具比较原始，但是确实经济有用，是单兵作战渡水时的有效手段。

经曰：军行，遇大水，无津梁、舟楫，难以济渡。太公以天艎大船[①]，皆朴而不便于事。今随事应变，以济之。

【注释】

①天艎（huáng）：古代作战用来渡水的一种木制大船。

【译文】

经说：行军遇上大水，没有桥梁、船只，难以渡过。姜太公认为天艎大船都是木质，不便于使用。现在要能随事应变，用来渡水。

浮罂[①]：以木缚瓮为筏，瓮受二石，力胜一人，阔五尺，以绳勾联，编枪于其上，令形长而方，前置板头，后置稍，左右置棹。

枪筏：枪十根为束，力胜一人，四千一百一十六根四分枪为一筏，去刃，束为鱼鳞，横而缚之，可渡四百十六人[②]。为三筏，计用枪一万二千五百根，率渡一千二百五十人，十渡则军毕济。

蒲筏：以蒲九尺围，颠倒为束，以十道缚之，似束枪为筏，量长短多少，随蒲之丰俭载人。

挟绠[3]：以木系小绳，先挟浮渡水，次引大绠于两岸，立大橛，急张定绠，使挟之浮渡，可为数十道，渡之。

浮囊：以浑脱羊皮[4]，吹气令满，紧缚其孔，系于胁下，可以渡之。

【注释】

①浮罂（yīng）：古代作战用来渡水的一种漂浮工具。

②百：原脱，今据《守山阁丛书》本补。

③挟绠（gēng）：系在两岸之间供给渡水的大绳索。

④浑脱羊皮：整脱羊皮，此指剥下的整张羊皮。

【译文】

浮罂：用木块绑在瓮上当作筏子，瓮能盛二石粮食，浮力可载一个人。每个瓮之间相距五尺，用绳索连在一起，在瓮上排列长矛，使之成为长方形，最前面装上木板船头，后面安上舵，左右两边安上桨。

枪筏：每十根枪捆成一束，一束枪的浮力可载一人。四千一百一十六根四分的枪扎成一个筏子，都去掉枪头，捆扎成像鱼鳞一样的形状，用横木将它们绑在一起。这样的一个筏子可以渡四百一十六人。做成三只筏子，总共用枪一万二千五百根，共能渡一千二百五十人。来回渡十次，则一军一万二千五百人都渡过去了。

蒲筏：以蒲草为束，周长九尺，颠倒捆缚，把十束绑在一起，就像捆枪做枪筏一样。根据蒲草的长短与数量的多少，来确定所载的人数。

挟绠：派擅长游泳的人，用小绳系上木头带着木头游过河去，再用小绳牵引大绳过河。在两岸各立个大木桩，把大绳牢牢地捆在大木桩上，然后让众人拉着大绳浮水渡河。如果士兵众多，可以做数十道渡河大绳。

浮囊：把整张羊皮缝好，吹气让它鼓起来，扎紧口子，绑在肋下，可以渡河。

水战具篇

【题解】

中国古代很早便使用船只作战。据《左传》《国语》等书的记载，楚、吴、越等国地处河流湖泊众多的南方，各国之间经常发生以水战为主的战争。吴国是“不能一日而废舟楫”的国家，越国为“水行而山处，以船为车，以楫为马”之国。独特的地理条件迫使各国用兵必然倚重舟兵水师，必然大力建造各式舟船战舰。据《汉书·严安传》，秦始皇“使尉屠睢将楼船之士攻越”。《史记·平准书》：“是时（指武帝时）越欲与汉用船战逐，乃大修昆明池，列观环之。治楼船，高十余丈，旗帜加其上，甚壮。”可见秦汉时期，战船的建造技术已经很发达了。

唐代对外战争亦多。杜佑《通典·兵志》中记载了诸多水师装备。据杜佑《通典·兵十三·水平及水战具附》记载，当时军用舰船有六种类型：楼船、艨艟、斗舰、走舸、游艇和海鹘。其文字记载与本篇大同小异。

如楼船。秦始皇、汉武帝时就有。唐代的楼船，是当时水师装备中最主要的作战舰船，武器配备齐全。楼船在作战中主要是起到旗舰作用，同时显示出军队的威势。又如艨艟。采用封闭型结构，外配生牛皮做装甲，造型小巧灵活，速度快，当主要用于突袭、侦察、通讯联络等方面。而斗舰则是主要的作战舰只。斗舰是军事主官乘坐之船，上有金鼓，以发布进攻、撤退等号令，是当时水师主要的作战船只。作战舰船中还有体型较小、快速灵活的走舸。走舸是作战船只，速度快，当主要用于突袭和冲击，是水上进攻的利器。除了作战船只之外，还有不少辅助作战的船只，如游艇主要用于通信侦察与船只之间的联络，机动性很强，属于辅助性用船。海鹘则是用于海上作战的船只。因为海上风浪大，海鹘要配备一种平衡装置用的浮板，可使舰船在遇到大风浪时保持平稳，大大增强舰船的抗风浪性能，在气候恶劣的条件下，在江河或海上作战具有巨大的优越性。

如果一支水师同时拥有以上不同种类的作战舰船和辅助用船，就组成了一支特混舰队。这样的一支舰队，各种船只分工明确，各司其职，战斗力必然会大大增强。这比单纯使用单一船只作战取胜的可能性更大，效果也会更好。

经曰：水战之具，自伍员以舟为车、以楫为马。汉武平百粤[①]，凿昆明池，置楼船将军。其后马援、王濬各造战船[②]，以习江海之利。其船阔狭长短，大小皆以米为率。一人重米一石，则人数率可知。其楫棹、篙橹、绠索、沉石、调度，与常船不殊。

【注释】

①百粤：也写作“百越”，南方沿海一带古越部族的泛称。

②马援（前14—49）：东汉扶风茂陵（今陕西兴平东北）人，字文渊。曾为郡督邮，绿林、赤眉起义爆发后，任新成大尹（汉中太守）。王莽败死，避地凉州。刘秀称帝后，往归之，助刘秀平定隗嚣。建武十一年（35），任陇西太守，缮甲兵，修城郭，劝耕牧，安定西羌。十七年，任伏波将军，率军镇压交趾二徵起义，封新息侯。曾以男儿当“死于边野”“马革裹尸”自誓，出征匈奴、乌桓。复以六十二岁高龄南征武陵五溪蛮，病卒军中。著有《铜马相法》，并铸作铜马，以为名马法式。王濬（206—286）：西晋弘农湖县（今河南灵宝西北）人，字士治。博涉典籍，为乡里所称。州郡辟河东从事，后为羊祜参军。除巴郡太守，迁益州刺史。造舟舰，练水师，

力主伐吴。太康元年（280）受命进军，自成都出兵，克武昌，入建业，受孙皓降。以功封襄阳县侯，累迁抚军大将军。

【译文】

经说：水战的器具，始自伍子胥用舟当车、以船作马。汉武帝平定百越，开凿昆明池，设置楼船将军。此后马援、王濬各自制造战船，用来练习在江河湖海里行船作战。人们造船的宽窄长短、船只的大小都以能载多少稻米为准。船上搭乘一人，需一石米的载重，这样，一船能载乘多少人就可以知道了。船的桨、棹、篙、橹、絙索、压舱石、调度等，与民用的船没有什么不同。

楼船[①]：船上建楼三重，列女墙、战格，树旗帜，开窗穿穴，置砲车、擂木、铁汁，状如城垒。晋王濬伐吴，造大船，长二百步，上置飞檐阁道，可奔车驰马，忽遇暴风，人力不能制，不便于事。然为水军，不可不设，以张形势。

蒙冲[②]：以犀革蒙覆其背，两相开掣棹孔，前后左右开弩窗、矛穴，敌不得近，矢石不能及。此不用大船，务于速进速退，以乘人之不备，非战船也。

战舰：船舷上设中墙半身，墙下开掣棹孔。舷五尺，又建棚，为女墙。重列战格，无覆背，前后左右，树牙旗、幡帜、金鼓，此战船也。

走舸：亦如战船，舷上安重墙。棹卒多、战卒少，皆猛勇及精锐者充。往返如飞，乘人之不及，兼非常救急之用。

游艇：小艇，以备探候。无女墙，舷上桨床，左右随艇大小长短，四尺一床。计会进止，回军转阵，其疾如飞。虞候居之，非战船也。

海鹘：头低尾高，前大后小，如鹘之状。舷下左右置浮板，形如翅，虽风波涨大，无有倾侧，背上左右张生牛皮为城，牙旗、金鼓如战船之制。

【注释】

①楼船：原作“船”，从下文看当是“楼船”，据《守山阁丛书》本补。古代用于作战的大船，因甲板上起楼阁，故名。水军亦称楼船或楼船士。

②蒙冲：又作“艨冲”“艨艟”。中国古代具有良好防护的进攻性快艇，是古代水军的主力作战用船。《释名·释船》载：“外狭而长曰艨冲，以冲突敌船也。”可见蒙冲船形狭而长，航速快，机动性强，专门用来突击敌方船只。

【译文】

楼船：在船上建三层楼，修好城垛、战格，树立旗帜，在船楼上开射弓弩的窗口和刺矛的孔洞，在楼上设置抛石车、滚木礌石、铁汁等，就像城墙堡垒一样。西晋王濬征伐东吴，造大船，长二百步，船上设置飞檐、阁道，可以让车马在上奔驰。这种船如果突然遇到暴风雨，人的力量都无法控制它，所以它是不便于作战使用的。但是建立水军，不可不造这样的船来宣扬威势。

蒙冲：用犀牛皮蒙盖在船背上，船两边开凿出划桨的孔，前后左右开设弩窗和刺矛的孔，敌人无法靠近，抛石和弓箭也不能伤到船上的人。这种船不用大船，只求快速进退、乘敌人没有防备的时候偷袭，而不是用来进行面对面交战的战船。

战舰：船舷上设置半人高的女墙，墙下开设划桨孔。在船内距舷五尺的地方，又建木棚，与女墙一样高。多重排列竹篱笆做成的遮蔽的战格，墙内的人上头没有遮盖，前后、左右树立将军旗、幡帜，设置金鼓。这就是战船。

走舸：也如战船一样，船舷上设置多重木板的隔墙。船上划船人多，打仗的士兵少，所以都选精锐士兵充当作战之人。船只往返如飞，乘敌人措手不及时进行攻击。同时准备应付突然事变和救急时使用。

游艇：是小艇，用来侦察、刺探敌情。船上没有女墙，船舷上设置安船桨的架子，左右舷船桨数量随船只大小长短而定，每隔四尺一个安桨的架子。随机进退，绕敌军船阵划行，行动迅疾如风。主管侦察巡逻的虞候乘从它，这种船也不是交战中使用的船。

海鹘：船头低，船尾高，前头大，后头小，像鹘的形状。左右船舷下设置浮板，像鹘的翅膀。这种船虽遇上风浪滔天的风暴，也不会倾覆。船背上左右侧张挂生牛皮作为守御的城墙，船上的将军旗、金鼓都与战船一样。

器械篇

【题解】

战争需要借助于武器才能实现，武器装备的好坏直接关系到战争的成败。因此，历代军事理论家都需要思考武器在战争中的作用。李筌记载了唐代一军所需的武器装备的配备情况，包括旗帜、弓箭、弩、枪、刀等的配备情况，对于了解唐代的器械装备的种类及其数量有重要的参考价值。

总体来看，唐代一军的军事装备在器械上主要分为三类：

一类是指挥信号的装备，包括旗帜（纛、门旗、五方旗、队旗、认旗、阵将门旗等），这些旗帜既起到标识的作用，也起到约束将军与士兵行动的作用；鼓角（严警鼓、阵将鼓、角等），这些鼓角能发出号令，指挥部队的行动。

一类是作战兵器的装备，包括弓、箭、弩、枪、刀（佩刀、陌刀）等。文中详细记载了各种兵器的配备数量。由于弓弩都需要弦，所以也规定了每名士兵所需要的弦的数量。

还有一类是防护装备，包括甲、战袍、牛皮牌等。

以上这些装备是一个军的标准配置。作战中，如有损失，也要按这个标准来补充。一军之中要满足这些装备，需要强大的后勤保障能力；如果不止一军，则需求的数量更多。能够支撑这些需求，需要强大的综合国力。这也从一个侧面反映了唐代国力的鼎盛。

经曰：工欲善其事，必先利其器①。器之于事，如影之随形，响之应声，其相须如左右手。故曰：器械不精，不可言兵；五兵不利，不可举事。上古庖牺氏剡木为兵，神农氏以石为兵，《尚书》"砮石中矢镞"②。黄帝之时，以玉为兵；蚩尤氏之时，铄金为兵，割革为甲，始制五兵，建旗鼓，以佐军威。

【注释】

①工欲善其事，必先利其器：语出《论语·卫灵公》，原文为："子曰：工欲善其事，必先利其器。"

②砮石中矢镞：出自《尚书·禹贡》"砥砺砮丹"句孔安国传。

【译文】

经说：工匠想要做好他们的事情，必须先打磨好自己的工具。工具对于要做的事情来说，就像影子跟随物体，回响随之发声一样，二者互相需要，就如同左右手。因此武器装备不精良，不可以谈论打仗。各种兵器不锋利，不可以获得胜利。上古庖牺氏的时期，削尖木棒作为兵器；神农氏的时期，用石块作为兵器。《尚书》孔传记载："砮石做箭镞。"黄帝时期，用玉石作兵器。蚩尤时期，熔化金属做成兵器，割动物的皮做成铠甲，开始制造各种兵器，建立旗帜与金鼓制度，用它们来增加军威。

纛[1]：六面，大将中营建，出引六军。古者，天子六军，诸侯三军。今天子十二卫[2]，诸侯六军，故存六纛以主之。

门旗：二面，色红，八幅，大将牙门之旗，出引将军前列。

门枪：二根，以豹尾为两榼[3]，出居红旗之后，上居帐前，左右建立。

五方旗：五面，各具五色，大将营中建，随六纛后，在营亦于纛后建之。

严警鼓[4]：一十二面，大将军营前左右行列各六面，在六纛后。

角：一十二具，于鼓左右列六具，以代金。

队旗：二百五十面[5]，尚色图禽与本阵同。

认旗：二百五十面，尚色图禽与诸队不同，各自为识认，出居队后，恐士卒交杂。

阵将门旗：各任所色，不得与大将同用红色。

阵将鼓：一百二十面，临时警敌所用。

【注释】

①纛（dào）：古时军队或仪仗队的大旗。

②十二卫：根据《唐六典·诸卫》卷二十四记载，有左右卫、左右骁卫、左右武卫、左右威卫、左右领军卫、左右金吾卫、左右监门卫、左右千牛卫、左右羽林军卫等十六卫，每卫设大将军各一人，正三品。与此处不同。

③榼（kē）：古代盛酒的酒器，后泛指盒一类的器物。这里指装饰品。

④严警鼓：原作“严禁鼓”，据《守山阁丛书》本改。

⑤二：原作“三”，疑误。据《守山阁丛书》本改。

【译文】

纛：六面，大将营中树立，出发时则在前引导六军。古时候，天子六军，诸侯三军。今天子十二卫，诸侯六军，因此今天仍然保存六纛来指挥六军。

门旗：二面，红色，八幅宽，为大将军门之旗，出发时则在将军前列引导。

门枪：二根，用豹尾作枪的装饰。出发时，门枪则居红色门旗之后，停下宿营时居大将军帐前，左右各树一根。

五方旗：五面，各有代表东、西、南、北、中五方的颜色。在大将军营中树立，出发时跟在六纛后面，在营中也立在六纛后面。

严警鼓：十二面，在大将营前，左右排列，左右各六面，在六纛后面。

角：十二枚，在严警鼓的两边排列，左右各六枚，用它来代替鸣金。

队旗：二百五十面，旗的颜色和画的禽兽与本阵阵旗相同。

认旗：二百五十面，旗的颜色和画的禽兽各队不同，各自识认自己的队伍，在队后树立，这是预防士卒混杂到别的队伍中。

阵将门旗：各旗可以任意选颜色，但不能有红色，防止与大将军的门旗混杂。

阵将鼓：一百二十面，战斗时擂鼓以恐吓敌军。

甲：六分[①]，七千五百领。

战袍：四分，五千领。

枪：十分，一万二千五百根，恐欲结筏。

牛皮牌：二千五百面，二分。马军以团牌，四分支[②]。

弩：二分；弦：三分；副箭：一百分，十万只。二千五百张弩，七千五百条弦，二十五万只箭[③]。

弓，一万二千五百张。

射甲箭：五万只。

生钜箭[4]：三万五千只。

弓袋、胡鹿、张弓袋：并十分，一万二千五百副。

佩刀：八分，一万口。

陌刀：二分，二千五百口。

棓：二分，二千五百张。

马军及陌刀，并以鎚斧，各四分支。

搭索：二分，二千五百条，马军用。

【注释】

①六分：六成，指十分之六。按一军一万两千五百人计算，十分之六，即七千五百。

②四分支：按十分之四支付。

③"二千五百张弩"几句：原作"弦，二十五万"，疑字句残缺，今据《守山阁丛书》本补。

④生钜（pī）箭：一种较宽较薄较长的箭头。

【译文】

甲：六分，七千五百领。

战袍：四分，五千领。

枪：十分，一万二千五百条，以备捆扎枪筏渡水时使用。

牛皮牌：二分，二千五百面。骑兵用团牌代替，按十分之四支付。

弩：二分。弦：三分。副箭：一百分，十万只。二千五百张弩，七千五百条弦，二十五万只箭。

弓：一万二千五百张。

射甲箭：五万只。

生钜箭：三万五千只。

弓袋、胡鹿、张弓袋：都是十分，一万二千五百副。

佩刀：八分，一万口。

陌刀：二分，二千五百口。

棓：二分，二千五百张。

骑兵的陌刀都用啄锤、斧钺代替，各按四分支取。

搭索：二分，二千五百条，骑兵用。

军装篇

【题解】

战争是人发起的，也是由人承担的。人需要生活，衣食住宿等军需是保证胜利的前提条件。战争中往往需要作战装备，这些装备种类繁多，到底如何配备也是关系到战争胜利的重要因素。所谓细节决定成败，作战之前的军需后勤的保障工作同样十分重要，也是军事理论家务必要考虑的问题。

本篇与上篇一样都是说的军事后勤工作。“军装”是军事装备的简称，主要记录唐代军队日常生活用品的配备情况，涉及衣食住行以及药物等，记载了各类器具、食物、药物等的配备比例以及配给数量。器具种类繁多，内容丰富，真实地记载了唐代军队的实际情况，是十分重要的史料，对研究唐代军队的后勤制度有重要参考价值。

经曰：军无辎重，则举动皆缺。士卒以军中为家，至于枪刀①，不可无也。

【注释】

①枪刀：这里指磨刀石。

【译文】

经说:军队没有辎重,则行动缺乏供给。士兵以军队为家,甚至于像磨刀石一类的东西,都不可缺少。

驴:六分,七千五百头,鞍自副。

幕:一万二千五百口,竿、梁、钉、橛自副。

锅:一分,一千二百五十口。

干粮:十分,一人一斗二升,一军一千五百石。

麸袋:十分,一万二千五百口,长皮缝可绕腰,受一斗五升。

马盂:十分,一万二千五百口,皆坚木为之,或熟铜,受三升;冬月可以暖食。

刀子、锉刀、钳子、钻子、药袋、火石袋、盐袋、解结锥、砺石,各十分,十二万二千五百事。

麻鞋:三十分,三万七千五百緉[①]。

袴帑、抹额、六带帽子、毡帽[②]:各十分,六万二千五百事。

毡床:十分,一万二千五百领。

皮裘、皮袴:各三分,七千五百领,或诈,或蕃兵用。

柳罐、栲栳[③]:各三分,五千口。

皮囊:十分,一万二千五百事。

镰:四分,五千张。

切草刀:二分,二千五百口。

布行槽:一分。

大小胡瓢:二分,二千五百枚。

马军鞍、辔、革带:三十分,三万七千五百具。

人药：一分。

金疮药：一分。

马药：二分。

披毡、披马毡、引马索：各三十分，计三万七千五百事。马军无幕，故以披毡代。

插楗：十分。

绊索：二十分，二万五千条。

皮毛、皮条：三十分，计三万七千五百条，备收贼杂使用。

右各队备办公廨④，并须贮备使用，勿使临时有缺。

【注释】

①緉（liǎng）：古代计算鞋的单位，相当于"双"。

②袴帑（kù tǎng）：蔽巾。

③鑵（guàn）：同"罐"。栲栳（kǎo lǎo）：一种用竹子或柳条编的盛东西的器具，形状像斗，亦称"笆斗"。

④公廨（xiè）：官署，旧时官吏办公处所的通称。

【译文】

驴：六分，七千五百头，鞍、络等配套，自带。

幕：一万二千五百口，竿、梁、钉、橛等配套，自带。

锅：一分，一千二百五十口。

干粮：十分，一人一斗二升，一军共一千五百石。

麸袋：十分，一万二千五百口。用长牛皮缝好，可绕在腰上，盛一斗五升粮。

马盂：十分，一万二千五百口，都是硬木做的，有的是用熟铜做的，容积三升，冬天可以使食物保暖。

刀子、锉子、钳子、钻子、药袋、火石袋、盐袋、解结锥、磨刀石：各十分，十二万二千五百件。

麻鞋：三十分，三万七千五百双。

袴帑、抹额、六带帽子、毡帽子：各十分，六万二千五百件。

毡床：十分，一万二千五百领。

皮裘、皮袴：各三分，七千五百领，或假扮为蕃兵时用。

柳罐、栲栳：各三分，五千口。

皮囊：十分，一万二千五百件。

镰：四分，五千张。

切草刀：二分，二千五百口。

布行槽：一分。

大小胡瓢：二分，二千五百枚。

骑兵鞍、辔、革带：各十分，三万七千五百具。

人药：一分。

金疮药：一分。

马药：二分。

披毡、披马毡、引马索：各十分，总计三万七千五百件。骑兵没有帐幕，因此用披毡代替。

插楗：十分。

绊索：二十分，二万五千条。

皮毛、皮条：三十分，计三万七千五百条，以备捆绑敌人和其他杂用。

以上各队负责备办的后勤部门，要保障作战需要及平时贮备的数量以供使用，不要到使用时缺乏这些东西。

卷五

预备

总序

【题解】

马克思主义哲学认为，世界是普遍联系的。战争总是在一定的时间、地点与原因等条件下发生的。因此预防或应对战争，必须要有长期的准备。《孙子兵法·九变》篇说："故用兵之法，无恃其不来，恃吾有以待也。无恃其不攻，恃吾有所不可攻也。"做好预备工作，才能在战争中赢得主动，避免被动而失败。

《礼记·中庸》："凡事豫则立，不豫则废。言前定则不跲，事前定则不困，行前定则不疚，道前定则不穷。"只有在战争尚未发生之前做好充足的备战，才不至于受困。预先做好准备，就是要在平时做好练兵备战的工作。平时的练兵接近实战，才能在和平时期产生威慑，使得敌人不敢轻易用兵；一旦发生战事，也能快速投入战斗。因此本篇对和平时期的军事准备工作具有一定的借鉴价值。

经曰：不备不虞，不可以帅师[①]。愚者有备，与智者同。故天子有道，守在四夷。国所以立疆埸[②]、关塞、亭障者，将欲别内外，分华夷；置烽燧、刁斗者[③]，所以警边徼[④]，厉士卒也。

【注释】

①不备不虞，不可以帅师：语出《左传》隐公五年，原文为："不备不虞，不可以师。"

②疆埸：疆界。

③刁斗：古代军中用具，形状大小似斗，有柄。白天用来烧饭，晚上敲击巡逻。

④边徼（jiào）：边境，边界。

【译文】

经说：不防备没有预料到的情况，不可以统领军队。愚笨的人如果事先有预备，效果会与聪明的人一样。所以有远见的天子，往往加强在四境的防守。国家之所以设立国界、关塞、堡垒，是想要隔离华夏与夷狄；之所以设置烽火台、刁斗，是为了边界报警，劝勉士兵防备危险。

筑城篇

【题解】

自城邑产生以来，战争往往围绕城市进行。筑城在战争中是加强防御力量的重要手段。《尉缭子·兵谈》中说："量土地肥墝而立邑建城，以城称地，以地称人，以人称粟。"这是筑城的原则问题。至于具体如何筑城，史书上较少记载。

唐人比较关注筑城的具体做法。《通典·兵五·守拒法》说："凡筑城，下阔与高倍，上阔与下倍。城高五丈，下阔二丈五尺，上阔一丈二尺五寸。高下阔狭，以此为准。料功：上阔加下阔，得三丈七尺五寸；半之，得一丈八尺七寸五分；以高五丈乘之，一尺之城，积数得九十三丈七尺五寸。每一功，日筑土二尺，计功约四十七人。一步五尺之城，计役二百三十五人；一百步，计功二万三千五百人；三百步，计功七万五百人。率一里，则十里可知。其出土负篑，并计之大功之内。"本篇主要记载唐代筑城所需的土方、人工、日期、规格等情况，与《通典》所载几同，可以互相印证，对了解中国古代建筑工程的历史有一定的参考价值。

经曰：先王之制，大都不过三国之一，中五之一，小九之一①。故曰：都城过百雉，国之害也②。今诸侯之城，方两京之城，阔狭合五之一，其高为边隅之守，不可为节制。

【注释】

①"先王之制"几句：语出《左传》隐公元年。

②都城过百雉，国之害也：语出《左传》隐公元年。

【译文】

经说："先王的制度，大的都邑的面积不超过国都的三分之一，中等都邑的面积不超过国都的五分之一，小都邑的面积不超过国都的九分之一。"因此说："都邑的城墙超过三百雉的，就成为国家的祸害。"现今诸侯的城池，规模可以与长安、洛阳相比，城墙的宽窄抵京城的五分之一，城高就相当于守备边境的城墙高度，已经不可以限制了。

古今度城之法者，下阔与高倍①，上阔与下倍，城高五丈，下阔二丈五尺，上阔一丈二尺五寸，高下阔狭，以此为准。

【注释】

①下阔与高倍：城墙的高度是底宽的两倍。下句"上阔与下倍"的意思是：城墙的底宽是顶宽的两倍。

【译文】

古今计算城墙的方法是：城墙的高度是底宽的两倍，底宽是顶宽的两倍。城墙高五丈，底宽就是二丈五尺，顶宽一丈二尺五寸。城墙的高度、宽度的比例，以此为准。

料功[1]：以下阔加上阔，得三丈七尺五寸；半乘之，得一丈七尺七寸五分，以高五丈乘之，一丈之城，积数得九十二丈七尺五寸。每一工[2]，一日筑二丈，计工四十六人，日筑城一丈七尺五寸。一步[3]，计役二百七十八人，余五丈；一百步，计工二万七千八百二十人，余一丈土；一里[4]，计工十万九百九十人，余一丈土。率一里[5]，则十里可知。其出土负篑，并计二丈土。筑羊马城于濠旁[6]，高八尺，上置女墙，计工准上。

【注释】

①料功：计算工作量。

②每一工：每一个工人一天的工作量。

③一步：汉代以后，一步为五尺。本段计算似有误，具体数字仍依底本。

④里：说法不一，或以三百步为一里。《说文解字》段注："里，古者三百步为里。"或以三百六十步为一里。《正韵》"路程"："今以三百六十步为一里。"按本篇的计算，当以三百六十步为一里。

⑤率（lü）：比值。

⑥羊马城：在城外离城十步的壕沟内，更立小隔城，高八尺，城上仍设立女墙，称为"羊马城"。

【译文】

计算筑城的用工量的方法是：用底宽加上顶宽得三丈七尺五寸，其半数是一丈七尺七寸五分；再用高度五丈相乘，则每筑一丈城墙，需用土九百二十七点五立方尺。每一个工一日筑土二十立方尺，统计用工四十六人。日筑城一丈，剩余一百七十五立方尺。建一步五尺的城墙，共计用二百七十八人，筑土多余五立方丈。建一百步的城墙，共计用工二万七千八百二十人，富余筑土一立方丈。建一里长的城墙，共计用工十万九百九十人，富余筑土一立方丈。计算出一里城墙需有多少人工，则十里城墙需用多少人工也就可以知道了。其挖土、运土，共计二平方丈的土。在城壕旁建的羊马城，墙高八尺，墙顶上筑女墙，统计用工，依照上面的方法计算。

凿濠篇

【题解】

护城河是人工挖掘的围绕城墙的沟渠，是伴随城邑兴起而产生的辅助设施。由于城市集中相对较多的人口，需要的水源也必须十分丰富，因此一般城市都选择在有丰富水资源的地方建城。水也可以用作防御的武器。护城河就是利用水来加强城市的防御。

护城河的防御作用是十分显著的。由于水面具有一定的宽度，跨越水面就变得十分不易，必须要有桥梁，就是吊桥。如果控制住了吊桥，敌人就很难通过。护城河的水面也不会与地面平行，一般会低于地面，这样敌方即便下到水里，再往上攻城也无形之中增加了城墙的高度与攻城的难度。护城河还能在一定程度上预防敌人挖掘地道攻城。如果敌人挖掘地道不够深，就容易挖到护城河，从而被水淹没；如果挖得深，则无疑增加了挖掘的难度与工作量。所以护城河在军事中的防护作用是十分巨大的。

如果所在地方没有充足的水源，在城市周边只能挖掘干的壕沟，在壕沟内布下锋利的兵器，或者削尖的竹子、木棍。虽然没有水，但也能起到防护作用。本篇记载了护城河的规制、土方量与用工量的计算方法，便于军事主官在实战中操作。

经曰：濠面阔二丈、深一丈、底阔一丈[1]。以面阔加底阔，积数三丈，半之得数一丈五尺；以深一丈乘之，凿濠一尺，得数一十五丈。每工一日出土三丈一尺，计工五人。一步，计工三十人。一里，计工一万八百人[2]。一里为率，则百里可知。

【注释】

①濠：护城河。面阔：水面宽度。

②百：原作“千”，疑误。一步计工三十人，一里为三百六十步，则计工一万零八百人。

【译文】

经说：护城河水面宽二丈，深一丈，底宽一丈。用上面宽度加底宽，得三丈，其半数为一丈五尺。用深一丈相乘，挖壕沟一尺，得挖土一百五十立方尺。每工一日挖土三立方尺，挖壕沟一尺共计用工五人。一步共计用工三十人。一里共计用工一万零八百人。以一里为标准，则挖百里壕沟需用多少人工就可以知道了。

弩台篇

【题解】

弩台是弩集中发射的垒台，是城市防御力量的重要组成部分。弩台的作用主要是击杀敌军的首将，达到擒贼先擒王的效果。本篇主要记述弩台的规制、设备、功能以及使用方法，对研究古代兵器弩的使用有一定的参考价值。

经曰：台高下与城等，去城百步，台相去亦如之。下阔四丈、高五丈，上阔二丈，上建女墙。台内通暗道，安屈膝梯[①]，人上，便卷收之。中设毡幕，置弩卒五人，备干粮水火等。敌近城垒，则攒弩射其首将[②]。

【注释】

①屈膝梯：悬梯。

②攒（cuán）：集中射击。

【译文】

经说：弩台高低和城墙一样，距离城墙一百步，台与台之间相距也是一百步。弩台底宽四丈，高五丈，顶宽二丈，上建城垛。弩台内通暗道，安置悬梯，人上弩台后，便把悬梯卷收起来。弩台中搭好毡幕，安排弩手五人，准备好干粮、水、火等。敌人靠近城垒时，就用弩集中射击敌人为首的大将。

烽燧台篇

【题解】

烽燧，也叫烽火，是古代军情报警的一种措施。敌人白天侵犯时就燃烟（燧），夜间来犯就点火（烽），以可见的烟气和光亮向各方与上级报警，邻台见到后依样随之，这样敌情便可迅速传递到军事中枢部门。

为了实施烽火报警，必须建立专门的设施，即烽火台。烽火台通常选择易于相互瞭望且便于防守的险绝高处，台上有燃放烽火的设备，是古代重要的军事防御设施。烽火台历史悠久，西周时就有周幽王为了博褒姒一笑而“烽火戏诸侯”。烽火台之间距离不定，如果把高山险绝之处的烽火台用城墙连接起来，这样防御作用更大。烽火台加城墙这样的思路启发了建设长城，烽火台也成为长城防御体系的一个重要组成部分。

唐代烽火台的制度有多篇典籍记载。除了本篇之外，唐代杜佑在

《通典·拒守法》中也有记载，与本篇内容大同小异。宋代曾公亮等人编撰的《武经总要·前集》卷五“烽火”中提到的古代烽式制度更为详细，内容分为烽燧的设置，烽火的种类，放烽火的方法，烽火报警规律，烽火台的传警、密号、更番法等。关于唐代烽燧制度的记载与本篇形成相互补充。其云：“唐法，凡边城候望，每三十里置一烽，须在山岭高峻处。若有山冈隔绝，地形不便，则不限里数。要在烽烽相望。若临边界，则烽火外围筑城障。凡掌烽火，置帅一人，副一人。每烽置烽子六人，并取谨信有家口者充副帅。往来检校烽子五人，分更刻望视。一人掌送符牒，并二年一代。”可见，唐代有非常完备的烽火制度。

经曰：明烽燧于高山险绝处置之；无山，亦于平地高迥处置之。下筑羊马城，高下任便，常以三五为准①。

【注释】

①三五：三尺至五尺。

【译文】

经说：烽火台要设在高山险隘上；没有山的地方，也要在平地中的高处设置。烽火台下筑羊马城，羊马城墙的高低根据需要设置，但一般常以三尺到五尺为准。

台高五丈，下阔三丈，上阔一丈，形圆，上盖圆屋覆之。屋径，阔一丈六尺，一面跳出三尺①，以板为之，上覆栈。屋上置突灶三所②，并以石灰饰其表里。复置柴灶笼三所，流火绳三条在台侧③。上下用软梯，上收下垂。四孔门孔，望贼及安置火筒。置旗一面、弩两张，砲石、擂木、停水瓮，干粮、生粮，麻缊、火钻、火箭、蒿艾、狼粪、黄牛粪。

【注释】

①一面：这里指每一面。

②突灶：有烟囱的灶。

③流火绳：引火绳。

【译文】

烽火台高五丈，底宽三丈，顶宽一丈，圆形，顶上覆盖圆屋。圆屋直径一丈六尺，每一方向外长出烽火台顶三尺，上面有一个小屋，用木板做成。屋上设置有烟囱的炉灶三个，并用石灰涂抹烟囱和炉灶内外。再设置盛装柴草的灶笼三个、引火绳三根在烽火台一侧。上下烽火台都用软梯，从上面收起和垂放。台上房屋四壁都要开孔，用来瞭望敌情，安置燃放烟火的筒洞。台上准备好一面旗、两张弩，以及抛石、滚木礌石、蓄水罐、干粮、生粮、乱麻、火钻、火箭、蒿草、艾草、狼粪、黄牛粪。

每夜，平安，举一火；闻警，举二火；见烟尘，举三火；见贼，烧柴笼。如早夜平安火不举，即烽子为贼提。一烽六人①，五人烽子②，递知更刻③，望视动静。一人烽卒，知文书、符牒传递。

【注释】

①六人：后原有“七人”，当衍。据《守山阁丛书》本删。

②烽子：负责举烽火的士兵。

③递知更刻：烽卒轮换值班时报时。

【译文】

如果夜里平安无事，就点燃一个灶；听到警报，点燃两个灶；看见敌人来的烟尘，点燃三个灶；直接看见了敌军，点燃烽火台侧的柴笼。如果到了早晨还没看见某个烽火台一夜平安的烽火，就知道那个烽火台的守卫已被敌人捉去了。一个烽火台有六个人，五个人是负责燃放烽火的人，轮流值班，通报时刻，观望情况。一个人是烽卒，掌管文书、符牒的传送。

马铺土河篇

【题解】

在无线电未被发现以前，军事情报或者前方战报的传递主要依靠马匹。由于马的奔跑距离有限，长距离的军情传递，一匹马是承担不了的，因此需要间隔一段距离设置一个马铺，即传递军事情报的驿站。上一匹马经过长距离的奔跑到达马铺，需要让马休息，让马铺里的备用马接着去跑下一段距离，接力传递。这样一个马铺接着一个马铺，就能将情报及时送达。本篇记载了唐代马铺的设置情况。唐代马铺之间一般相距四十里，在交通要道、山谷间设置。平时养两匹马备用。

土河是一种侦察敌情人工开凿的土沟。在山口敌人必经之路上截道布设，沟内用细沙散土填平，主要通过观察敌人路过时留下的足迹，来判断敌人的数量。

马铺与土河分别是唐代传递情报与侦察敌情的重要方法，是边境地区防御性的军事设施。

经曰：每铺相去四十里，如驿近远。于要路、山谷间，牧马两匹，与游奕计会①，有事警急，烟尘入境，则奔驰相报。土河于山口贼路，横截道凿之，横阔二丈、深二丈，以细沙土填平。早行检行迹②，一令平净③。有狐兔入境，亦知足迹多少，况于人马乎④！

【注释】

①游奕：即游弋，这里指巡逻兵。计会：即会计，商量的意思。

②早行检：早上进行检查。

③平净：平整干净。

④况于人马乎：原无，据《守山阁丛书》本补。

【译文】

经说：每个马铺相距四十里，与驿站棚距远近相同。在重要的道路、山谷间，放牧两匹马，与巡逻的士兵约定，一遇到紧急的事情和敌人入侵的警报，各个马铺就骑马奔驰，传递警报。土河一般设置于山口处敌人的来路上，横截道路，开挖宽二丈、深二丈的土沟，用细沙土填平。每天早上检查，把沟上的沙土扫干净平整。即使是狐狸、野兔入境，也知道有多少只，更何况入境的人马呢！

游奕地听篇

【题解】

游奕是巡逻兵，也担任侦察任务。地听是侦察兵。本篇论述了如何选拔游奕与地听士兵，以及游奕与地听的主要任务。

《孙子兵法·谋攻》篇说："知彼知己，百战不殆；不知彼而知己，一胜一负；不知彼，不知己，每战必殆。"做到知彼知己，只能依靠侦察工作。因此军队中负责侦察的士兵作用十分重要。《六韬·龙韬·王翼》中"游士"能"主伺奸候变，开阖人情，观敌之意，以为间谍"，应该执行的就是侦察工作。唐代的游奕功能与战国时期的游士稍有不同，除了侦察之外，还负责巡逻。选择游奕的条件是"骁勇、谙山川井泉"的士兵，而领导游奕的最少也是副使、子将。可见，这支部队在奇兵中担任着重要任务。

地听兵要选睡觉少、听觉好的人来担任。这实际上属于特种兵，执行的也是特殊任务。利用"地听"侦察敌人的动态，是根据声波在固体中传播要比在气体中传播速度快的特点，是有一定的科学道理的。这在尚无无线电侦测技术的情况下，不失为一种有效的侦听手段。

经曰：于奇兵中，选骁勇、谙山川井泉者，与烽子、马铺及土河、计会交牌[①]，日夕逻候于亭障之外，捉生事[②]，问敌虚实。我之密谋，勿令人知。其副使、子将，并久谙军旅、好身手者任。地听[③]：选少睡之人，枕空胡簏卧[④]；有人马行三十里外，东西南北皆有响见于胡簏中，名曰"地听"，可预防奸。野猪皮为胡簏，尤妙[⑤]。

【注释】

①交牌：相互验看牌证。

②捉生事：抓捕活的俘虏。

③地听：中国古代战争中用于侦测有声源目标方位的器材。这里指代负责侦测的士兵。

④胡簏（lù）：一种北方胡人藏箭的工具，可用于地听。

⑤野猪皮为胡簏，尤妙：原为注文。钱熙祚《守山阁丛书》本作正文。今据补。

【译文】

经说：从奇兵中选择骁勇、熟悉山川井泉等地形的士兵，与守卫烽火、马铺及土河的士兵约定，互验凭证，日夜在烽火台、马铺、土河等设施外巡逻，捕捉俘虏，询问敌营情况。关于我军的秘密计划，不要让巡逻兵知道。巡逻兵的副使、子将等将领，要挑选熟悉军队情况、身手矫健的人担任。地听：挑选睡觉少的人，让他们枕着空胡簏躺在地上。三十里外有人马行动，无论从东西南北哪个方向传来，在胡簏中都能听到声响，这就叫做"地听"。可以预防敌方偷袭。野猪皮做的胡簏，尤其灵验。

报平安篇

【题解】

本篇记述唐代军中“报平安”的工作程式及相关问题。“报平安”是军中处理军情、警情的一种方式。唐代的“报平安”采用的是层层上报的方式，基层的平安情况由各营主官负责。如果到了五更天军营中平安，没有出现军情、警情，则由各营主官报告给左右虞候，左右虞候再向大将军报告。如果有警情，就直接汇报发生了什么事。即便在野外行军途中，也要向大将军汇报各营兵马有无掉队、走散、逃亡等的情况。

“报平安”对于大将军了解本军的实际情况具有重要作用。

经曰：报平安者，诸营职司主掌。皆安，入五更，有动静报虞候知。左右虞候早出大将军牙前，带刀磬折[①]，大声通曰：“左右厢兵马及仓库营并平安。”诺后退本班。如有盗贼，动静紧急，即直言其事。若在野行军，即言行营兵马及更铺并以平安报之。

【注释】

①磬折：弯腰，表示谦恭。

【译文】

经说：报平安之事，由各营、各铺的官员掌管。夜晚如果都平安，到了五更天以后，将当夜有无情况报告虞候知晓。左右虞候早上到大将军牙帐前，身佩刀，向前弯腰恭敬地大声通报说：“左右厢兵马及仓库、营地都平安无事。”大将军认可后，再退回原来的位置。如果有敌寇情况和紧急事情，就向大将军详细报告情况。如果是在野外行军，虞候就向大将军通报说，行营兵马及执更、定铺都平安无事。

严警鼓角篇

【题解】

由于一军有一万二千五百人，营垒连绵，大将军下达作战命令，这些号令一一传达到士兵那里，费时费力，因此用声音大的乐器来统一传达是一种比较快捷的办法。军用战鼓，鼓面比较大，双面蒙皮。鼓声的特点是宏大浑厚，角声的特点是高亢响亮，鼓角之声都能传之久远，可在较短时间内发布号令。

唐代军队以击鼓、吹角作为号令来指挥部队的行动。这对加强军队的管理与行动、提高军队的战斗力有重要作用。本篇主要记述唐代军队在野营、行军过程中，利用鼓角对军队发布的命令。

经曰：大军城外野营，行军在外，五更初、日没时，槌鼓一通；三百三十槌为一通。鼓音止，则动角；吹一十二声为一叠。角音止，鼓音动。如此三鼓、三角而昏毕。行军，第一角声动，兵士起；第二角声动，戎装；第三角声动，中严外辨①。角音绝，兵马齐动而发。

【注释】

①中严外辨：指军中队列严整，在外能够辨别各队。

【译文】

经说：大军在城外宿营或行军途中，每天五更初、日落时，击鼓一通。三百三十槌为一通。鼓声停止，就吹角。吹十二声为一叠。角声停止，鼓声又起。如此击鼓三次，吹角三次，就分别报完黄昏至黎明的时刻。行军途中，第一遍吹角，士兵起床。第二遍吹角，穿好军装铠甲。第三遍吹角，士兵在外整队站好。角声停止，兵马一齐出动进发。

定铺篇

【题解】

定铺，确定营区执更的固定地点。军营要时刻加强戒备，二十四小时要有安全警卫，夜晚也要有人值班。由于军队营区比较大，为了统一号令与行动，必须在一定距离内设置相对固定的值班地点。

本篇记述唐代军队中如何确定定铺的制度。负责定铺的主官是虞候，每晚七时之后，虞候带领甲士十二队巡视营中。如果在城中，由于有固定的防守地点，只要立号头，指定专人负责就行。如果在野外宿营，就要定铺。定铺后，要巡视。虞候巡视经过定铺点要三喝三答，然后才能通过。可见唐代的营区管理还是比较严格的。定铺制度是确保部队和营区安全的重要措施，对今天军队营区的建设也有一定的借鉴意义。

经曰：每日戌时①，严警鼓角初动，虞候领甲士十二队，建旗鼓、立号头、巡军营及城上。如在野，巡营外，定更铺疏密②。坐者喝曰："是甚么人？"巡者答曰："虞候总管某乙。"处坐喝曰③："作甚行？"答曰："定铺。"坐者喝曰："是不是行？"答曰："是。"如此者三喝三答④，坐曰⑤："虞候总管过。"号头及坐喝，取声雄者充。

【注释】

①戌时：晚上七时至九时。

②更铺：确定执更位置。

③坐喝：在固定地点执勤的士兵喝问。坐喝即坐者喝。下同。

④三喝三答：原作"喝三坐"，不词，据《守山阁丛书》本改。

⑤坐：原与上文"答"乙倒，据《守山阁丛书》本乙正。

【译文】

经说：每天戌时，严警鼓、号角响的时候，虞候带领披甲士兵十二队，树起旗帜，指定回答号令的头目，巡视军营和城墙上。如果在野外扎营，除巡视军营外，还要安排营区外执更据点的远近疏密。巡视中，守卫值宿的士兵喝问道："是什么人？"巡视的人回答道："虞候总管某某巡营！"守卫的士兵接着喝问道："做什么？"巡视的人回答道："定铺。"守卫的士兵又喝问道："是不是这样？"巡视的人回答道："是。"如此三次喝问，三次回答。守卫的士兵叫道："虞候总管过。"回答号令的头目和守卫士兵中喝问的人，选用声音雄壮的人充任。

夜号更刻篇

【题解】

夜号，军营中夜晚巡营问答的暗号。这种暗号主要用来识别敌我，以防敌人混进军营进行偷袭。

中国古代很早就注意夜晚的警戒与防御。《周礼·夏官司马·掌固》："昼三巡之，夜亦如之。夜三鼜以号戒。"鼜，古代查夜时击的鼓。晚上敲三次查夜用的鼓用来警戒，但是使用暗号为此前未见。本篇记述的唐代的暗号类似于密码，有专门的簿记载，有时间印记，不至于窜乱。暗号由大将军管理，每次取暗号都在相关信封上加盖骑缝印，然后下达到各巡检的首领，由巡检首领用钥匙开匣取出使用。一年以后，再行更换。这样的制度管理十分严密。口令的转送与开启保密性强，有助于军队的建设与管理。

更刻是计时报更的方法。古代计时，有多种计时法，常见的有漏刻计时法。唐代采用更漏牌的计时方法。本篇记述了更漏牌的制作与使用的相关制度。更漏牌，是把一日一夜的时间分成一百个刻度，每一个刻度用竹片制成一个长三寸、阔一寸的小牌，每天在牌子上写上日期。

探更人持一牌走二里，时间是一刻钟；再走二里，时间又是一刻钟。以人的行走来计时。一天一夜一百个牌，总计行二百里。由于一年中白天与夜晚的长短都在变化，因此要根据二十四节气中的中气来传牌。这样的计时制度虽不够精确，但在当时的环境下也不失为一种实用的方法。

经曰：夜取号于大将军处。粘藤纸二十四张，十五行，界印缝[①]，安标轴，题首云："某军某年某月某日号簿。"每日戌时，虞候判官持簿于大将军取意，于一行中书两字，上一字是坐喝，下一字是行答。于将军前封锁函，付诸号各到彼巡检头，主首以本钥匙开函[②]，告报不得令有漏泄。一夜书一行，二十四纸三百六十行，尽一载，别更其簿。

【注释】

①界印缝：即骑缝印。

②主首：头领。

【译文】

经说：夜晚从大将军处取得口令。粘好藤纸二十四张，每张十五行，盖好骑缝印，安上标轴，在开篇写上："某军某年某月某日口号簿。"每天戌时，由虞候判官拿着这个本子，到大将军处听取口令，在一行中写两个字，上一字是守卫士兵喝问的口令，下一字是行走的士兵回答的口令。写好后，在大将军前封好上锁的匣子，送给各号令的头目。各号令的头目用自己所带的钥匙打开匣子，取出报告口令，不能让口令泄漏。每一夜的口令写一行，二十四张纸共三百六十行，一年的口令写满后，再换一个本子。

更漏牌：一日一夜，凡一百刻，以行马为一百牌[①]，长三寸、阔一寸，逐日题云“某日更牌”。一日一夜，计行二百里，探更人每刻徐疾行二里，常取月中气为正。

【注释】

①行马：拦阻人马通行的木架。

【译文】

更漏牌：一日一夜共一百刻，用木片做一百个牌，长三寸，宽一寸，按日写上：“某日更牌。”一日一夜共计行军二百里，探更人掌握行军快慢，每一刻行军二里，经常取月中的节气为准。

雨水：正月中。夜传牌四十九四分[①]，一更传牌九，余一里一百七十三步三尺二寸。

春分：二月中。夜传牌五十二分，一更传牌十。

谷雨：三月中。夜传牌三十七六分，一更传牌七，余一里十四步二尺。

小满：四月中。夜传牌三十六三分，一更传牌七，余一百七十步四尺八寸。

夏至：五月中。夜传牌三十五分，一更传牌七。

大暑：六月中。夜传牌三十六三分，一更传牌七，余一百七十五步一尺二寸。

处暑：七月中。夜传牌三十六三分，一更传牌七，余一百七十五步一尺二寸。

秋分：八月中。夜传牌四十四五分，一更传牌八，余一里二百八十六步一尺一寸。

霜降：九月中。夜传牌四十九五分，一更传牌九，余一百一十八步五尺六寸。

小雪：十月中。夜传牌五十三三分，一更传牌十三，余一里一百一十五步一尺二寸。

冬至：十一月中。夜传牌五十五五分，一更传牌十一。

大寒：十二月中。夜传牌五十三二分，一更传牌十，余一里一百二十五步一尺三寸。

右件古法多不合今。

【注释】

①四十九四分：四十九是整数，四分是余数。

【译文】

雨水：是正月中气。一夜传牌四十九点四分，一更传牌九，余一里一百七十三步三尺二寸。

春分：为二月中气。一夜传牌五十二分，一更传牌十。

谷雨：为三月中气。一夜传牌三十七点六分，一更传牌七，余一里十四步二尺。

小满：为四月中气。一夜传牌三十六点三分，一更传牌七，余一百七十步四尺八寸。

夏至：为五月中气。一夜传牌三十五分，一更传牌七。

大暑：为六月中气。一夜传牌三十六点三分，一更传牌七，余一百七十五步一尺二寸。

处暑：为七月中气。一夜传牌三十六点三分，一更传牌七，余一百七十五步一尺二寸。

秋分：为八月中气。一夜传牌四十四点五分，一更传牌八，余一里二百八十六步一尺一寸。

霜降：为九月中气。一夜传牌四十九点五分，一更传牌九，余一百一十八步五尺六寸。

小雪：为十月中气。一夜传牌五十三点三分，一更传牌十三，余一里一百一十五步一尺二寸。

冬至：为十一月中气。一夜传牌五十五点五分，一更传牌十一。

大寒：为十二月中气。一夜传牌五十三点二分，一更传牌十，余一里一百二十五步一尺三寸。

上述是古代算法，多数与今天的算法不同。

乡导篇

【题解】

战争总是在一定的地形条件下发生，因此对战争中地形的了解就十分重要。如果到一个陌生的地方没有向导，就找不到路，会影响到行军路线与战役布置。古代在技术手段落后的情况下，要熟悉地形，有时候必须依赖向导。因此向导在战争中扮演的角色十分重要。《孙子兵法·军争》篇说："不用乡导者，不能得地利。"本篇记述了任用向导的条件以及笼络向导的做法。

作者认为，向导不必是当地的土著人，只要懂得山川的险易以及敌人的虚实就可以胜任。对待向导要给予丰厚的赏赐，要赐予他们官爵、财物，为他们匹配妻子，笼络他们的心。同时对向导也要适当防备，不可告知其军事秘密。在选拔向导时要察其言、观其行，严格考察之后再予以任用。

经曰：即鹿无虞，从入林中[①]。不用乡导，难得地利[②]。夫用乡导者，不必土人[③]，但谙彼山川之险易、敌之虚实，即可任也。赏之使厚，收其心也；备之使严，恐其诈也。是故赐之以官爵，富之以财帛；匹之以妻子，使有所恋。然后察其辞，鉴其色，覆其言，始终如一，斯可用。

【注释】

①即鹿无虞，从入林中：出自《周易·屯卦》，原文为："即鹿无虞，惟入于林中。"虞，古代掌管山林之官。意思是追逐鹿如果没有虞人做向导，那么鹿跑入林中，就很难抓到了。

②不用乡导，难得地利：语出《孙子兵法·军争》篇，原文为："不用乡导者，不能得地利。"

③土人：土著。

【译文】

经说：追逐鹿如果没有虞人做向导，鹿进入密林中，就很难抓得到。行军打仗不用向导的话，就很难占据地利。任用向导，不必非要当地土著人，只要熟悉那个地方山川的险易、敌人的虚实，就可以任用。丰厚地奖赏向导，收揽他的心；同时要严密地防备他，以防他欺诈我军。因此要赐给他官爵，赏给他财物，使他富贵；配给他妻子，使他有所留恋。然后观察他的言辞、神色，反复考核他的言谈，如果始终如一，就可以任用他。

井泉篇

【题解】

水对野外作战的军队来说十分重要。人与战马都需要能饮用的水源，失去了水源，战争就失去了重要的保障。因此，历代军事理论家都特别重视野战条件下的水源问题。本篇就是记述在沙漠中寻找水源的办法。主要有三种：一是在野鸟、野羊聚集之处往往有水，二是在有芦苇、菰草、蒲草等浅水植物生长的地方有水，三是有蚂蚁的地方有水。虽然只有三种，但也有一定的参考价值。

经曰：沙碛[①]，卤莽之中[②]，有水。野鸟、野羊之聚，有水。地生芦苇、菰蒲处[③]，有伏泉。地有蝼蚁处，有伏泉。

【注释】

①沙碛（qì）：沙漠。

②卤莽：荒地上的野草。

③菰蒲（gū pú）：菰草、蒲草。都是浅水植物。

【译文】

经说：在沙漠中，有野草的地方，往往有水。有野鸟、野羊聚集的地方，往往有水。生长芦苇、菰草和蒲草的地方，地下有暗泉。地面上有蚂蚁弄松的土壤，地下也有暗泉。

迷途篇

【题解】

在古代科技不发达的情况下，军队野战远征容易迷路；骑兵长途奔袭到达陌生地域，也容易迷路。如何辨别方向是一支军队必须具备的能力，也是将军必须具备的基本素质。本篇记述了古代辨别方向的一些经验与做法，由此可见古人的智慧。

作者在这里记述了两种辨别方向的办法。一是根据天空上的星座来辨别方位。以北极星为正北方，以一年十二个月中，早晨与傍晚，二十八宿在天空中的位置来辨别方向。这种做法是有一定的科学道理的。但这种方法需要在晴天、天空无云的条件下才可以，所以也有一定的局限性。还有一种方法是用老马来识别方向。马在长期进化过程中，拥有相当敏锐的嗅觉。马用嗅觉来识别主人、性别、母仔、发情、同伴、路途、厩舍和饲料种类等。马在曾经经过的地方留下马蹄印，马蹄印中留有马的气味，马通过嗅觉可以原路返回。利用马的生理特点，让马在前走，军队跟着马走，就能找到回家的路。

现代战争的方向辨别使用卫星导航，以上两种辨别方位的方法在现代战争中已经没有用处。但传统的依靠经验辨别方向也不是毫无用处。如果在僻远的野外，没有导航信号，这两种方法也不妨一试。

经曰：远征迷路，南北不分，当以北辰为主。

【译文】

经说：远征迷路，分不清南北方向，应当以北极星为标准来辨别方向。

正月，昏参中①，朝尾中②。

二月，昏弧中③，朝建中④。

三月，昏星中⑤，朝牛中。

四月，昏翼中，朝女中。

五月，昏亢中，朝危中。

六月，昏心中⑥，朝奎中。

七月，昏建中，朝毕中。

八月，昏牛中，朝觜中。

九月，昏虚中，朝柳中。

十月，昏危中，朝星中。

十一月，昏壁中，朝轸中。

十二月，昏娄中，朝氐中。

其阴雪，则用老马前引。昔齐桓公伐孤竹，值雪迷道，驱老马寻途，不迷。

【注释】

①昏参中：原“参”作“奎”，误。据《守山阁丛书》本改。黄昏时，参星出现在南方天空的正中。下同。

②朝尾中：拂晓时，尾星出现在南方天空的正中。下同。

③弧：弧星，南方七宿之井宿。

④建：建星。古星座名。凡六星，在黄道北，属斗宿。

⑤星：这里指星宿，二十八宿之一，南方七宿之第四宿。

⑥心：原作“星”，误。据《守山阁丛书》本改。

【译文】

正月，黄昏时，参宿出现在南方天空的正中；拂晓，尾宿出现在南方天空的正中。

二月，黄昏时，弧星出现在南方天空的正中；拂晓，建星出现在南方天空的正中。

三月，黄昏时，星宿出现在南方天空的正中；拂晓，牵牛星出现在南方天空的正中。

四月，黄昏时，翼宿出现在南方天空的正中；拂晓，婺女星出现在南方天空的正中。

五月，黄昏时，亢宿出现在南方天空的正中；拂晓，危宿出现在南方天空的正中。

六月，黄昏时，心宿出现在南方天空的正中；拂晓，奎宿出现在南方天空的正中。

七月，黄昏时，建星出现在南方天空的正中；拂晓，毕宿出现在南方天空的正中。

八月，黄昏时，牵牛星出现在南方天空的正中；拂晓，觜宿出现在南方天空的正中。

九月，黄昏时，虚宿出现在南方天空的正中；拂晓，柳宿出现在南方天空的正中。

十月，黄昏时，危宿出现在南方天空的正中；拂晓，星宿出现在南方天空的正中。

十一月，黄昏时，壁宿出现在南方天空的正中；拂晓，轸宿出现在南方天空的正中。

十二月，黄昏时，娄宿出现在南方天空的正中；拂晓，氐宿出现在南方天空的正中。

如果天阴或有雨雪，则用老马在前引路。过去齐桓公讨伐孤竹，遇雪迷路，驱赶老马寻找道路，最后没有迷路。

搜山烧草篇

【题解】

野外作战，善于隐蔽埋伏，然后突然出击往往是取胜的重要途径。因此作战双方都要考虑如何隐蔽以及如何发现对方的隐蔽之处。《孙子兵法·行军》篇说："军行有险阻、潢井葭苇、山林翳荟者，必谨复索之，此伏奸之所处也。"孙子这段话是说要善于发现敌人的隐蔽之处。本篇在《孙子兵法》所言的基础上，结合唐代战事主要是与北方突厥等少数民族作战的特点，提出预防敌人埋伏的方法。

侦察敌人的动向，判断敌人是否有隐蔽埋伏，主要有两种手段：一是侦察山岭险阻、沟壑山涧、树林荫蔽、杂草丛生的地方有没有伏兵。二是可以通过这些地方的鸟兽动静、树木动静来判断。为了防止敌人埋伏，在边疆从每年的十月开始烧山、草及树木，以破坏敌人埋伏的空间。

当然战术的运用都是辩证的。既然可以通过鸟兽的动静来判断是否有敌人埋伏，也可以反其道而行之：如我方没有足够的兵力实施埋伏，但又恐敌人进攻，可以通过扰动鸟兽的动静来迷惑敌人，让敌人怀疑有伏兵而不敢进兵，达到吓阻的目的。具体运用，当根据实际情况灵活运用。

本篇原无，据《守山阁丛书》本补。原题为"搜山烧草篇第五十六"。

经曰：军至险阻、沟涧、林薄、翳荟、葭芦、草莽之处[①]，鹳翔鸟舞不下，伏兽惊起，草木无风而动，必谨察之，恐伏奸也。边城十月一日烧草，及恶山、深谷、大川，连水左近草树。虏骑若来，无所伏藏。

【注释】

①翳荟（yì huì）：树木荫蔽。

【译文】

经说：军队行进到有山岭险阻、沟壑山涧、山林茂密、树木荫蔽、芦苇满地、草木丛生的地方，看到鹳鸟飞翔而不落下，隐蔽的野兽被惊起，草木没有风吹却摇摆而动，一定要谨慎观察，恐怕有埋伏的敌人。边境城邑十月一日放火烧草，连及险恶的山地、深谷、大河以及水边附近的树木荒草一同烧掉。敌人的骑兵如来进犯，就没有埋伏藏身的地方。

前茅后殿篇

【题解】

前茅指在大军之前担任侦察警戒任务的先头部队。遇到敌情，前茅举茅旌示警。后殿指大军之后负责担任掩护和督战的部队。在一支军队中，前茅与后殿都有各自的职责。较早论述先锋与后殿的是《尉缭子》，其《踵军令》中有"兴军""踵军"。"兴军者，前踵军而行，合表乃起。去大军一倍其道，去踵军百里，期于会地。为六日熟食，使为战备。"兴军，就是大军的先头部队，主要工作就是侦察、负责战备。"踵军遇有还者，诛之。"踵军负责督战，遇到有害怕战争或战败而回的，就将其诛杀。到了唐代，兴军称为前茅，职能更加细致多样。踵军督战的功能称为后殿，比《尉缭子》增加了掩护撤退的功能，但两者之间有传承关系还是不难看到。

本篇记述了前茅与后殿各自的职责。前茅部队是先头部队，唐代称为先锋，负责打探水源、饮水井的位置，草场的位置，选择宿营的场地，侦察敌人的动向，选择并决定行军的路线。后殿部队主要任务是作战与督战。当队伍撤退时，敌军追来，与敌作战，掩护主力撤退。督战则是督促本方战士进行作战，如有士兵害怕逃亡或不向前作战的，则给予处罚。

本篇原无，据《守山阁丛书》本补。原题为“前茅后殿篇第五十七”。

经曰：《周礼》：挈壶以令军井，挈辔以令军舍，挈畚以令军粮①。前茅虑无②，建旗帜以表之，皆古法也。今以先锋令先探井泉、水草、宿止、贼路，与乡导计会，乃进军。战则有喝后，皆拔白刃以临之，使进；如退却，便斩；敌来追我，则后殿与战，无惊扰大军也。

【注释】

①“《周礼》”几句：语出《周礼·夏官司马·挈壶氏》，原文为：“挈壶氏掌挈壶以令军井，挈辔以令舍，挈畚以令粮。”挈，《说文》曰：“县持也。”

②前茅虑无：出自《左传》宣公十二年：“前茅虑无，中权，后劲。”杨伯峻注：“茅，疑即《公羊传》‘郑伯肉袒，左执茅旌’之茅旌。《礼记·杂记下》云‘御柩以茅’，亦谓以茅旌为前导也。楚军之前军或以茅旌为标帜，故云‘前茅’。”又说：“古之军制，前军探道，以旌为标识告后军。”前茅，古代行军时，前哨斥候以茅为旌，如遇敌人或敌情有变化，举旌以通知后军。虑无，思虑所未必有之事，预备以防不测之意。

【译文】

经说：《周礼》载，提着壶来命令士兵凿井，牵着马缰绳来命令士兵盖马舍，拿着容器来让士兵装粮食。先头部队为了防备意外情况，用茅旌来表示发生意外，进行预警，这都是古代的办法。现今，让先头部队首先探明井泉、水草、宿营以及敌人来路的情况，与向导商量计议后，再进军。战斗时则设立督战队，都拔刀在手来监督士兵，使他们前进；如果士兵退却，就斩。敌军来追击我军，负责断后的部队与敌军交战，不要惊扰大军。

衅鼓篇

【题解】

《说文》："衅，血祭也。"衅鼓，指古代用牲畜的血涂鼓的缝隙。衅，原来是祭祀，用的血是动物之血。《周礼·春官宗伯·天府》曰："上春衅宝镇及宝器。"郑玄注："衅，谓杀牲以血血之。"《孟子·梁惠王上》"齐桓晋文之事章"中言及"衅钟"，就是用牛的血。

春秋时期，在战争中也用敌方俘虏的血来祭祀。《左传》僖公二十三年："孟明稽首曰：'君之惠，不以累臣衅鼓，使归就戮于秦。'"杜预注："杀而以血涂鼓，谓之衅鼓。"为什么要把血涂在鼓上呢？因为击鼓在战场上是强调向敌人进攻。向敌人进攻，就会发生厮杀，刀枪就会见血。因此用敌人的血涂鼓，寓意战争一定能够取胜。在战争没有开始之前，寓意战争取胜就会极大地鼓舞士气，增强战胜敌人的信心。这是战前动员的一个重要仪式。

本篇记述唐代的衅鼓仪式：先派侦察兵抓敌人的一个俘虏过来将其腰斩，然后把尸体的上半部分向路的左边摆放，下半部分向路的右边摆放，取血涂鼓；然后军队从尸体中间走过，迎战敌军。这种做法十分残忍，也不利于让俘虏安心投降，反而会增强敌方抵抗的精神力量，因此不可取。

本篇原无，据《守山阁丛书》本补。原题为"衅鼓篇第五十八"。

经曰：军临敌境，使游奕捉敌一人，立于六纛之前，而祝曰："胡虏不道，敢干天常；皇帝授我旗鼓，翦灭凶渠。见吾旗纛者目眩，闻吾鼓鼙者魄散。"令敌人跪纛前，乃腰斩之；首横路之左，足横路之右，取血以衅鼓鼙。大纛从首足间过，兵马六军从之而往，出胜敌。亦名祭敌。

【译文】

经说：我军临近敌国边境，让巡逻侦察兵活捉一名敌人。大将军站立在六纛之前，祝祷道："胡虏不守臣道，胆敢冒犯天理。皇帝授我军旗战鼓，让我军翦灭元凶。看见我军大旗的敌人，头晕目眩；听到我军战鼓的敌人，魂飞魄散。"使那名被活捉的敌人跪在大纛前，腰斩了他；然后把他的头横在路的左边，把他的腿横在路的右边，取他的血祭鼓。然后，大纛从被腰斩了的敌人的头、腿之间通过，兵马六军跟随大纛通过，出发去战胜敌人。这个仪式也叫"祭敌"。

屯田篇

【题解】

屯田制是汉以后历代政府为取得军队给养或税粮，以士兵和无地农民垦种荒地的制度。屯田制始于汉武帝时，赵充国建议"屯田"于边防，戍卫与垦耕并顾。于是在西域实施屯田，是为军屯。东汉以后，由于长期战乱，军队作战给养不足，曹操采纳枣祗、韩浩的建议，在许昌招募农民屯田。《三国志·魏志》："是岁（指建安元年），用枣祗、韩浩等议，始兴屯田。"《晋书·食货志》："魏武既破黄巾，欲经略四方，而苦军食不足，羽林监颍川枣祗建置屯田议。魏武乃令曰：'夫定国之术，在于强兵足食。秦人以急农兼天下，孝武以屯田定西域，此先世之良式也。'于是以任峻为典农中郎将，募百姓屯田许下，得谷百万斛。郡国列置田官，数年之中，所在积粟，仓廪皆满。”曹魏实施的屯田，先是民屯。其地是无主和荒芜的土地，劳动力、耕牛、农具是在镇压黄巾起义中掳获的。民屯每五十人为一屯，屯置司马，其上置典农都尉、典农校尉、典农中郎将，不隶郡县。收成与国家分成。使用官牛者，官六民四；使用私牛者，官民对分。屯田农民不得随便离开屯田。屯田实施后，当年屯田收获谷物百万斛，缓解了军粮供给，百姓生活也逐渐安定下来。后来又接受枣祗的建议，下令军队屯田。军屯以士兵屯田，六十人为一营，一边戍守，一边屯田。这样屯田制得到了广泛推行。曹魏屯田对安置流民、开垦荒地、恢复农业生产发挥了重要的作用，为曹操统一北方创造了物质条件。

本篇记述的是唐代的屯田制度，内容丰富。一屯有六十顷，其中有二十顷用来种大豆、小麦、麻、荞麦。一屯之外还是五十亩菜地，允许种蔓菁、萝卜等蔬菜。还记载了一屯需要多少男劳力以及口粮、牛料、种子、农具等。谷物的收割要先捆成束，数数有多少束，就知道不同等级的田收成怎样了。谷物收上来后，要脱粒、分发等。这些记载非常详细，对于了解唐代的屯田制度有重要参考价值。

本篇原无，据《守山阁丛书》本补。原题为“屯田篇第五十九”。

经曰：《洪范》八政，以食为先[①]。是以商鞅入秦，行垦草之令；夷吾霸齐，富农功之术。夫地所以养人，城所以守地，战所以守城。务耕者，其人不衰；务守者，其地不危；务战者，其城不围。

【注释】

①《洪范》八政，以食为先：《尚书·洪范》曰：“八政：一曰食，二曰货，三曰祀，四曰司空，五曰司徒，六曰司寇，七曰宾，八曰师。”食在八政中居于首要地位。

【译文】

经说:《尚书·洪范》中的八件政事,以播种粮食为先。所以商鞅入秦为相,推行垦荒的法令;管仲使齐国称霸,实行的是奖励农耕的政策。土地是用来养活人民的,城堡是用来守护国土的,战争是用来保卫城堡的。致力于农耕的国家,他们的人民不会陷入贫困;致力于城池守备的国家,他们的国土不会有危险;致力于对敌作战的国家,他们的城邑不会被围困。

四海之内、六合之中,有奚贵?曰:贵于土。奚贵于土?曰:人之本。奚贵于人?曰:国之本。是以兴兵伐叛而武爵任,武爵任则兵胜①。按民务农则粟富,粟富则国强②。人主恃农战而尊,三时务农③,一时讲武,使士卒出无余力,入有余粮。所谓兴兵而胜敌,按兵而国富也。

【注释】

①兴兵伐叛而武爵任,武爵任则兵胜:语出《商君书·去强》:"兴兵而伐,则武爵武任,必胜。"

②民务农则粟富,粟富则国强:语出《商君书·去强》:"按兵而农,粟爵粟任,则国富。"

③三时:与下文"一时"合称"四时",意即四季。《礼记·孔子闲居》:"天有四时,春秋冬夏。"三时指适合农业生产的春、夏、秋三季,一时指冬季。

【译文】

四海之内,天地之间,什么是最可宝贵的?都说土地是最可宝贵的。为什么土地是最可宝贵的?因为土地是人生存的根本。为什么人最可宝贵?因为人民是国家的根本。所以起兵讨伐叛逆要实施奖励军功的办法，按军功大小授以武职和爵位，军队就能打胜仗。军队不打仗时，百姓要致力于农耕，这样粮食就会充裕；粮食富足了，国家就富强了。君主依靠发展农耕与对外作战而获得尊贵的地位。一年四季，春、夏、秋三个季节搞农业生产，冬天进行军事训练，这样就会使士兵出外作战时能全力以赴，平时在家也有充足的余粮。这就是所说的兴兵打仗能战胜敌人，按兵不战能使国家富强。

合屯田六十顷[①]：四十顷种子，五顷大豆种子，五顷麦种子，五顷麻种子，五顷荞种子。屯外五十亩菜，不入，至秋纳宴设厨；四十亩蔓菁种子；十亩萝卜种子，已上种子，各依乡原种。

一屯六十丁[②]，一丁日给米二升，一日一石二斗，一月三十六石，一年四百三十二石。

牛料：一屯六十头牛，日给豆五升，十月一日起料，四月一日停。一日三石，一月九十石，六月五百四十石。

一屯丁粮、牛料、种子、耒屯坚耒[③]，束以长三百七十八尺五寸三分三毫[④]。绳之四分之一，长九十三尺六寸三分四毫[⑤]。四月磔檿[⑥]，绳内有田一亩。对屯田官分三等田，内上、中、下，耒之以三尺五寸圈成束[⑦]，则耒数三等可知[⑧]。

耒屯苗子，横耒，取三等束[⑨]。对屯田官打下苗子，斗升合数，为两绢袋各乘苗子，一椀与屯田官耒使对者[⑩]，一椀与耒使掌者。屯官封其后，恐有耗损者。耒米取子，一斗平量，对屯田官捣耒得几米为率，则一屯斛斗可知。

等级：殊等九千石，第一等七千石，第二等六千石，第三等五千石。岁无水旱、灾蝗，满四千石者，屯官有殿。

一军载粟一十二万八千石，六分支米九万石，以殊等屯一十四，余万二千石，方支一岁粮。

【注释】

①合屯田六十顷：一个屯田单位共计有六十顷。

②一屯六十丁：一个屯田单位需要六十名男丁。

③耒屯：需要坚固农具才能耕种的屯田。坚耒：坚固农具。

④束以长三百七十八尺五寸三分三毫：此句意思是说用长三百七十八尺五寸三分三毫的绳子围成的地块。束，指一束绳子。

⑤绳之四分之一，长九十三尺六寸三分四毫：上文一束绳子的长度为三百七十八尺五寸三分三毫。其四分之一应该是九十四尺六寸三分三毫。但是由于绳子是软的，在丈量土地时往往要围绕田地边角的小木桩先作固定，绳子要在小木桩上绕一两圈，这样绳子就不会脱掉，所以要预留一段。按照本文的叙述，其四分之一，应该就是正方形的田，正方形的田有四个角，那么实际就有四根小木桩，除去预留的一段绳子，大约一尺左右，所以四分之一就是长九十三尺六寸三分四毫。

⑥磔橛（zhé jué）：剖木板作小木桩。

⑦耒之以三尺五寸圈成束：通过收割得到的谷物（连秸秆一起）用三尺五寸长的绳子捆扎成一束。这里的“耒”有收割之意。

⑧则耒数三等可知：那么三等田总共得到多少束的谷物就可以知道了。

⑨耒屯苗子，横耒，取三等束：对待收割好的已经扎成束的谷物，把耒柄横起来当成扁担，把各等谷物挑到打谷场上。苗子，即谷物。

⑩屯田官耒使对者：原作“屯田官者耒使对”，从下文“耒使掌者”看，“者”与“耒使对”乙倒，今乙正。耒是古代一种像犁的翻土工具，用耒耕作时，需要两人合作，一人在前用绳索套在后背上向

前拉，称为“耒使对者”；一人在后扶着耒，保证耒在土里能够正常翻土，称为“耒使掌者”。因耒使对者负重，往往担任屯田官，也称对屯田官。

【译文】

一屯共有田六十顷。四十顷以外的地为种子地，其中有五顷大豆种子，五顷麦种子，五顷麻种子，五顷荞麦种子。屯田以外另有五十亩菜地，不计算在内，到秋天供宴饮、厨房做菜使用。其中四十亩为蔓菁种子，十亩为萝卜种子。以上种子田，根据当地情况而种植。

一屯有六十个男丁劳作。每个男丁每天供给大米二升，六十个男丁每天需一石二斗，一月需三十六石，一年需四百三十二石。

牛料：一屯六十头牛，每天供给大豆五升，每年十月一日起供料，到次年四月一日停止。一天需大豆三石，一月需九十石，六个月共需五百四十石。

一屯丁粮、牛料、种子、竖耒，以长三百七十八尺五寸三分三毫的绳子作为丈量的工具，田为正方形，每边长九十三尺六寸三分四毫。四月开始破木板做小木桩，丈量土地，绳内留有田一亩给屯田官耕种。给屯田官的地，一般分上、中、下三等。收割谷物的时候，用三尺五寸的绳子把谷物连着的秸秆绑成束，那么三等田能有多少束谷物就可以知道了。

对待收割好的已经扎成束的谷物，把耒柄横起来当成扁担，把各等谷物挑到打谷场上。由屯田官打下粮食，按照斗、升来综合计数，用绢布做成两个绢袋，各盛粮食。一份给屯田官自己，一份给掌耒的人。屯田官负责在最后封绢袋，这样做就是怕有损耗。磨谷得米，按一斗标准计量。由屯田官捣磨一斗谷子得到多少升的米为标准来计算，那么，一屯能够得到多少斛斗的米就可以知道了。

等级：特等屯田，一屯年产粮九千石；第一等一年产粮七千石；第二等一年产粮六千石；第三等一年产粮五千石。一年中没有水灾、旱灾、蝗灾，一屯粮满四千石的，是屯田官的最低限度。

一军一年需粟十二万八千石，其中十分之六需支给大米，共九万石。特等屯田十四屯，每屯每年余粮一万二千石，才够供应一军一岁的粮食。

《神农书》曰[①]:“虽金城十仞，汤池百步，带甲十万，而无粟者，不能守也。”故充国伐西戎[②]，杜茂守北鄙[③]，创置屯田，以为耕植也。

【注释】

①《神农书》:古农书，托为神农。《汉书·艺文志》载:“《神农》二十篇。六国时，诸子疾时怠于农业，道耕农事，托之神农。”

②充国:赵充国（前137—前52)，西汉陇西上邽（今甘肃天水）人，字翁叔。武帝时为骑士，以六郡良家子善骑射补羽林。勇武有谋略，熟匈奴与羌族事务。后以假司马从贰师将军李广利击匈奴有功，拜中郎，迁车骑将军长史。昭帝时，以水衡都尉击匈奴，俘西祁王，擢后将军。因与大将军霍光迎立宣帝，封营平侯。将兵屯守边郡，匈奴不敢犯境。

③杜茂（？—43):东汉初南阳冠军（今河南邓州西北）人，字诸公。更始年间，随刘秀征战河北。任中坚将军。及刘秀称帝，任大将军。封乐乡侯。镇压五校等农民起义军。复转骠骑大将军，平定东方。建武七年(31)，率军屯田晋阳、广武，以御匈奴。筑亭障，设烽火，收复雁门，迫使割据称王的卢芳亡入匈奴。明帝时图画功臣，列为云台二十八将之一。

【译文】

《神农书》说:“虽然坚城高十仞，护城河宽百步，拥有甲士十万，如果没有粮食，是不可能坚守城池的。”所以，赵充国讨伐西戎，杜茂守卫北部边境，创立屯田，进行耕种。

人粮马料篇

【题解】

俗话说："兵马未动，粮草先行。"在古代冷兵器时代，士兵与马匹是作战的主要力量，而保障作战力量的是后勤供应。军队只有充足的粮草供应，才能确保能打仗，打胜仗。《孙子兵法·军争》篇说："军无辎重则亡，无粮食则亡，无委积则亡。"军队没有辎重就会失败，没有粮食就不能生存，没有物资储备就无法坚持作战。

本篇记述了唐代军队中粮食与食盐、马料、油料等的供应与分配情况。从记述来看，这种分配是十分合理的。稻米与粟米的能量不同，因此分配的数量也不同。盐有人食用与马食用的区分。粟米、稻米、盐、草料等都计算出一军一年的用量。这样可以根据出军的需要进行战前筹措，做到一旦需要，就能够及时供应。从文中给出的数字来看，一军的花销确实很庞大。这还仅仅是粮草的供应，还没有给出将军与士兵的从军待遇以及立功后的奖赏。由此可见，养一支庞大的军队，确实需要强大的综合国力来支撑。《司马法·仁本》篇说："国虽大，好战必亡。"诚哉斯言！

本篇原无，据《守山阁丛书》本补。原题为"人粮马料篇第六十"。

经曰：一军一万二千五百人，人日支米二升[①]，一月六斗，一年七石二斗。一军一日支米二百五十石，一月七千五百石，一年九万石。

以六分支粟[②]，一人日支粟三升三合三勺三抄三圭三粒[③]，一月一石，一年一十二石。一军一年二十万八千石。每小月，人支粟九斗六升六合六勺六抄六圭六粒，其大麦八分、小麦六分、荞麦四分、大豆八分、小豆七分、宛豆七分、麻七分、黍七分,并依分折米。

盐:一人日支半合,一月一升五合,一年一斗八升。一军一日六石二斗五升,一月一百八十七石五斗,一年二千二百五十石。

马料:一人二匹,一军二万五千匹。朔方、河西,一人二匹。范阳、河东、陇右、安西、北庭,则二人三匹。平卢、剑南,则一人一匹。计马二万五千匹为一军,计二百五十匹为一队,分为十坊,一坊秣马十队。十月一日起料,四月一日停料。

一马日支粟一斗,一月三石,六个月一十八石。计一军马一日支粟一千二百五十石,一月三万七千五百石,六个月二十二万五千石。

马盐:一马日支盐三合,一月九升,六个月五斗四升。一军马支盐三十七石五斗,一月一千一百二十五石,六个月六千七百五十石。

茭草④:一马一日支茭草二围,一月六十围,六个月三百六十围。计一军马六个月九十万围。

油药:其油药取逃亡兵士残粮衣赐,兽医人于马押官、都头中差取。

【注释】

①人日支米:每人每日供给的米。

②以六分支粟:支粟按供给其他粮食的十分之六计算。

③三升三合三勺三抄三圭三粒:升、合、勺、抄、圭,均是中国古代容量单位。合,市制容量单位,一升的十分之一。勺,一升的百分之

一，一合的十分之一。可见此处是十进制计量容量。则抄为一升的千分之一，圭为一升的万分之一。

④茭（jiāo）草：用作饲料的干草。

【译文】

经说：一军，一万二千五百人，每人每天支米二升，一人一月共支米六斗，一人一年共支米七石二斗。一军一天支米二百五十石，一军一月共支米七千五百石，一军一年共支米九万石。

以支米占支粟总额的十分之六计算，如果支粟，每人每天支给三升三合三勺三抄三圭三粒，一人一月共支给一石，一人一年共支给十二石，一军一年共支给二十万八千石。每个小月，一人共支给九斗六升六合六勺六抄六圭六粒。其中大麦按十折八、小麦按十折六、荞麦按十折四、大豆按十折八、小豆按十折七、豌豆按十折七、麻按十折七、黍米按十折七的比例折给大米。

盐：一人一天支给半合，一人一月共支给一升五合，一人一年共支给一斗八升。一军一天支给六石二斗五升，一军一月共支给一百八十七石五斗，一军一年共支给二千二百五十石。

马料：一人分给两匹马，一军共二万五千匹马。在朔方、河西两个位于西方的节度使地区，一人两匹马。在范阳、河东、陇右、安西、北庭五个位于北方的节度使地区，二人三匹马。在平卢、剑南两个位于西南的节度使地区，一人一匹马。总计二万五千匹马为一军，二百五十匹马为一队。二万五千匹马分为十个马场喂养，一个马场喂养十队，共计二千五百匹马。每年十月一日开始给料，次年四月一日停料。

一马一天支给粟米一斗，一月共支给粟米三石，六个月共支给粟米十八石。计一军马匹一日支给粟米一千二百五十石，一月支给粮食三万七千五百石，六个月共支给粮食二十二万五千石。

马盐：一匹马每天支给盐三合，一个月支给盐九升，六个月共支给盐五斗四升。一军的马匹每天支给盐三十七石五斗，一月共支给盐一千一百二十五石，六个月共支给盐六千七百五十石。

茭草：一匹马每天支给茭草二围，一月共支给茭草六十围，六个月共支给茭草三百六十围。计一军的马匹六个月共支给茭草九十万围。

油药：其油药从逃亡士兵所余下的粮食、衣服赐物中取。兽医从马队押官、都头中差人担当。

军资篇

【题解】

军用物资种类繁多，上文说的主要是粮食，本篇主要记述衣物、食品用具、生活用具等其他军用物资。从文中记述来看，主要分为两类：

一类是日常使用的军用物资，主要是质量比较低的绢和布。其中一人一年能得到绢和布各十二匹，一军要绢七万五千匹，布七万五千匹。这些绢和布供在军中使用。

另一类是赏赐用的军用物资，主要是质量高、价格贵的彩色丝织品，如锦、罗、绸缎等；还有质量高的成衣，如绯紫袄子、衫具、锦褥、紫绫褥等；价值贵重的银质器具，如金银衔辔、银壶瓶等；以及食器、床套、锦帐等。

这些赏赐可以说既贵重又丰富。对普通士兵来说，如果不通过作战立功，可能一辈子也享用不到。因此，这样的赏赐对激励士气是有作用的。

本篇原无，据《守山阁丛书》本补。原题为“军资篇第六十一”。

经曰：军无财，士不来；军无赏，士不往。香饵之下，必有悬鱼；重赏之下，必有死夫[①]。夫兴师不有财帛，何以结人之心哉！

【注释】

①“军无财”几句：语出《三略·上略》，原文为：“《军谶》曰：‘军无财，士不来。军无赏，士不往。’《军谶》曰：‘香饵之下，必有死鱼。重赏之下，必有勇夫。’”

【译文】

经说：军队没有财富，士兵不愿来；军队没有赏赐，士兵也不愿往。香饵之下，必有上钩的鱼；重赏之下，必有勇夫。兴兵打仗，如果没有财物、丝帛，凭什么来拢住士兵的心呢？

军士一年一人支绢、布一十二匹、绢七万五千匹、布七万五千匹。

赏赐：马鞍辔、金银衔辔二十具，锦一百匹、绯紫袄子、衫具、带鱼袋五十副①，色罗三百匹②，妇人锦绣夹襭衣、帔袍二十副③，绯紫紬绫二百匹④，彩色绫一百匹。

银器二百事，银壶瓶五十事，帐设锦褥一十领，紫绫褥二十领，食卓四十张⑤，食器一千事，酒樽杓一十副，长幕二十条，锦帐十所，白毡一百事，床套二十条，鸥袋、绣垫一百口⑥。

【注释】

①鱼袋：唐代官吏所佩盛放鱼符的袋。

②色罗：染色的轻软有稀孔的丝织品。

③夹襭(xié)衣：一种衣襟挽起兜东西的夹衣。襭，用衣襟兜起来。

④绯：红色。紬：同“绸”。绫：一种很薄的丝织品，一面光，像缎子。

⑤卓：同“桌”。

⑥垫：原作“墊”，疑字形相近而误。今改。

【译文】

军士，一年一人支绢、布共十二匹，一军士兵一年共支给绢七万五千匹，布七万五千匹。

赏赐：马鞍辔、金银衔辔二十具，锦一百匹，红色或紫色的袄子、衫具、带鱼袋五十副，彩色的罗三百匹，妇女穿的锦绣夹襕衣、披袍二十副，红色或紫色的绸绫二百匹，彩色绫一百匹。

银器二百件，银壶银瓶五十个，在帐中铺设的锦褥十领，紫色绫褥二十领，饭桌四十张，食器一千件，酒樽、酒杓十副，长幕二十条，锦帐十所，白色毡子一百件，床套二十条，鸱袋、绣垫一百口。

宴设音乐篇

【题解】

军队的主体是人。人都是在一定的时空中生活，除了物质生活资源的需要，也有精神生活的需要。军人如果长期处在作战及作战准备的紧张状态，对士气与精神状态都有很大影响，最终也会影响到军队的战斗力。历代统治者与军队主将都注意丰富军人的日常生活，缓解其紧张情绪，使得士兵不厌倦军队生活。

本篇记述了唐代军队设宴的基本情况，军队设宴需要备办的食材、音乐表演、舞蹈表演以及乐器等，对于了解唐代军队的设宴文化有重要参考价值。

从文中记述来看，设宴涉及的食材有酒、牛羊肉、牛羊蹄子、牛羊肚肝等，这些都是常见的荤菜。有如米、面饼、馒头等主食，也有饆饠等流行小吃，品种十分丰富。虽然不能与官廷达官贵人的宴请相比，但是在边疆有限的条件下，能提供这些丰富的食品，比常人想象得还是要好。

设宴欢庆需要音乐与舞蹈来助兴。文中讲到的乐器有大鼓、杖鼓、腰鼓，这是利用军中现有的鼓角，主要是用来振奋人心。不允许用丝竹弦乐等抒情性强的乐器，以免引起士兵的怀乡之情。这与军队的气氛是相符合的。舞蹈主要以诙谐搞笑与比武斗力两类为主。诙谐搞笑起到活跃气氛、放松心情的作用，比武斗力则是有助于提高单兵身体素质，有益于提高士兵的战斗能力。

由本篇记载来看，唐代诗中说到“不知何处吹芦管，一夜征人尽望乡”之类，是诗人的想象之词，军中是不允许战士演奏这类乐器的。

本篇原无，据《守山阁丛书》本补。原题为“宴设音乐篇第六十二”。

经曰：云上于天，《需》，君子以饮食宴乐[①]，用宣主君之惠、畅吏士之心。古人出师，必犒以牛酒，颁赏有序，殽席有差，以激励于众。酒酣，拔剑起舞，鸣笳角抵，伐鼓叫呼，以增其气。弦竹哀怨凄怆，征夫感而泣下，锐气沮丧，复安得而用哉！

【注释】

①“云上于天”几句：语出《周易·需卦·象传》，意为云在天上，是《需》卦，等待降雨。君子用饮食音乐来等待时机。

【译文】

经说：云在天上，是《需》卦，君子用饮食音乐来等待时机。君子用饮食宴会、音乐来宣扬君主的恩惠，使官吏、士兵的心情舒畅。古人出师打仗，一定要用牛肉和酒来犒劳，按功劳不同来设宴款待，以此来激励众将士。酒酣时，将士们在席间拔剑起舞、吹笳、表演摔跤、击鼓呼叫，以此来增强士气。弦竹音乐哀怨凄怆，士兵听到会伤感而流泪，锐气沮丧，又怎么能用这种音乐呢？

酒，一人二升，二百五十石。

羊，一口分为二十节，六百二十五口。

牛肉、代羊肉，一人二斤，二万五千斤。

白米，一人五合，六十二石五斗。

薄饼，一人两个，二万五千个。每一斗面作二十个，计面一百二十五石。

馒头，一人一枚，一万二千五百枚。一斗面作三十枚，用面四十一石六斗七升。

蒸饼，一人一枚，一万二千五百枚。一斗面作一百枚。

散子[①]，一人一枚，一万二千五百枚。一斗面作三十枚，面二十五石，每面一斗，使油二十二斤。

饆饠[②]，一人一枚，一万二千五百枚。一斗面作八十个，面一十五石六斗二升五合。

糕羹，一人三合。糯米三十七石五斗。

菜，一人五两，二千九百五十斤零四两。

羊头、蹄，六百二十五具，充羹。

酱羊肚、肝，六百二十五具，并四等充羹。

盐，三人一合，四石一斗六升。

酱，一人半合，六石二斗五升。

醋，一人一合，一十二石五斗。

椒，五人一合，二石五斗。

姜，一人一两，七十八斤零二两。

葱，三人一两，二百九十六斤零六两。

随筵乐例：

大鼓、杖鼓、腰鼓，舞剑、浑脱、角抵[③]，笛、拍板，破阵乐[④]，投石、拔拒、蹙鞠[⑤]。

【注释】

①散子：即“馓子”，一种油水面搓条炸制而成的油炸食品。

②饆饠（bì luó）：亦写作“毕罗”，是一种包有馅心的面制点心。饆饠需油煎而成，里面的馅料以肉为主，但有时也会有水果。始于唐代，当时长安的长兴坊有胡人开的饆饠店。据史料，有蟹黄饆饠、樱桃饆饠、天花饆饠等。

③浑脱：舞蹈名。北周及初唐舞蹈。出自伊朗，由龟兹传入中原。跳舞时头戴面具，有乐器伴奏，裸体跣足，腾逐喧噪，戏谑成分较浓。角抵：又名争交，我国古代体育活动项目之一。

④破阵乐：唐代贞观七年（633）制《秦王破阵乐》之曲，以讨叛为主题，歌颂唐太宗讨伐四方之武功。此曲包括三变（大段）、十二阵、五十二遍，为大型乐舞，曲用二千人，皆画衣甲，执旗旆，兼引马军入场，尤为壮观。宋用为词牌名。

⑤拔拒：即拔距，古代的一种练武活动。蹙鞠：蹴鞠。

【译文】

酒：一人二升，一军共二百五十石。

羊：一口分为二十节，一军共需羊六百二十五口。

牛肉、代羊肉：一人二斤，一军共需牛肉二万五千斤。

白米：一人五合，一军共需六十二石五斗。

薄饼：一人两个，一军共需二万五千个。每一斗面作二十个，共计需面一百二十五石。

馒头：一人一个，一军共需一万二千五百个。一斗面作三十个，共用面四十一石六斗七升。

蒸饼：一人一个，一军共需一万二千五百个。一斗面作一百个。

散子：一人一枚，一军共需一万二千五百枚。一斗面作三十枚，共需面二十五石，每用面一斗，同时加油二十二斤。

馎饦：一人一枚，一军共需一万二千五百枚。一斗面作八十个，共计用面十五石六斗二升五合。

糕羹：一人三合，一军共需糯米三十七石五斗。

菜：一人五两，一军共需二千九百五十斤零四两。

羊头、羊蹄：六百二十五具，作羹。

酱羊肚，酱羊肝：六百二十五具，共四等，作羹。

盐：三人一合，一军共需四石一斗六升。

酱：一人半合，一军共需六石二斗五升。

醋：一人一合，一军共需十二石五斗。

椒：五人一合，一军共需二石五斗。

姜：一人一两，一军共需七十八斤零二两。

葱：三人一两，一军共需二百九十六斤零六两。

随着筵席而进行的娱乐：大鼓、杖鼓、腰鼓，舞剑、浑脱、摔跤，吹笛、拍板，破阵乐，投石、拔河、蹴鞠。

卷六

阵图

总序

【题解】

阵，军伍行列之称。古代作战讲究阵法的历史悠久。《左传》桓公五年，郑国设“鱼丽之阵”。“鱼丽之阵”具体如何，今不可得知。银雀山汉墓出土的《孙膑兵法》有《八阵》篇，其曰：“孙子曰：用八阵战者，因地之利，用八阵之宜。”又有《十阵》：“凡阵有十：有枋阵，有员阵，有疏阵，有数阵，有锥形之阵，有雁行之阵，有钩行之阵，有玄襄之阵，有火阵，有水阵，此皆有所利。”这些阵当是作战时摆的阵型，其中雁行之阵也一直保留在后世。不过，战国时期有阵法，但应该没有阵图。

阵图的起源，从现有的资料看，到三国时期就有了。诸葛亮曾作过八阵图。陈寿在《三国志·蜀书·诸葛亮传》里说诸葛亮“推演兵法，作八阵图，咸得其要云”。唐代大诗人杜甫以“功盖三分国，名成八阵图”称赞诸葛亮。

后世关于阵图，众说纷纭，古书中亦多有载之。除了本书之外，北宋时成书的《武经总要·前集》中有关于阵法以及阵图的详细记录，南宋王应麟《玉海》卷一百四十二载“汉窦宪伐匈奴八阵”引《文选注》：“八阵：一曰方阵，二曰圆阵，三曰牝阵，四曰牡阵，五曰冲阵，六曰轮阵，七曰浮沮阵，八曰雁行阵。”明何良臣《阵纪》、清宫梦仁《读书纪数略》卷三十八等都有有关阵图的详细记载。各家说法不一，但也有重合的地方。

本篇所记述的车厢、洞当、车工、中黄、乌云、鸟翔、折冲、龙腾、雁行、鹅鹳、车轮、飞翼、浮沮等十三种阵法，在数量上远远不止八种，可见作者试图综合前人的说法，以五行即金、木、水、火、土来综合前人所说，再加上天、地，试图形成一个系统。但从下文来看，主要还是依据八卦来设计，一分为八，合八为一，体现作者对阵图系统的思考。

阵图在古代战争中发生过一定作用，但在今天已经没有多大借鉴价值，本篇也仅作为研究古代文化者参考。

经曰：黄帝设八形①：车厢、洞当②，金也。车上、中黄③，土也。乌云、鸟翔④，火也。折冲，木也。龙腾、却月⑤，水也。雁行、鹅鹳⑥，天也。车轮，地也。飞翼、浮菹⑦，巽也。风后亦演握奇之图，以正合，以奇胜。或合而为一，或离而为八。聚散之势，节制之度，复置虚实二垒。力牧以创营图⑧，其后，秦由余、蜀将诸葛亮并有阵图⑨，以教人战。夫营垒教战有图，使士卒知进止、识金鼓。其应敌战阵不可预形，故其战胜不复，而应形无穷⑩。兵形象水，水因地而制流，兵因敌而制胜，能与敌变化而取胜者，谓之神⑪。则其战阵无图，明矣。而庸将以不教之阵为战敌之阵，不亦谬乎！

【注释】

①八形：即八阵之形。八阵的说法不一，据清宫梦仁《读书纪数略》卷三十八载，有“黄帝五阵”，分别是“直阵、锐阵、圆阵、方阵、曲阵”。有“风后八阵”，分别是天阵、地阵、风阵、云阵、虎翼阵、蛇蟠阵、飞龙阵、鸟翔阵。此处“黄帝”名为伪托。作者李筌认为的

八阵，在上文《部署》篇有说，从下文《合而为一阵图》与《离而为八阵图》来看，此八阵为东方虎翼阵（兑）、南方蛇蟠阵（坎）、西方飞龙阵（震）、北方鸟翔阵（离），东北地阵（坤）、东南天阵（乾）、西南云阵（艮）、西北风阵（巽）。八阵是根据八方而来的，也对应八卦。

②车厢、洞当：古兵法阵法名。据清宫梦仁《读书纪数略》卷三十八载，有“吴起八阵”，分别是车厢阵、车轩阵、曲阵、锐阵、直阵、衡阵、掛阵、鹅鹳阵。故车厢阵与下文的鹅鹳阵，属于吴起八阵。又有“孔明八阵”，分别是洞当阵、中黄阵、龙腾阵、鸟翔阵、连衡阵、握机阵、虎翼阵、折冲阵。故此处洞当阵与下文中黄阵、鸟翔阵、龙腾阵属于孔明八阵。洞当，原作“洞”，脱“当”字。据《守山阁丛书》本补。

③车上：古阵法名。详情未知。

④乌云：古阵法名。明何良臣《阵纪》卷三：“乌云者，翼队也，奇兵也。乌之聚散无常，云之行止不测，以乌散云合而变化无端，故取义为乌云阵焉。”

⑤却月：古阵法名。《南史·朱龄石传》载：“帝遣白直队主丁旿率七百人及车百乘，于河北岸为却月阵，两头抱河。”

⑥雁行：古阵法名。《武经总要·前集》卷八：“太公三才之天阵，于卦属乾宫，则孙子之雁行阵，吴起之鹅鹳阵，诸葛亮之衡阵。”

⑦飞翼：古阵法名。《武经总要·前集》卷八：“太公三才之人阵，一曰飞翼阵，于卦属巽宫，则孙子之罘罝阵、吴起之卦阵、诸葛亮之虎翼阵，以其游骑两傍而舒翼也。”浮菹：即浮沮，古代阵法名。菹，通“沮”。《玉海》卷一百四十二载“汉窦宪伐匈奴八阵”引《文选注》：“八阵：一曰方阵，二曰圆阵，三曰牝阵，四曰牡阵，五曰冲阵，六曰轮阵，七曰浮沮阵，八曰雁行阵。”

⑧力牧：相传为黄帝臣。《汉书·艺文志·诸子略》有道家《力牧》

二十二篇,《兵书略》有阴阳家《力牧》十五篇。皆依托之作。

⑨由余:“由”又作“繇”。春秋时戎人。其祖先本晋人,因能言晋语,戎王遣其入秦。秦穆公以宫室积聚相夸示,他以为太奢,如此劳民伤财,国必危。穆公善其言而爱其才,乃离间他与戎王的关系,使人召之至秦,以客礼厚待。后为秦谋划伐戎,灭国十二(一说二十),开地千里,秦遂称霸西戎。

⑩故其战胜不复,而应形无穷:语出《孙子兵法·虚实》篇:“故其战胜不复,而应形于无穷。”

⑪“兵形象水”几句:化用《孙子兵法·虚实》篇:“夫兵形象水,水之形,避高而趋下;兵之形,避实而击虚。水因地而制流,兵因敌而制胜。故兵无常势,水无常形,能因敌变化而取胜者,谓之神。”

【译文】

经说:黄帝创设了八种阵形:车厢阵、洞当阵,是金阵。车上阵、中黄阵,是土阵。乌云阵、鸟翔阵,是火阵。折冲阵,是木阵。龙腾阵、却月阵,是水阵。雁行阵、鹅鹳阵,是天阵。车轮阵,是地阵。飞翼阵、浮沮阵,是巽阵。风后也推演过握奇图,用常规的一般的战法与敌接战,用特殊的战法来取胜。或者合而为一阵,或者分开成八阵。这就是军队或聚或散的态势,也是调动指挥军队的法度。还要设置虚、实二种营垒,以迷惑敌军。黄帝的大臣力牧曾创绘为营阵图。之后秦穆公时的由余、三国时蜀国的诸葛亮,都绘有阵图来教导士兵作战。在我方营垒中用阵法教导士兵作战,使士兵知道如何前进、如何后退,能分辨金鼓之声的意义。但在实际作战过程中,不可能预先画好图形。所以战胜敌人的方法不会是完全一样的,而对敌应变的阵形也就变化无穷了。军队的阵形就像水一样,水随着地形变化而流淌,军队要随着敌情变化去争取胜利。能够随着敌人的变化而变化从而取得胜利的,叫作“神”。因此,作战过程中没有固定不变的阵图,就是很明白的事情了。而平庸拙劣的将领平时不去教导士兵阵形,一旦进入实战,用临时编成的阵形去迎战,不是很荒谬吗?

风后握奇垒

【题解】

李筌对“握奇”的认识在上文《部署》篇中已经有了说明。《部署》篇说：“兵有四正四奇，总有八阵。或合为一，或离而为八。以正合，以奇胜，余奇为握奇。聚散之势，节制之变也。”

八阵之中，位于东北、东南、西南、西北四个角部位置的为正兵，阵名分别是地阵（坤）、天阵（乾）、云阵（艮）、风阵（巽），这四个阵是正兵之阵。东、南、西、北四个正方向的虎翼、云门（蛇蟠）、飞龙、鸟翔四个阵为奇兵。其他的为握奇兵。握奇，根据《合而为一阵图》，是大将军的左右将，居于战阵的中心，实处战阵的“虚地”。八阵在作战时，如有需要，握奇将可以随时支援。风后说：“所余的奇兵就是握奇兵。”大将军在居中偏南压阵，握奇兵则与大将军阵相对应，守在北方。握奇兵类似后世的预备队。

关于握奇兵的兵力数量，《部署》篇又说：“一军凡二百五十队，每十队以三为奇。《风后》曰：‘余奇握奇。’故一军以三千七百五十人为奇兵，队七十有五，余八千七百五十人，队一百七十五，分为八阵。”因此，一军中以三千七百五十人为奇兵，一共是七十五队。一旦战事有变，可以根据需要随时增援。

经曰：风后至于太公，俱用是法。古之《握奇》，文不满尺，理隐难明。范蠡、乐毅、张良、项羽、韩信，亦用是法，得其糟粕。而霍光、公孙弘、崔浩[①]，亦采其华，未尽其实。惟诸葛孔明则深明其法。以八阵握奇垒，画为图，本守地阔狭，分寸丈尺毫发不爽，具图以列之于后焉[②]。

【注释】

①霍光（？—前68）：西汉河东平阳（今山西临汾西南）人，字子孟。霍去病异母弟。少为郎，迁诸曹侍中，后为奉车都尉光禄大夫。为人小心谨慎，为武帝所亲信。武帝临终，任为大司马大将军，封博陆侯，与金日磾、上官桀、桑弘羊同受遗诏，辅佐少主。昭帝即位后，专朝政。及昭帝死，迎立昌邑王刘贺为帝。旋废之，另立宣帝。前后秉政二十年，遵循武帝法度，注意轻徭薄赋，与民休息，百姓生活较为安定。宣帝即位后归政，仍掌大权。地节二年（前68）病卒。公孙弘（前200—前121）：西汉菑川薛（今山东滕州南）人，字季，一字次卿。少为狱吏。家贫，牧豕海上。年四十余，始学《春秋》杂说。武帝初，以贤良为博士。元光五年（前130）复以贤良对策，擢为第一，拜博士，待诏金马门。每朝会奏事，有所不可，不肯庭争。又习文法吏事，缘饰以儒术，以此得武帝赏识，一岁中官至左内史。迁御史大夫。元朔五年（前124）为丞相，封平津侯，汉代丞相封侯自此始。曾建议武帝为博士置弟子员，拔擢儒生充任官吏。数谏罢西南夷、苍海郡，武帝许之。自奉甚俭，俸禄皆以给故人宾客，家无余财。年八十终丞相位。《汉书·艺文志》儒家有《公孙弘》十篇，今佚。

②具图以列之于后焉：这里采用的图是《守山阁丛书》本的图。下文所附之图，亦皆是取自《守山阁丛书》本。

【译文】

经说：从风后到姜太公都用这个阵法。古代的《握奇经》，其文字很少，其理隐晦难明。范蠡、乐毅、张良、项羽、韩信，都运用这个阵法，但只得到其糟粕；而霍光、公孙弘、崔浩，也只是得到了它的形式，而没有领会它的精髓。只有诸葛孔明能够深得阵法要领。今用八阵握奇画成营垒图，安排守地的宽窄、占地多少，丈尺分寸丝毫不差，现列图于后。

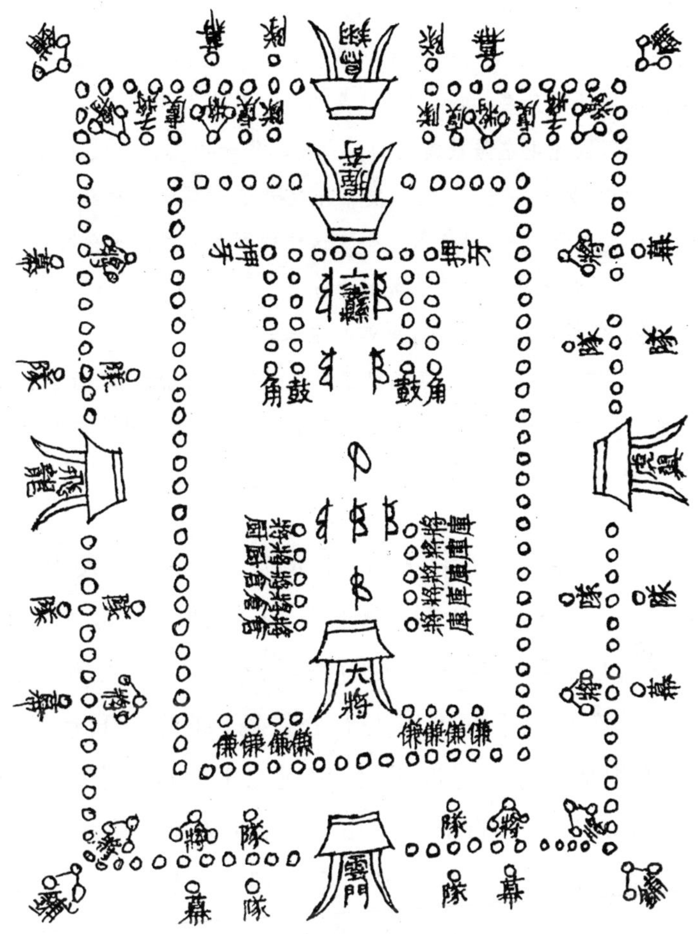

握奇外垒

【题解】

本篇与上篇应为一篇，是对上篇中的图进行说明。内容涉及外垒、奇兵、八阵与中垒等内容。了解本篇必须与上图对读。

握奇外垒图，在整体布局上包括外垒与中垒。外垒按东、南、西、北、东北、东南、西南、西北八个方位布置。图中小圆圈组成的长方形有两个，在外围的就是外垒，在内部的就是中垒。外垒与中垒之间布置战队，各有将把守，因此中垒是最安全的。大将军居于中垒，鼓角、牙旗等大将军发号施令的装备在中垒，便于发布作战号令。军队的后勤物资，如仓库、粮草等也居于中垒，以确保安全。这样的军营安排是十分合理的。

奇兵的数量为军队人员总数的十分之三。

八阵的位置，分别在八方，每阵的占地与守卫人员皆有定数。

中垒的位置居阵中，大将军镇守中垒。军队所用六纛、五麾、金鼓、库藏、辎重等的物资也放在中垒。本文的记述让人们对唐代军队的阵营设置有了具体的认识。

一军一万二千五百人，以十人为一火，一千人为百火。幕亦如之，幕长一丈六尺，舍十人，人守地一尺六寸。十以三为奇，以三千七百五十人为奇兵，余八千七百五十人分为八阵。阵有一千九十三人七分五铢，守地一千七百五十尺，八阵积卒守地一万四千尺，率成二千三百三十六步余二尺[①]，积成六里余一百七十三步二尺，以垒四面乘之，一面得地一里余二百二十三步二尺。垒内得地十四顷十七亩余百九十七步四尺六寸六分，以为外垒。

天阵居乾，为天门；地阵居坤，为地门。

风阵居巽，为风门；云阵居坎，为云门。

飞龙阵居震，为飞龙门；虎翼阵居兑，为虎翼门。

鸟翔阵居离，为鸟翔门；蛇蟠阵居艮，为蛇蟠门。

天地风云为四正，龙虎鸟蛇为四奇。

乾坤艮巽为阖门，震离坎兑为开门。

有牙旗，游队列其左右。偏将军居垒门内，禁出入，察奸诈。垒外有游军，定两端，前有冲，后有逐，四隅有铺，以备非常。

中垒[2]：以三千七百人为中垒，守地六千尺，积步得二里余二百八十步；以垒四面乘之，一面得地二百五十步。垒内得地二顷一百步。正门为握奇，大将军居之，六纛、金鼓，皆居中垒。

【注释】

①二千：原脱。文后张海鹏注："三百六十步为里。"则六里需要二千多步。

②中垒：上图中有两个由小圆圈围成的长方形，其中里面的小长方形围合的区域就是中垒。

【译文】

一军共一万二千五百人，以十人为一火，一千人为百火。军中帐幕也是如此。帐幕长一丈六尺，供十人居住，每人守地一尺六寸。十分中以三分为奇兵，一军中以三千七百五十人为奇兵，余下的八千七百五十人分为八阵，每阵有一千零九十三点七分五铢人，每阵共守地一千七百五十尺，八阵加起来总共守地一万四千尺，合二千三百三十六步余二尺，合六里余一百七十三步二尺。按营垒的四面计算，每一面占地一里余二百二十三步二尺。营垒内有地十四顷十七亩余一百九十七步四尺六寸六分，以此为外垒。

天阵居乾，为天门；地阵居坤，为地门；

风阵居巽，为风门；云阵居坎，为云门；

飞龙阵居震，为飞龙门；虎翼阵居兑，为虎翼门；

鸟翔阵居离，为鸟翔门；蛇蟠阵居艮，为蛇蟠门；

天地风云为四正，龙虎鸟蛇为四奇；

乾坤艮巽为阖门，震离坎兑为开门。

营垒内有牙旗，押旗兵列于牙旗左右。偏将军居于营垒门内，严禁出入，察访奸细。营垒外有流动的军队，守定营垒两边。营垒前面有战车，后面也有战车，四角有守卫据点，以防备突然事变。

中垒：以三千七百人为中垒，中垒防守的地区全长六千尺，合二里余二百八十步。中垒分为四面，一面占地长二百五十步，垒内有地两顷余一百步。正门为握奇，大将军居于其内，大将军的六纛以及指挥军队的金鼓等都安置在中垒里。

偃月营

【题解】

偃月营是利用有利的山势地形而设置的阵营。阵营整体呈半月形状，也分外营与中营。偃月营背山而建，前临水泽，选择在地窄山狭的地方扎营。

偃月外营分开三个门，营内驻守副将、战车与战马。偃月中营，大将居之。鼓角随大将也安置在中营，以便听候大将调用。

本篇记述了偃月营的外营与中营，按一军人马计算，各自所需的面积。由于有山势依仗，偃月营的防备更加坚固。

经曰：偃月营，形如偃月，背山冈，面陂泽，轮逐山势，随面直。地势窄狭之所，故谓下营。

按偃月外营：常以四六分幕，一万人以六千人守地九千六百尺，积尺得一千六百步四尺；积步得二里三百四十六步四尺，为弦，弦置三门，每门相去三百五十五步一尺五寸五分。营内地十八顷八十亩五十八步。右置上弦门，中置偃月门，左置下弦门。

偃月中营：以二千五百人守地四千尺，积尺得六百六十六步四尺；积步得一里三百步四尺。每幕加地四尺五寸四分，每幕中两厢置土马十二匹，大小如常马，被直鞍，令士卒擐甲胄、櫜弓矢、佩刀剑、持矛盾①，左右上，以习骑射之方。

【注释】

①擐（huàn）：穿，贯。櫜（gāo）：古代车上用来盛东西的大袋子。这里活用作动词，往袋子里装。

【译文】

经说：偃月营形状像半月形，背依山冈，面向圩岸水泽，营轮顺着山势，营弦随内面而笔直。这是在狭窄的山地设立的营，因此叫下营。

偃月营的外营：经常按四六开分居帐幕。一万人中以六千人守地，共守地九千六百尺，合一千六百步四尺，相当于二里三百四十六步四尺，为弦。弦上设置三个门，每个门之间相距三百五十五步一尺五寸五分。偃月形营内有地十八顷八十亩五十八步。右边设置上弦门，中间设置偃月门，左边设置下弦门。

偃月营的中营：以二千五百人守地，共四千尺，合六百六十六步余四尺，相当于一里三百步余四尺。每个帐幕增守地四尺五寸四分，每个帐幕中两旁设置土马十二匹，马大小与真马相同，配备好鞍具，命令士兵穿好铠甲，挎上弓箭，佩戴好刀剑，手拿长矛盾，从土马左右上下，以练习骑马射箭的方法。

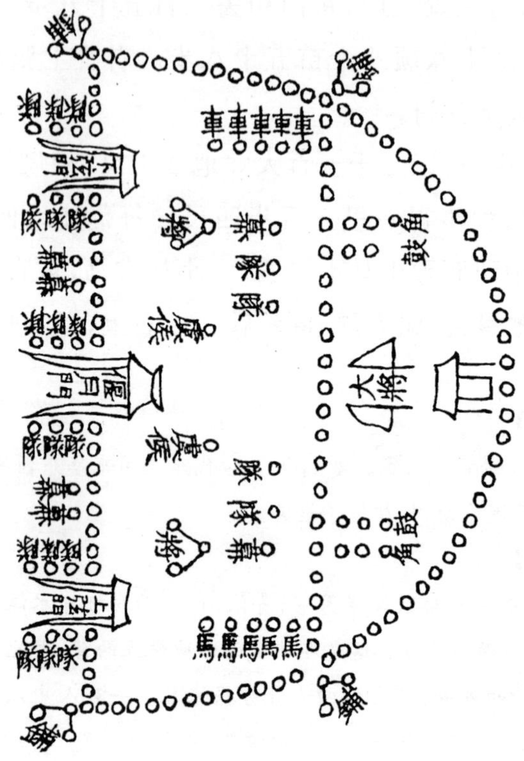

太白营

【题解】

太白营图是另一种阵图，与风后握奇垒图主体布局大致相同。太白营阵图也是按外垒与中垒布局。图中小圆圈组成的长方形，就是外垒。按八卦方位分为八方，实际也是按东、南、西、北，东北、东南、西南、西北方位布置。防御效果也是一样的。虽然各个方位的名称不同，但整体布局是一致的。

太白营图的中垒是小圆圈组成的圆形范围内的区域，与风后握奇垒图的中垒不同。大将军居于中垒,鼓角、牙旗、仓库等也放在中垒。这与风后握奇垒图放置是一样的,都是为了确保安全。在外垒与中垒之间,布置军队值守。太白营图中有马队与车队,由于春秋时期盛行车战,可见太白营图保留有春秋时期的军营安置图。

本篇记述了太白营阵图中的人员配置、牙旗的颜色与图案、各门防守范围等,对了解古代军队的军营设置有重要的参考价值。

经曰:参七星,伐三星[①],连体十星为十将军,西方白虎之宿也,主杀伐。此星出而天下秋,草木摇落,有若军威,故兵出而法焉。

凡一将守一千人,十将守一万人,守地一万六千尺,积尺得二千六百六十六步四尺,积步得七里一百四十六步四尺。以营四面乘之,一面得地一里,余三百六步四尺,营内地十八顷七十亩一百四十三步五尺三寸三分。

地主居坎,为地主门。和德居艮,为和德门。

大灵居巽,为大灵门。高丛居震,为高丛门。

大威居离,为大威门。大武居坤,为大武门。

太簇居兑,为太簇门。阴德居乾,为阴德门。

四仲为开门[②],四维为阖门[③]。

外置牙旗、游队,四维门置铺,偏将军居垒,门内以禁出入、察奸邪。十将图禽幡,以五色五行列之。

右一将,行得水,黑幡,旗帜图熊,额白脚青。

右二将,行得火,赤幡,旗帜图鹗,额白脚黄。

右三将,行得木,青幡,旗帜图熊,额白脚赤。

右四将,行得金,白幡,旗帜图狼,额白脚黑。

右五将，行得土，黄幡，旗帜图虎，额白脚白。

左一将，行得水，黑幡，旗帜画熊，额青脚青。

左二将，行得火，赤幡，旗帜画鹗，额青脚黄。

左三将，行得木，青幡，旗帜画熊[4]，额青脚赤。

左四将，行得金，白幡，旗帜画狼，额青脚黑。

左五将，行得土，黄幡，旗帜画虎，额青脚白。

中营二千人为左右决胜军，大将卫五百，为幕二百五十人。守地四千尺，积尺得六百六十步余四尺；积步得一里三百六十步四尺；以营四面乘之，一面得地一百六十六步余四尺[5]。其中营小，每面四十三步三尺三寸三分，通成二百二十二步一尺三寸三分[6]。每幕相去四尺五寸四分，营内有地二顷四亩余百五十七步一尺五寸九分。

休门主一，居子。生门主八，居艮。伤门主三，居卯。杜门主四，居巽。景门，居午。死门，居坤。惊门，居酉。开门，居乾。

右八门，四维四仲，唯开、景门阖，中置大将军，如握奇法。

【注释】

①伐：古星名。属二十八宿中的参宿，即参宿中间一字斜排的三颗小星，在今猎户座内。《石氏星经》："参七星，两肩双足三为心。"

②四仲：原为四季中的"仲春""仲夏""仲秋""仲冬"，皆为季节之中。这里借为"中"。四仲即四方之中，分别为地主门、高丛门、天威门、太族门。

③四维：即四端，四个角的门，分别是和德门、大灵门、大武门、阴德门。

④熊：原作“狼”，误，据《守山阁丛书》本改。

⑤一百六十六步余四尺：原作“六十八步余四尺”。中营四面总周长是“六百六十步余四尺”，一面的周长一百六十五步一尺，故作“六十八步余四尺”，有误。今据《守山阁丛书》本改。

⑥二百二十二步一尺三寸三分：原作“二十二步一尺三寸三分”。营有四面，一面长为“四十三步三尺三寸三分”，则四面总周长将近二百步，故此处有误。今据《守山阁丛书》本改。

【译文】

经说：参宿有七颗星，附近的伐宿有三颗星，这十颗星连在一起称为十将军，位于西方白虎七宿中，主管征杀讨伐。此星在天空出现，天下就是秋天了，草木摇落，就像军威主肃杀一样，因此出兵打仗之事由它代表。

一将率一千人，十将率一万人，一共守地一万六千尺，累计得二千六百六十六步余四尺，又累计得七里余一百四十六步四尺。按营垒有四面计算，每一面占地长一里余三百零六步四尺，营垒内有地十八顷七十亩余一百四十三步五尺三寸三分。

地主居坎，为地主门。和德居艮，为和德门。

大灵居巽，为大灵门。高丛居震，为高丛门。

大威居离，为大威门。大武居坤，为大武门。

太簇居兑，为太簇门。阴德居乾，为阴德门。

居于阵四面正中的是开门，居于阵四角的是阖门。

垒外安置将军大旗。设巡游队，四角的门设置防卫据点，偏将军居于营垒门内，负责严禁出入、察访奸细。十将的旗幡上画着禽兽，根据五色和五行来排列。

右一将：五行得水，黑旗，标志旗上画熊，上白下青。

右二将，五行得火，红旗，标志旗上画鹞，上白下黄。

右三将，五行得木，青旗，标志旗上画熊，上白下红。

右四将，五行得金，白旗，标志旗上画狼，上白下黑。

右五将，五行得土，黄旗，标志旗上画虎，上白下白。

左一将，五行得水，黑旗，标志旗上画熊，上青下青。

左二将，五行得火，红旗，标志旗上画鹞，上青下黄。

左三将，五行得木，青旗，标志旗上画熊，上青下红。

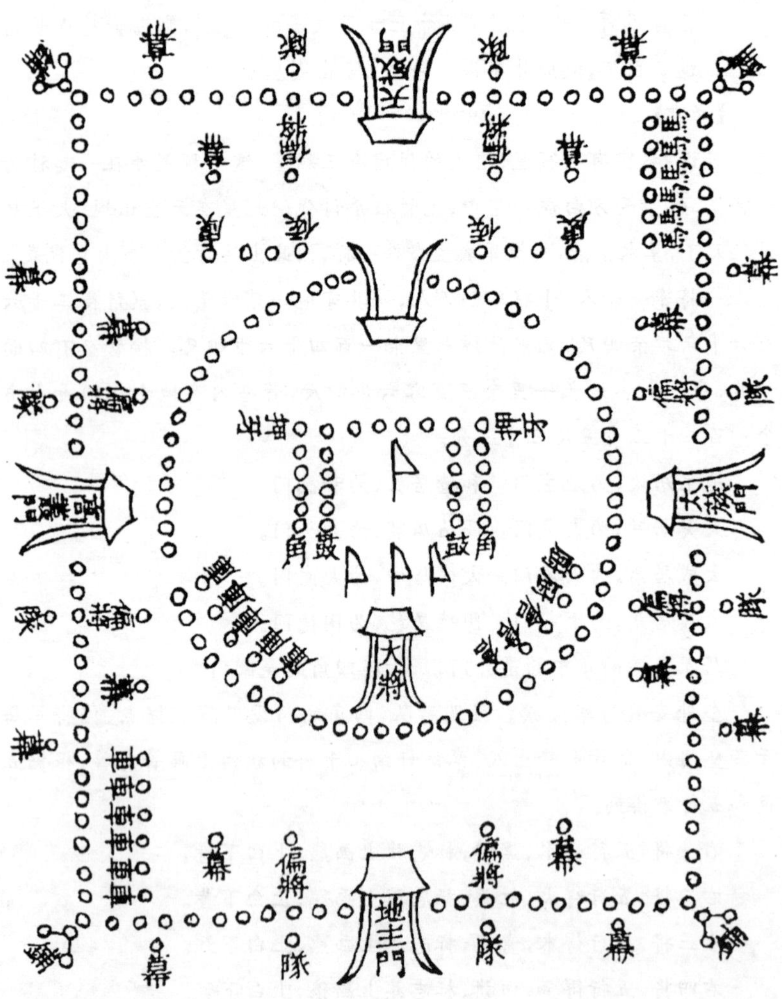

左四将，五行得金，白旗，标志旗上画狼，上青下黑。

左五将，五行得土，黄旗，标志旗上画虎，上青下白。

中营二千人为左右决胜军，大将军卫兵五百，一幕容纳二百五十人。守地长四千尺，合六百六十六步余四尺，共合一里余三百六十步四尺。按营垒有四面计算，一面占地长一百六十六步余四尺。中营比较狭小，每面四十三步三尺三寸三分，通计每面长二百二十二步一尺三寸三分。每个帐幕相距四尺五寸四分。中营内有地二顷四亩余一百五十七步一尺五寸九分。

休门主一，居子；生门主八，居艮；伤门主三，居卯；杜门居巽；景门居午；死门居坤；惊门居酉；开门居乾。

右八门四维四仲，惟有开门、景门阖闭。大将军居中，就如同“风后握奇外垒篇”一样。

阴阳队

【题解】

阴阳队图是战斗队形图，不是驻扎阵营的图。图的整体形状呈“菱形”，分阴队和阳队。

阳队处于整个队形的前方，以最前端的排甲为中心，两侧是两队排甲，呈雁翅形左右展开。最前方的排甲之后是甲头，排甲兵均归其指挥。甲头后方有两“傔甲”作为侍从，保护甲头。在前排排甲队之后，是两队陌刀队。甲头后是阳队队长所在位置，阳队队长两侧之后是卒袍，卒袍后方是插队的弩袍、排甲、陌刀。

阴队位置在队形的中后方，以旗鼓教主为中心。旗鼓教主前方的排甲为顶端，呈雁翅形左右展开。旗鼓教主前方三个排甲队，左右各两名“傔甲”作为侍从，负责保卫旗鼓教主。“傔甲”两侧是两队陌刀队。旗鼓教主两侧后方是卒袍。旗鼓教主正后方是阴队队长，阴队队长两侧后方是卒袍。卒袍后方主要是弩袍，分列两侧。

整个队图以阳队队长、旗鼓教主、阴队队长一线为主轴，两侧分别排列排甲、卒袍、陌刀、弩袍等队。队形排列有序，有利于执行战术行动。

经曰：阳队起一至九，阴队起九至一。队有五十人，五人为火长，一队九人，不失四十五人之数。卒间容卒，相去二步；队间容队，相去十八步。

前后一十步[①]，其队相去，前后亦如之。所谓“队间容队，阵间容阵，曲间容曲”者是已。

一队居地三十步，一阵二十三队，布地七百九十三步。方圆、斜曲、长短皆如之。火长不预教习，其支器仗亦在分数之内。甲三十领，六分；战袍二十领，四分；枪五十根，十分；牌十面，二分；弩十张，二分；陌刀十口，二分；箭四十副，八分；佩刀四十口[②]，八分；旗十具，二分。

【注释】

①十：原作“千”，从上下文看，当误。据《守山阁丛书》本改。

②四十口：原作“四十四口”，疑衍一“四”字，今据《守山阁丛书》本删。

【译文】

经说：阳队从一到九，阴队从九到一。每队有五十人，其中五人为火长，五火各有九人，不少于四十五人之数。士兵与士兵之间可以容下一个人，两兵相距二步；一队与另一队之间也可以容下一队，两队相距十八步。

与前队、后队相距十步。前队、后队之间相距，与它们的前、后队相距也是这样。所谓“两阵之间可以容下一阵，两队之间可以容下一队，两部曲之间可以容下一部曲”，就是这样的。

一队占地三十步，一阵共二十三队，占地七百九十三步。其阵的方圆、斜边、长短都是如此。火长不参预教练演习，但他支领的兵器甲杖，也在总份数之内。一队共支领十分之六的铠甲共三十领，十分之四的战袍共二十领，十分之十的枪共五十根，十分之二的盾共十面，十分之二的弩共十张，十分之二的陌刀共十口，十分之八的弓箭共四十副，十分之八的佩刀共四十口，十分之二的旗共十具。

教旗

【题解】

古代社会生产力水平低下,人口数量有限,国家也多施行兵农合一的制度。士兵平时从事农业生产,战时被征召杀敌。军队是需要专门的军事训练才能出征作战的,因此在和平时期要对战士进行军事训练。这样既保证了社会的生产水平,又满足了国防建设的需要。《司马法·仁本》篇中论述:"故国虽大,好战必亡;天下虽安,忘战必危。天下既平,天子大恺,春蒐秋狝。诸侯春振旅,秋治兵,所以不忘战也。"《司马法》虽然反对"好战",但坚决反对"忘战"。《天子之义》:"士不先教,不可用也。"主张要加强军队的教育与训练。在军队的教育与训练上,《司马法》强调,一要注重士兵的思想教育,《天子之义》说:"古之教民,必立贵贱之伦经,使不相陵。德义不相逾,材技不相掩,勇力不相犯,故力同而意和也。"主要是利用封建伦理纲常,建立军队中的贵贱等级,使得上下有序,不相跨越界线,不相互侵犯。二是重视军事训练的作用。《司马法·定爵》说:"人习阵利,极物以豫,是谓有善。"强调士兵必须熟悉战阵之法,"讯厥众,求厥技",让士兵明白军中号令与作战的技巧。

本篇主要是依据《司马法》的精神而做的发挥,所以开头引用《司马法》的文字作为依据,但是重点强调士兵的"识金鼓、别旗帜、知行列、谙部分"。熟悉军事训练便于士兵听从号令,统一指挥。本篇记述了唐代的军训制度,对了解古代军训文化有重要参考价值。

经曰:春秋末,并为战国,广增讲武之礼,以为戏乐,用相夸竞,而秦人名为角抵。故国虽大,好战必亡;天下虽安,忘战必危[①]。故春蒐、夏苗、秋狝、冬狩[②],振旅理兵,所以不忘战也。宣尼曰:"以不教民战,是谓弃之[③]。"今边军更名曰“教旗”[④]。使士卒识金鼓、别旗帜、知行列、谙部伍，乃一军之节制也。

【注释】

①“故国虽大”几句：语出《司马法·仁本》。

②春蒐（sōu）、夏苗、秋狝、冬狩：语出《左传》隐公五年，原文为：“故春蒐、夏苗、秋狝、冬狩，皆于农隙以讲事也。”杜预注：“蒐，索，择取不孕者。”

③以不教民战，是谓弃之：语出《论语·子路》篇，原文为：“子曰：以不教民战，是谓弃之。”意思是，用未经过训练的人民去作战，这等于是糟蹋人的性命。宣尼：即孔子。汉平帝元始元年（1）追谥孔子为褒成宣尼公，故称。

④教旗：训练士兵看懂旗号命令并随旗号行动。

【译文】

经说：春秋末期，各国互相兼并。到了战国时，增加了讲求武备的礼仪，以讲求武备为戏乐，以此相互夸耀竞争。到了秦朝时更改其名为角抵。国家虽然强大，好战必然灭亡；天下虽然安定，忘记备战必然危险。因此春蒐、夏苗、秋狝、冬狩，都是在农闲时打猎，借此聚集并训练军队，是为了不忘记备战。难怪孔子说：“不教导百姓备战，等于糟蹋人命。”今边境军队更改备战之名为“教旗”，是为了使士兵明白金鼓声的含义，辨别各种旗帜的用意，知道如何排行列阵，熟悉自己在队中的位置。这是指挥调动一军的关键。

凡教旗，于平原高山，将居其上，南向。左右各置鼓十二面，角十二具，各树五色旗，六纛居前，旌节次之。监军御史、裨、副、左右衙官、骑队如偃月形。为候骑，下临平野，使士卒目见旌旗、耳闻鼓角、心存号令。乃命十将、左右决胜将，总十六将，一万二千人，去兵刃精新，甲马旗帜，分为左右厢，各以兵马使为长，班布其次。阵间容阵，队间容队，曲间容曲。以长参短，以短参长。回军转阵，以后为前，以前为后。进无速奔，退无趋走。纷纷纭纭，斗乱而势不乱；浑浑沌沌，形圆而势不散，奇正是也。进止有度，疾徐有节，以正合，以奇胜，听音、望麾，乍离而乍合。

【译文】

凡是教旗，都在有平原和高山的地方进行。大将军位居高处，面朝南方。大将军左右各安置鼓十二面、角十二具；左右各树五色旗帜，六纛在最前面，其他旌旗依次排列。监军御史、裨将、副将、左右衙官分立左右，排成半月形。受训练的士兵在高处下边的平原中，使士兵眼睛能看到旌旗，耳朵能听到鼓角声，能一心听从号令。然后命令十将和左右决胜将，总计十六将，统帅一万二千人。都是兵器精良，铠甲、马的饰物、旗帜鲜明，分成左右两厢军队。各以一个兵马使为总指挥，指挥军队的队形、次序。要做到两阵之间的间隔可以容纳一个阵，两队之间的间隔可以容纳一个队，两曲之间的间隔可以容纳一个曲。各种兵器长短掺杂。军队回转，全体士兵向后转，以前军为后军，以后军为前军。前进时没有快速奔跑，后退时也没有人抢跑。两支训练的军队相互交错时，看上去纷纭复杂，队伍却阵势不乱。阵势不乱而战斗不败的关键，就是奇正。进退有节度，快慢有节奏，用常规手段交战，用非常规手段突击取胜。听准金鼓之声，看清大将军麾下旗帜，听从调遣，忽而集聚，忽而散开。

于是三令五申，白旗飐、鼓音动，则左右厢齐合；朱旗飐、角音动，则左右厢齐离。离与合，皆不出中央之地。左厢向阳而旋左，右厢向阴而旋右，左右各复本位。前后左右，无差尺寸。散则法天，聚则法地。如此三合而三离，三聚而三散。不如法者，吏士之罪，可以军法从事。

【译文】

这样可以进行三令五申的训练了。白旗向前挥动，鼓声大震，左右两厢军队汇合作战；红旗向前挥动，角声大鸣，左右两厢的军队就分离。汇合与分离，都不超过中央的子午界线。左厢军队向阳位移动，右厢军队就向阴位移动，然后左右厢军队各回原位。前后左右的间隔距离，都要不差尺寸。军队散开与集合，就像大自然中鸟兽散开与集合一样。像这样三次汇合后三次分离，三次分散后又三次聚集。凡不按号令行动的官兵，按军法处置。

于是大将出五色旗十二面，各树于左右阵前，每旗选壮士五十人守旗，复选壮士五十人夺旗；右厢夺左厢，左厢夺右厢。鼓音动而夺，角音动而止。得旗者胜，失旗者负。胜赏，负罚。离合之势，胜负之理，赏罚之信，于是乎教之。

【译文】

然后，大将军拿出五彩旗帜十二面，分别树立在左右厢军队的阵前。每面旗帜挑选强壮的士兵五十人守旗，再挑选强壮的士兵五十人去夺旗。右厢士兵夺左厢的旗帜，左厢士兵夺右厢的旗帜。鼓声一响就开始夺旗，角声鸣响就停止。夺得旗帜的为胜，失掉旗帜的为负。胜利者奖赏，失败者受罚。这样分离与汇合的态势，胜利和失败的道理，奖赏和惩罚的信义，都从中加以教导了。

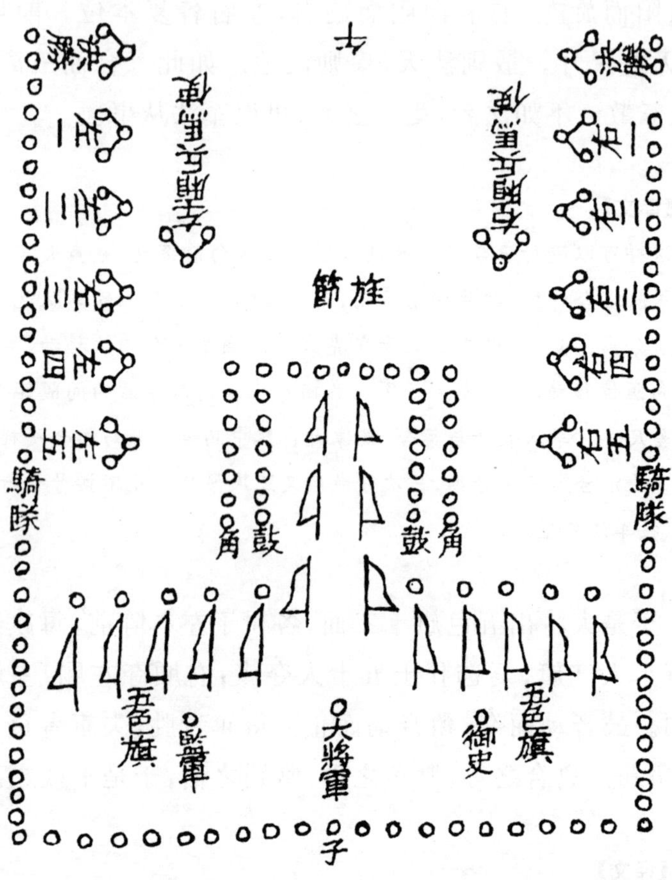

草教图篇

【题解】

军训除了常规的队列训练之外，关键是要模仿实战进行训练。本篇是以围猎来代替实战的训练，士兵在实际的围猎中得到训练，可增加实战的经验。

以围猎来模仿实战场景源远流长。远古之时，人们以狩猎为生。为了生存，彼此争夺猎物或围猎的场地时也会发生战争。在战争中，战术手段往往利用打猎的技术或方法，因此，围猎不仅是获得食物的重要手段，也成为古代进行实战训练的一种重要方法。

李筌在这里记述了唐代以围猎进行军事训练的制度。实施围猎，首先是划分区域。一军十二将各有区域，各将率领各自人马听从号令节制。在包围的区域内，善射的骑兵负责追逐猎物，射箭打猎；步兵负责包围，防止猎物逃脱。通过围猎来训练士兵听从号令的指挥，以及初级的作战行动。可见，这样的围猎目的不是猎取鸟兽，而主要是训练士兵进行作战，是军训的一种实战演练。

经曰：古之诸侯，畋猎者上以供祭祀，下以习武事。太古之时，人食鸟兽之肉，衣鸟兽之皮。后世人民浸多，禽兽寡少，衣食不足。于是神农教以播植，道以纺绩，以代鸟兽之皮。自兹以后，禽兽盈山林，害禾稼，人民苦之。于是王公秋冬无事，则教习畋猎，练兵革，奋扬威武，以戒非常。季冬之月，太阴用事，万物毕成，蛰虫已伏，乃具卒乘，纵禽于山泽以教之，令知部伍进退之义也。

【译文】

经说：古代的诸侯，打猎这种事，上可以用猎物来祭祀，下可以借打猎来练习军队。上古的时候，人们吃鸟兽的肉，穿兽皮做成的衣服。到了后代，人民众多，鸟兽少了，吃的穿的就都不足了。于是神龙氏教导人民耕田种粮、纺纱织麻做衣服来代替鸟兽的作用。从此以后，山林中又满是鸟兽，并且下到平原田地上，为害庄稼，人民深受祸害之苦。于是王公贵族在秋天冬天农闲无事的时候，教习打猎，借机训练军队，演练器械，振奋昂扬军队的气势，以防备各种突然事变。在每年十二月腊日，太阴主宰的时候，各种动植物已经长成，咬人的虫子已经冬眠，这时准备好军队，追逐禽兽于山林水泽之中，借此训练士兵，使士兵知道进攻与退却的法度。

一人守围地三尺，一十二将守地三万六千尺，积尺得步六千，积步得里十五余六十步。围中径阔得地五里余二十步。以左右决胜将为校头[①]，其左右将各主士伍为行列，皆以金鼓、旌旗为节制。其初，起围张翼，随山林地势远近部位。其合围地，虞候先择定讫，以善弧矢者为围中骑，其步卒枪幡守围。有漏禽兽者，坐守围吏。大兽公之，小兽私之，以观进止，亦教之一也。

【注释】

①校头：校，古代军队的编制单位。汉武帝设八校，即中垒、屯骑、步兵、越骑、长水、胡骑、射声、虎贲。每校兵数，少者七百人，多者一千二百人。统兵官称校尉。晋宿卫禁兵也有七军五校之名，每校千人。上文说“乃命十将、左右决胜将，总十六将，一万二千人”，则左右决胜将统领一千人。可见唐代的校头统领一千人，与晋时相同。

【译文】

每一个士兵防守围起土地三尺，十二将率士兵共守地三万六千尺，合六千步，相当于十五里余六十步。围起来的土地直径长为五里余二十步。以左、右决胜将为校头，其左、右将各率士兵组成行列，统一听从金鼓和旌旗的调遣。刚开始围猎的时候，张开两翼，随着山林地势，无论远近地区。围猎圈合围的地方，虞候预先选好定下来，以善于射箭的士兵作为围中骑兵，其他步兵持枪树旗帜守卫所围之地。如有禽兽漏网从包围圈中逃走，就要治守卫围地的官吏的罪。猎获的大兽为公有，小兽归自己所有。从围猎中观察士兵的进退行动水平，这也是训练军队的一种方法。

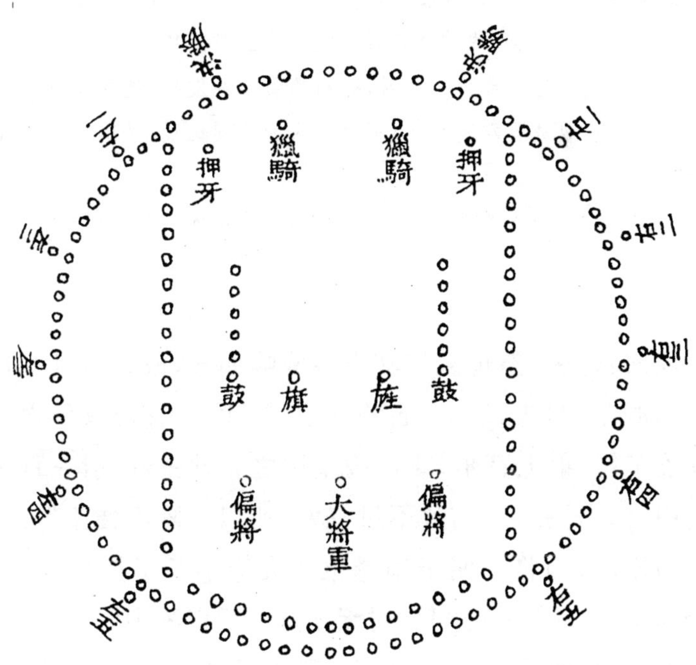

教弩图篇

【题解】

弩也被称作“窝弓”“十字弓”，是古代用来射箭的一种兵器。它是一种装有臂的弓，主要由弩臂、弩弓、弓弦和弩机等部分组成。按张弦的方法不同，可分为臂张弩、踏张弩和腰张弩等，还有能数箭齐射或连射的连弩，装有数把弩弓的床弩、在马上发射的马弩等。弩的特点是比弓的射程更远，杀伤力更强，命中率更高。齐射与连射的弩，能造成火力覆盖的效果，是古代一种大威力的远距离杀伤性武器。由于弩的发射比较费时，而且持弩的士兵又不便兼用其他武器，所以弩手常在其他士兵掩护下编成“上弩”“进弩”“发弩”等组，轮番连续发射。这样在进攻与防守中，都能发挥出巨大的威力，是步兵有效克制骑兵的一种武器。

本篇记述了唐代弩的种类与弩的使用方法等。唐代有绞车弩、臂张弩、马弩等种类。弩兵要单独成对，分组轮番连环发射，造成火力覆盖的效果；弩的位置要放置在高处；要根据敌人的不同位置，采用不同的射弩姿势等。

本篇原题为“教弩篇”，因文中有图，据《守山阁丛书》本改为“教弩图篇”。

经曰：弩者，怒也。言其声势威响如怒，故以名其弓也。其穿刚洞坚，自近及远。古有黄连、百竹、八担、双弓之号。今有绞车弩，射七百步，攻城拔垒用之。臂张弩，射三百步，步战用之。弩张迟，临敌不过三发，所以战阵不便于弩。非弩不利于战，而将不明于用弩也。夫弩不杂于兵[①]，当别为队，攒箭注射，则前无立兵，对无横阵。后以阵中张，阵外射，番次轮回，张而后出，射而复入，则弩无绝声，敌无薄我。置弩必处于高，争夺山川，隘塞之口，摧坚破锐，果非弩不克也。

【注释】

①杂：原作“离”。杂，繁体字作“雜”。“离”繁体字作“離”。形近易讹。今据钱熙祚《守山阁丛书》本校引《通典》改。

【译文】

经说：弩，怒也。这是说弩的声势、威力、响声如同发怒，因此把这种弓箭命名为弩。弩能够洞穿坚硬的物体，既可射近处也可射远处。古代有黄连、百竹、八担、双弓的名称。今有绞车弩，能射七百步远的目标，在攻城拔垒的时候使用。臂张弩，能射三百步远，在步兵战斗时使用。弩张开时比较慢，临敌时只有不超过三次发射，所以两军交战时使用弩不便利。这不是因为弩对战斗不利，而是因为将领不了解如何使用弩。弓弩手不要混杂在手持短兵器的士兵中间，应当别为一队，将弓弩集中在一起发射，这样弓弩手就可消灭在前站立的敌兵，攻破前面阻挡的敌阵。再于阵中张弩，在阵外发射。张开弩就出阵发射，发射完就又退入阵中，后方张弩的再出阵。这样轮流发射，则发射弩的声音不断，敌军就不可能靠近我军。安置弓弩手的地方一定要在高处。争山夺水，防隘守关，破敌军骁骑，攻陷敌阵，没有弓弩不能攻破的。

凡张弩之后，左厢丁字立，当弩八字立，高揎手，垂衫襟，左手承撞，右手迎上，当心开张，张有阔狭，左腔右转，还复当心安箭，高举射贼。贼若远，高抬头；贼若近，平身放；左右有贼，回向身放；贼在高处，挈脚放。放箭讫，喝杀，却，掣拗蝎尾。

【译文】

张开弓弩后，左边的射手丁字形站立，应当发射的弓弩手呈八字形站立，挽起袖子，高举手臂，衣襟下垂，左手端弩，右手向上，当着胸腹张开弓弩，左大腿向右转动；还在当着胸腹处安上箭，高举起发射。贼寇如果离得远，就高抬弩头发射；贼寇如果离得近，就把弩身平放发射；左右两边有贼寇，就来回转动身体发射；贼寇在高处，就收回脚来发射。放箭完毕，高喝“杀”，退回阵内，扳回弩钩。

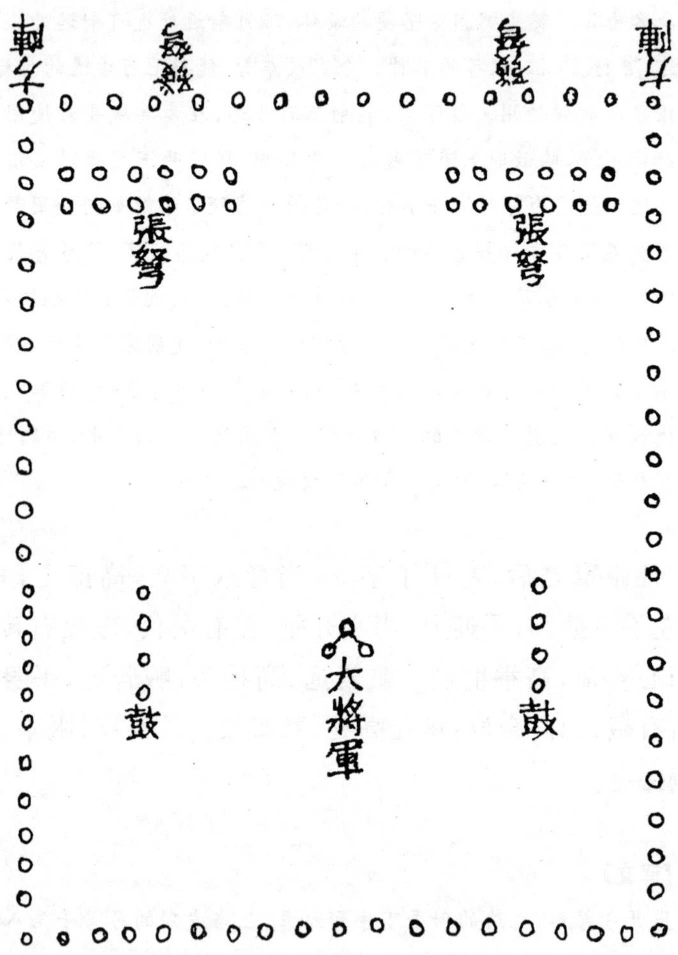

合而为一阵

【题解】

本篇记述了作战过程中阵图的运用与变化，主要强调八阵合一，是防御性的阵营。《部署》篇说：“兵有四正四奇，总有八阵。或合为一，或离而为八。以正合，以奇胜，余奇为握奇。聚散之势，节制之变也。”八阵之中，位于东北、东南、西南、西北四个角部位置的为正兵，东、南、西、北四个正方向的虎翼、蛇蟠、飞龙、鸟翔四个阵为奇兵。八个阵合在一起，构成了完整的军事防御阵营。

《孙子兵法·形》篇：“善战者，立于不败之地，而不失敌之败也。”善于作战的人，首先立足于防御，使得自己先立于不败之地，然后才能谈得上进攻。合而为一阵图就是立足于防御的阵图。四个角、四个正面皆立阵，八个方位都有防守，做到了防御的全面性。

在具体的作战中，如果敌军攻击进阵，四奇阵与四正阵都不是固定的。奇阵可以转化为正阵，正阵也可以当奇阵用。一切因敌情变化而变化。

经曰：从一阵之中离为八阵，从八阵复合而为一。听音望麾，以出四奇。飞龙、虎翼、鸟翔、蛇蟠为四奇；天、地、风、云为四正。夫善战者，以正合，以奇胜，奇正相生，如环之无端，孰能穷之[①]？奇为阳，正为阴，阴阳相薄，而四时生焉；奇为刚，正为柔，刚柔相得，而万物成焉。奇正之用，无所不胜焉。所谓合者，即合奇正八阵而为一也。

【注释】

①“夫善战者”几句：语出《孙子兵法·势》篇，原文为：“凡战者，以正合，以奇胜。”又说：“奇正相生，如循环之无端，孰能穷之？”

【译文】

经说：从一阵之中派生出八阵，让八阵重新合为一体。通过听辨鼓角之声、遥望旌旗指挥，派出四奇阵。飞龙、虎翼、鸟翔、蛇蟠，为四奇阵；天、地、风、云，为四正阵。善于指挥作战的人，能够以正阵与敌对峙，以奇阵去取胜。奇正相互使用，循环往复，谁能穷尽它的玄妙呢？奇属阳，正为阴，阴阳相互配合，四时才能运转；奇为刚，正为柔，刚柔相互调剂，才能生成万物。奇正的效用，万物无所不胜。所谓“合”，就是合奇正八阵为一体。

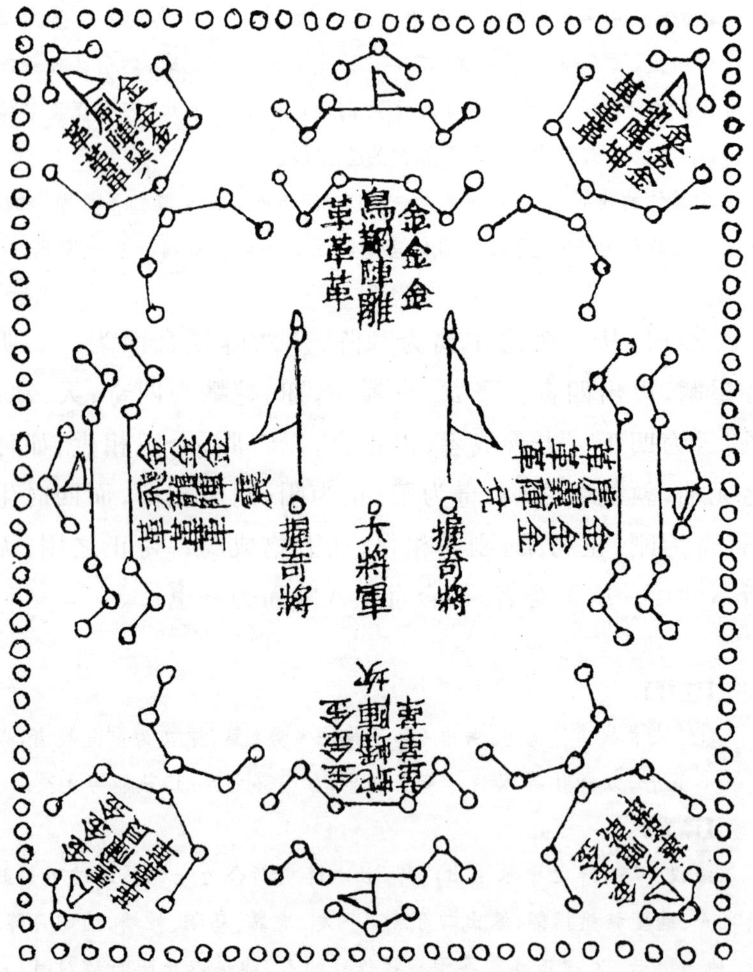

离而为八阵

【题解】

风后《握奇经》曰:“经曰:八阵,四为正,四为奇,余奇为握奇,或总称之。”本篇依据风后八阵而来,又加以变化。李筌将八阵与八卦联系起来,天为乾,地为坤,风为巽,云为坎,飞龙为震,虎翼为兑,鸟翔为离,蛇蟠为艮。由于八卦各卦名拥有丰富的内涵,这样人们就容易将八卦的内涵赋予八阵,使得八阵具有系统性与神秘性。这样,八阵就不单纯是作战的战术部署,而是具有某种神秘色彩的阵图变化。在宿命论盛行的年代,人们对神秘事物总是有崇拜的心理。这样有利于驾驭士兵,达到战术变化的目的。

经曰:风后演《握奇图》,自一阵之中,分为八阵。

天有冲或圆布①。黄帝曰:“少则圆。”利为主,色尚玄,为乾。故为天阵。

【注释】

①冲:太阳系中,除水星和金星外,其余的某一个行星进行到与地

球、太阳成一条直线、而地球正处在这个行星与太阳之间的位置时，称“冲”。

【译文】

经说：风后推《握奇图》，从一阵之中，离析为八阵。

天有冲有圆。黄帝说：“图稍呈圆形。”宜为主方，颜色尚玄，在乾方。因此为天阵。

地阵

地阵方，利为客，色尚黄，为坤[①]。

【注释】

①“地阵方”几句：原脱，据《守山阁丛书》本补。

【译文】

地阵

地阵呈方形，宜为客方，颜色尚黄，在坤方。

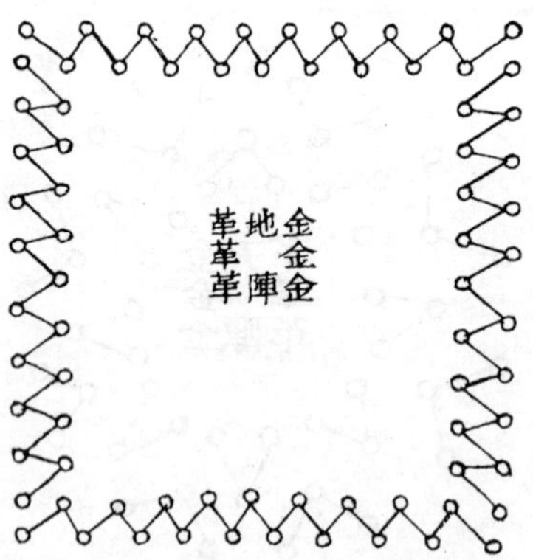

风阵

风附于天，阵象，其形锐首，利为客，色尚赤，其方则巽也。

【译文】

风阵

风阵附于天，阵形像山峰，形状呈尖头，宜为客方，颜色尚赤，在巽方。

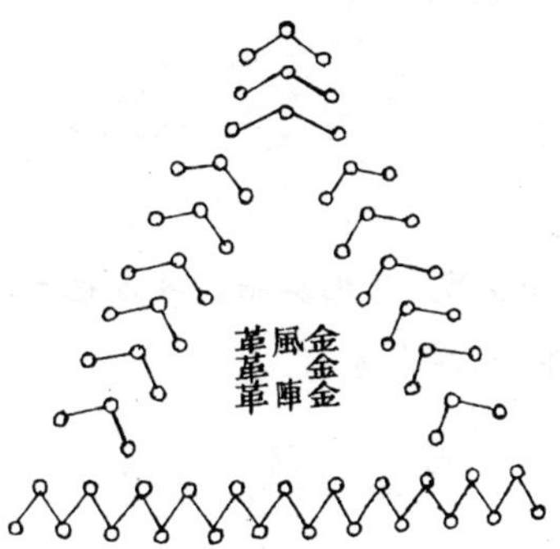

云阵

云附于地上。太公曰"左右相向"是也。其形亦锐首，利为客，色尚白，而为坎。

【译文】

云阵

云阵附于地上。姜太公称之为"左右相向"，形状呈尖头。宜为客方，颜色尚白，在坎方。

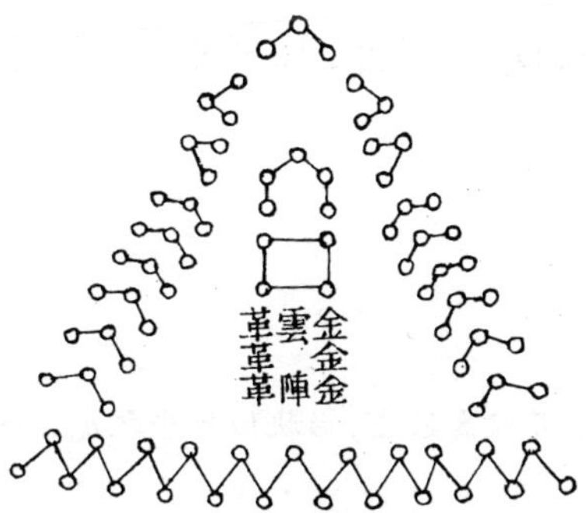

飞龙阵

龙形屈曲，变化莫测，其阵象之敌，亦莫得而测也。利为主，色上玄下赤，而为震。

【译文】

飞龙阵

飞龙阵，形状弯曲似龙，变化莫测。敌方也无法猜测出它的变化。宜为主方，颜色上玄下赤，在震方。

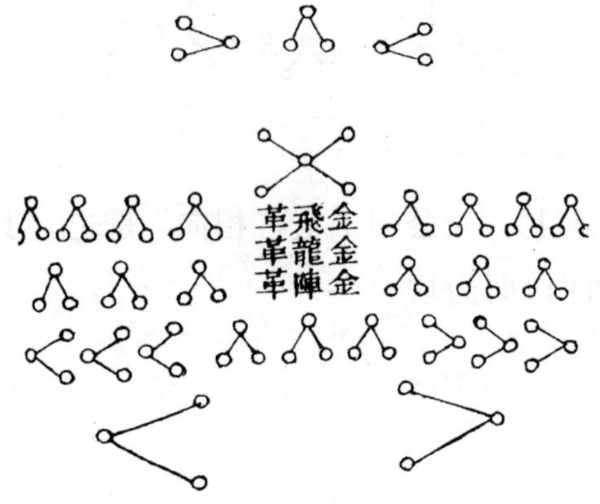

虎翼阵

虎翼，居中，法翼而进，其形空，利为主，色上黄下青，而为兑。

【译文】

虎翼阵

虎翼阵居中，张开双翼进击，形状似蹲坐之虎。宜为主方，颜色上黄下青，在兑方。

鸟翔阵

太公曰："鸟翔者，突击之义也。"其形迅急，利为客，色上玄下白，而为离。

【译文】

鸟翔阵

姜太公说："鸟翔是突击之义。"它的形状像极速飞冲，宜于客方，颜色上玄下白，在离方。

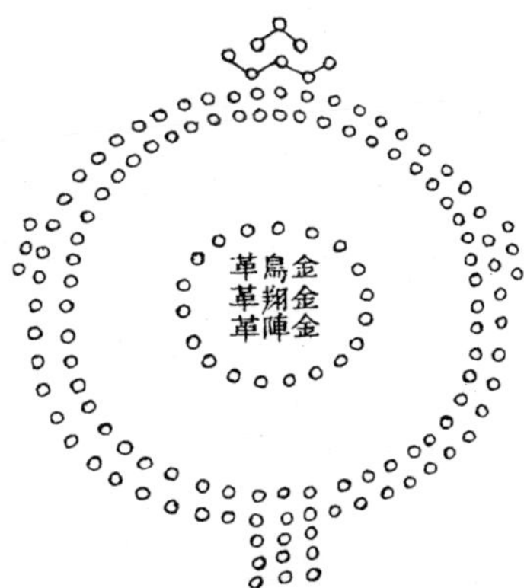

蛇蟠阵

太公曰："蛇蟠者，围绕之义也。"其形宛转，利为主，色上黄下赤，而为艮。

【译文】

蛇蟠阵

姜太公说："蛇蟠，是围绕之意。"它的形状呈旋转环绕，宜于主方，颜色上黄下赤，在艮方。

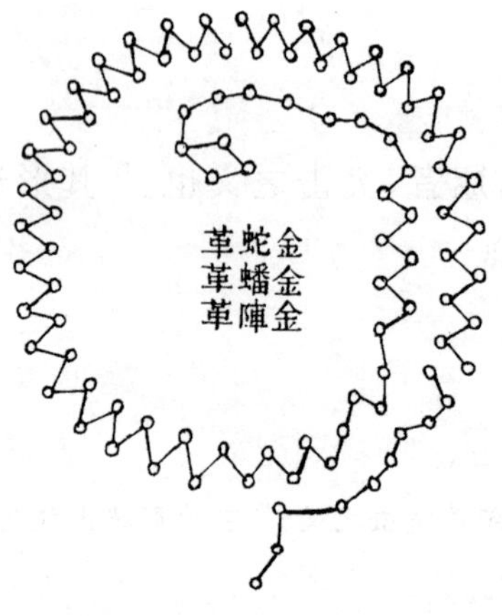

卷七

祭文类

总序

【题解】

中国古代重视祭祀，《周礼·天官冢宰·大宰》中说："以八则治都鄙。一曰祭祀，以驭其神。"祭祀是地方治理中最重要的工作。《周礼·春官宗伯·大宗伯》中说："大宗伯之职，掌建邦之天神、人鬼、地示之礼，以佐王建保邦国。"意思是大宗伯的职责，是掌管建立王国对于天神、人鬼、地神的祭祀之礼，以辅佐王建立和安定天下各国。又说："以吉礼事邦国之鬼神祇，以禋祀祀昊天上帝，以实柴祀日月星辰，以槱燎祀司中、司命、风师、雨师。"吉礼，就是祭祀之礼。李筌在这里所说的是唐代军队祭祀的情况：出师要祭旗鼓，沿途路过的名山大川要祭祀，风伯雨师也要祭祀。

值得注意的是，作者这里记述了唐代富有特色的祭祀，就是祭佛教中的毗沙门神。这是佛教四大天王中的北方多闻天王。李筌记述了祭祀该神的缘由，主要是唐兵在新疆于阗与吐蕃作战的过程中，多闻天王曾显灵让吐蕃兵生病，又化成黑老鼠咬断了吐蕃兵的弓弦，最终使吐蕃兵败走。这类传说具有小说虚构的性质，不具有科学性，但不能否定其在战争实践中的作用。有天王显灵帮助，暗示士兵有神帮助，在战争中能激发已方士兵士气，增加士兵作战的信心。很显然，这是心理战的一种。

经曰：古者，天子望于山川，遍于群神；诸侯祭其封内，吐云触石之山川神祇。出师皆祭，师既出，则祭所过名山大川。欲以福及生人，唯神祇尔。故《大雅》之“是类是祃”[①]，师祭也。《小雅》之“既伯既祷”[②]，马祭也。蚩尤氏造五兵，制旗鼓，师出亦祭之。其名山大川，风伯雨师，并所过则祭，不过则无妄祀。

【注释】

①是类是祃（mà）：语出《诗经·大雅·皇矣》，原文为“是类是祃，是致是附，四方以无侮”。祃，古代行军在军队驻扎的地方举行的祭礼。

②既伯既祷：语出《诗经·小雅·吉日》，原文为“吉日维戊，既伯既祷”。伯，朱熹《诗集传》注说：“马祖也。谓天驷房星之神也。”

【译文】

经说：古时候，天子望祭名山大川，遍及境内群神；诸侯祭祀其封国内能兴云出雨的山川神灵。出兵都要祭祀，部队出发时要祭祀经过的所有名山大川。能给众生带来福佑的，只有神灵。因此《大雅》上说：“开始发兵的时候，进行类祭；到达所征伐之地，进行祃祭。”这是军队的祭祀。《小雅》说：“祭祀马祖又祷告。”这是为军马祭祀。蚩尤氏首创五兵，发明旗鼓，出师时也要祭祀。至于名山大川、风伯雨师，军队经过就祭祀，不经过就不能随意祭祀。

毗沙门神[①]，本西胡法。佛说四天王，则北方天王也。于于阗城有庙[②]，身被甲，右手持戟，左手擎塔，祇从群神，殊形异状，胡人事之。吐蕃围于阗，夜见金神被发持戟，行于城上。吐蕃众尽疮疾，不能胜兵。又化黑鼠，咬断弓弦，吐蕃挟痛而遁。国家知其神，乃于边方立庙，祀之。亦图其形旗上，号曰“神旗”。出居旗节之前，故军出而祭之，今州府多立天王庙焉。

【注释】

①毗沙门神：毗沙门为梵语，意为多闻。在佛教的四大天王中，毗沙门为北方的多闻天王。

②于阗：唐军镇名。故地在今新疆和田西南，为安西四镇之一。约贞元六年（790）废。

【译文】

毗沙门神：祭祀毗沙门神，原本是西方胡人的做法。佛教所说的四天王之中，毗沙门神是其中的北方多闻天王。于阗城中有庙，庙中毗沙门神像身着金甲，右手持戟，左手擎塔，与其他众神一起合祀。他形貌奇异，受到胡人的供奉。当年吐蕃围攻于阗城，黑夜中看见一个金人披发持戟，在城头行走。于是吐蕃十万之兵都染上了疮疾，不能作战。这个金人又变化成黑老鼠，咬断了所有的弓弦，吐蕃将士只得抱病而逃。朝廷得知他的神异，就在边境上建立庙宇，祭祀他。也在战旗上摹画出他的形貌，号称“神旗”。此神旗在军队出征时要举于旌旗之前，所以每当出师时都要祭祀他。至今州府郡县还立有许多北方多闻天王庙。

一本云：昔吐蕃围于阗，安西、北庭表奏求救。玄宗曰：“安西去京师一万二千里，八月方到，到则无及矣。”左右请召不空[①]。不空曰：“天王差第二子独领健兵救安西，来辞陛下。”后安西奏：“城东北三十里，云雾中，见兵人各长一丈，约五六里，至酉时，鸣鼓震角三百里。停两日，康居等五国抽兵，营中有金鼠咬，弓弩弦并损，须臾，北楼天王现身。”

【注释】

①不空（705—774）：唐僧人，密宗创始人之一。与善无畏、金刚智并称“开元三大士”。本命智藏，原籍北天竺，一说师子国（今斯里兰卡）。15岁事金刚智，20岁到洛阳广福寺受具足戒，参与译场，传五部密法。天宝二年（743），奉金刚智遗命往天竺及师子国广求密藏，天宝五载返唐。译出大乘经典七十七部一百二十余卷，主要有《仁王护国般若波罗蜜多经》《大乘密严经》等。

【译文】

另有一种说法是：当初吐蕃围攻包括于阗在内的安西四镇，安西、北庭都护府上表请求增援。唐玄宗说：“安西距离京师有一万二千里之遥，部队需要到八月份才能赶到，等到达时已经来不及了。”左右上奏请不空法师。不空答道：“天王派遣他的第二个儿子率领神兵去援救安西，来向陛下辞行。”后来安西都护府上奏称：“在城东北约三十里外的云雾中，看到一丈高的兵士排列达五六里。到了酉时，鼓角齐鸣，声震三百里。过了两日，康居等五国撤兵而去。在他们的营帐中，有金色的老鼠咬噬兵器，弓弩、弓弦都受到损伤。片刻之后，天王在北方城楼上现身。”

祭牙旗

【题解】

旗帜在战争中起巨大的作用。首先，军旗起到识别部队各组成部分的作用。《尉缭子·经卒令》说：“左军苍旗，卒戴苍羽；右军白旗，卒戴白羽；中军黄旗，卒戴黄羽。”一支部队的各军之间要有区别，以便于组织指挥作战。在古代三军的组织体系中，各军旗帜是有区别的。虽然后世不一定按照苍、白、黄的颜色来区分，但是军旗的颜色起区别的作用这一做法还是保留下来了。两军交战的时候，如果敌我双方狭路相逢，这个时候军旗就起到了区别敌方与我方的重要作用。同时，在战场上那种混战厮杀的环境中，军旗也可以作为一条战场上的分界线，激励士兵们奋勇厮杀，勇敢向前。其次，军旗还起到了传达号令的作用。《尉缭子·勒卒令》说："金、鼓、铃、旗，四者各有法。鼓之则进，重鼓则击。金之则止，重金则退。铃，传令也。旗，麾之左则左，麾之右则右。"战场上的环境错综复杂，在古代通讯不便的条件下，军旗承担着传达信号的重任。将领通过挥动旗帜传达作战命令，士兵通过军旗来执行作战任务。所以说军旗是军队的标志，是一支军队的灵魂。现代海军形成了专门的"旗语"，是对古代旗帜作用的发挥。

正因为军旗在战争中起到了巨大作用，因此在战斗前往往要祭祀军旗。本篇这里记述了祭祀军旗的祭词，主要是声讨敌人的罪孽，祈求得到旗神的福佑。对于了解古代的祭祀文化有一定的参考价值。

维某载，某月日，将军某，敢以牲牢之奠，告于牙旗之神：

在昔三皇无师，五帝无帅。所以伐奸凶、御桀骜，封豕荐食[①]，长蛇流毒，寇掠我生聚，残害我边陲。我君耻不祥之器，以伐谋为上兵，忧不战而屈人，借前箸为筹策，东夷贡矢，西旅献獒，川明海晏，有年矣。今戎狄遗噍[②]，虺蝎远出，纣犬吠尧，獍集狼顾[③]。天子授我斧钺，锡我彤弓，凿门分阃，使专征伐。惟尔乃神，翼兹威武，左霹雳，右雷公，天乙在前，太乙在后，风雹雨霰，克敌群丑，枹鼓未挥，元凶授首，惟尔英神，来歆旨酒。

【注释】

①封豕：大猪。《史记·司马相如列传》："射封豕。"裴骃《集解》引郭璞注："封豕，大猪。"后引申为残暴者。《旧唐书·李密列传》："三河纵封豕之贪，四海被长蛇之毒。"

②噍（jiào）：嚼，吃东西。

③獍（jìng）：古书上说的一种像虎豹的兽，生下来就吃生它的母兽。

【译文】

某年，某月某日，某将军恭敬地用牲牢奠告牙旗之神曰：

过去三皇时没有军队，五帝时没有将帅。今日之所以讨伐奸邪，驾驭群凶，是因为现在封豕贪暴逞凶，长蛇散布流毒，敌寇侵掠我百姓，残害我边陲。我君耻于使用兵戈这样的不祥之器，按照上兵伐谋的策略，希望不战而屈人之兵。仰仗您从前的筹策，才使得东夷进贡精美的箭矢，西戎进献高大的猛獒，海内安宁，天下太平，已经有许多年了。而今戎狄尚存，蛇蝎远出，恶犬在狂吠，凶獍在狼顾。天子授予我斧钺，赐予我彤弓，让我统兵在外，掌握征伐。只有您的神灵护佑，才能助长我们的威武。霹雳在左，雷公在右，天乙在前，太乙在后，风、雹、雨、霰诸神，帮助我们战胜丑恶的敌人！战鼓未擂，敌军元凶已经被斩首。这一切只有倚仗尊神的降临，请享用我们的美酒吧！

祃马神

【题解】

本篇是祭祀马神的祭词。祃，古代行军在军队驻扎的地方举行的祭礼。这里是指在驻扎的地方举行祭祀马神的祭礼。

马在古代战争中起很大作用。中国春秋时期就有车战，车战要马在前拉。战国时期出现马战。到了西汉时期，马战完全取代了车战。一直到唐代，马战仍是战争的主要形式。既然战马如此重要，人们就幻想有马神，祈求马神的保护。

本篇祭词歌颂马神的神威：马神能“陷矢石，殪奔禽”，不怕牺牲，勇于冲锋。歌颂马神的形象和作用：声音如长风，身影如浮云，能光宅九土，疾如飘风；马神能保佑战马肥壮，行动起来，风驰电掣。

古者庖牺氏作服牛乘马，引重致远，以代人劳[①]。尔能节齐和鸾，举应鼙鼓，陷矢石，殪奔禽，声嘶而长风始至，影灭而浮云昭见。周穆八骏[②]，足迹接于瑶池；王良驷马[③]，人事标于天汉。国家恩覃八埏[④]，光宅九土，皇仁四溢，白旗来庭，浮铁沉毛，贡金纳罽[⑤]。而虎狼难厌，反首逆鳞，学三苗之不恭，慕九黎之乱德。叛而不讨，何以示威！天子斋戒，越宿拜飞将[⑥]，将军身卫琱戈，手执金鼓，挥清风以出塞，乘明月而渡河，誓将挥种埋落，擒魑摘魅，火烈具举，疾如飘风。惟尔马神，使我马肥，风驰电转，龙骧虎奔，晶甲霜明，草木皆偃，飞矢星流，江河旋干，一举成功。投戈脱甲，归尔于华山之阳，示不服用。

【注释】

①“古者庖牺氏作服牛乘马”几句：语出《周易·系辞下》：“服牛乘马，引重致远，以利天下。”

②周穆：即周穆王（？—前922），西周国王。姬姓，名满。昭王之子。公元前976—前922年在位。曾西征犬戎，俘虏五王，南伐徐至九江。好周游，欲使其足迹遍于天下。西晋时汲冢出土的《穆天子传》，载有其西游的传说。

③王良：相传古代善于驾驭马的人。《韩非子·外储说右下》：“王良、造父，天下之善御者也。”

④覃（tán）：延及，蔓延。八埏（yán）：八方。埏，大地的边际。

⑤罽（jì）：用毛做成的毡子一类。

⑥飞将：这里指马神。

【译文】

古时候，庖牺氏发明让牛马驾车，牵引重物运行，代替人的劳力。您作为马神，能够和节拍，应战鼓，陷矢石，踏奔禽，长嘶像大风忽然而至，身影像浮云一样若隐若现。周穆王驾八匹骏马，足迹与瑶池相接；王良驾驭驷马，功绩标榜于天际。当今国家恩泽布于八方，光照九土，皇帝的仁德布于四方，四夷举白旗来朝，铁杵浮起，鸿毛沉落，贡金纳毡。但敌人如虎狼般难以满足，敢于谋逆反叛，企图效法三苗之不恭，九黎之乱德。叛而不讨，何以示威！天子设坛斋戒，以拜马神。将军身披甲胄，手持兵戈金鼓，挥动阵云出塞，乘着明月渡河。誓将斩落敌首，生擒魑魅。烈火熊熊，快如飘风。唯有您马神，能够使我军战马肥壮，风驰电掣，似龙骧虎奔；使盔甲如霜露般晶明，草木倒伏，飞矢如流星，江海转瞬干涸，我军一举成功。得胜之后我军将投戈脱甲，让尊神永远在华山之阳安静地休息，以示不复再用。

祭蚩尤

【题解】

蚩尤是中国古代传说制造兵器的人，也是主兵之神。《史记·五帝本纪》张守节《正义》引《龙鱼河图》云："黄帝摄政，有蚩尤兄弟八十一人，并兽身人语，铜头铁额，食沙石子，造立兵仗刀戟大弩，威震天下，诛杀无道，不慈仁。万民欲令黄帝行天子事，黄帝以仁义不能禁止蚩尤，乃仰天而叹。天遣玄女下授黄帝兵信神符，制伏蚩尤，帝因使之主兵，以制八方。蚩尤没后，天下复扰乱，黄帝遂画蚩尤形象以威天下，天下咸谓蚩尤不死，八方万邦皆为弭服。"又引《山海经》云："黄帝令应龙攻蚩尤。

蚩尤请风伯、雨师以从，大风雨。黄帝乃下天女曰'魃'，以止雨。雨止，遂杀蚩尤。"蚩尤是南方黎族部落首领，相传有兄弟八十一人，实际是八十一个氏族酋长。蚩尤发明了用铜来制造兵器，是南蛮中最早进入中原的一支。蚩尤曾赶走炎帝而据有天子之位。炎帝与黄帝组成部落联盟，与蚩尤战于涿鹿，制服蚩尤，使蚩尤主兵。

由于蚩尤是主兵之神，故出兵之前要祭祀蚩尤，期望出兵能取得胜利。祭祀蚩尤历史也比较悠久，汉代就已经有了。《史记·孝武本纪》说汉武帝："上遂东巡海上，行礼祠八神。"《索隐》："《郊祀志》，一曰天主，祠天齐；二曰地主，祠太山、梁父；三曰兵主，祠蚩尤。"本篇记述了唐代祭祀蚩尤的情况。先是歌颂蚩尤发明兵器之功，在蚩尤之前，人们没有使用金属兵器，"拓石为刃，弦木为弧"，到了蚩尤，"烁金为兵，割革为甲"，"为戈矛，为戟盾"。其次，歌颂蚩尤的功德。蚩尤一出，就能"服强畏威，伐叛诛暴"，达到五兵之利，天下人享有太平。最后希望蚩尤能降福，使"鼍鼓增气，熊罴佐威"，最终战胜敌人，取得胜利。

昔太古之初，人尚敦素，拓石为刃，弦木为弧。尔乃烁金为兵，割革为甲，树旗帜，建鼓鼙，为戈矛，为戟盾。至人奄有寰宇，四征不庭，服强畏威，伐叛诛暴，系五兵之利，为万国之资。皇帝子育群生，义征不惠。戎狄凶狡，蚁聚要荒。今六军戒严，躬行天讨，神之不昧。景福来臻，使鼍鼓增气，熊罴佐威，邑无坚城，野无横阵，若飞霜而卷木，如拔山而压卵，火烈风扫，戎夏大同，允我一人之德，由尔五兵之用。

【译文】

昔日远古之初，民风淳朴，削石为刃，弯木成弓。而今以金属为兵器，以皮革为盔甲，树立旗帜，配备战鼓，戈、矛、戟、盾俱备。圣人统辖寰宇，四出征讨不庭，使强敌屈服，使猛将畏惧，讨伐叛逆，诛杀暴虐，统辖五兵之利，拥有万国之资。皇上养育众生，以正义讨伐叛逆。戎狄凶猛狡诈，像蝼蚁一般聚集荒野。而今六师戒装严整，将恭行天道，惩罚神明所不知者。望大神赐福，使战鼓增添我军气势，旌旗壮大我军声威；使邑无坚城，野无勇阵；让我军如飞霜卷木，如拔山来压鸟卵，像烈火狂风般横扫敌人，使戎夏实现大同。让我一人之盛德，寄托在您使用五兵之功上。

祭名山

【题解】

《左传》成公十三年："国之大事，在祀与戎。"祭祀在国家政治生活中占有重要地位。

祭祀山神是自然崇拜的结果。由于山川能兴云起雨，是人们饮食取用之处，所以必须祭祀山川。在原始宗教时期，人们认为狩猎和采集的丰歉，都是山神的赐予或惩罚。《礼记·祭法》："山林、川谷、丘陵能出云，为风雨，见怪物，皆曰神。"祭祀山神有悠久的历史。早期祭祀山神比较普遍，《礼记·祭法》说："有天下者祭百神。诸侯，在其地则祭之，亡其地则不祭。"天子可以在其境内选择名山祭祀，诸侯则只能在自己的封地内择山而祭，反映了祭山的普遍性。虞舜时即有"望于山川，遍于群神"的祭制，传说舜曾巡祭泰山、衡山、华山和恒山。历代天子封禅祭天地，也要对山神进行大祭。

随着时代的发展，人们的认识水平不断提高，祭山不再是普遍性的行为了。但是在一些特殊领域，比如战争中，祭山还是存在的。因为山是地理，属于地利条件，在战争中起非常重要的作用。本篇记述的是唐代祭祀山神的情况，主要是歌颂山神的恩德，期盼山神保佑以助军威。

惟神聪明正直，恶盈福谦[①]，阜育黎庶[②]，作镇一方。国家天覆地载，罔不宅心，航海梯山[③]，回首内向[④]。独彼凶丑，羊犬成群，滔天虐民，窥边猾夏[⑤]。天阶其祸[⑥]，养成其凶。皇帝取乱侮亡，兼弱攻昧[⑦]，奄赫斯怒[⑧]，风卷电掣。今则万骑云合，八阵戎装，顿军峰峦，樵苏林麓。天道助顺，人情好谦，天人共弃，神鉴孔明，何不蒸云郁雾，飞沙转石，助我军威！金师克获，牲牢匪馨，明德惟馨。

【注释】

①恶盈福谦：讨厌盈满福佑不满。盈，满。谦，不满。此为歌颂山神的公平。

②阜育：这里说大山对万民的哺育。阜，土山，高山。

③梯山：登山。

④回首内向：向您回首之意。

⑤猾：扰乱，侵犯。

⑥天阶其祸：上天招致祸患。

⑦兼弱攻昧：兼并弱小，攻击蒙昧。

⑧奄赫斯怒：这里是说内心的愤怒难以抑制。奄，覆盖。赫，发怒。

【译文】

大神您聪明正直，处事公平，哺育众生，镇守一方。国家大事，您无不操心。人们渡海登山，前来向您朝贡。只有那些凶恶丑陋的敌人，像羊犬成群，疯狂地肆虐民众，狡诈地窥视边境。上天姑息奸凶，养成了祸患。君主要平定叛乱，兼并弱敌，攻讨蛮夷，内心的愤怒难以抑制，像风和闪电一样飞驰而过。现在上万军马像云一样汇集在一起，八阵的勇士都穿上了戎装，驻军在峰峦之下、樵林之中。天道扶助正义，人们爱好和平，而今人神共愤，神灵明鉴，为什么不蒸云腾雾、飞沙走石来助我军威呢？我军出师得胜之后，将用牲牢来奉祀您，您的大德也将流芳百世。

祭大川

【题解】

祭水也是古人万物有灵的原始宗教产物。水是生命之源，人们的生产生活都离不开水。祭水主要为求得风调雨顺。水主要在大江大河里，因此祭水往往就是祭大川大湖。江有江神，河有河神，湖有湖神。古人十分重视祭祀山川，应劭《风俗通义·祀典》说："《礼》：天子祭天地山川，岁遍。"祭祀大水的风俗在汉代尤盛。

在战争中，水也是地利条件之一。不仅人畜饮用需要水，而且可以利用水来增加防守。自古以来，在水边发生的战争有很多。三国时期著名的赤壁之战，就是围绕长江进行的。因此出兵时，路过大江大河都需要祭祀。

本篇记述了唐代祭水的祭词。首先是歌颂水神的盛德：水善利万物；再歌颂水的巨大力量：水柔能托举小草，刚则能穿山断岭；最后期望水神能保佑我军，在渡水时能找到浅滩并风平浪静。

当今四川都江堰、贵州彝族等仍保留有祭水仪式。不过已经与战争无关了。

惟神植德，灵长，善利万物。其柔也，能沉鸿毛、泛纤芥；其刚也，则转巨石、截横山。漂吴荡越，限华隔夷，避高就下，兵法形焉。我君奄有万国，道涵四海，伐叛怀远，合武齐文。是以扶余、肃慎左衽来庭[①]，夜郎、滇池辫发从事。惟彼凶虏，敢干天常。负固凭山，摇蜂虿之毒；乘危恃险，奋螳螂之威。天子授我多算，不战而屈人之兵；士卒与我一心，鸣鼓有死难之志。神居五行之长，百渎之源，藏蛇跃龙，蒸云致雨。今大军利涉，全师济川，何不竭海若[2]，驱风伯，逐鲸鱼，俾波无涟漪，厉有浅济，成将军之事，赞天子之威？

【注释】

①扶余：古族名，生活在东北及朝鲜半岛。肃慎：古族名，东北少数民族之一。商周时，居“不咸山”（今长白山）。秦汉后称挹娄，南北朝至唐代称为靺鞨。

②海若：海神。《庄子》中有“北海若”。

【译文】

尊神布德天下，灵运长久，惠及万物。您的纤柔，能够沉落鸿毛，淹没纤芥；您的刚猛，能够转动巨石，截断横山。您能激荡吴越，隔断华夷，避高就下，合乎兵法的形势。我方君主拥有天下万国，道行四海，讨伐叛逆，招怀远民，文武兼修。因此东北的扶余、肃慎等少数民族前来朝贡，西南夜郎、滇池的蛮夷前来服侍。只有那些凶恶的胡虏，胆敢冒犯上天的秩序，妄图背负坚固的大山，摇动蜂虿之毒；凭借险恶的地势，挥舞螳螂之臂。天子授予我使命与智慧，能够不战而使敌军屈服；士卒与我同心，听击鼓号令而有为国死难之志。尊神位居五行之首，是百川的源泉，藏蛟卧龙，蒸汽成云而出雨。现在大军渡河有利，全师涉水，尊神为什么不驱走风伯，赶走鲸鱼，使河水不起波浪，涉水从浅处而过，以成就将军的功勋，赞辅天子的威仪呢？

祭风伯

【题解】

风是大气的流动，本是自然现象。古代先民们很早就意识到风与人们日常生产生活的密切联系，因此对风产生了崇拜，以为有神灵在主宰。

风神名字叫风伯,又称风师、飞廉、箕伯等。应劭《风俗通义·祀典》列有“风伯”条,说:“风师者,箕星也。箕主簸扬,能致风气。《易》巽为长女也,长者伯,故曰风伯。鼓之以雷霆,润之以风雨,养成万物,有功于人,王者祀以报功也。”

中国古代的风神崇拜起源较早。《周礼·春官宗伯·大宗伯》:“以槱燎祀司中、司命、风师、雨师。”郑玄注:“风师,箕也。”《五礼通考》引东汉蔡邕《独断》说:“风伯神,箕星也。其象在天,能兴风。”箕星是二十八宿中东方七宿之一,此当以星宿为风神。另外,楚地亦有称风伯为飞廉的。屈原《离骚》:“前望舒使先驱兮,后飞廉使奔属。”《水经注》卷十六“谷水”引晋灼注飞廉曰:“鹿身,头如雀,有角而蛇尾豹文。”此当以动物为风神。

本篇记述了唐代祭祀风伯的情况。主要是歌颂风伯对万物的恩惠以及风的力量,希望风伯能在战争中辅助我军,做到兵不血刃而天下太平。

惟神道出地户,迹遍天涯。东温而层冰澌散,西烈则百卉潜藏。鼓怒则走石飞沙、翻江倒海;安静则云屯浪息、绽柳开花。畅百物以敷苏[①],使八方而静谧。达庶人之理,畅大王之雄。国家至德深仁,豚鱼信服[②],左衽被发[③],混一车书[④],海晏河清,远安迩肃。惟彼凶孽,尚肆凭陵,聚乌合之徒,恃蜂屯之众,险凭蚁壤,蜉蝣朝菌,速我天诛,晓露晨霜,延彼性命。皇帝子育群生,鞠养万品,乃威以斧钺,怀以惠和,先茅界徒,后殿临境。两军相见,八阵将施。惟尔明神,号吼飕飕[⑤],拔木偃草,使旌旗指敌,走石惊沙,飞泰山之形,昼不见于虏目;震雷霆之响,近不闻于虏耳。蒙袂僵仆,款我辕门,兵不血刃,而华戎宁谧矣。

【注释】

①敷苏：复苏。

②豚鱼信服：小猪和鱼。豚，小猪。出自《周易·中孚》："中孚，豚鱼吉。利涉大川，利贞。"《彖》曰："'豚鱼吉'，信及豚鱼也。"古代重大的祭品是牛、羊、猪三牲，小猪和鱼是薄物。有了诚信，薄物也可以祭神。

③左衽被发：典故，出自《论语·宪问》："微管仲，吾其被发左衽矣。"指为异族统治。左衽，古代部分少数民族的服装前襟向左掩，而汉族服装是前襟向右掩。衽，指衣襟。

④混一车书：《礼记·中庸》："今天下车同轨，书同文。"指秦始皇统一中国后实行统一文字、车轨等措施。后遂用以泛指统一中国。南朝梁庾信《哀江南赋》："混一车书，无救平阳之祸。"亦作"车书混一"。

⑤颰（yù）：风。颮（bó）：风骤貌。

【译文】

尊神道法出于地户，足迹遍及天下。温和的东风使层冰消散，凛冽的西风使百花凋残。发怒时，飞沙走石，翻江倒海；安静时，云平浪息，柳绽花开。万物得以复苏，八方共享太平。庶人得以治理，国威得以施展。而今国家至仁至德，即便用小猪和鱼祭祀，尊神也能高兴享用，不会让百姓沦为异族。使得海内一统，天下太平，远近安宁。唯有那些凶残余孽还在肆意侵扰，他们聚集了乌合之众，统帅蜂拥之徒，凭借弹丸之险，像蜉蝣和朝菌一般，等待上天的诛杀。他们只能倚靠早晨的露水和傍晚的霜雾来苟延残喘。当今圣上泽被众生，抚养万物；以斧钺展示刑威，以宽惠显示怀柔。首先树立声威，挫敌士气，而后兵临其境。现在两军交战，八阵将施。唯有以尊神的圣明，才能卷动号吼的飓风，拔草折木，使旌旗直指敌军，飞沙走石；使胡虏的眼睛看不见泰山的形状，耳朵听不到雷霆之声。让他们衣衫不整，僵硬地仆倒在我军的辕门前；使我们尚未血刃而大获全胜，让华夏和戎狄都得到永久的安宁。

祭雨师

【题解】

降雨是自然现象，是大地水的来源。但是在农耕文明时期，水利工程建设不发达，从事粮食作物的种植主要依赖降雨，因此降雨对农业生产有决定性作用。在万物有灵的观念下，人们对雨产生了崇拜，以为有神灵在主宰。雨神名字叫雨师。应劭《风俗通义·祀典》列有“雨师”条，说：“雨师者，毕星也。”《周礼·大宗伯》：“以燎祀司中、司命、风师、雨师。”郑玄注：“雨师，毕也。”《五礼通考》引东汉蔡邕《独断》说：“雨师神，毕星也。其象在天，能兴雨。祠此神以报其功也。”

在汉代之前，祭祀雨师是十分普遍的。本篇记述了唐代祭祀雨师的情况，主要是歌颂雨师对万物的恩惠以及雨师的力量。作战需要一定的客观环境，雨雪对行军作战都有影响。军队祭祀雨师，主要是因为雨水在战争中起到重要的作用。因此军队出征前祭祀雨师，主要是希望雨师能在战争中辅助我军战胜敌人。

惟神薄阴阳而成气，驭风云而施德。威合风雷，则禾木尽偃；恩覃雾露，则卉物敷荣。昆阳恶盈[1]，荡新室之众[2]；龟兹助顺[3]，济全凉之师。其赏善也如此，其罚恶也如彼。国家大业，醇被休德，洽如怀生之伦，尽荷明德。而戎胡倔强，草窃遐荒，使谋臣不暇高枕、战士未遑脱甲。天子瞋目按剑，发骁勇，诛不道，天下士众焱集星驰，气腾青云，精贯白日，熏狡兔穴，覆枭鸟巢。惟神何不倾湫倒海，以助天威；荡寇濯雠，以张军势？按剑则日中见斗[4]，掉戈而曜灵不晡[⑤]。壮戎军之气，乃尔神之功。

【注释】

①昆阳：指昆阳之战。更始三年（23），绿林军包围宛城（今河南南阳），攻克昆阳（今河南叶县）。王莽派王寻、王邑率四十二万大军包围昆阳，采用楼车和地道攻昆阳城。绿林军首领王凤率八千人守城，刘秀突围求援。各地起义军驰援昆阳，刘秀率精兵三千突入王莽军，杀死王寻。城内起义军乘机杀出，内外夹击，大败王莽军。当时天降暴风骤雨，屋瓦全飞，河水暴涨，王莽军大乱，掉入水中淹死无数。昆阳之战是中国历史上以少胜多的著名战例。

②新室：指王莽的朝廷。新，王莽篡汉，改国号为新。

③龟兹助顺：唐太宗贞观二十二年（648），唐将韩威、曹继叔率唐军先锋到达多褐城与龟兹军交战，大败龟兹军。后又率军平定龟兹都城。龟兹相那利不甘心失败，组织山北龟兹一万多人反攻龟兹都城。曹继叔大破之，斩首八千级。那利逃跑，被龟兹人擒获，交给唐军。唐将阿史那社尔攻破龟兹大城五座，派人到其他各城招降，七百多座城投降唐军。西域各族震惊害怕，西突厥、于阗、安国争先恐后纳贡称臣。

④日中见斗：白天天色暗黑能看见北斗。

⑤曜灵不晡（bū）：指太阳不能运行。曜灵，《楚辞·天问》："角宿未旦，曜灵安藏？"王逸注："曜灵，日也。"晡，指申时，即午后三点至五点。

【译文】

尊神统和阴阳而结成云气，驾驭风云来施恩德。神威合成大风雷电，使禾木倒伏；恩泽化为雾露，使百花争艳。在昆阳之战中，尊神辅助绿林军惩罚恶徒，扫荡新朝王莽的兵众；在龟兹，辅助唐军大败凉州各部氏族，拯救凉州的兵马。您就是这样来奖赏善良，惩罚邪恶的！当今国家兴图大业，皇上的恩德泽被四方，天下百姓尽享太平。但戎胡逞强，窃居荒野，使谋臣不得高枕而卧，武士来不及脱甲卸装。天子按剑发怒，派遣骁勇之师，诛杀无道之徒。天下士众云集星驰，气腾青云，精贯白日，誓将熏烤兔穴，倾覆鸟巢。尊神何不倾江倒海，来辅助天威，扫荡群寇，清除仇敌，张大我军的声势？尊神按剑，白天就会阴暗变成黑夜；尊神挥戈，太阳就不能运行。壮大我军队的气势，乃是尊神的功劳。

祭毗沙门天王

【题解】

祭毗沙门天王，原作“祭沙门毗天王”，当误，据上文“总序”中所言，当为“毗沙门天王”，今乙正。

毗沙门天王，即北方多闻天王。因传说他常去听释迦说法，所以称“多闻”。佛教传说，其居须弥山之北水晶岩，为世界北方的守护神。

北方多闻天王原是印度佛教之神，传至西域后受到祭祀。为什么后来演变成助战之神了呢？在唐不空译《北方毗沙门天王随君护法仪轨》中记述说：天宝元年（742），安西城被吐蕃军围困，毗沙门天王于城北门楼上出现，大放光明，并派手中的“金鼠”咬断敌军弓弦。三五百名神兵身穿金甲击鼓，声震三百里，地动山崩，吐蕃军大溃。安西都护府上表奏，唐玄宗大悦，令诸道州府于城楼西北隅置天王像供养。一时毗沙门天王声威大震，香火极盛。上文“总序”中说：“吐蕃围于阗，夜见金神被发持戟，行于城上。吐蕃众尽疮疾，不能胜兵。又化黑鼠，咬断弓弦，吐蕃挟痛而遁。国家知其神，乃诏于边方立庙，祀之。”

关于多闻天王的法像，敦煌绢画中有毗沙门神像，正面而立，双目圆睁，雄壮魁梧，威风凛凛。右手持带幡长枪，身披紧身合体铠甲，腰围豹皮，前面挂着一柄小剑，肩上有头顶山羊角、张开大口露出尖牙的兽头。今中国内地寺院塑像，北方多闻天王，身绿色，右手持宝伞，左手持银鼠，用以制服魔众，护持人民财富。这里记述的多闻天王的法像是“宝塔在手，金甲被身”，与帛画与寺庙皆不同。

本篇记述了唐代祭祀多闻天王的祭词，主要歌颂天王的神威。文中说到“五部神鬼，八方妖精”，作恶多端，只有多闻天王能镇压。这里以神鬼、妖精比喻敌人，希望“天王宜发大悲之心，轸护念之力，歼彼凶恶，助我甲兵”，顺利战胜敌人。

伏惟作镇北方，护念万物，众生悖逆，肆以诛夷。如来涅盘①，委之佛法②。是以宝塔在手，金甲披身，威凛商秋，德融湛露。五部神鬼，八方妖精，殊形异状，襟带毛羽；或三面而六手③，或一面而四目，瞋颜如蓝，礫发似火，牙崒嵂而出口，爪钩兜而撮骨。视雷电，喘云雨，吸风飙，喷霜雹。其叱咤也，豁大海，拔须弥，摧风轮，粉铁胄。并赴指呼，咸赖驱策。我国家钦若，释教、护法、降魔，万国归心，十方向化。惟彼胡虏，尚敢昏迷。肉食边氓，渔猎亭障，天子出师，问罪要荒。天王宜发大悲之心，轸护念之力，歼彼凶恶，助我甲兵，使刁斗不惊、太白无色。虽事集于边将，而功归于天王。

【注释】

①涅盘：原作“温盘”。温、涅，字形近而讹，据《守山阁丛书》本改。

②佛法：原作“象法”。据《守山阁丛书》本改。

③六手：原作“六牙”。“牙”“手”字形近而讹，据《守山阁丛书》本改。

【译文】

尊驾作镇北方，保佑万物众生，诛杀悖逆之徒。佛祖如来涅槃，以佛法委托于您。尊神手持宝塔，身披金甲，威风凛凛，圣德融于四方。五部神鬼，八方妖精，他们形貌奇特，有的身披羽毛，有的三头六臂，有的一面四目，狰狞的脸色如蓝靛，直立的须发似烈火，牙齿高耸出口，手指弯曲露骨。尊神的目光似雷电，喘息似风雨，能吸风暴，喷霜雹。发威时，能搅动大海，拔掉须弥山，摧毁风轮，粉碎铁胄。因此我们都听从您的指呼，仰赖您的驱使。而今国家尊奉佛教，护法降魔，万国归心，十方归化，只有那些胡虏尚自执迷，侵扰边境，掠夺要塞。现在天子兴师，问罪讨伐。天王您应发大悲之心，尽扶佐之力，助我甲兵惩伐凶恶，以使刁斗不惊，太白无光，永无兵戈之忧。具体事务虽由边将完成，功劳却归于天王。

捷书类

露布

【题解】

露布，原意是指不缄封的文书。亦谓公布文书。《东观汉记·李云传》："白马令李云素刚，忧国，乃露布上书。"露布起源于汉代，是在帛制成的旗子上书写文字，通报四方。露布具有公开性、时效性强，传播面广的特点，可以说是报纸产生以前，中国古代最有影响的一种新闻传播媒介。

唐代把军中获胜所用的告捷文书称为露布。唐封演《封氏闻见记·露布》："露布，捷书之别名也。诸军破贼，则以帛书建诸竿，上兵部，谓之露布。"可见露布的作用是宣传战争获胜，以鼓舞士气，振奋人心。本篇记述的露布主要是军中的公文，从内容上看，应该分为三个部分：

第一部分是报捷文书，记述了地方节度使将战争情况上报给中央政府机构的中书、门下两省，内容包括战争过程、战争结果以及战争中的俘获等。下有时间落款。

第二部分是露布，记述在帛上向外公告的内容，主要讲战功。

第三部分是前线指挥将领、节度使将作战指挥的过程向皇帝禀告。下有时间与落款。

由此可见唐代军中报捷文书的有关情况，对研究唐代军事情报的传递有借鉴意义。

某道节度使某，牒上中书、门下，破逆贼某乙，下兵马使告捷事，得都知兵马使某，牒称：

某月日时于山川，探见贼。某与战，俘斩略尽。今乘胜逐北，杀获生口及获器械牛马，续即申上者。大逆斩戮，狂寇败亡，尘净烟清，同增欢忭[①]。谨差某乙，驰告捷音，具状牒上中书、门下，谨牒。

【注释】

①忭（biàn）：高兴，喜欢。

【译文】

某道节度使某，牒上中书、门下，破逆贼某乙，下兵马使告捷事，收到都知兵马使某的上牒称：

某月某日某时，在某山川探见贼兵。我方与之交战，俘斩略尽。现在乘胜追击，斩杀、俘获的敌人及所获器械、牛马，容待日后申报。此次战役，已斩逆贼，强敌败亡，目前已经尘净烟清，同庆胜利。谨差遣某乙飞马报捷，具申事状，牒上中书、门下。谨牒。

某年月日，典书某官牒

判官某官、某行军司马某使某官，某道节度使奏破某贼露布事：拔贼某城若干所，生擒首领某人若干，斩大将若干级，获贼马若干匹，衣装甲仗若干件，应得者，具言之。

【译文】

某年某月某日，典书某官牒

判官某官，某行军司马某使某官，某道节度使奏破贼披露本事：拔取敌人城池若干座，生擒首领某人若干，斩杀大将若干，俘获战马若干匹，衣装甲仗若干件，所有俘获，具已申报如上。

中书、门下、尚书兵部、某道节度使某官，臣某言：

臣闻黄帝兴涿鹿之师，尧舜有阪泉之役，虽道高于千古，犹不免于四征。我国家德配唐虞，功格宇宙；蠢兹狂狄，昏迷不恭，犬羊成群，犯我亭障。今月令都知兵马某官某，都总管马步若干人，左虞候某官某，领强弩若干人为奇兵设伏。虞候总管某领陌刀若干人为后。节度副使某官某领蕃汉子弟若干人为中军、游骑[①]。以某日时于某山川，与贼相遇，尘埃障空，旌旗蔽野。臣令都知兵马使某官某大将军当其冲，左右虞候为两翼，势欲酣战。伏兵潜发，贼众惶骇。虞候某陌刀奄至，白刃霜飞，红血星洒。从寅至酉，经若干阵，所有杀获，具件如前。臣功何言，天赞其力！谨差先锋将某官，奉露布以闻。特望宣布中外，用光史册。臣某顿首谨言。某年某月某日，掌书记某官臣某上。

【注释】

①游骑：担任巡逻突击的骑兵，或是流动突袭的骑兵。

【译文】

中书、门下、尚书兵部、某道节度使某官臣某言：

臣下听说黄帝兴涿鹿之师，尧舜有阪泉之役，虽然功德盖于千古，仍不免四处征讨。当今国家的仁德可媲美唐虞，功勋感动宇宙。但那些愚蠢狂妄的戎狄，仍执迷不恭，像成群的犬羊，侵犯我边塞。臣下今令都知兵马使某官某、都总管马步将若干人、左虞候某官某，统领强弩手若干人为奇兵,在某处设埋伏。虞候总管某率领陌刀手若干人为后队。节度副使某官某率领蕃汉子弟若干人为中军、游骑。在某月某日某时,在某山某川,与敌人大军相遇。两军对垒,尘土飞扬,旌旗遍野。臣下令都知兵马使某官某大将军当敌要冲,左右虞候展开两翼,准备激战。伏兵突发,敌众惶恐。虞候某率陌刀手相继而至。锋刃所加之处,血星飞洒。从寅时至酉时,经过若干战阵,所有杀获,都已申报如前。臣个人的功劳没有什么值得炫耀的,都是仰仗上天的恩赐!臣下谨差遣先锋将某官某,奉露布以上告。唯望宣示中外,彪炳史册。臣某顿首谨言。某年某月某日,掌书记某官臣某上。

药方类

总序

【题解】

军队长期在外征战，地理环境、气候变化等都容易导致将军或士兵生病，在战争中也免不了受伤。人和战马都是如此。生病或者受伤必须及时得到医治，不然就会影响战斗力，影响士气以及战争的结果。因此军医和药方也是军队必备的。

经曰：药者，和草木之性，治人寒、热、燥、湿之病；道达经脉，通理三关九候、五脏六腑，扶衰败，补虚弱。夫稠人多厉气①，屯聚，人气郁蒸成病，其瘟瘇疟痢②，金疮堕马，所以随军备急。

【注释】

①稠（chóu）人：众人。

②瘟：急性流行性传染病。瘇（huáng）：同"癀"，黄疸病。疟：疟疾，由疟原虫引起的寄生虫病。痢：由痢疾杆菌、痢疾内变形虫引起

的肠道传染病的总称。

【译文】

经说：所谓药就是调和草木的禀性来治疗人体寒、热、燥、湿之病。畅通经脉，调理三关九候、五脏六腑，扶衰弱，补虚亏。人多的地方容易感染瘟疫，屯戍人员聚集，人气郁积，容易发病。瘟病、疟疾、痢疾时有发生，受金属创伤、堕马在所难免，必须备有医药，以备急需。

治人药方

【题解】

本篇记述了唐代军队中常用的十八种治人药方，涉及伤病有时疫、赤班、瘟疫、疟疾、摔伤、扭伤、中毒等。药材多达上百种，也是以常见药为主。服法以和粥、米汤服为常见，这在军中不难做到。药材用量与各药物之间的配比有说明，成药的服用量也有说明，是一个比较完备的军队医用药方。

文中所述的药物之间的配比主要用“等分”来说明，不够精确。这主要是考虑这些药方针对军队在外作战的条件，不能做到足够精细。同时，军中基本上是成年男子，身体健硕，自身康复能力也很强，所以即便不够精细，也能达到治疗效果。如果是社会上的老弱病残或者儿童，体质相对虚弱，则不可参考使用。

需要说明的是，这些药方是唐代军队所用，今人在学习时可作为中华传统文化的内容来对待，不能作为治病的药方来使用。

“治人药方”四字原无，今根据文意而加。

疗时症①

栀子、干姜、茵陈、升麻、大黄、芒硝。右件等分，为末，米饮，空心下，三匙，须臾利。不利则暖粥服之。

疗赤班[②]

栀子、茈胡、黄芩（各等分）、芒硝、茵陈。右件细切为末，粥饮下，三匙，以利为愈。

治大疫[③]

瓜蒂、丁香、赤小豆（各四十九）。以上为细末，井花水，空心服，方寸匙。又吹鼻中，如大豆许，须臾鼻出黄水，吐利乃愈。

治虐

鳖甲、常山、甘草、松罗。右件等分，为末，乌梅汤服，方寸匙，日二服，稍加之，以吐为愈。如不愈，可服下方。

当归六味散

当归、白术、细辛、桂心、大黄、朴硝。右为末，平旦，空心服之，方寸匙。加之，得利为度。

治温虐可服鬼箭丸[④]

甘草、丁香、细辛、乌梅、陈皮、地骨、白术、当归、鬼箭。以上等分，为末，蜜丸如梧子大，乌梅汤下。每服十五丸，再服三十丸。三五日后觉腹热，以粥饮服。

治痢方

黄连、黄芩、黄芪、黄柏、龙骨。右等分，为末，米饮下，空心服，方寸匙。

治谷痢方

附子、干姜、细辛、白术、神曲。右等分，为细末，空心，米饮下，方寸匙。

治血痢方

阿胶、黄柏、干姜、艾叶、犀角。右等分，为细末，服如前法。

治霍乱方

巴豆（一两）、干姜、大黄。以上等分，为末，蜜丸如梧子大。空心，米饮下，三丸，以利为度。不利，以粥汤投之。

治脚转筋方

生姜一两，擘碎，水煎服之。

治人战辟五兵不伤人方

雄黄、白矾、鬼箭、羚羊角。右为末，鸡子黄并雄鸡冠为丸，如杏子大。置一丸于小囊中，系腰间及膊上，勿令离身，亦辟一切毒气恶疾。

治人因马而有疾者名马齿毒

灰汁数斗，温洗疮处，愈。又以马粪汁涂之。

治马脓垢附人作疮方

马鞭稍二寸[⑤]，烧灰；飞鼠七个，烧灰。有脓，干敷。

治金疮伤困乏及肠出者方

黄芪、当归、芎䓖、白芷、续断、鹿茸、黄芩、干姜、附子、芍药[⑥]。右件各等分，为末，先饮酒醉，次服药，五钱。七日，三钱。

治金疮破腹方

烧葱取汁涂之，立效。又方用女人中衣裆旧者，炙熨之。

治坠马有瘀血在腹方

生地黄五升，研烂，以酒淘取汁一盏服，日三服，服至九次则效。

又方：地黄二斤，捣碎炒干，以无灰酒五升煮，三沸重，户暖处饮之，愈。

治坠马折手脚骨方

捣天麻根并叶，取汁服之，气下乃苏。若无天麻根、叶，取子研碎，酒下，亦可。

【注释】

①时症：即时疫，一年四季皆可发生的急性流行性传染病。《不知医必要·时疫》："此症有由感不正之气而得者，或头痛、发热，或颈肿、发颐，此在天之疫也。若一人之病，染及一室，一室之病，染及一乡、一邑。"今天西医所说的流感是其中的典型代表。

②赤班：《守山阁丛书》本作"赤班子疮"，就是赤疮、火赤疮，一种体表红赤的大疱样疮疡皮肤病。症状为水疱成群、呈环状排列，瘙痒难忍。

③大疫：瘟疫，以发热、肺炎为主要特征的急性流行性传染病，致死率高。

④鬼箭：木名。卫矛的别名。李时珍《本草纲目·木三·卫矛》："鬼箭生山石间，小株成丛。"

⑤寸：原作"十"，不词。今据《守山阁丛书》本改。

⑥芎䓖（xiōng qióng）：植物名。根茎皆可入药。

【译文】

疗时症

栀子、干姜、茵陈、升麻、大黄、芒硝。取同等分量的上述六味药碾成末，用米汤调好，空腹用三匙服下，片刻见效。如果不见效，则应用暖粥调服。

疗赤症

栀子、柴胡、黄芩、芒硝、茵陈。将同等分量的上述各味药碾成细末，和粥服下，每次服三匙，以见效为限度。

治大疫

瓜蒂、丁香、赤小豆（各四十九粒）。将上述各药碾成细末，用井水或花露调好，空腹，用方寸匙服下。或者取大豆状散粒分别放入两鼻孔中，片刻后，鼻中流黄水，呕吐，即为见效。

治疟

鳖甲、常山、甘草、松罗。取同等分量的上述四味药，碾成粉末，用乌梅煎成汤调好，用方寸匙服下。每日服两次，如药量少可酌增，以病人服后呕吐为限度。如果不能治愈，再服用其他的方子。

当归六味散

当归、白术、细辛、桂心、大黄、朴硝。将上述各味药碾成细末，每天早晨空腹，用方寸匙服下，以见效为限度。如不见效则加量，直至见效为止。

治温虐可服鬼箭丸

甘草、丁香、细辛、乌梅、陈皮、地骨、白术、当归、鬼箭。取同等分量的上述各味药，碾成细末，加蜜调制成丸，大小如梧桐子，用乌梅汤送下。每次服十五丸，再服时增加至三十丸。三五日后，感觉腹中发热，可饮用米粥消解。

治痢方

黄连、黄芩、黄芪、黄柏、龙骨。取同等分量的上述五味药，碾成细末，空腹，和米汤用方寸匙服下。

治谷痢方

附子、干姜、细辛、白术、神曲。取同等分量的上述五味药，碾成细末，空腹，和米汤用方寸匙服下。

治血痢方

阿胶、黄柏、干姜、艾叶、犀角。取同等分量的上述五味药，碾成细末，服用如前法。

治霍乱方

巴豆（一两）、干姜、大黄。取同等分量的上述三味药，碾成细末，用蜜调制成丸，大小如梧桐子。空腹，和米汤饮下，每次三丸，以见效为限度。不见效，则应佐以粥汤服用。

治脚转筋方

生姜一两，拍碎，用水煎服下，即可痊愈。

治人战辟五兵不伤人方

雄黄、白矾、鬼箭、羚羊角。将上述各味药碾成粉末，用鸡蛋黄、雄鸡冠血调制成丸，大小像杏子。在小袋中放一丸，系在腰间或胳膊上，不离左右，能够驱避所有的疮毒恶疾。

治人因马而有疾者名马齿毒

用灰汁数斗擦洗疮处，能治愈。或者用马粪汁涂疮处。

治马脓垢附人作疮方

马鞭稍二寸，烧制成灰；飞鼠七枚，烧制成灰。在有脓处干敷。

治金疮伤困乏及肠出者方

黄芪、当归、芎䓖、白芷、续断、鹿茸、黄芩、干姜、附子、芍药。取同等分量的上述各味药，碾成细末，先饮酒，至醉时服药五钱。至七日，每次用量减至三钱。

治金疮破腹方

用火烧葱，取其汁水涂在疮口上，立即见效。垫着女人的旧中衣熨抚，也可痊愈。

治坠马有瘀血在腹方

将生地黄五升捣烂，每盏酒中掺入少许汁水，每日服用三次，连服九次即可痊愈。

另有一方：称取地黄二斤捣烂炒干，以五升清洁的酒煎煮至三沸而成，在房间暖和的地方饮用，可见效。

治坠马折伤手脚骨方

将天麻根和叶捣碎，取其汁一气服下，即可复苏。如果没有天麻根和叶子，将天麻籽研碎，用温酒送下也可。

治马药方

【题解】

在冷兵器时代，战马对于军队来说是十分重要的。在行军征战过程中马会生病，而马病会直接影响到战争的胜败。所以随军有兽医，有治疗马病的药方。治疗马病有悠久的历史。《周礼·天官冢宰·兽医》："兽医，掌疗兽病，疗兽疡。"《旧唐书·职官志三》："兽医掌疗马病。"

在长期治疗马病的过程中，人们会积累一些经验与药方。本篇记述的是唐代治疗马病的七个药方，内容包括药物、药量、用法、服法等。药物的品种大都是常见药，制药方法简单，服用方法也比较简单，便于军中使用。至于治疗马病的根本原则，还是"调冷热之宜，适牧放之性，常加休息"。这对今天的兽医治疗马病也有借鉴作用。

经曰：马有百四十八病，盖在调冷热之宜，适牧放之性，常加休息，不可忽视之也。马之系于军也，至矣，重矣！

【译文】

经说：马有一百四十八种病，关键在于冷暖相宜，牧放得当，还要让它经常休息，不可轻视它。马对于军队的作用，是极其重要啊！

春夏灌马方

郁金、芎䓖、当归、大黄、升麻、黄连、细辛。右各等分，为末。每灌七钱，蜜、油各一合[1]，汤半升，搅匀灌之。有冷气，加姜、桂各一两。糯米粥半升，油五合，猪脂油四两，早晚啖之。

治马热不食草料及水方

芒硝、郁金（等分）。右为末，每灌药七钱，入酥半两，水一升，搅匀灌之。一曰：刺带脉出血，愈。

治马漏蹄方

先以刀削，令稳。便次以发灰、羊脂填之，以黄蜡封固。

治马内黄、不食水草方

青黛、大黄、白盐。右为末，每灌三钱，油、蜜各一合，温水一升，灌之，立愈。

治马胞转大小便不通方

用人粪并大蒜、橘梢为膏，纳尿孔内，则立愈。又缠马腹于后脚，挽之，令跳，胞自转。

疗马草结方

以热手捻，令消。又以热扫帚柄筑之。

治马虫颡方

桑白皮、枣肉、葶苈子。右共为末，水三升半灌之，令头低，滴出鼻中恶水，愈。次用大黄、油鸡子，清灌之。

【注释】

①合（gě）：量词。一升的十分之一。

【译文】

春夏灌马方

郁金、芎䓖、当归、大黄、升麻、黄连、细辛。取同等分量的上述各味药，碾成细末。每次喂灌七钱，用蜜、油各一合，汤半升，搅匀后给马灌下。马受冷气时，则加干姜、肉桂各一两。用糯米煮粥半升，油五合，猪油四两，早晚喂服。

治马热不食草料及水方

芒硝、郁金（等分）。取同等分量的上述两药，碾成细末。每次灌七钱，加入酥半两，水一升，搅匀后灌下。另有一说为：用针刺马带脉，出血后即可痊愈。

治马漏蹄方

先用刀削马蹄，使它稳当。再用发灰、羊脂填充，然后用黄蜡封固。

治马内黄、不食水草方

青黛、大黄、白盐。将上述各味药碾成末，每次灌三匙。加入油、蜜各一合，温水一升灌下，即可痊愈。

治马胞转大小便不通方

用人粪加入大蒜、桔树梢，碾成末拌成膏状，注入马的尿孔内，马就会立即排尿。或者在马腹中缠上带子，挽在马蹄间。让马自己奔跳，也可见效。

疗马结草方

用热手捻动瘀结之处，帮助它消化。或者用热扫帚柄敲打。

治马虫颡方

桑白皮、大枣肉、葶苈子。将上述各药和匀，用三升半水灌下。让马低头，滴出鼻中的恶物，即可治愈。或者用大黄油、鸡蛋清灌下。

卷八

杂占

总序

【题解】

占卜是古代预测吉凶祸福的方法。一般有龟占、蓍占、奇门遁甲、大六壬、文王课等。杂占主要是日月占、星占、气占等。占卜是古代人们在观念落后的时代对未知事物的一种预测。《史记·天官书》中记载了“星占”“气占”“分野占”等内容。关于占卜的原则，《史记·天官书》说：“凡天变，过度乃占。”天，就是自然现象。天变，就是自然现象的反常。过度乃占，就是说自然现象的反常过度了，人民才会去预测吉凶。古人强调天人合一，人们的生产生活依据自然规律，春生、夏长、秋收、冬藏。一旦遇到异常的自然现象，在当时科学观念落后的情况下，只能凭借经验去解释，然后寻找应对之道。

杂占的观念主要来源于天人感应。董仲舒《春秋繁露·人副天数》说：“人有三百六十节，偶天之数也；形体骨肉，偶地之厚也；上有耳目聪明，日月之象也；体有空窍理脉，川谷之象也；心有哀乐喜怒，神气之类也。观人之体一，何高物之甚，而类于天也？”正因为人与天相类，所以天示异相，人们可以通过天象来检讨自己的行为。《春秋繁露·同类相动》说：“美事召美类，恶事召恶类，类之相应而起也。如马鸣则马应之，牛鸣则牛应之。帝王之将兴也,其美祥亦先见;其将亡也,妖孽亦先见。物固以类相召也,故以龙致雨,以扇逐暑,军之所处以棘楚。”将占卜引申到国家与社会,那么天降吉兆或凶兆就是对人们现实政治的暗示与警醒。

在这种天人感应观念影响下,汉代的人特别重视阴阳杂占。《史记·天官书》载:“夫自汉之为天数者,星则唐都,气则王朔,占岁则魏鲜。故甘、石历五星法,唯独荧惑有反逆行,逆行所守,及他星逆行,日月薄蚀,皆以为占。”唐都精通星占,王朔精通气占,魏鲜精通岁占等。《天官书》又说:“汉之兴,五星聚于东井。平城之围,月晕参、毕七重。诸吕作乱,日蚀,昼晦。吴楚七国叛逆,彗星数丈,天狗过梁野;及兵起,遂伏尸流血其下。元光、元狩,蚩尤之旗再见,长则半天。其后京师师四出,诛夷狄者数十年,而伐胡尤甚。越之亡,荧惑守斗;朝鲜之拔,星茀于河戍;兵征大宛,星茀招摇。此其荦荦大者。若至委曲小变,不可胜道。由是观之,未有不先形见而应随之者也。”其中“五星聚于东井”是星占。“日蚀”是日占。“彗星”是星占。“蚩尤之旗”是云气的形状,是气占。“荧惑守斗”也是星占。可见,在汉代日占、月占、星占、气占等已经很发达了。这些占卜并不是单独进行的,有时是混合在一起作判断。比如“月晕参、毕七重”,是月占与星占的融合;“兵征大宛,星茀招摇”,则是彗星占与分野占的融合。因为上述诸占往往不单独使用,故综合起来成为“杂占”。

由于战争涉及国运的兴衰,是国之大事,因此杂占在军事领域也有广泛的运用。本篇记述的是唐代的杂占情况,对于了解中国古代的杂占文化有重要的参考价值。

经曰:天文者,悬六合之休咎;兵书者,著六军之成败。今约一战之事,编为篇目,其余灾变,爽而不昧。

【译文】

经说：天文，关系到天地四方的吉凶；兵书，关系到六军的成败。现在简略记述有关行军作战之事，排列成篇目，其余的灾变则略而不记。

夫天道远人道迩，人道谋而阴，故曰神；成于阳[①]，故曰明[②]。人有神明，谓之圣人。夫圣人者，与天地合德，日月合明，四时合序，鬼神合吉凶，故曰先天而天弗违，后天而奉天时。天且弗违而况于鬼神乎！若谋成策完，则天地、日月、四时、鬼神皆合之；若谋缺策败，虽使大挠步历、黄帝板元、甘德占星、巫咸望气[③]，务成灾变；风后孤虚，欲幸其胜，未之有也。盖天道助顺，可以存而不亡，若将贤士锐，诛暴杀强，以义征不义，以有道伐无道，以直取曲，以智攻愚，何患乎天文哉！可精而解，不可拘执。

【注释】

①阳：原作“阴”，据《守山阁丛书》本改。

②明：原脱，据《守山阁丛书》本补。

③大挠步历：《汉书·古今人表》宋衷注：“大挠，黄帝史官。”茆泮林辑本《世本·作篇》：“黄帝令大挠作甲子。”板元：板，即颁。元，中国传统历法计年单位的一种。东汉颁布的四分历中，以4560年为1元。甘德：战国时天文学家。齐国人，一说楚国人。与石申精密记录黄道附近恒星的位置及其与北极的距离。相传由他测定的恒星，有一百十八座、五百十一颗。著有《甘石星经》八卷，今佚。

【译文】

天道远而人道近，人道谋于阴，故曰神；成于阳，故曰明。人有神明，称之为圣人。这些圣人道德与天地相合,他们的神明与日月相合,他们的施政与四时次序相合,他们预测的吉凶与鬼神相合,所以说先于上天却不违背上天,后于上天却奉守天时。上天尚且不能违背,更何况鬼神呢！人如果谋划得当、筹策圆满,那么天地、日月、四时、鬼神都与它相合;人如果谋划不当、筹措不利,即使大挠亲自推算历数、黄帝亲自选择良辰吉日、甘德亲自占卜星象、巫咸望气欲避免灾变、风后卜时欲侥幸求得胜利,也是根本不可能的。因为天道只有保佑正义,才能长存不灭。如果将领贤达,士卒勇猛,诛杀残暴,救助弱小,以正义讨伐不义,以有道讨伐无道,用刚直取代曲昧,用睿智攻讨愚钝,又担忧什么天文的吉凶呢？所谓天文,只能通过博览而推究,不可僵化地拘泥于它。

占日

【题解】

《晋书·天文志中》说:"日为太阳之精,主生养恩德,人君之象也。"自然万物依赖太阳,尤其是植物的生长依赖太阳。而动物与人类以植物为食,因此自然界的生命,都依赖于太阳。与日相关的天象是中国古代星占学的重要内容。日占的历史非常悠久,《吕氏春秋·勿躬》:"羲和占日。"雷学淇辑本《世本·作篇》:"黄帝使羲和占日。"羲和是占日之官。

占日,主要是日食。《晋书·天文志中》说:"日蚀,阴侵阳,臣掩君之象,有亡国。"按照星占的说法,日对应人间的是君主。发生了日食,臣要夺君之位,有亡国的危险。《开元占经》卷九:"日蚀之下有破国,大战,将军死,有贼兵。"(《荆州占》)除了日食外,与太阳活动有关的诸多情况也多是日占的内容。《开元占经》中列举了多种现象,如日光的变化有日晷影、日光明、日变色、日无光、日昼昏、日无云而不见等,日出日落的变化有日夜出、日当出不出、日当入不入、日再出、日出复入、日入复出、日坠日流、日出异方、日并出、日重累等,日与月、星辰之间的位置有日月并出、日月与大星并见、日入月中、月入日中等，日本身与云的变化有日冠、日珥、日戴、日抱、日背、日瑶、日直、日交、日提、日格、日履纽缨、日承、日晕、日方晕、连环晕、日晕而珥、日晕而负、日重晕等。可见占日是十分全面的。

唐代对日占等杂占十分重视，出现了《开元占经》一类的著作，取得了中国古代天文学上的杰出成就。本篇记载的主要还是太阳本身出现的异象，如日食时出现的日珥，平时出现的日晕，日、月晕与云气的关系，主要还是与兵学有关。本书的记载可以与《开元占经》对读。当然，文中所言天象与用兵的关系几乎没有科学依据，对今天的用兵也无参考价值，今人在阅读时应注意鉴别。

经曰：日者，实也①，光明盛实，布照四方。神灵御之，葵藿向之。太阳之精，积而成象，光明外发，体魄内含，故人君法之②。吉凶灾变，则必照临下土。

【注释】

①实：充满。

②“太阳之精”几句：语出《晋书·天文志中》：“日为太阳之精，主生养恩德。人君之象也。”

【译文】

经说：所谓日，是充满之意，阳光充沛，普照四方。神灵驾驭它，草木追随它。太阳的精气积累而形成影像，光明向外发散，魂魄蕴含体内，因此君主效法它，吉凶灾变会通过它照临大地。

日珥①，有，拜大将军。一曰：有兵在野，珥南则南军胜，珥北则北军胜，东西亦如之。

日两珥相对,将欲解和。

日晕而珥,外军凶。

日抱晕,随抱军胜。

日有白足[②],有破军杀将。

日有背气[③],其色青赤,曲于内外,是谓背叛之象。其外有叛臣。一曰:军将守边者,有二心。

日有晕气,如营周员,中赤外青,军营之象。若对敌上,其色浓厚,随方军胜。

日月皆晕,军阵不合。若七日,不解,不可起兵。若晕而珥,外军凶。日抱晕而珥者,上将易。日晕而缺者,两军相当,随缺兵败。

日晕而直气在旁,所临军胜。

日月有冠缨者,若两军相当,主和解,若抱带者,主大喜。

日晕而有两珥在外者,不出三日之内,下有围城。

【注释】

①日珥:太阳色球层发生的一种剧烈活动。在日全食时,往往能看到太阳的周围镶着一个红色的环圈,上面跳动着鲜红的火舌,看起来像是太阳的耳环,叫做日珥。日珥亮度要比太阳光球层暗弱得多,所以平时不能用肉眼观测到它,只有在日全食时才能直接看到。

②白足:从下文"日有背气"看,"白足"当指太阳下聚集有白气,类似足。故称。

③背气:古天文学对太阳周围云气之称。《旧五代史·唐书·庄宗纪第六》:"是日,日傍有背气,凡十二。"《新五代史·司天考二》:

“五代之际，日有冠珥、环晕、缨纽、负抱、戴履、背气，十日之中常七八，其繁不可以胜书，而背气尤多。”

【译文】

日珥，如果有出现，则要拜大将军。一说：双方军队在野外交战，珥在南则南方胜，珥在北则北方胜，东西方向的依此类推。

日有两珥相对，交战两方即将和解。

日晕而珥在外，预示在外的军队将有凶兆，作战不利。

日有晕环绕，则日晕所环绕的一方军队得胜。

日下有白云，则破军杀将。

日边有要逃离日的云气，颜色呈青红，弯曲向外，是背叛的征兆，部下中有叛臣。一说：将领身边有怀二心者。

日有晕，有云气环绕，圈内呈红色，外为青色，这是军营的象征。在敌对的双方中，日晕颜色浓厚一方的军队得胜。

日月皆有晕，是兵阵不合的征候。如果晕持续七日不消散，不可起兵。日有晕而珥向外，那么野外作战的军队有凶兆。日有晕环绕，同时又有珥，应更换上将。日晕有亏缺时，两军交战，晕有亏缺一方的军队失败。

日晕伴随直直的云气在旁，云气所在的一方军队得胜。

日月有云气像冠缨状，两军相当，为和解之象。如果有云气像袍带状，为大喜之象。

日晕而有两日珥在外，不出三日，必有城被围。

占月

【题解】

月亮在人们的日常生活中同样有着重要意义。中国古代是农耕文明，农业生产与月份之间有紧密的联系。中国古代政治、经济、祭祀等国家大事的安排，都根据月份来安排，形成了“月令”系统。《吕氏春秋》十二纪中就有体现。所以古人非常重视占月。《吕氏春秋·勿躬》：“尚仪作占月。”雷学淇辑本《世本·作篇》：“黄帝使羲和占日，常仪占月。”

占月主要是月食。月食发生的频度较日食为大，推算起来也容易一些。唐李淳风《乙巳占》卷二：“师出门而月蚀，当其国之野，大败，一曰军死而后生。”如果军队出征，刚好遇到月食，那么军队就会大败，将军会战死。又曰：“月生三日而蚀尽，是谓大殃，国有丧。”“月生十日至十四日而蚀，天下兵起。”“十五日而蚀，国破灭亡。”月亮在不同的时间段发生月食，预示不同的凶兆。也有以月食发生在二十八宿间的不同位置来占吉凶的。《乙巳占》卷二：“月行宿太白而蚀，强国战不胜亡城，大将有两心。”除了月食而外，月亮本身所呈现的许多现象也被古人赋以星占学意义。《晋书·天文志中》说：“月变色，将有殃。月昼明，奸邪并作，君臣争明，女主失行，阴国兵强，中国饥。”月变色、月晕、月重晕、月交晕、月连环晕等，都是星占的内容。月亮与恒星、行星发生关系，也是占月的重要内容。《开元占经》卷十三有“月与列星相犯”的星占项目，这又分为“月犯星”与“星入月”两种，如“月犯列宿，其国有忧”等。

《乙巳占》与《开元占经》都是唐代著作，可见唐代占月风气很盛。本篇也是记载占月，有月晕、月晕与列星之间的关系，主要是与军队作战的吉凶有关。就研究古代天文学、气象学来说有一定的意义，而其背后象征的军队作战吉凶则是附会之说，不可信。

经曰：月者，阙也，盈极必缺。太阴之精，积而成象，光以照夜。女主之义，比德刑罚①。吉凶休咎，以警于下土。

【注释】

①“太阴之精”几句：语出《晋书·天文志中》，原文为：“月为太阴之精，以之配日，女主之象；以之比德，刑罚之义；列之朝廷，诸侯

大臣之类。”

【译文】

经说：所谓月，是亏缺之意。充盈到极点必然会亏缺。太阴的精气积累而形成影像，光芒用来照亮夜色。月亮是女主之义，象征恩惠和刑罚。月相显示出吉凶和善恶，用以警示下土。

月有晕，则先起兵者胜。

月晕抱带者，有赤色在外，外人胜；在内，内人胜。

月晕岁星①，有赤色，亦如之。

火入月守，色暗，则客军败；明，则客胜。

月晕镇星②，不明，则主胜；明则客胜。太白、辰星③，同占。

月晕亢，则先起兵者，喜且胜。

若军出，有月晕、食，则军凶。

月晕房，有大风。

月晕参，伐，兵作，有军不胜。

【注释】

①岁星：即木星。

②镇星：即土星。

③太白、辰星：即金星、水星。

【译文】

月有晕，那么先起兵者得胜。

月有晕环绕，有红色在外，那么外面的军队得胜；如果红色在内，那么里面的军队得胜。

月晕，有木星环绕，有红色，那么红色所在方向的军队得胜。

火星入月，颜色暗，敌方兵败；颜色亮，则敌方获胜。

月晕于土星，如果颜色暗淡，则主方获胜；如果颜色明亮，则客方获胜。月晕于金星、水星，同占。

月晕于亢宿，先起兵者吉，能够获胜。

如果出师时发生月晕、月食，则为凶兆。

月晕于房宿，有大风将起。

月晕于参宿，征伐之兵起，军队不能取胜。

五星占

【题解】

星占的主要内容是行星占。行星占历史悠久。长沙马王堆三号汉墓出土的帛书《五星占》是已知最早的行星占的专著。到了汉代，在天人感应的观念支配下，人们认为五星异象就是上天对人间施政的警示。《史记·天官书》："五星色白圜，为丧旱；赤圜，则中不平，为兵；青圜，为忧水；黑圜，为疾，多死；黄圜，则吉。赤角犯我城，黄角地之争，白角哭泣之声，青角有兵忧，黑角则水。"又曰："五星同色，天下偃兵，百姓宁昌。春风秋雨，冬寒夏暑，动摇常以此。"可见在汉代行星占是十分兴盛的。

唐代行星占的文化发展到了顶峰。在《开元占经》中行星占有四十二卷，超过三分之一。古人对五星所显示的天意和吉凶预兆十分看重，并将其与人间的王道政治联系起来。《开元占经》卷十八说："五星者，五行之精也。五帝之子，天之使者，行于列舍，以司无道之国。王者施恩布德，正直清虚，则五星顺度，出入应时，天下安宁，祸乱不生。人君无德，信奸佞、退忠良，远君子、近小人，则五星逆行变色，出入不时，扬芒角怒，变为妖星。彗孛、茀扫，天狗、枉矢，天枪、天棓，搀云、格泽。山崩地振，川竭雨血。众妖所出，天下大乱，主死国灭，不可救也。余殃不尽，为饥旱、疾疫。"(《荆州占》)把五星的异象与人君无德对应，以天降异象来警示人君的施政。

就兵学来说，行星占与兵学联系也十分紧密。由于行星中的太白金星位于西方，主兵，因此古人历来重视太白星的占星。《汉书·赵充国传》："今五星出东方，中国大利，蛮夷大败。太白出高，用兵深入敢战者吉，弗敢战者凶。将军急装，因天时，诛不义，万下必全，勿复有疑。"赵充国领兵对西羌的军事行动，汉宣帝下诏书以"五星出东方""太白出高"为由催促赵充国尽快采取军事行动。可见，行星占不仅是写在书上，而且在现实生活中也确实被实践。

本篇记述了唐代金、木、水、火、土五星异象与用兵的关系。五星在亮度、颜色、大小、形态等方面发生的各种变化都被赋予星占学意义。五星之间的位置关系、各星与二十八宿之间的位置关系也被赋予兵学意义。其实这些都是不科学的。行星在其轨道上运行时，它们与地球间的距离时远时近，因此它们的亮度和大小确实会变化，并非全是大气光象造成的幻觉。五星在天空中的运行与二十八宿之间的位置关系也是天体运行的结果，与人间的吉凶没有什么必然的联系。

经曰：五星者，昊天之使也。禀受天命，各司其职，虽幽深玄远，罔不悉及之。故福德佑助，祸淫威刑，或顺轨而守常，或错乱而表异，光芒角变，兴动衰盛，居、留、干、犯，勾、冲、掩、灭，所以告示下土。

【译文】

经说：五星是苍天和上帝的使者，接受天帝的使命，掌管各自的职守，无论事物多么幽僻遥远都能够洞察。因此五星能够赐福保佑有德之人，降祸惩戒淫邪之徒。它们时而按轨道运转保持正常的秩序，时而运行错乱发出奇异的征兆。五星的光芒、颜色的变化，牵动着人间的盛衰与生死；五星的居、留、干、犯、勾、冲、掩、灭，是告诫人间吉凶祸福的征兆。

凡五星，各有常色本体，吉，岁青，荧惑赤，镇黄，太白白，辰黑。

凡五星，黄角[①]，兵交争；赤角[②]，犯我城；白角[③]，有边兵；青角[④]，忧自生；黑角[⑤]，死丧行。

凡五星变常者，青忧，白兵，赤旱，黑丧，黄则天下大熟。

【注释】

①黄角：谓星宿呈现的黄色光芒。旧时为兵乱的征兆。《史记・天官书》："（五星）赤角犯我城，黄角地之争。"

②赤角：谓星宿呈现的红色光芒。旧时为敌兵犯我的征兆。唐杨炯《浑天赋》："（五星）赤角犯我城，黄角地之争。"

③白角：谓星宿呈现的白色光芒。旧时为边疆兵乱的征兆。《史记・天官书》："（五星）白角哭泣之声。"

④青角：谓星宿呈现的青色光芒。旧时为兵乱的征兆。《史记・天官书》："〔五星〕青角有兵忧，黑角则水。"

⑤黑角：谓星宿呈现的青色光芒。旧时为死丧的征兆。

【译文】

五星各有常色。太平无事的时候，木星发青，火星发红，土星发黄，金星发白，水星发黑。

五星出现黄色的光芒，是兵戈交争的迹象；出现红色的光芒，是敌军犯我城池的迹象；出现白色的光芒，是边境有兵起的迹象；出现青色的光芒，将有忧愁相生；出现黑色的光芒，将有死丧来临。

五星颜色与平日不同时，发青预示忧愁，发白预示兵戈，发红预示干旱，发黑预示丧事，发黄预示丰收。

岁星占

木星乘金，偏将军亡。

木金二星，共斗，将死亡。

木守七星，天下兵。

木乘毕，国有忧。

木入毕中，边起兵作，附耳同占[①]。

木守参，伐有兵起。

木经柳，有兵。

木守轸，兵罢。

木入轸，大将军兴师，吉。

木入五车[②]，兵作。

木守羽林[③]，兵兴。

木犯参旗[④]，大将军出征，凶。

【注释】

①附耳：毕宿的星官之一，是毕宿五的伴星。《史记·天官书》："附耳入毕中，兵起。"

②五车：星名。亦称五潢，属毕宿，共有五星。

③羽林：星名。亦称羽林天军。属毕宿。《史记·天官书》："北宫玄武，虚、危。危为盖屋，虚为哭泣之事。其南有众星，曰羽林天军。"张守节《正义》："羽林四十五星，三三而聚，散在垒壁南，天军也。亦天宿卫之兵革出。不见，则天下乱。金、火、水入，军起也。"

④参旗：星名。属毕宿，共九星，在参星西。又名"天旗""天弓"。

【译文】

岁星占

木星乘金星，将有偏将军战死。

木星与金星相合，将有战将身死。

木星守七星，天下将要起兵。

木星乘毕宿，国家将有忧丧。

木星入毕宿之中，边境将有兵起。木星犯毕宿附耳，同占。

木星守参宿，将有征伐之事。

木星经柳宿，将有兵起。

木星守轸宿，将要罢兵。

木星入轸宿，将有大将军出现，是军队的吉祥之兆。

木星入五车座，将要兴兵。

木星守羽林天军，将要兴兵。

木星犯参旗座，大将军出征会遇到凶险。

营惑占

火王，宜背火，在鹑火之次[①]，宜背午。

火犯土、木，为火战。

火犯太白，偏将军死。

火与太白相连而斗者，破军杀将。

火入太白中，上出[②]，则客胜；犯左右，有兵。

火守亢，有兵出。

火入房，马贵；出，则马贱。

火入糠，兵作。

火入南斗，破军杀将，中国饥。火入牛，亦同占。

火入须女，入危，有兵。

火犯东壁，有伏兵。

火守昴，胡人不安；若入之，胡人破。

火犯毕，左角主大战，右角则小战，五星犯之，边兵作。

火犯附耳，兵起。

火犯觜，赵分凶，兵灾；犯参，同占。

火入东井一星，将军野战亡。

火犯危，有兵。

火守七星，有外兵作。

火乘张，有兵；守张，大将有忧。

火犯翼，边兵；入轸，有兵起。

火行河南界③，兵作。

火犯太微宫门左④，左大将亡；犯右，右大将亡。

火入亢，有白衣，会主将亡。

火入氐，主兵作，国亡。

火犯心，战不胜，大将亡，绝嗣。

火入尾，臣下妖淫。

火入箕谷，贵妃后恶之。

火入虚，齐王死，相走。

火犯毕，大疫，臣反，主崩。

火入壁，天下兵；若留二十日，有土功⑤。

火犯娄，有暴兵，天下饥。

火犯胃，则赵分兵作，大胜。

火犯鬼，执法诛，天下大疫，女主丧。

火犯柳，有土功。

火犯星，大臣乱，有易服者。

【注释】

①鹑火：十二次之一。配十二辰为午，配二十八宿为柳、星、张三宿。按《尔雅·释天》，古代以柳宿为标志星。

②上：原作“土”，不词，据《守山阁丛书》本改。

③河南：指天河之南。河，指天河、银河。

④太微宫：亦称“太微垣”。在北斗星之南、轸宿和翼宿之北。按《步天歌》，有星十颗。其中南藩有两星，东称“左执法”，西称“右执法”。左右执法之间称“端门”。

⑤土功：指治水、筑城、建造宫殿等工程。

【译文】

荧惑占

火星为王，应当与其他属火者相回避。空间上应回避鹑火之次，时间上应回避午时。

火星犯木星、土星，为火战之象。

火星犯金星，将有偏将军战死。

火星与金星相连而斗，破军杀将。

火星进入金星中，从其上方出，破军杀将，敌方将会得胜。火星犯金星左右，将有兵起。

火星入亢宿，将有兵起。

火星入房宿，马价将贵；火星出房宿，马价低贱。

火星入糠星，将有兵起。

火星犯南斗六星，破军杀将，中原饥荒。火星入牛宿，也同占。

火星入女宿、危宿，将有凶险，敌兵前来。

火星犯壁宿，将有伏兵。

火星守昴宿，胡人军心不定；如果火星入昴宿，胡人将被破。

火星犯毕宿，在左方，将有大战；在右方，将有小战。五星犯毕宿，边境上将有兵起。

火星犯附耳，将有兵戈兴起。

火星犯觜宿，分野在赵的地方有凶兆，有兵戈起；火星犯参宿，同占。

火星入东井中一星，将军将要战死沙场。

火星犯危宿，将有兵戈之事。

火星守七星，境外将起兵戈。

火星乘张宿，将有兵戈之事；火星守张宿，大将军有忧。

火星犯翼宿，边境将有兵起；入轸宿，将有兵起。

火星运转至天河南界，边境将有战事。

火星犯太微宫门左，左上将阵亡；犯太微宫门右，右上将阵亡。

火星入亢宿，是丧事的征兆，主将身亡。

火星入氐宿，君主发兵，将有亡国的危险。

火星犯心宿，作战不利，大将身亡，绝嗣。

火星入尾宿，臣下妖淫。

火星入箕宿，后妃作恶。

火星入虚宿，齐王身死，丞相逃亡。

火星犯毕宿，将有大瘟疫流行，臣下谋反，主上驾崩。

火星入壁宿，天下兴兵；如果留二十日，则有土木治水之功。

火星犯娄宿，将有凶恶的敌军攻讨，天下遍地饥荒。

火星犯胃宿，分野为赵地的地方将发生战争，主方大获全胜。

火星犯鬼宿，将要执法实行诛杀，天下瘟疫，女主有大丧。

火星犯柳宿，将有土木之功。

火星犯星宿，将有大臣作乱，改朝换代，易服色。

镇星占[①]

土犯左角[②]，大将战亡；犯右角，兵路不通。

土守亢，有兵。守糠，大兵。

土守虚，若出入，有客兵。

土入奎，兵作。入娄，边兵作。

土入胃，客军败。入昴，胡王死。

土入觜，兵作。入轸，兵发。

土逆行、守参，有胡兵。守井，越兵作。守张，多盗贼。

土入天库，有兵。入南河，蛮夷兵作。

土出东掖门[③]，为将军宝事[④]；出西掖门，为将军受事[⑤]。

土犯氐星，女后忧。

土犯房，天下相伐，皇后亡，胡兵叛乱。

土犯心，天子绝嗣，将相亡，主大赦天下。

土犯尾，则天下不安。

土犯箕，大乱，女主忧。

土犯斗，其国失地，先水后旱，大臣谋。

土犯牛，有奸贼，牛马弃道。

土犯女，有更法令。

土犯虚，则有刑令。一曰：有客兵。

土入危，国亡，将死。

土入室，则关梁阻，贵人亡，女主恣横用事。

土犯壁，远方入贡。一曰：有大水于国。

土犯毕，则令有不行。犯觜，相亡。

土犯参，大旱。犯鬼，则多战死。

土入井，则水旱。

【注释】

①镇星：即土星。

②左角：角宿有两颗星，左边的那颗叫左角，右边的那颗叫右角。

③东掖门：星名，在南方朱雀。《史记·天官书》："南宫朱鸟，权、衡。衡，太微，三光之廷。匡卫十二星，藩臣：西，将；东，相；南四星，执法；中，端门；门左右，掖门。"东掖门与下西掖门，是这里的左右门。

④宝事：吉事。指将军无须出征，为吉兆。

⑤受事：受命出征。

【译文】

镇星占

土星犯角宿左方，大将战死；土星犯角宿右方，行军道路将会阻塞。

土星守亢宿，将有兵戈之事。守糠星，将有大战。

土星守虚宿，如果在虚宿出入，有敌兵。

土星入奎宿，将有兵事。入娄宿，边境将爆发战事。

土星入胃宿，客军失败。入昴宿，将有胡人作乱，胡王死。

土星入觜宿，将会爆发战事。入轸宿，会发兵。

土星逆行，守参宿，将有胡兵来至。守井宿，南越将有兵起。守张宿，天下多有盗贼。

土星入天库座，将要爆发战事。土星守天河之南，蛮夷将起兵。

土星出东掖门，将军不用出征；出西掖门，将军将受命出征。

土星犯氐宿，皇后有患。

土星犯房宿，天下征伐不息，皇后身亡，胡兵四起。

土星犯心宿，天子将要断绝后嗣，将相身死，天子大赦天下。

土星犯尾宿，天下不安。

土星犯箕宿，天下大乱，将有女主篡位之忧。

土星犯斗宿，国家将要失地。先发生水灾，后发生旱灾，大臣谋反。

土星犯牛宿，国家有奸贼，牛马遗弃在路边。

土星犯女宿，国家有变法。

土星犯虚宿，国家有大刑令。一说：有敌兵犯境。

土星入危宿，国家将亡，战将身死。

土星入室宿，会有交通阻绝，贵人身死，女人弄权。

土星犯壁宿，远方属国入贡。一说：国家发生大洪水。

土星犯毕宿，国君的号令不行。犯觜宿，丞相身亡。

土星犯参宿，多水旱之灾。犯鬼宿，将士多战死。

土星入井宿，有水旱之灾。

太白占

太白一名长庚，西方金德，白虎之精，招摇之使，其性刚，其义断，其事收，其时秋，其日庚辛，其辰申酉，其帝少昊，其神蓐收。太白主为大将，为威势，为杀伐，故用占之。是以重述其事，异于常星也。

夫金，体大而色白[①]，光明而润重，所在之地，则兵兴国昌[②]。出则兵出，入则兵入；顺之吉，逆之凶。

金星昼见为经天，有军，军罢；无军，军作。

金出东方，始出为德，月未尽三日，在月南，得行；在月北，失行，是谓反生。不有破军，必有屠城[③]，北国当之。

金出东方，月未望三日，在月北，负海之国不胜；在月南，中国胜。

金出西方为始，月三日，在月北，负海之国大胜；在月南，中国不胜。

金与月相夹，有兵，偏将叛城。金与月共出，守者有屠城。

金与列宿相犯，小战；与五星相犯，则大战。

金守南斗，三十日，夷狄来侵。

金入羽林，兵作。

金入昴、毕，胡王死。

金星光暗，战将亡。

金变色，战不胜，随方色而占之，色青主东方，他仿此。

金入月，客军大败，野有死将。

金白而角文，可战；赤而角武，不可战。

金左出而不出，右入而不入，是谓失舍，破军杀将。若未当出而出，未当入而入，必有破军于野。

金初出，先大后小，则兵弱；先小后大，则兵强。

金有角，有兵战，则吉；不战，则凶。

金行迟，则兵迟；行疾，则疾。

金木，一东一西，害王侯；一南一北，刀兵伏藏。

金犯毕左角，左将亡。

金水俱出东方，东军胜；出西，西军胜。若水居前，前军死。水出金北，小战。出金南，大战。

金犯五星，有大兵。

金出入角，守尾，有兵作于野，则将士沮道。

金犯牵牛，将军失众；守，兵作。

金入南斗，将军死；入营室，暴兵满野，将亡。

金入奎，有兵。一曰：外国兵入。

金守犯东壁，有大兵。

金犯胃，兵作。金入昴，胡王死。

金犯毕,边兵作;入毕,马贵。

金犯觜,兵作,铁钺用。守参,大兵作。

金犯守东井,将军恶之人,兵大作。

金入柳,大兵起。

金入翼,天下兵,大将凶。

金犯七星,将出塞。犯轸,将得地。

【注释】

①白:原脱,据《守山阁丛书》本补。

②昌:原脱,据《守山阁丛书》本补。

③屠城:原作“图城”,据《守山阁丛书》本改。

【译文】

太白占

太白星又称为长庚星,在西方,属金德,是白虎之精、招摇之使。它的禀性刚烈果断,它主持收获,它的季节是秋季,它的日期是庚辛,它的时辰是申酉,它的天帝是少昊,它的神灵是蓐收。太白星主持兵马,是大将军,它威猛果决,主持杀伐,可以用来占卜。在此,重新叙述它的德行,来表明它与其他星辰的不同。

金星体积大,颜色发白,光明而柔润。金星所在之地,兵强国盛。金星出行,兵马随之而出;金星隐入,兵马随之而入。顺之则吉,逆之则凶。

金星在白昼出现,叫做经天。有战事,战事便会平息;没有战事,便会激起战事。

金星从东方始出时为有德,距离月尽不到三日,在月亮南方行进,或在月亮北方消失,称为反生。即使不至破军,也将发生屠城,在北方的国家要遭受此难。

金星从东方升起,距离望月不足三日,转至月亮北方,那么背海的国家要遭到失败;金星在月亮南方,中原国家取得胜利。

金星从西方升起时,为望月三日。金星在月亮北方,背海之国将大获全胜;金星在月亮南方,中原国家将遭到失败。

金星与月亮相夹,将有兵事,偏将军叛变投敌献城。金星与月亮共出,守城者将遭受屠城之祸。

金星与各星宿相犯,将有小规模战斗;金星与五星相犯,将有大规模激战。

金星守南斗,三十日内,将有夷狄入侵。

金星入羽林天军,有兵戈之事。

金星入昴宿、毕宿,胡王身死。

金星光线暗淡,将军战死。

金星变色,战斗不会取胜。根据颜色所代表的不同方向来占卜,如颜色青,主东方。其他依此类推。

金星入月亮,客军大败,将军战死沙场。

金星发白而棱角柔和,可以交战;金星发红而棱角尖锐,不可交战。

金星从左升起时却没有升起,从右落下时却没有落下,这称为失舍,全军覆灭,也必有大将身亡。金星不应当升起时却升起,不应当落下时却落下,必定有军队战场上遭到失败。

金星初出时,如果先大后小,那么兵就弱;先小后大,那么兵就强。

金星有棱角时,军队勇于出战,则吉;不敢出战,则凶。

金星运转迟缓,军马应缓行;金星运转迅速,军马应加速。

金星与木星,一东一西,侯王将会受到伤害;一南一北,刀兵收藏,没有战事。

金星犯毕宿左角,左将即将战死。

金星、水星同时从东方升起,那么东方军队得胜;金星、水星同时从西方升起,那西方军队得胜。如果水星居金星之前,那么前军都将战死;水星在金星以北,将有小规模战斗;水星在金星以南,将爆发大战。

金星犯五星，有大的战争。

金星从角宿出入，守在尾宿，野外有兵起，将士道阻不通。

金星犯牵牛星，将军会丧失其部众；守牵牛，将起兵戈。

金星入南斗，将军战死；入营室，暴兵遍野，将军身死。

金星入奎宿，将起兵戈。一说：为外国军队侵入。

金星犯东壁，将爆发大规模战争。

金星犯胃宿，将起兵戈。入昴宿，胡王身死。

金星犯毕宿，边境有战事；入毕宿，马的价格会很贵。

金星犯觜宿，将起兵戈，斧钺交舞。守参宿，大兵起。

金星犯守东井，将军所恶之人，兵大起。

金星入柳宿，大战将起。

金星入翼宿，天下发生大规模战争，大将身死。

金星犯七星，大将出塞。犯轸宿，国家发兵能够占据领土。

辰星占

水土合，为覆军。水入月，主兵败。

水出东方，大而白，有兵在外解。

水金合，破军杀将。

水环绕太白，有大战，客胜。

水出太白左，有小战。

水守房，军败；守娄，胡兵作。

水犯昴，夷狄兵出。

水守心，大臣相杀，有大水。

水犯尾，大水。

水犯箕，有赦。守箕左角，贵臣有杀者。

水犯斗，大臣诛，五谷不成。

水犯女、虚，有婚娶事，万事不成。

水犯危，大水，女主丧。

水犯室，有兵，有大水。

水犯壁，刑法苛；犯奎，有火烖[①]。

水乘昴，出其北，胡王死，中国水灾。

水入毕，有兵。出北，胡王死；出南，中国忧。

水犯觜，有发作。

水守参，伐，星移南，南蛮下；移北，北胡侵。

水入东井，进则兵进，退则兵退。

水犯鬼，有兵；入库楼[②]，兵作。

水入柳，牛马贵。

水犯星，大臣乱。

水守张，兵作水灾。

水入翼中，兵大作，大臣杀戮。

水犯轸，有大臣丧，万物不成。

水犯角，大水，舟航相望。

水犯亢，有大疫。

水若干犯五车星，兵作；留南河[③]，则兵起西方。

【注释】

①烖（zāi）：同“灾”。

②库楼：星名，即天库。库六星，楼四星。在二十八宿之外。

③南河：星名。属井宿，共三星。《晋书·天文志》：“南河、北河各三星，夹东井。”

【译文】

辰星占

水星与土星合，军队将遭到覆没。水星入月，主方军队失败。

水星从东方升起，大而白，有敌兵在外。

水星与金星相合而出，破军杀将。

水星环绕金星，兴兵大战，敌方得胜。

水星从金星左方升起，有小战。

水星守房宿，胡兵失败；守娄宿，胡兵起。

水星犯昴宿，夷狄兵起。

水星守心宿，大臣相互残杀，洪水暴发。

水星犯尾宿，将有大洪水。

水星犯箕宿，大赦天下。若水星守箕宿左角，那么大臣当受诛身死。

水星犯斗宿，大臣将受诛杀，五谷无收。

水星犯女宿、虚宿，有婚娶之事，万事不成。

水星犯危宿，将暴发洪水，女主死。

水星犯室宿，将起兵戈，发洪水。

水星犯壁宿，国家刑法苛刻；犯奎宿，有火为害。

水星乘昴宿，从其北方出，胡王身死，中原暴发洪水。

水星入毕宿，有兵起。从毕宿北方出，胡王死；从毕宿南方出，中原有忧患。

水星犯觜宿，即将发兵。

水星守参宿，星向南移，南蛮入侵；星向北移，北胡入侵。

水星入东井，水星前进军队应随之前进，水星后退军队应随之后退。

水星犯舆鬼，有兵戈起；入库楼，有兵戈起。

水星入柳宿，牛马价贵。

水星犯星，臣下作乱。

水星守张宿，起刀兵，发洪水。

水星入翼中，大起刀兵，大臣遭杀戮。

水星犯轸宿，有大臣丧事，万物没有收成。

水星犯角宿，洪水暴发，舟船相望。

水星犯亢宿，将暴发瘟疫。

水星干犯五车星，将爆发战争；水星留南河，西方有兵起。

流星占

【题解】

流星原是宇宙中的微小天体受到地球引力坠落大气层而发生燃烧的现象，是大气层内的现象。流星发生的现象带有很大的偶然性，但古人不明其理，仍将流星看做星占学的重要对象，与日、月、恒星、行星、彗星一样对待，讨论流星犯日、犯月、犯五星、犯列宿等。而且认为流星带来的都是凶兆。《乙巳占》卷七云："流星映日而赤色，向日流者，天下不安，帝王易位，人主崩亡，百姓逃窜，九州荒芜。"

如果流星落到地面还未烧尽，成为陨星，则是更为凶险的兆头。《开元占经》卷七十六说："国易主，则星坠；国有大凶，其主亡，则众星坠。"(《天镜》) 如果发生了陨星，则国君有危，国家有大凶。

本篇记述的是唐代星占学中流星与兵起之间的预示关系。内容涉及兵起的结果、起兵的方向、将军的结局等。

流星者[①]，天使也。自上而下曰流，自下而上曰飞。大曰奔星，小曰流星。星大，则使大；星小，则使小[②]。此谓紫微宫、太微宫，出入徐行，渐经于列宿之次也。或于列星之座。非二宫所出者，并为妖星。

流星赤色，则四夷有兵；若前赤后黑，则兵败将亡。

流星入参而不出,则先起者,兵胜;后发者,兵败。

流星干七星,有兵作。

流星入建星,若色青,有兵。

流星入河鼓者[③],大将亡。

流星入王良[④],兵马惊。

流星入紫微宫,匈奴兵作。一曰:入三台,大将出。入骑官,骑官死。

流星入羽林,兵大作。

流星抵天市垣,大将出。

流星抵天狗,犯弧,则大将有千里之行。

流星出天厩,兵马出。

【注释】

①流星:行星际空间还存在着大量的尘埃微粒和微小的固体块,当这些宇宙微粒在接近地球时,由于地球引力的作用穿过地球大气层,与大气分子发生剧烈摩擦而燃烧发光,在夜间天空中表现为一条光迹,这种现象就叫流星。

②则使小:以上出自《晋书·天文志中》,其云:"流星者,天使也。自上而降曰流,自下而升曰飞。大者曰奔,奔亦流星也。星大者使大,星小者使小。"

③河鼓:星名。属牛宿,在牵牛之北。一说即牵牛。《史记·天官书》:"牵牛为牺牲。其北河鼓,河鼓大星,上将;左右,左右将。"司马贞《索隐》引孙炎曰:"河鼓之旗十三星,在牵牛北。或名河鼓为牵牛也。"

④王良:星名。在奎宿北,由四星组成。王良也是人名,相传善于御

马,故与马相关。

【译文】

经说:流星是上天的使者。自上而下称为流,自下而上叫做飞。其中大的称奔星,小的称流星。星体越大,所担负的使命越大;星体越小,所担负的使命越小。这里所指的是星从紫微宫、太微宫出入,缓慢经过列宿之位,或停在列宿之位。不是从二宫所出之星都是妖星。

流星呈赤色,边境四夷有战事;如果流星先红后黑,则兵败将亡。

流星入参宿不出,先起兵一方获胜,后起兵一方失败。

流星干七星,将有战事。

流星入建星,如果颜色发青,将有战事。

流星入河鼓星,大将军阵亡。

流星入王良星,战马皆受惊。

流星入紫微宫,匈奴起兵。一说:流星入三台星,将有大将出。入骑官座,骑官身死。

流星入羽林座,兵戈大起。

流星抵天市垣,将有大将出。

流星抵天狗座,犯弧矢,大将军将有千里远行。

流星出天厩座,兵马出发。

客星占

【题解】

古人所谓的客星,在很多情况下是指新星或超新星爆发。明无名氏《观象玩占》:"客星,非常之星,其出也无恒时,其居也无定所,忽见忽没,或行或止,不可推算,寓于星辰之间,如客,故谓之客星。"有时亦指彗星。

由于客星不定期出现,它们和流星等天体一样,也被视为上天的使者。人们在解释时,把客星通常都视为不祥之兆,《乙巳占》卷七中说:

"客星者，非其常有，偶见于天。皆天皇大帝之使者，以告咎罚之情也。"本篇记述了唐人对客星与兵学之间关系的解释，内容涉及兵事的方向、分野，将军的前途命运，战马的价格，饥荒与洪水等，是古人天人感应思想的反映。

经曰：客星者[①]，非本位之星，故曰客星。其色白若气，勃然似粉絮。故所过之宿及所过之分野，必有灾异。

客星出营室，无兵则兵发，有兵则兵散。

客星入奎，破军杀将。犯奎，胡人乱。

客星入昴，胡人犯塞。

客星入毕，边有急兵。若干觜、壁，则城堡虚，军储少，民大饥。

客星守张，主大风，将军有阴谋。

客星入天枪，则中国兵发。

客星入天棓，则兵作。若犯文昌，色苍，将有忧；赤，惊；黄，喜；黑，将亡。

客星干傅舍，胡人入中国。

客星入天鸡，天下兵马惊。

客星守天街，胡王亡。

客星守天库，与守南河，守军市[②]，守老人[③]，皆主兵发。

客星守骑官，将忧，士卒散。守北落、师门，虏人入塞，兵发。

客星入天仓，米贵。

客星入天厩，兵发，马死。

客星入天弓，天下弓弩皆张。

客星出天宫，匈奴兵发。

客星守狼，夷狄来降。守车骑，西羌来降。

客星守九州殊口[4]，负海国不安。

【注释】

①客星：中国古代对天空中新出现的星象的统称，如新星、超新星等。因为原来没有这颗星，它忽然出现，不久又消失，如同客人之来去，故谓之客星。《史记・天官书》："客星出天廷，有奇令。"

②军市：星名。《晋书・天文志上》："军市十三星在参东南，天军贸易之市。"

③老人：即老人星，也被称为南极仙翁。老人星为青白色，亮度仅次于天狼星。中国南方可以看到它在近地平线处出现。老人星在中国古人眼里永远是一颗吉星。星占家认为，老人星的出现是天下太平的征兆，见到了这颗星，将国泰民安。

④九州殊口：古代星官之一，属二十八宿西方七宿的毕宿。

【译文】

经说：所谓客星，就是非本位之星，所以称做客星。它的颜色发白，像勃勃之气，与粉絮相似。因此它所经过的星宿及分野，必定有灾害。

客星出营室，无兵则兵起，有兵则兵败。

客星入奎宿，破军杀将。犯奎宿，胡人作乱。

客星入昴宿，胡人侵犯边塞。

客星入毕宿，边境突发战事。如干觜宿、壁宿，城堡空虚，军储缺乏，军民饥饿而死。

客星守张宿，有大风，将军设密谋。

客星入天枪，中原起兵戈。

客星入天棓，将爆发战事。如犯文昌星，颜色暗淡，将军有忧患；颜色发红，大将惊恐；颜色发黄，大将有喜；颜色发黑，大将身死。

客星干犯傅舍，胡人入侵中原。

客星入天鸡，天下起兵马。

客星守天街，胡王身死。

客星入天库、守南河、守军市、守老人星，都预示有战事爆发。

客星守骑官，大将忧患，士卒逃散。守北落、师门，虏人入塞，兵戈四起。

客星入天仓，粮价大涨。

客星入天厩，战事起，战马死。

客星入天弓，天下弓弩皆张。

客星出天宫，匈奴兵起。

客星守狼星，夷狄前来归降。守车骑，西羌前来归降。

客星守九州殊口，背海之国不得安定。

妖星占

【题解】

古人把一些预示灾祸的星称为妖星。妖星名目繁多。《开元占经》卷八十五至八十七“妖星占”（上、中、下）名下，列有妖星共八十八种之多。并谈到妖星的性质，称：“妖星者，五行之气，五星之变，如见其方，以为灾殃。各以其日五色占知何国，吉凶决矣。以见无道国、失礼邦，为兵为饥、水旱死亡之征也。”（《黄帝占》）妖星的星占几乎都是凶兆，其与兵学凶兆也关联密切。

妖星中著名的就是彗星。彗星是常见天体，尤其是哈雷彗星，它有规律地出现。《晋书》卷十二《天文志中》：“妖星：一曰彗星，所谓扫星。本类星，末类彗，小者数寸，长或竟天。见则兵起，大水。主扫除，除旧布新。有五色，各依五行本精所主。”彗星星占历史悠久，从现有的资料来看，春秋时期就已经有了。《左传》文公十四年：“有星孛入于北斗。周内史叔服曰：'不出七年，宋、齐、晋之君皆将死乱。'"这是彗星占。彗星的出现预示将有大凶。彗星也是古代军事理论讨论的话题。《尉缭子·天官》篇说："楚将公子心与齐人战。时有彗星出，柄在齐。柄所在胜，不可击。公子心曰：'彗星何知！以彗斗者，固倒而胜焉！'明日与齐战，大破之。"彗柄实际就是彗尾所指向的地方，是胜利的地方。齐国处于彗尾之下，所以不可与之作战。楚国的公子心说，彗星不是扫把星吗？用扫把打架，都是倒过来打就可以取胜。彗尾在齐国，恰恰说明楚国可以攻击并战胜齐国。由此可见，古人以为根据彗星的形状与位置，可以预示作战能否取胜。

最早、最珍贵的第一手文献见于马王堆三号汉墓出土的帛书《天文气象杂占》中。其中彗星星占部分绘有二十九个彗星图案。每图下的占文几乎都是兵丧的凶兆。如有的图下有"兵兴，将军死"，有的图下有"大将军有死者"。本篇记述了唐代妖星预示战争与出兵的吉凶，这些记述在今天看来皆为牵强附会之说，不可信。

经曰：妖星者[①]，五星之余气，结而为妖。殊形异状，凶多吉少，所见之分，有灾害必矣。

妖星前赤后黑，则客军有败。若从敌上来我军上者，有间谍来说吾军。

若青色，有光长三四尺者，名天雁。将军之精华也。兵从星所击之，胜。

妖星若色青白，有使来；色赤，则兵凶；色黑，将亡。

星如大瓮，前卑后高，所谓颉颃星，则大将亡。

妖星后化云者，名曰大猾星。流血积骨之象。

妖星，若色青，蛇行，如矢而枉，道所指，则将军有亡者。

妖星如奔星[②]，有声，坠如火光炎炎，其下有积尺流血之应。

【注释】

①妖星:亦作“祆星”。中国古代占星术对预兆灾祸的客星的统称。种类、名称多达几十种。《晋书·天文志》中列有妖星二十一种,彗星就是其中著名的一种。

②奔星:流星。

【译文】

经说:所谓妖星,是五星的余气,聚集而成为妖。妖星形状奇异,凶多吉少,见到它的分野之处,必有灾害发生。

妖星颜色先红后黑,敌兵败散。妖星如果从敌营来至我军上方,当有间谍前来游说我军。

妖星颜色呈青色,有光尾,长三四尺,名为天雁。这象征着统帅军队的精华。部队按妖星所指方向行动,即可获胜。

妖星颜色青白,有使者来;颜色发红,有敌兵,凶险;颜色发黑,将军身死。

妖星像大瓮,先处低处,后据高处,这就是所谓“颉颃星”,预示大将阵亡。

妖星最终化为云,名为大猾星,是流血积骨之象。

妖星如颜色发青,呈蛇形,如簇矢,它的轨迹所指,将军身死。

妖星像流星,划过天空时有声响,坠下如火光炎炎,照亮天空,其下有堆积的死尸和流淌的鲜血。

云气占

【题解】

云是自然现象,云以及与云有关的风、雨、雷、闪电,是大气层中的现象，是气候的表现。云与人们的日常生产生活直接相关，它引起人们的重视是十分正常的。由于古代科技不发达，人们对云、风、雨等气候现象的认识主要依靠经验。这些经验常年积累下来，对指导人们日常生活、进行农业生产也是有用的。对风、雨、云的认识体现在谚语中，关于下雨的谚语有“朝有破紫云，午后雷雨临”“红云变黑云，必定下雨淋”“云交云，雨淋淋”等。关于天气变化的谚语有“虹高日头低，早晚披蓑衣”“九月雷声发，大旱一百天”“久雨刮南风，天气将转晴”“朝起红霞晚落雨，晚起红霞晒死鱼”“天有铁砧云，地下雨淋淋”等。关于天气对农业生产影响的谚语，有“麦苗盖上雪花被，来年枕着馍馍睡”。所以有经验的农民，可以做到看云识天气。

云占历史悠久。《史记·天官书》中记载云占：“凡望云气，仰而望之，三四百里；平望，在桑榆上，千余二千里；登高而望之，下属地者三千里。云气有兽居上者，胜。”指出望云气的方法与距离。《晋书·天文志中》说：“韩云如布，赵云如牛，楚云如日，宋云如车，鲁云如马，卫云如犬，周云如车轮，秦云如行人，魏云如鼠，郑云如绛衣，越云如龙，蜀云如囷。”则将云占与地域的分野结合起来。

由于战争总是在一定的气象条件下进行，因此天气也是地利要素之一。军队的驻扎、行军、作战等都要考虑到气候条件，下雨、下雪、刮风等都会对战争造成影响。因此云占与兵学之间关系十分密切。马王堆三号汉墓出土帛书中有《天文气象杂占》，其中关于云的占辞，多与战争有关，如“圣王出，霸”“不出五日，大战，主人胜”“气云所出作，必有大乱，兵也”“此出所之邦有兵。云白，来战”。本篇所述是唐代军事领域占云的情况，可与《开元占经》对读。

经曰：天地相感，阴阳相薄，故气生焉。久积而成云，皆物形于下而气应于上。是以荆轲入秦[1]，白虹贯日；高祖在沛，彤云上覆。积蜃之气而成宫阙，精之积聚必形于云，故曰占气而知其事，望云而知其人也。

【注释】

①荆轲（？—前227）：战国末刺客。卫国人，游历燕国，被燕太子丹尊为上卿，派往刺杀秦王政。刺杀不中，被杀。

【译文】

经说：天地相互感应，阴阳相互融合，称之为气。气长久积累便形成云，都是物体形于下，而云气应于上。因此荆轲出使秦国，有白虹贯日；汉高祖在沛县，有红云在天上。积蜃楼之气，就形成宫阙。精的积聚必定体现于云，所以说占气而知其事，望云便知其人。

猛将气[①]

猛将之气，如龙如虎，在赤气中。猛将欲行，先发是气，如无，将行，当有暴兵起。凶吉，宜以日辰占之。

猛将之气，如烟如粉，沸如火光夜照人面。猛将之处，有隐者如山林、如竹木，色如紫盖、如门楼。上黑下赤，如旌旗、如张弓、如尘埃，头尖后大，下有伏兵。敌上气如囷仓，正白，见日愈明。此皆猛将之气也，不可攻。

敌上气黄白、润泽，将有威德，不可攻。攻之者凶。

敌上气黑而疏者，将怯。

敌上气发，渐渐若云裹山形，将有阴谋，不可击。若在吾军上，宜急战，大胜。

敌上气如炎蛇向人，此猛将之气，不可当。若在吾军，战必大胜。

【注释】

①猛将气：原作“猛云气”，从下文“猛将之气”看，当作“猛将气”。今据《守山阁丛书》本改。

【译文】

猛将气

猛将之气，如龙似虎，在红色的气之中。猛将欲行，先发此气。假如没有猛将出行，当有暴兵突起。欲知吉凶，应当用时辰进行占卜。

猛将之气，如烟雾蒸腾，像沸腾火光照亮人的面孔。猛将气之处，其气隐隐聚集，像山林，像竹木，像紫盖，像门楼。上黑下赤，如旌旗，如张弓，如尘埃，头尖后大，下有伏兵。如果两军交战，敌军上方有气像蘑菇，正白色，遇到阳光更加明亮，这些都是猛将之气，不可与之交战。

敌营之上有黄白气，气息润泽，说明敌将有威德，不可发动攻击。如果发动进攻，将会失败，是凶兆。

敌营上空有黑气而排列疏松的，说明将领怯懦。

敌营上空的气渐渐发出，像云中的群山，说明敌将有阴谋，不可与之交战。如果此气在我军上空，应当速战，可获大胜。

敌军上空之气像蛟蛇，这是猛将之气，不可抵挡。如果此气在我军之上，应当速战，可获大胜。

胜军气

气若火光、若山堤、若尘埃粉沸、若黄白，旗旌无风而飘，挥挥指敌，此则胜军之气，不可击。若在我，则大胜。

云气如三匹帛，前横后大，似赤色，所在皆锐，兵不可攻。

军上有气，如蛇举首，如人持斧而向敌者，皆敌气助胜也，所在不可击。

军上气如覆舟、如牵牛、如斗鸡，所在不可击。

军上有五色气连天，不可击。

军上气如华盖、如飞鸟、如伏虎，所在不可攻。

军上气如五马，头低尾仰，或如杵，在赤云中；十十五五，如旌旗在黑气中，有赤气在前者，皆精悍之气，不可攻。

【译文】

胜军气

气像火光，像山堤，像尘埃蒸腾，呈黄白色，旌旗无风自飘，直指敌人，这是胜军之气所在，不可与之交战。如果此气在我方，便可获大胜。

云气像三匹布那样大，前横后大，有红色，所在之方兵卒锐利，不可与之交战。

军上有气像蛇举首，像人手持斧头面向敌方，都是敌军助胜军气，所在之方不可攻击。

军上有气像覆舟，像牵牛，像斗鸡，所在之方不可攻击。

军队上空有五色气连天，不可出击。

军队上空有云气像华盖，像飞鸟，像伏虎，所在之方不可攻击。

军队上空有气像五马，头低尾翘；或像铁杵，在红云之中；三五成群，像旌旗在黑气中，红气在前，这都说明军队精悍，不可战胜。

败军气

败气，如马肝、如死灰、如偃盖、如卧鱼，乍见乍隐，如雾之朦胧，此衰气也。若居敌上，宜急击之，必获大胜。

云气如坏山，从军营而坠，军必败。

军上有黑云气，状如牛、猪、群羊，名曰瓦解气，军必败。

军上有气一断一续，其军必败。

云气自黄昏发，连夜照人，则军士散乱。

军上有气如尘如粉，如烟雾勃勃，则军必败，将必死。

军上有五色杂气，在东西南北不定者，则军必败。

军上有赤气烛天，及从上而下，或有黑气如牛马者，名曰天狗。下食人血，军立败。

或如飞鸡，若悬衣，如人相随，如人无头，纷纷如转蓬，如扬灰，如破船，宜急击之，必大胜。

军上有气，如惊獐走鹿，如卷席，如卧人，无手无足无头，皆是败军之气。

日晕有气，若蛇者，大将亡。

【译文】

败军气

败军之气像马肝，像死灰，像偃盖，像卧鱼，若隐若现，像雾色朦胧，这就是衰气。如果此气在敌方上空，应迅速发起攻击，必然获得大胜。

云气像山崩，从军营坠下，其军必败。

军队上空有黑气，像牛，像猪，像群羊，称为瓦解之气，军队必遭失败。

军营上空有气一断一续，其军必遭失败。

云气从黄昏发出，彻夜照人，说明士卒散乱。

军队上空气如尘灰，如粉末，如烟雾，云雾纷乱，其军必遭失败。

军队上空有五色杂气，东西南北飘忽不定，那么军队必败。

军队上空有红气烧天，自上而下，或者有黑气像牛马，名叫天狗，它们会降下吸食人血，军队很快会大败。

气像飞鸡，像悬衣，如同人相随，如同没有人头，纷纷像转蓬，如扬灰，如破船，应迅速发起进攻，必然大胜。

军队上空有气，像惊动的獐子，逃跑的鹿，如同卷席，如同躺着的人，没有手，没有足，没有头，都是战败之气。

日晕时，有气像大蛇，大将阵亡。

城垒气

城上有白气覆下者，不可攻。若白气如旗者，攻必胜。

城上有赤云临，则喜庆；黄云临，则大喜。若青云出南北者，不可攻。

城上气如牛头而触人者，不可攻。

城上有气若蛇形而出向外者，有突兵出。

城上有赤气，若血流者，是谓败气。

日晕，有白虹贯日，其城不可破。

【译文】

城垒气

城上有白云覆盖，不可攻击。如果白云像旗帜形状，攻它必胜。

城上有红云来，有喜庆之事；有黄云来，有大喜。如有青云从城上南北进出，不可攻击。

城上的云像牛头抵人的，不可攻击。

城上有云像蛇形而突出向外的，有突击的兵出击。

城上的云有红色，像血流一样，这是败气。

日晕，有白色的虹穿过太阳，这个城攻不破。

伏兵气

军上有黑气，浑浑圆长有赤气在其中者，下有伏兵，不可攻。

军上气若粉，若楼台状者，其下有伏兵。

凡两军相当，察其气之所在地，有乌云变赤，及白云若山者，下有伏兵，不可攻。

【译文】

伏兵气

军上有黑气，浑圆而赤气在其中，下有伏兵，不可攻击。

军上云气像粉，如果形状像楼台那样的，下面有伏兵。

两军对峙，看敌方气所在的地方，如果有乌云变成红色，或者有像山一样的白云，其下有伏兵，不可攻击。

暴兵气

白气若瓜蔓连结，相逐散而复出，至再三来而复断者，则有怒兵暴至。

白云若仙人衣，千万连结，部队罢而复兴，如此八九者，当有千里暴兵至。

云气白而粉碎者，谓之暴兵。

白气状如尺布，暴兵至。若赤者，名蚩尤旗，有流血积骨之象。

若白色润五六尺，东西竟天，则大兵作。

【译文】

暴兵气

白云像瓜蔓连结，互相追逐，散开后又聚集，又散开，如此再三，来而又断的，有敌军突然来袭。

白云像千万件仙人的衣服一样彼此相连，而军队却撤回又出兵，这样十有八九，将有千里之外的军队来袭。

云色白而呈粉碎状，有暴兵。

白云的形状像尺布，有暴兵来。如果云的颜色是红色，这种云叫做蚩尤之旗，有大战，最终会流血千里，积骨野外。

云色白而润泽，长五六尺，东西延长至天际，有大战爆发。

战阵云气

气青而高，则将勇猛。

气如人无头，如死人卧在军上者，不可战，战则必败。

四望无云，有赤色如狗、如狼，其下必有流血之象。

初出军日，天气昏冥，阴沉四塞，谓之杀气，必有战。若清明温和，尘埃不动，则不战。

军上有白虹，见必大战。

军上有青气，旺，于生战。

军上有白气，如车入北斗中，其下有流血，大将亡。避之，吉。

【译文】

战阵云气

云气色青，处于天之高位，将军勇猛。

云像人无头，像死人横卧在军上，不可出战，出战就败。

四望没有云，独有红气像狗、像狼，气所在处之下，必有流血战事发生。

大军刚出征之日，天气昏暗，四处阴沉，这是杀气，必有战事发生。如果大军出征之日，天气清明，气候温和，空气洁净，就没有战事发生。

军上如有白色的虹，看见有了这种虹，必有大战。

军上有青云，旺处会发生战事。

军上有白云，形状如同战车进入北斗中，其下有流血，大将阵亡。如果避开此云之下，则吉。

阴谋云气

军营上有黑气如幢，如车轮临，则有阴谋，不可战。

久阴不雨，有阴谋。

白气群行徘徊，结阵来者，有阴谋。

【译文】

阴谋云气

军营上有黑气如幢，像车轮行进，说明敌人有阴谋，不可与战。

天久阴不降雨，说明敌人有阴谋。

白云成群徘徊，结阵而来，说明敌人有阴谋。

四夷气

东夷之气如树。西夷之气如屋。南夷之气如楼台，或如舟航。北狄之气如牛羊，或如穹庐。

【译文】

四夷气

东夷之气像树木。西夷之气像房屋。南夷之气像楼台，或像舟船。北狄之气像牛羊，或像穹庐。

远近气

气初出桑榆一千五百里，平观一千里，仰视中天一百里，平望桑榆二千里，登高下属三千里。

【译文】

远近气

云气初升为一千五百里，平观一千里，仰视中天一百里，平望桑榆二千里，登高下视三千里。

分野占

【题解】

按照天人感应的观念，天会垂象以昭示人间的吉凶。但是天是如何来垂象的呢？天有异象，究竟能看出何地的人事吉凶？必须要确立某种法则。这种天与地对应的法则就是分野理论。

分野之说，渊源甚古。《周礼·春官宗伯》所载职官有“保章氏”，其职掌是：“掌天星，以志星辰日月之变动，以观天下之迁，辨其吉凶。以星土辨九州之地，所封封域，皆有分星，以观妖祥。以十有二岁之相，观天下之妖祥。”这里“以星土辨九州之地，所封封域皆有分星”的说法，已道出分野理论的基本原则，即把天上不同的星宿与地上的各州、国一一对应起来。到《史记·天官书》中，分野理论得到发展。《天官书》说：“角、亢、氐，兖州。房、心，豫州。尾、箕，幽州。斗，江、湖。牵牛、婺女，扬州。虚、危，青州。营室至东壁，并州。奎、娄、胃，徐州。昴、毕，冀州。觜觿、参，益州。东井、舆鬼，雍州。柳、七星、张，三河。翼、轸，荆州。”其中，斗星（南斗）的分野，是江、湖，不是州名，还不是严格的分野。古代分野最为规范的是唐代李淳风所撰的《晋书·天文志上》，他将十二次与二十八宿对应起来，标志着古代分野理论的成熟。

本篇记述的分野也是将十二次、十二月、二十八宿与九州分野对应起来，对将军指挥作战了解地域也是有帮助的。

经曰：天有二十八宿，为十二次；在地为十二辰，配十二月；至于九州分野，各有攸系，上下相应，故可得而占识之。

【译文】

经说：天上有二十八宿，分为十二次；在地为十二辰，配十二月。至于九州的分野，各有所属，上下互相对应，因此可以通过占卜识别。

角、亢

郑之分，于辰在辰，为寿星；于野在颍川、父城、定陵、襄城、颍阳、阳翟、汝南、弘农、城父、新安、宜阳、河南、新郑，属兖州。

氐、房、心

宋之分，于辰在卯，为大火；于野在楚州、山阳、清平、济阳、东郡、须昌、寿阳、睢阳、定陶等郡，属豫州。

尾、箕

燕之分，于辰在寅，为析木；于野在渔阳、北平、辽东、辽西、上谷、代郡、雁门、涿郡、范阳、新城、固安、良乡、涿州、昌黎、渤海、安定、朝那、乐浪、玄菟、易定，属幽州①。

南斗、牵牛

吴之分，于辰在丑，为星纪；于野在会稽、九江、丹阳、豫章、广陵、庐江、安陆、临淮、苍梧、郁林、桂阳、合浦、交趾、九真、日南、南海②，属扬州。

须、女、虚

齐之分，于辰在子，为玄枵；于野在高密、城阳、泰山、济南、平原，属青州。

危、室、壁

卫之分，于辰在亥，为娵訾；于野在魏郡、黎阳、河内、朝歌、濮阳，属并州。

奎、娄

鲁之分，于辰在戌，为降娄；于野在东海、泗州、阴陵、曲阜，属徐州。

胃、昴

赵之分，于辰在酉，为大梁；于野在信都、真定、常山、中山、钜鹿、高阳、广平、河间、武昌、文安、清河、内黄、斥丘、太原、定襄、云中、五原、朔方、上党、邯郸[3]，属冀州。

毕、觜、参

魏之分，于辰在申，为实沈；于野在高陵、河东、河内、陈留、汝南、新野、舞阳、河南、开封、阳武，属益州。

井、鬼

秦之分，于辰在未，为鹑首；于野在弘农、京兆、扶风、冯翊、北地、上郡、西河、安定、天水、陇西、蜀郡、广汉、武威、张掖、酒泉、敦煌，属雍州。

柳、星、张

周之分，于辰在午，为鹑火；于野在河南、洛阳、平阴、偃师、巩县、三河，属豫州。

翼、轸

楚之分，于辰在巳，为鹑尾；于野在南郡、江陵、零陵、桂阳、武陵、长沙、汉中、汝南、南中，属荆州。

【注释】

①朝那（zhū nuó）：张海鹏校刻说疑是“朝鲜”。误。朝那，古县名，在今宁夏固原东南。

②于野：二字原脱，据上下文义，当有此二字，今据《守山阁丛书》本补。

③斥丘：原作“片丘”，误。张海鹏校曰：“疑为斥丘。”今从张校、《守山阁丛书》本改。

【译文】

角、亢

郑国的分野。时辰在辰，为寿星。分野在颍川、父城、定陵、襄城、颍阳、阳翟、汝南、弘农、城父、新安、宜阳、河南、新郑，属兖州。

氐、房、心

宋国的分野。时辰在卯，为大火。分野在楚州、山阳、清平、济阳、东郡、须昌、寿阳、睢阳、定陶等郡，属豫州。

尾、箕

燕国的分野。时辰在寅，为析木。分野在渔阳、北平、辽东、辽西、上谷、代郡、雁门、涿郡、范阳、新城、固安、良乡、涿州、昌黎、渤海、安定、朝那、乐浪、玄菟、易定，属幽州。

南斗、牵牛

吴国的分野。时辰在丑，为星纪。分野在会稽、九江、丹阳、豫章、广陵、庐江、安陆、临淮、苍梧、郁林、桂阳、合浦、交趾、九真、日南、南海，属扬州。

须、女、虚

齐国的分野。时辰在子，为玄枵。分野在高密、城阳、泰山、济南、平原，属青州。

危、室、壁

卫国的分野。时辰在亥，为娵訾。分野在魏郡、黎阳、河内、朝歌、濮阳，属并州。

奎、娄

鲁国的分野。时辰在戌，为降娄。分野在东海、泗州、阴陵、曲阜，属徐州。

胃、昴

赵国的分野。时辰在酉，为大梁。分野在信都、真定、常山、中山、钜鹿、高阳、广平、河间、武昌、文安、清河、内黄、斥丘、太原、定襄、云中、五原、朔方、上党、邯郸，属冀州。

毕、觜、参

魏国的分野。时辰在申，为实沈。分野在高陵、河东、河内、陈留、汝南、新野、舞阳、河南、开封、阳武，属益州。

井、鬼

秦国的分野。时辰在未，为鹑首。分野在弘农、京兆、扶风、冯翊、北地、上郡、西河、安定、天水、陇西、蜀郡、广汉、武威、张掖、酒泉、敦煌，属雍州。

柳、星、张

周国的分野。时辰在午，为鹑火。分野在河南、洛阳、平阴、偃师、巩县、三河，属豫州。

翼、轸

楚国的分野。时辰在巳，为鹑尾。分野在南郡、江陵、零陵、桂阳、武陵、长沙、汉中、汝南、南中，属荆州。

风角

【题解】

风是常见的自然现象，与人们的生产生活密切相关。和风有利于生产生活，暴风则对生产生活产生危害。俗话说“天有不测风云，人有旦夕祸福”，古人很早便将风、云与人世吉凶祸福连在一起。与云的情形类似，风在古代中国人心目中同样被视为上天兆示人世吉凶的途径之一，因而也是占卜吉凶的重要对象。

《灵台秘苑》卷五谈到风占说："夫风者，所以鼓动万物焉，天之号令。"风是上天的号令，因此通过占风可以预知上天的旨意。所以"祥风应则和悦，咎风应则惨恶。吉凶之占，皆可以占"。至于"风角"的含义，《灵台秘苑》说："前世'风角'自为一家，有二说：先儒以风从四方。四方隅来，故谓之角。世传以巽为风，于五行在木，在八音为角。学者宜参之。"为什么叫"风角"呢？原来人们认为风从东、南、西、北四个方向吹来，东、南、西、北也是四个角，所以叫风角。

关于风占，最成熟的是唐李淳风所著的《乙巳占》，其中对于风角术的原理是如此描述的："《易》曰：巽为风。巽卦曰：'重巽以申命'，又云：'挠万物者，莫疾乎风，风以散之。'《诗序》曰：'风，讽也，教也，风以动之，教以化之。'然则风者，是天地之号令，阴阳之所使，发示休咎，动彰神教者也。"关于风占的方法有多种，如候风法、占风远近法、推风声五音法、八方暴风占、十二辰风占等。其中与军事有关的，《乙巳占》卷十："诸宫日，大风从角上来，大寒迅急，此大兵围城。至日中发屋折木者，城必陷败，不出九日。"

本篇认为风是阴阳的使者，观风可以预测吉凶。这是有一定道理的。经验丰富的人，通过观测风就能知道天气的大致情况，以便采取措施，避免受风雨的损失。渔民在海上打鱼，观风可以避险。但一味以为风是上天的使者，任何风都有吉凶，则失之于迷信。所以作者认为投六军于不测之地，完全凭借"一风动叶"来行事是不行的。可见李筌对风占有正确认识。但囿于时代局限，他还是重视风占。这里记述的风角占："风动叶十里，摇枝百里，鸣枝二百里，坠叶三百里，折小枝四百里，折大枝五百里，飞石千里，拔木五千里"，是对风进行了分级，分成动叶、摇枝、鸣枝、坠叶、折小枝、折大枝、飞石、拔木八个等级，还是很有价值的。

巽为风，申明号令，阴阳之使也。发示休咎，动彰神教。《春官·保章氏》[①]，以十二风察天地之妖祥。故金縢未启，表拔木之征；玉帛方交，起偃禾之异[②]。宋襄失德，六鹢退飞[③]，仰武将焚，异鸟先唱。此皆一时之事，且兴师十万，相持数年，日费千金，而争一旦之胜负。乡导之说、间谍之词，取之于人，尚犹不信，岂一风动叶、独鸟鸣空，而举六军投不测之国，欲幸全胜，未或可知。谋既在人，风鸟参验，亦存而不弃。

【注释】

①《春官·保章氏》：见《周礼》。

②“金縢未启”几句：出自《尚书·周书·金縢》，原文为：“秋，大熟，未获，天大雷电以风，禾尽偃，大木斯拔。”此篇主要歌颂周公的忠诚。金縢，谓用金属制的带子将收藏书契的柜封存。

③宋襄失德，六鹢退飞：宋襄，即宋襄公（？—前637），春秋时宋国国君。公元前650—前637年在位，子姓，名兹父。齐桓公死后，宋、楚争霸。前638年，宋襄公率兵与楚兵战于泓水，大败受伤，次年因伤重而死。《春秋·僖公十六年》：“陨石于宋五。是月，六鹢退飞，过宋都。”

【译文】

巽为风，用以申明号令，是阴阳的使臣。它显示吉凶，彰大神明和教化。《周礼·春官》中的“保章氏”通过观察十二风来洞察天地的灾异与祥瑞，因此金縢尚未开启，就显出狂风拔起树木的征候；会盟刚刚开始，就有被大风吹倒的禾苗又站起来的异兆。宋襄公失德，六鹢退飞过宋国都城，他仰仗武力，在行将被灭的时候，有异鸟先行予以警示。这些都不过是一时之事，更不用说是兴师十万相持数年，每日耗费千金来争得一时胜负的大战了。向导之说、探马间谍之辞，取之于人，尚且不完全可靠，更不用说一阵风吹动树叶、一只鸟在天空独鸣了。率领大军进入不测之国，希望侥幸获得全胜，未可卜知。谋事既然在人，那么用风、鸟来参考验证人的判断是否正确，也是可以的，不用放弃不论。

夫占风角[①]，取鸡羽八两，悬于五丈竿上，置营中，以候八风之云。凡风起，初迟后疾，则远来；风初疾后迟，则近来。风动叶十里[②]，摇枝百里，鸣枝二百里，坠叶三百里，折小枝四百里，折大枝五百里，飞石千里，拔木五千里。三日三夜，遍天下；二日二夜，半天下；一日一夜，及千里；半日半夜，五百里。

【注释】

①风角：古代占卜之法，通过观察四方之风而定吉凶。《后汉书·郎𫖮传》："父宗，字仲绥，学《京氏易》，善风角、星算、六日七分。"李贤注："风角谓候四方四隅之风，以占吉凶也。"

②风动叶十里：这里是指风速，但不知时间单位。按现代风速来算，一级风0.3—1.5米每秒，取中位数是0.85米每秒。那么，每小时有3600秒，每小时的距离是3060米，两个小时的距离大约6公里。6公里折算成12里，12里与10里相近，而且这里也就是估算。古人常用的时间单位是时辰，一个时辰是两个小时。因此可以判断出这里的时间单位是一个时辰风动叶十里，相当于今天的风力一级。下面的风速时间单位应该也是按一个时辰来计算的。

【译文】

风角占的方法：应取鸡毛八两，悬挂在五丈竿头，置于营中，用以观察八面来风。风起时，初缓后疾，是远方来风；初疾后缓，是近处来风。

按每个时辰的风速来计算，风吹动树叶为十里，摇动树枝为百里，使树枝鸣叫为二百里，吹落树叶为三百里，折断小枝为四百里，折断大枝为五百里，飞动沙石为千里，拔起树木为五千里。风持续三天三夜，遍及天下；持续两天两夜，遍及天下之半；持续一天一夜，遍及千里；持续半天半夜，遍及五百里。

五音占风

【题解】

风角，就是观测风，通过判断风的大小、远近、来向、形态、时间以及风的五音归属等，来占测风雨、吉凶、国家政令等情况。五音占风是风角的一种。

唐李淳风《乙巳占》中就列有诸多五音风占的名目，如推风声五音法、五音所主占、五音风占、论五音六属、五音受正朔日占、五音相动风占、五音鸣条巳上卒起官宅中占、阴阳六情五音立成等。五音为宫、商、角、徵、羽五声音阶，五音风占有多种方式：

其一，按照声音的高低与特征来给风做出划分。如宫风声如牛吼空中，徵风声如奔马，商风声如离群之鸟，羽风声如击湿鼓之音，角风声如千人之语。

其二，把五音与十二地支配对起来，十二地支又用来记年、月、日、时等，这样就把风与时间联系起来了。具体配对是“子午为宫、丑未寅申为徵、卯酉为羽、辰戌为商、巳亥为角”，这样一天中何时来风，则此风为吉为凶，就可以做出解释了。

其三，古代星相家将十二支与五行四方相配，据其生克之理以推凶吉。子卯为刑上，寅巳申为刑上，丑戌未为刑下，加上辰午酉亥的自刑，合称三刑。凡逢三刑之地起风，则凶。

本篇记述了唐代占风的情况，根据《虎钤经》卷十八载《五音占风》

第一百八十四："宫风，声如雷吼空中。商风，声如驱群羊。徵风，声如奔马。羽风，声如击湿鼓。角风，声如千人。子午为宫，丑未寅申为徵，卯酉为羽，辰戌为商，巳亥为角。宫风，发屋折木，米贵，来年兵起。徵风，发屋折木，四方有急。羽风，发屋折木，米贵。商风，发屋折木，主兵。角风，发屋折木，急斗战。"

《虎钤经》卷十八《刑杀占风》第一百八十五："岁月日时，阳德自处，阴德在干，合岁月日时。子刑卯，卯刑子。丑刑戌，戌刑未，未刑丑。丑刑巳，巳刑寅。辰、午、酉、亥，各自相刑。子丑，寅巳申，为上刑；卯寅巳，为下刑。大风从三刑上来，官军克，大寒大克，小寒小克。风从刑下来，祸从刑上来。福从三刑为上，从自刑为下。"

《虎钤经》卷十八《十二位占风》第一百八十六："申子为贪狼，主欺绐，不信、已贼遇盗贼，主攻劫。巳酉为宽大，主福禄赏赐，众宴酒食，主贵人、君子。亥卯为阴贼，主战斗杀伤、谋反大逆，杀人之事。寅午为廉贞，主宾客礼乐嫁娶图仪诚信。丑戌为公正，执仇怨主兵。辰未为奸邪，主欺慢人。贪狼之日，风从宽大来，仍以贪狼参说吉凶。他皆仿此。有杀气从三刑上来，或五墓上来，有伏兵，不战必克。"

可见本篇记述了五音占风、刑杀占风、十二位占风三种。在战争中，对风的预判还是要建立在经验基础上。根据风的声音来判断风的大小强弱或起风、风停有一定的经验在内，也是可取的。而将刮风与地支联系起来，由此预判吉凶与结果，则多是牵强附会之说。

宫风声如牛吼空中。
徵风声如奔马。
商风声如离群之鸟。
羽风声如击湿鼓之音。
角风声如千人之语。

子午为宫。丑未寅申为徵。卯酉为羽。辰戌为商。巳亥为角。

【译文】

宫风,声音像牛在空中吼叫。

徵风,声音如奔马。

商风,声音像离群之鸟。

羽风,声音像击打湿鼓之音。

角风,声音像千人之语。

子、午为宫。丑、未、寅、申为徵。卯、酉为羽。辰、戌为商。巳、亥为角。

宫风发屋折木,未年兵作。

徵风发屋折木,四方告急。

商风发屋折木,有急兵。

羽风发屋折木,米价贵。

角风发屋折木,有急盗贼、战斗。

【译文】

宫风摧屋折木,来年当有兵起。

徵风摧屋折木,四方告急。

商风摧屋折木,有兵突发。

羽风摧屋折木,米价贵。

角风摧屋折木,有盗贼突发,将有战斗。

岁、月、日、时,阴德、阳德自处。阴德在十二干,阳德在天。

岁、月、日、时，子刑卯、卯刑子[①]；丑刑戌、戌刑未、未刑丑[②]；寅刑巳、巳刑申、申刑寅[③]；辰午酉亥，各自相刑[④]。

子丑、寅巳申为刑上[⑤]，卯戌未为刑下。

风从刑下来，祸浅；刑上来，祸深。三刑为刑上、刑下、自刑。

【注释】

①子刑卯、卯刑子：即子卯相刑。地支相刑有四种，此为之一。与下丑戌未三刑、寅巳申三刑、辰午酉亥自刑，合为地支四刑。古人记载岁、月、日、时都用天干地支，岁一天干一地支，月一天干一地支、日一天干一地支，时也是一天干一地支。就某个时间点（某年某月某日某时）来说，这样总共有四个天干、四个地支，合称八字。其中地支四个之中，如果其中的一个地支为子、另外一个地支为卯，这样就是子卯相刑，不吉。子为水，卯为木。水生木，故水为母，木为子。今有木克水，即子克母，古人称为无礼之刑。

②丑刑戌、戌刑未、未刑丑：丑戌未三刑。某一个时间点（某年某月某日某时），有四个地支，如果其中有三个地支是丑、戌、未相遇，就是丑戌未三刑。丑、戌、未三个地支之中，如果缺一个，就不构成丑戌未三刑，必须三个同时出现，才构成丑戌未三刑。丑，代表冬天的水，极阴，旺。未，代表夏天的火，极阳，旺。戌，代表秋天的金，极刚，旺。水克火，水为父，火为子；火克金，火为父，金为子。这是以父教子，以尊克卑，彼此相遇，相互之间生克而战。古人称为持势之刑，不吉之相。

③寅刑巳、巳刑申、申刑寅：寅巳申三刑，古人称之为无恩之刑。某一个时间点（某年某月某日某时），有四个地支，如果其中有三个

地支是寅、巳、申相遇，就是寅巳申三刑，不吉。寅申巳三刑的条件，即地支中一定要见到三者同时出现，缺少任意一个都不是三刑。命局中寅申巳俱全之人，被称为命犯三刑。

④辰午酉亥，各自相刑：辰、午、酉、亥，各自自刑。某一个时间点（某年某月某日某时），有四个地支，如果其中辰遇辰、午遇午、酉遇酉、亥遇亥，就为自刑。

⑤刑上：刑，相害、相克之意。生辰八字之中地支与地支之间的一种特殊关系。古人在说到地支关系时，一定会讲到“刑、冲、合、害”，并且将“刑”放在第一的位置。生辰八字也是记时八字，可用来记录确定时间。刑上，即以下害上。子卯相刑、寅巳申三刑都是以下犯上，属于刑上。丑戌未三刑属于以上克下，属于刑下。辰午酉亥，则属于自刑。

【译文】

岁、月、日、时，阴德、阳德，自有次序。阴德在十二干，阳德在天。

岁、月、日、时，子刑卯，卯刑子；丑刑戌，戌刑未，未刑丑；寅刑巳，巳刑申，申刑寅；辰、午、酉、亥，各自相刑。

子丑、寅巳申为刑上，卯戌未为刑下。

风从刑下来，祸浅；风从刑上来，祸深。三刑为刑上、刑下、自刑。

凡灾风之来，多挟杀气，克日，浊尘飞埃。

凡祥风之来，多与德气并，日色晴朗，天气温凉，风气索索，不动尘，平行而过。

【译文】

灾风来时，多夹杂杀气，遮蔽日光，尘土飞扬。

祥风来时，多与德气合并，阳光明媚，天气温凉，轻风习习，不刮起尘土，从地面平行而过。

凡申子为贪狼[①]，主欺绐、不信、亡财、遇盗贼，主攻劫人。

巳酉为宽大[②]，主福禄，主贵人、君子。

亥卯为阴贼[③]，主战斗杀伤、谋反大逆。

寅午为廉贞[④]，主宾客、礼仪、嫁娶。

丑戌为公正[⑤]，主报仇怨，主兵。

辰未为奸邪[⑥]，主惊恐。

贪狼之日，风从宽大上来，所主之言，仍以贪狼参说吉凶，他仿此。

【注释】

①贪狼：六情之一。《汉书·翼奉传》："知下之术，在于六情十二律而已。北方之情，好也；好行贪狼，申子主之。"孟康注曰："北方水，水生于申，盛于子。水性触地而行，触物而润，多所好故；多好则贪而无厌，故为贪狼也。"贪狼，在方位上也指北方，时间上指申子之时。

②宽大：六情之一。《汉书·翼奉传》："西方之情，喜也；喜行宽大，巳酉主之。二阳并行，是以王者吉午酉也。"孟康注曰："西方金，金生于巳，盛于酉。金之为物，喜以利刃加于万物，故为喜；利刃所加，无不宽大，故曰宽大也。"宽大，在方位上也指西方，在时间上指巳酉之时。

③阴贼：六情之一。《汉书·翼奉传》："东方之情，怒也；怒行阴贼，亥卯主之。贪狼必待阴贼而后动，阴贼必待贪狼而后用，二阴并行，是以王者忌子卯也。"孟康注曰："东方木，木生于亥，盛于卯。木性受水气而生，贯地而出，故为怒；以阴气贼害土，故为阴贼也。"阴贼，在方位上也指东方，在时间上指亥卯之时。

④廉贞：六情之一。《汉书·翼奉传》："南方之情，恶也；恶行廉贞，

寅午主之。”孟康注曰：“南方火，火生于寅，盛于午。火性炎猛，无所容受，故为恶；其气精专严整，故为廉贞。”廉贞，在方位上也指南方，在时间上指寅午之时。

⑤公正：六情之一。《汉书·翼奉传》：“下方之情，哀也；哀行公正，戌丑主之。辰未属阴，戌丑属阳，万物各以其类应。”孟康注曰：“下方谓南与西也。阴气所萌生，故为下。戌，穷火也。丑，穷金也。翼氏《风角》曰‘金刚火强，各归其乡’，故火刑于午，金刑于酉。酉午，金火之盛也。盛时而受刑，至穷无所归，故曰哀也。火性无所私，金性方刚，故曰公正。”公正，在方位上也指下方，在时间上指戌丑之时。

⑥奸邪：六情之一。《汉书·翼奉传》：“上方之情，乐也；乐行奸邪，辰未主之。”孟康注曰：“上方谓北与东也。阳气所萌生，故为上。辰，穷水也。未，穷木也。翼氏《风角》曰‘木落归本，水流归末’，故木利在亥，水利在辰，盛衰各得其所，故乐也。水穷则无隙不入，木上出，穷则旁行，故为奸邪。”奸邪，在方位上也指上方，在时间上指辰未之时。

【译文】

申子为贪狼，主欺诈无信，失财、遇盗贼，主攻杀劫掠。

巳酉为宽大，主福禄，主贵人、君子。

亥卯为阴贼，主战斗杀伤、谋反大逆。

寅午为廉贞，主宾客、礼仪、嫁娶。

丑戌为公正，主报仇怨，主兵。

辰未为奸邪，主惊恐。

如贪狼之日，风从宽大上来，那么所主之事，应仍旧依照贪狼判断吉凶。其他仿此。

有旋风入幕，折干戈，坏帐幙，必有盗贼入营，将军必死。

旋风从三刑上来，其兵不可当。有风从王气上来，官军胜，大寒大胜，小寒小胜。

凡风蓬勃四方起，或有触地，皆为逆风，则有暴兵作。寅时作，主人逆；辰时作，主兵逆；午时发，左右逆；戌时发，外贼逆。

宫日大风从角上来，有急兵来围。至日中折木者，城陷。

羽日大风，瞑日无光，有围城，客军胜。

阴贼日风，从阴贼上来，大寒有自相杀者。

商日大风，从四季上来，有贼攻城，关梁不通。

【译文】

旋风刮入军营，折干戈，毁帐幕，必有盗贼入营，将军必死。

旋风从三刑上来，其兵不可当。有风从王气上来，官军得胜。大寒大胜，小寒小胜。

如果风从四方蓬勃而起，或者触地，都是逆风，定有暴兵作乱。寅时风起，有人谋逆；辰时风起，有兵谋逆；午时风起，有左右谋逆；戌时风起，有外贼谋逆。

宫日大风从角上来，当有敌兵突然来围攻。如果到中午时大风折木，城池将要失陷。

羽日大风，瞑日无光，有军队围城，客方获胜。

阴贼日有风，风从阴贼上来，并有大寒，军队将会自相残杀。

商日有大风，风从四季上来，有敌军攻城，交通阻塞。

鸟情占

【题解】

民间有“喜鹊叫喜，乌鸦叫丧”的俗语，“老鸦叫，祸事到”等是鸟占的遗俗。鸟占即以鸟的飞鸣占卜吉凶。《新唐书·李靖传赞》：“世言靖精风角、鸟占、云祲、孤虚之术，为善用兵。”在古代战争中，通过看树林上的鸟飞而不还来判断有伏兵是有一定道理的。同时，不同的鸟有不同的习性，对地理环境有生存不同的要求，通过观察鸟的习性与环境来判断陌生地域的地理状况，对行军、驻军、选择战场来说都有一定的帮助。

本篇记述了通过不同方向、不同时间的鸟鸣，来预示上至国家大事，下至家庭矛盾。这是附会之说，没有多少科学道理。

经曰：巳酉为宽大之日，时加巳酉，鸟鸣其上，有酒食；时加寅午，有酒食辞让；时加丑戌，有酒食、口舌；时加亥卯，有酒食相害；时加辰未，有酒食，妇人口舌；时加申子，有酒食，争财。

寅午为廉贞之日，时加寅午，鸟鸣其上，有谏诤责让；时加巳酉，有宾客；时加申子辰未，有口舌事；时加丑戌亥卯，有酒食，又主相杀。

丑戌为公正之日，时加丑戌，鸟鸣其上，有长吏来慰问；时加巳酉，有公正，酒食相遗；时加寅午，有吏言阴私贼事；时加申子，有吏来言公正之事；时加亥卯，有吏来说阴贼相杀。

辰未为奸邪之日，时加辰未，鸟鸣其上，有长吏来捕奸邪事；时加巳酉，有酒食阴事；时加丑戌，有吏捕阴私奸谋事；时加亥卯，有阴谋劫害之事。

申子为贪狼之日，时加申子，鸟鸣其上，有贼攻劫盗贼事；时加寅午，有善人言攻劫事；时加巳酉，有酒食；时加辰未，有妇人争讼事；时加丑戌亥卯，有群贼攻夺事。

亥卯为阴贼之日，时加亥卯，鸟鸣其上，有群贼大议休废、囚死、斗伤；时加巳酉，有妇人奸私相伤；时加丑戌，有吏逐贼；时加寅午，有妇人奸淫相伤；时加辰未申子，有贼攻讨。

右诸阴日[①]，有鸟群飞，飘飘从鬼门四季上来，更时加四季，主有搜索，皆为斗伤事。

【注释】

①阴日：十二地支中按顺序逢奇为阳支，即子、寅、辰、午、申、戌；逢偶为阴支，即丑、卯、巳、未、酉、亥。阴支日，就是阴日，就是丑、卯、巳、未、酉、亥日。

【译文】

经说：巳酉是宽大之日，听到西方有鸟鸣。巳、酉之时听到，有酒食。寅、午之时听到，有酒食，会有宾客之间的辞让。丑、戌之时听到，有酒食，但有口舌之争。亥、卯之时听到，有酒食，但有相害之事发生。辰、未之时听到，有酒食，妇人发生口舌之争。申、子之时听到，有酒食，但出现争夺财产。

寅午为廉贞之日，听到南方有鸟鸣。寅、午之时听到，有谏诤，遭责备。巳、酉之时听到，家里来宾客。申、子、辰、未之时听到，家有口舌之事。丑、戌、亥、卯之时听到，有酒食，有野外相互攻杀之事发生。

丑戌为公正之日，听到上方有鸟鸣。丑、戌之时听到，有官吏前来慰问。巳、酉之时听到，有公正之事需办理，赠送酒食。寅、午之时听到，有官吏说阴私贼事。申、子之时听到，有官吏来言公正之事。亥、卯之时听到，有官吏来说阴贼相杀。

辰未为奸邪之日，听到上方有鸟鸣。辰、未之时听到，有官吏前来拘捕奸贼。巳、酉之时听到，有酒食，有不可告人之事。丑、戌之时听到，有官吏拘捕阴私奸谋之人。亥、卯之时听到，有阴谋劫害之事。

申子为贪狼之日，听到北方有鸟鸣。申、子之时听到，有盗贼攻劫之事。寅、午之时听到，有善人说攻劫之事。巳、酉之时听到，有酒食。辰、未之时听到，有妇人争讼事。丑、戌、亥、卯之时听到，有群贼攻夺之事。

亥、卯为阴贼之日，听到东方有鸟鸣。亥、卯之时听到，朝中有群贼大议兴废，有人被囚死，有人因斗而伤。巳、酉之时听到，有妇人奸私相伤。丑、戌之时听到，有官吏追逐盗贼。寅、午之时听到，有妇人奸淫相伤。辰、未、申、子之时听到，有贼攻讨。

上述各种阴日，四季之中，如果遇到鬼门打开的那天更时，有鸟飞来，主搜索，都是出于斗伤之事。

卷九

遁甲

总序

【题解】

奇门遁甲是易学象数派中的一个预测方术，是用特定的式盘来进行推演。奇门遁甲是由“奇”“门”“遁甲”三个概念组成。

奇门遁甲重视十天干的作用。甲、乙、丙、丁、戊、己、庚、辛、壬、癸，这十个天干符号在奇门遁甲排兵布阵中，代表着军事上的特定意义。

十天干与十二地支相配，形成六十甲子，则十天干每个都会用六次，这样就形成了六甲、六乙、六丙、六丁、六戊、六己、六庚、六辛、六壬、六癸。而以“甲”为旬首。如图：

1	2	3	4	5	6	7	8	9	10
甲子	乙丑	丙寅	丁卯	戊辰	己巳	庚午	辛未	壬申	癸酉
甲戌	乙亥	丙子	丁丑	戊寅	己卯	庚辰	辛巳	壬午	癸未
甲申	乙酉	丙戌	丁亥	戊子	己丑	庚寅	辛卯	壬辰	癸巳
甲午	乙未	丙申	丁酉	戊戌	己亥	庚子	辛丑	壬寅	癸卯
甲辰	乙巳	丙午	丁未	戊申	己酉	庚戌	辛亥	壬子	癸丑
甲寅	乙卯	丙辰	丁巳	戊午	己未	庚申	辛酉	壬戌	癸亥

所谓六甲，即甲子、甲戌、甲申、甲午、甲辰、甲寅。“甲”为元帅，为主将，是在十干中最为尊贵。甲后面的乙、丙、丁为“奇”，总共有“三奇”。丁之后的戊、己、庚、辛、壬、癸为“仪”，总称“六仪”。六甲藏而不现，隐遁于六仪之下，所以叫遁甲。隐遁原则是甲子同六戊，称甲子戊；甲戌同六己，称甲戌己；甲申同六庚，称甲申庚；甲午同六辛，称甲午辛；甲辰同六壬，称甲辰壬；甲寅同六癸，称甲寅癸。

六仪与三奇配九宫八卦，顺序是戊、己、庚、辛、壬、癸、丁、丙、乙。

奇门遁甲的占测主要是式盘，这个盘是立体的，分别放置天、门、地、神四盘，每盘都可以转动。

天盘的九宫有九星，分别是与北方、坎卦、一宫对应，五行属水的天篷星；与西南方、坤卦、二宫对应，五行属土的天芮星；与东方、震卦、三宫对应，五行属木的天冲星；与东南方、巽卦、四宫对应，五行属木的天辅星；与中方、五宫对应，五行属土的天禽星；与西北方、乾卦、六宫对应，五行属金的天心星；与西方、兑卦、七宫对应，五行属金的天柱星；与东北方、艮卦、八宫对应，五行属土的天任星；与南方、离卦、九宫对应，五行属火的天英星。

地盘即九宫八卦图。一年中有二十四节气，每个节气十五天，前五天为上元，中间五天为中元，后五天为下元。地盘五天一变，五天换一局，共有阴遁九局、阳遁九局，共十八种局。在一元（一局）中，地盘上的阵势、格局是不变的，地盘是不动的。五天之后，换一局。

人盘就是门盘，共有八门，即休、生、伤、杜、景、死、惊、开八门。八门与八卦、八方相对应。与北方、坎卦对应的是休门；与东北方、艮卦对应的是生门；与东方、震卦对应的是伤门；与东南方、巽卦对应的是杜门；与南方、离卦对应的是景门；与西南方、坤卦对应的是死门；与西方、兑卦对应的是惊门；与西北方、乾卦对应的是开门。八门的运转规律按照阳遁顺行、阴遁逆行，随着时辰的地支和九宫的顺序运转，也是一个时辰换一个宫位。

神盘又叫八诈门，共有六神，分别是东方青龙木，为天乙之神的值符；南方火，为虚诈之神的螣蛇；西方阴金，为荫佑之神的太阴；东方木，为护卫之神的六合；西方之金，为凶恶刚猛之神的白虎（下隐有勾陈）；北方水，为奸谗小盗之神的玄武（下隐有朱雀）；具有坤土之象，万物之母的九地；具有乾金之象，万物之父的九天。八神排列的顺序，在阳遁九局中，按顺时针方向，从坎一宫开始，依次是值符、螣蛇、太阴、六合、勾陈、朱雀、九地、九天；在阴遁九局中，按逆时针方向排列，从离九宫开始，次序仍然是值符、螣蛇、太阴、太合、白虎、玄武、九地、九天。其中太阴、六合、九地、九天为四吉神。

本篇记述的是唐代的奇门遁甲。内容涉及奇门遁甲的来源，三元用局数，阳遁、阴遁三奇六仪的排定规则，八门、九星、值符、值使等名词及其含义，以及详细的课式。这对研究奇门遁甲的历史发展与演变有重要价值。

奇门遁甲是古人试图把一年十二个月、二十四节气、八个方位与年、月、日、时等具体数字，按照一定的规则来进行解释，是天人合一的观念的产物，反映了古人试图用数理模型来解释人类社会的各种现象。这样制定规则就很重要，也具有极大的主观性。如何制定规则，形成了奇门遁甲的各种流派。即便制定好了规则，定宫布局之类是容易做到的，但是如何解释各局的象征意义，却是不可避免地带有主观性与随意性。其中有些解释是依据经验，更多的是牵强附会。这些都不够严谨，也是不科学的。奇门遁甲被誉为古代方术之王，民间有人喜欢用奇门遁甲来进行战争、婚姻、事业等预测，这是不可取的。今天的人们可以把它作为一种游戏，不必把格局中牵强附会的解释当真。

“总序”，原作“课式”，下文有“课式”，今从《守山阁丛书》本改。

经曰：黄帝征蚩尤，七十二战而不克。昼梦金人，引领，长头，衣玄狐之裘，而言曰："某，天帝之使。"授符于帝。帝惊悟，求其符不得，乃问风后、力牧。力牧曰："此天帝也。"乃于盛水之阳，筑坛祭之，俄有玄龟、巨鳌从水中出，含符致于坛而去。似皮非皮，似绨非绨，以血为文，曰："天乙在前[①]，太乙在后[②]。"黄帝受符再拜，于是设九宫[③]，置八门[④]，布三奇、六仪[⑤]，为阴阳二遁[⑥]。凡一千八百局，名曰"天乙遁甲式"。

【注释】

①天乙：即下文天乙遁甲式，奇门遁甲之一种。

②太乙：太乙金镜式。

③九宫：即九宫格。基本结构是《洛书》"戴九履一，左三右七，二四为肩，六八为足，五居中央"的模式。奇门遁甲将八卦与九宫相配合，形成九宫八卦图。

(东南) 巽四宫	(正南) 离九宫	(西南) 坤二宫
震三宫 (正东)	中五宫 (中央)	兑七宫 (正西)
艮八宫 (东北)	坎一宫 (正北)	乾六宫 (西北)

④八门：休、死、伤、杜、开、惊、生、景八门。八门中，开、休、生为吉门。杜、景为平门。伤、死、惊为凶门。由于八门数与八卦数相同，八门也对应一卦，即位于坎一宫的休门、位于坤二宫的死门、位于震三宫的伤门、位于巽四宫的杜门、位于乾六宫的开门、位于兑七宫的惊门、位于艮八宫的生门、位于离九宫的景门。

巽四宫 （杜）	离九宫 （景）	坤二宫 （死）
震三宫 （伤）	中五宫 （中央）	兑七宫 （惊）
艮八宫 （生）	坎一宫 （休）	乾六宫 （开）

⑤三奇：奇门遁甲术语，指乙奇（日奇）、丙奇（月奇）、丁奇（星奇）。六仪：六十甲子中的六个旬首，即甲子、甲戌、甲申、甲午、甲辰、甲寅六甲首。这六甲首依次与戊、己、庚、辛、壬、癸配合，形成甲子戊、甲戌己、甲申庚、甲午辛、甲辰壬、甲寅癸。

⑥阴阳二遁：奇门遁甲布局，主要是看“二至”，即冬至与夏至。每年冬至太阳的直射点由南回归向北移动，阳气始生，日照时间逐渐增长。从这一天开始用阳遁。而到夏至，太阳的直射点折转向南移动，大地阴气始生，日照时间逐日减少，从这一天开始用阴遁。就是说从冬至以后直到夏至前用阳遁九局，阳遁“顺布六仪，逆布三奇”。从夏至以后直到冬至前用阴遁九局，阴遁“逆布六仪，顺布三奇”。

【译文】

经说：黄帝征伐蚩尤，历经七十二战还不能取胜。白天睡觉做梦，梦见一金人，长颈长头，身穿黑色狐裘，说：“我乃天帝之使。”授符给黄帝。黄帝惊醒后，不见其符，就向风后和力牧询问。力牧说：“这是天帝啊！”于是在盛水的北岸筑坛祭告，不久就有玄龟、巨鳌从水中浮出，口中含符，把符放在坛上后就离开了。其符似皮非皮，似绨非绨，以血为文，写道：“天乙在前，太乙在后。”黄帝受符，拜了两拜，于是设九宫，置八门，布三奇、六仪，成为阴阳二遁，共一千八百局，称为“天乙遁甲式”。

三门发[1]，五将具[2]，而征蚩尤，以斩之。蚩尤者，炎帝之后，与少昊治西方[3]，主金，兄弟十八人，日寻干戈，恃甲兵之利，残暴不仁。闻黄帝独王于中央，将欲胜四帝，乃屯兵于涿鹿。黄帝至道之精，其神无所倚，其心无所适，淡然与万物合其一。天道亏盈而益谦，乃授黄帝神符而胜之。使黄帝行蚩尤之暴、蚩尤行黄帝之道，则蚩尤得符而胜黄帝矣。黄帝因蚩尤之暴，则黄帝得符而胜蚩尤矣。天道助顺，所以授黄帝符者，欲启圣人之心、赞圣人之事也。吉凶成败在乎道，不在乎符。今取其一家之书，以备参考耳。

【注释】

①三门：指三生门，八门中的开、休、生三门。

②五将：太乙为监将，文昌主上将，始击客上将，主大将，客大将。

③少昊：称青阳氏、金天氏、穷桑氏、云阳氏，或称朱宣。相传为己姓，名挚（或作质），系黄帝之子，生于穷桑（今山东曲阜北），能继太昊之德，故称少昊或小昊。少昊都于曲阜（今属山东），设官分职，皆以鸟名，死后葬于曲阜之云阳。

【译文】

从开、休、生三门出兵，天上五将星在其位，可以征讨蚩尤，终于将其斩杀。蚩尤乃是炎帝的后代，与少昊共同治西方，主金德，兄弟十八人，凭借干戈之强、甲兵之利，残暴不仁。蚩尤知悉黄帝在中原为王，将要吞并四帝，于是屯兵涿鹿炫耀甲兵。黄帝乃是至道之精，他的神气无所倚附，他的心境无所往适，淡然与万物合为一体。天道因为有盈亏而更加谦和，于是授予黄帝神符来战胜蚩尤。假使黄帝行蚩尤之残暴，蚩尤行黄帝之仁道，那么蚩尤就会获得神符而战胜黄帝。黄帝正是由于蚩尤的残暴去讨伐他，才获得神符而战胜了蚩尤。天道扶助正义，授予黄帝神符的目的，是为了开启圣人之心，成就圣人之事。因此，吉凶成败在于道，而不在符。今取一家之书，聊备参考。

日辰

甲乙仲、甲乙季、甲乙孟[①]。

六甲

甲子、乙丑至癸亥，中间甲戌、甲申、甲午、甲辰、甲寅，并甲子，为六甲也。

五子遁元

甲巳之日，夜半生甲子。乙庚之日，夜半生丙子。丙辛之日，夜半生戊子。丁壬之日，夜半生庚子。戊癸之日，夜半生壬子。

阳遁、遁元，仲、孟、季；阴遁、遁元，仲、孟、季。

坎：冬至一七四[②]，小寒二八五，大寒三九六。

艮：立春八五二[③]，雨水九六三，惊蛰一七四。

震：春分三九六，清明四一七，谷雨五二八。

巽：立夏四一七，小满五二八，芒种六三九。

离：夏至九三六，小暑八二五，大暑七一四。

坤：立秋二五八，处暑一四七，白露九三六。

兑：秋分七一四，寒露六九三，霜降五八二。

乾：立冬六九三，小雪五八二，大雪四七一。

阳遁[④]，冬至后，第一甲子为上元，第二甲子为中元，第三甲子为下元。逆布三奇，顺布六仪。

阴遁[⑤]，夏至后，第一甲子为上元，第二甲子为中元，第三甲子为下元。顺布三奇，逆布六仪[⑥]。

阳遁，元用坎、艮、震、巽四卦，四卦各四十五日，十二气合一百八十日。

阴遁，元用离、坤、兑、乾四卦，四卦各四十五日，十二气合一百八十日。

五日六十时为一元，五日竟一气，一气用一元。上、中、下，阴、阳二遁，三百六十日当一岁之用。其五日，四分之限，各用中元，以通余闰，始终用之。然则冬至闰余二五八。

经曰：以通闰余，始终用之。各用二五八，是已五日之内与日合者。

【注释】

①甲乙仲、甲乙季、甲乙孟：凡上元第一天的地支总是子、午、卯、酉中的一个，中元第一天的地支总是寅、申、巳、亥中的一个，下元第一天的地支总是辰、戌、丑、未中的一个。古人把子、午、卯、酉称为四仲，即冬、夏、春、秋每季的中间一个月；把寅、申、巳、亥称为四孟，即春、秋、夏、冬每季的第一个月；把辰、戌、丑、未称为四季，即春、秋、冬、夏每季的最末一月。奇门遁甲中，一年分为二十四节气，将每个节气的十五天分为三个五天，第一个五天为上元，第二个五天为中元，第三个五天为下元。甲乙仲，下“三奇”部分有云“乙为日奇”，故日辰用“乙”。钱熙祚校为“乙，疑为巳”，仅从字形相似而猜测，误。

②冬至一七四：意思是上元为阳遁一局，中元为阳遁七局，下元为阳遁四局。

③立春八五二：原作“立春八二五”，误。当为八五二，今改。

④阳遁：即从冬至到芒种，按顺时针方向。

⑤阴遁：即从夏至到大雪，按顺时针方向。按，阳遁四卦，与阴遁四卦，绘成图即：

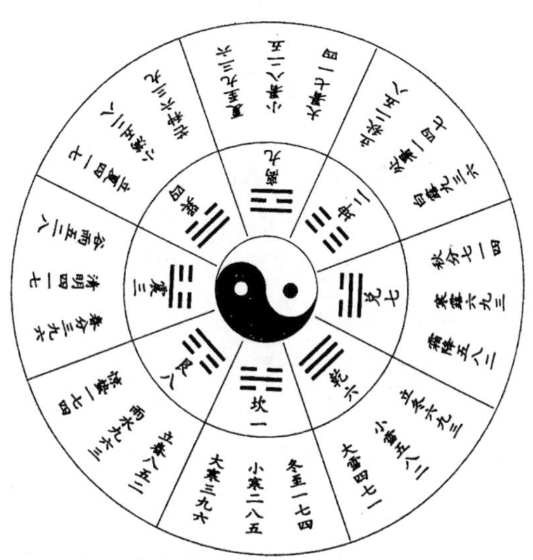

⑥逆布六仪：以上即阳遁、阴遁布局。阳遁布局，按顺布六仪逆布三奇布局：从第一宫坎宫开始，布戊；第二宫为坤宫，布己；第三宫为震宫，布庚；第四宫为巽宫，布辛；第五宫为中宫，布壬；第六宫为乾宫，布癸。六仪分布完成，开始逆布三奇：第七宫为兑宫，布丁；第八宫为艮宫，布丙；第九宫为离宫，布乙。至此完成了阳遁九局第一局。

辛	乙	己
庚	壬	丁
丙	戊	癸

阳遁一局

庚	丙	戊
己	辛	癸
丁	乙	壬

阳遁二局

阳遁二局从阳遁一局开始，从第二宫开始顺布六仪逆布三奇。第二宫为坤宫，布戊；第三宫为震宫，布己；第四宫为巽宫，布庚；第五宫为中宫，布辛；第六宫为乾宫，布壬；第七宫为兑宫，布癸。至此六仪分布完成，开始逆布三奇：第八宫为艮宫，布丁；第九宫为离宫，布丙；第一宫为坎宫，布乙。至此完成了阳遁九局第二局。因六仪“戊、己、庚、辛、壬、癸”从一宫到六宫在天干中是顺序，故谓之顺排六仪。而三奇“丁、丙、乙”从七宫到九宫在天干中是逆序，故谓之逆排三奇。

按同样的方法，完成阳遁九局的第三局、第四局、第五局、第六局、第七局、第八局、第九局的布局。

阴遁布局，按顺布三奇逆布六仪布局：坎宫位第一宫开始，布戊；第二宫开始顺布三奇，所以第二宫为坤宫，布乙；第三宫为震宫，布丙；第四宫为巽宫，布丁。三奇布完开始逆布六仪：第五宫为中宫，布癸；第六宫为乾宫，布壬；第七宫为兑宫，布辛；第八宫为艮宫，布庚；第九宫为离宫，布己。至此完成了阴遁九局第一局。因从一宫到九宫，天干三奇是顺序，故谓之顺排三奇；六仪为逆序，故谓之逆排六仪。

阴遁九局第二局第一局类推，从第二宫为坤宫开始布六仪戊，然后第三宫开始顺布三奇：第三宫为震宫，布乙；第四宫为巽宫，布丙；第五宫为中宫，布丁。三奇布完开始继续逆布六仪，即第六宫为乾宫，布癸；第七宫为兑宫，布壬；第八宫为艮宫，布辛；第九宫为离宫，布庚；第一宫为坎宫，布己。至此完成了阴遁九局第二局。如图：

丁	己	乙
丙	癸	辛
庚	戊	壬

阴遁一局

丙	庚	戊
乙	丁	壬
辛	己	癸

阴遁二局

按同样的方法，完成阴遁九局的第三局、第四局、第五局、第六局、第七局、第八局、第九局的布局。

【译文】

日辰

甲乙仲　甲乙季　甲乙孟

六甲

甲子、乙丑至癸亥当中，甲戌、甲申、甲午、甲辰、甲寅，加上甲子，合称为六甲。

五子遁元

甲巳之日，夜半生甲子；乙庚之日，夜半生丙子；丙辛之日，夜半生戊子；丁壬之日，夜半生庚子；戊癸之日，夜半生壬子。

阳遁，遁元：仲、孟、季。阴遁，遁元：仲、孟、季。

坎：冬至一七四，小寒二八五，大寒三九六。

艮：立春八五二，雨水九六三，惊蛰一七四。

震：春分三九六，清明四一七，谷雨五二八。

巽：立夏四一七，小满五二八，芒种六三九。

离：夏至九三六，小暑八二五，大暑七一四。

坤：立秋二五八，处暑一四七，白露九三六。

兑：秋分七一四，寒露六九三，霜降五八二。

乾：立冬六九三，小雪五八二，大雪四七一。

阳遁：冬至后第一甲子为上元，第二甲子为中元，第三甲子为下元。逆布三奇，顺布六仪。

阴遁：夏至后第一甲子为上元，第二甲子为中元，第三甲子为下元。顺布三奇，逆布六仪。

阳遁之元，采用坎、艮、震、巽四卦，各四十五日，十二节气，共一百八十日。

阴遁之元，采用离、坤、兑、乾四卦，各四十五日，十二节气，共一百八十日。

五日六十时为一元，五日成一节气，一节气用一元，分上、中、下，阴、阳二遁，三百六十日按一年时间来用。五日中，各用四分之一中元用于还闰月，自始至终循环，但冬至闰余为二五八。

经说：用所多出之时为闰月之余，自始至终循环采用。各用二五八，即已在五日之内与日合。

凡用遁之法，当知九星，明九宫，定八门，审直符、直事。

九星[①]

天蓬，水，常主一；天芮，土，常主二；天冲，木，常主三；天辅，木，常主四；天禽，土，常主五；天心，金，常主六；天柱，土，常主七；天任，土，常主八；天英，火，常主九。

九宫

坎为一宫，坤为二宫，震为三宫，巽为四宫，中五宫，乾为六宫，兑为七宫，艮为八宫，离为九宫。

八门[②]

休门常主一，死门常主二，伤门常主三，杜门常主四，开门常主六，惊门常主七，生门常主八，景门常主九。

直符[③]

直符者，六甲、六仪是也。甲子常为六戊，甲戌常为六己，甲申常为六庚，甲午常为六辛，甲辰常为六壬，甲寅常为六癸。

三奇

乙为日奇，丙为月奇，丁为星奇。

直事[4]

直事者，直八门事也。常以直符加直事，上门加直事授出入之语，故以其门名之。直事五日一易局，十时一易符，十时一易事。

【注释】

①九星：奇门遁甲中的天盘。天盘上的九星是一直在运转的。九星运动的规律，是一个时辰换一个宫位，即随时辰天干而动，时辰的天干在哪一宫，值班的星就运转到那一宫，其他星依次运转。

②八门：奇门遁甲中的人盘。下文"开门常主五，惊门常主六，生门常主七，景门常主八"，与式盘不符，据《守山阁丛书》本改。八门的运转规律是随时宫，即按照阳遁顺行、阴遁逆行，随着时辰的地支和九宫的顺序运转，也是一个时辰换一个宫位。九星、九宫、八门、三奇融合图，用九宫格表示为：

六合 杜 天辅 巽四	白虎（勾陈） 景 天英 离九	玄武（朱雀） 死 天芮 坤二
太阴 伤 天冲 震三	天禽 中五	九地 惊 天柱 兑七
螣蛇 生 天任 艮八	直符 休 天蓬 坎一	九天 开 天心 乾六

天禽在式盘中寄在坤二宫里。用式盘表示为：

③直符：也叫值符。奇门遁甲中，天盘九星中，哪个星值班，这个星就叫做值符。

④直事：也称值使。人盘八门中，哪个门值班，就称其为值使。值使的确定以值符为准，也就是说，天上值班的星座是谁，与它对应宫次的八门之一就是在人间值班的门吏。

【译文】

采用奇门遁甲法，应当熟知九星、明晓九宫、确定八门、了解直符、直事。

九星

天蓬，属水，常主第一；天芮，属土，常主第二；天冲，属木，常主第三；天辅，属木，常主第四；天禽，属土，常主第五；天心，属金，常主第六；天柱，属土，常主第七；天任，属土，常主第八；天英，属火，常主第九。

九宫

坎为一宫，坤为二宫，震为三宫，巽为四宫，中为五宫，乾为六宫，兑为七宫，艮为八宫，离为九宫。

八门

休门常主一，死门常主二，伤门常主三，杜门常主四，开门常主六，惊门常主七，生门常主八，景门常主九。

直符（值符）

所谓直符，就是六甲、六仪。甲子通常为六戊，甲戌通常为六己，甲申通常为六庚，甲午通常为六辛，甲辰通常为六壬，甲寅通常为六癸。

三奇

乙为日奇，丙为月奇，丁为星奇。

直事（值使）

所谓直事，就是值八门之事。通常用直符加直事，上门加直事，授以出入的密语，所以如此命名。直事五日更换一局，十时更换一符，十时更换一事。

课式

【题解】

奇门遁甲的推演是从起局开始。起局的方法各不相同。以时辰为固定时间单位起局的方式，属于时家奇门，这个在日常生活中用得最为普遍。以日的干支起局的方式，属于日家奇门，此外还有月家奇门和年家奇门。四种奇门的区别就是精准细节和变化区间不同。

奇门遁甲的推演方法，一般使用活盘奇门遁甲，也就是排宫法。排宫的序数用的是洛书九宫与八卦对应之数，也就是后天八卦之数，按照坎一、坤二、震三、巽四、中五、乾六、兑七、艮八、离九的顺序排局。排局时按照冬至至芒种的阳遁、夏至至大雪的阴遁，将三奇六仪排在相应的位置。排局有许多规则，按照规则排好局之后，就可以根据需要进行预测。

本篇详细介绍了课式的方法。

凡课式之法，常以直符加时干。直符者，六甲也。时干者，时下所用之干也。

假令阳遁用天元、上元一局[①]，甲巳之日，夜半生甲子，即子在甲时也。授以直符，天蓬加北方六戊，所以加六戊者，以甲子常为六戊故也。鸡鸣乙丑，授以天蓬，直符加南方六乙，尽癸酉，十时，皆以天蓬加干[②]，至寅戊。甲戌，则转直符用天芮[③]，他皆仿此，此其阳遁可知。

阴遁逆行，以直符、直事加宫。直事者，直事之上门也；时干者，时下所得之宫也[④]。然则直符十时一易，其门十时一易也。

假令阳遁用天元、中元七局，甲巳之日，夜半生甲子，即以惊门加第七宫。鸡鸣为乙丑，即以惊门加八宫，尽癸酉，十时，皆以惊门加宫，至寅戊。甲戌则移生门加宫，而奇门所在，及为吉凶成败，按而详之。他仿此。阴遁则逆数。

【注释】

①阳遁：原作"阳"。从下文"假令阳遁用上元、中元七局"来看，应作"阳遁"，今补。

②干：原作"午"，午是地支，与上下文用"时干"的天干不合，当误。据《守山阁丛书》本改。

③天芮：原作"天遁"。此处言九星，天遁非九星，误。据《守山阁丛书》本改。

④宫：原作"客"，误。据《守山阁丛书》本改。

【译文】

课式的方法，通常采用直符与时干相加。所谓直符，即是六甲；所谓时干，就是时下所用的天干。

假如是阳遁，选取天元上元一局，甲巳之日，夜半生甲子，即是子在甲时。授以直符，天蓬加北方六戊。加六戊的原因，是甲子经常为六戊的缘故。鸡鸣时为乙丑，则授以天蓬，直符加南方六乙，如此这般，一直排至癸酉。十个日辰都用天蓬加天干，直至寅戌。甲戌时，则需转换直符，选用天芮，其他依此类推，那么阳遁就可以得到解释了。

阴遁逆行就是用直符、直事与加在宫上。所用直事，是值事上之门；所用时干，是时下所得之宫。但所用直符需要十时更换一次，其门也要十时更易一次。

假如阳遁选取天元、中元七局，甲巳之日夜半生甲子，就用惊门加在第七宫；鸡鸣时为乙丑，就用惊门加在第八宫，直到癸酉。十个日辰都用惊门与宫相加，直至寅戌。甲戌时则为生门加宫。而奇门所在关系到吉凶成败，应当详尽地考察和推测。其他依此类推。如果为阴遁，则必须逆数。

凡子加子，直符、直事，各伏其位，名曰伏吟[①]。子加午，直符、直事，各易其位，名曰反吟[②]。虽致奇门、吉宿，皆凶，惟可以纳财。

凡三奇之日，宜以出行。奇者乙、丙、丁，皆为吉干，与善神并，故无凶耳。若开、休、生三吉门有天上三奇合之，临一方，即其方之门为吉。道路清虚，可以出行，修举百事，皆吉。

假令用阳遁天元一局，甲巳之日，日出为丁卯，天乙直符在四宫[③]，开门临震，三宫下有六乙，与日奇合，东方出行，吉。生门临离九宫，有六丁与星奇，南方可以出行。其阴遁可知。

【注释】

①伏吟：在奇门遁甲中，八门、九星落在本宫不动是为伏吟。伏吟分为三种：门伏吟、星伏吟和门星伏吟。如八门直事在本宫，即门伏吟，具体是休门在本宫坎宫，生门在本宫艮宫，开门在本宫乾宫，伤门在本宫震宫，杜门在本宫巽宫，景门在本宫离宫，死门在本宫坤宫，惊门在本宫兑宫。星伏吟，即九星直事在本宫，即天蓬在本宫坎宫，天任在本宫艮宫，天心在本宫乾宫，天冲在本宫震宫，天辅在本宫巽宫，天英在本宫离宫，天芮在本宫坤宫，天柱在本宫兑宫，天禽，中央土，在中宫。门星伏吟，就是上述门、星各在本位的重合。

②反吟：在奇门遁甲中，八门、九星落在对门的宫中是为反吟。落在对门的宫中，就是运行到相冲的位置。反吟分为三种：门反吟、星反吟和门星反吟。如八门直事在对宫，即门反吟，具体是休门在对宫离宫，生门在对宫坤宫，开门在对宫巽宫，伤门在对宫兑宫，杜门在对宫乾宫，景门在对宫坎宫，死门在对宫艮宫，惊门在对宫震宫。星反吟，除了中宫的天禽星之外，其他八个星落在对门宫中，如天蓬星在对宫离宫，天任星在对宫坤宫，天冲星在对宫兑宫，天辅星在对宫乾宫，天英星在对宫坎宫，天芮星在对宫艮宫，天柱星在对宫震宫，天心星在对宫巽宫。门星反吟，就是以上二者的叠加。反吟是凶格，不吉。

③天乙：亦作天一，民间尊奉的神仙。祭祀的传统节日即今天的元宵节。汉武帝时，祭祀活动定在正月十五。属紫微垣，《星经》："天一星在紫微宫门外右星南。"古代传说中三神之一。三神中太乙为尊，天乙次之，地乙再次。此星出喻能化险为夷。《三命通会》说："较量天人之事，名曰天乙也，其神最尊贵，所至之处，一切凶杀隐然而避。"

【译文】

子与子直符、直事相加，各伏其位，称为伏吟；子与午直符、直事相加，各易其位，称为反吟。在这种情况下，即使奇门、吉宿，也要视为凶兆，只能够纳财。

凡是三奇之日，都宜于出行。乙、丙、丁三奇都是吉干，与善神并行，所以没有凶险。倘若开、休、生三吉门有天上三奇与之对应，降临一方，就是其方之门为吉兆。道路通畅，可以出行，举百事皆吉。

假使阳遁为天元一局，那么甲巳之日，日出为丁卯，天乙直符在四宫，开门临震，三宫下有六乙，同日奇相合，向东方出行为大吉。生门临离九宫下，有六丁与星奇相合，可以向南方出行。阴遁依此类推可知。

凡三奇直使者为三奇，得六甲所使奇也。即乙为甲戌、甲子使，丙为甲午、甲申使①，丁为甲辰、甲寅使。三奇为吉门，合得此时者，为尤良。

假令阳遁用天元上元一局，用乙巳之日，日入癸酉，天乙直使在一宫，以直符天蓬，加六癸，休门直事加一宫。北方休门下有六丙，日奇而临，甲子，六丙所使者是也。他皆仿此。

凡三奇与生门合，太阴合，得人遁；奇与休门合，为天遁；奇与开门合，得地遁；奇与太阴所合，皆吉。常以六丁所合为太阴，天乙后二宫亦名太阴。

假令阳遁用天元上元一局，甲戌在坤宫为直，事前二宫，乾六甲在二宫，天乙在后二宫，皆合于六宫，故曰巽遁用阳。他仿此。

【注释】

①甲午：原作“甲寅”，下文已有“甲寅”，这里不当重复。六甲中缺

甲午,故改。

【译文】

凡是三奇的直使者为三奇,那六甲的所使者为奇。即乙为甲戌、甲子之使,丙为甲午、甲申之使,丁为甲辰、甲寅之使。三奇为吉门,与此时相合,则更为吉利。

假使阳遁为天元上元一局,选乙巳之日,日入癸酉,天乙在一宫当值,选用直符为天蓬,加六癸,休门直事加一宫。北方休门下有六丙,日奇时降临,甲子为六丙所役使。其他依此类推。

凡是三奇与生门,与太阴相合,称为人遁;三奇与休门相合,称为天遁;三奇与开门相合,称为地遁。三奇与太阴相合都是吉兆,通常以六丁所合称太阴,天乙、天后二宫也称为太阴。

假使阳遁用天元上元一局,那么甲戌在坤宫当值,侍奉前二宫,乾六甲在第二宫,天乙在后二宫,全部与六宫相合,所以说巽遁用阳。其他依此类推。

又生门与六乙合,得人遁奇;休门与六丁合,得地遁奇;开门与六丙合,得天遁奇。所合之宫,所向皆吉。

又生门与六乙合,得天遁奇;开门与六丙合,得地遁奇;休门与六丁合,而在直符前三宫,为得人遁奇。天遁奇者,为日精华所蔽;地遁奇者,为月精华所蔽;人遁奇者,为太阴之气所蔽。此时可以隐匿逃亡。蔽盖此宫,有事出行,吉。

凡三奇合太阴而无吉门,名曰有阴无门;有门合太阴而无奇,名曰有门无奇;有吉门而无奇阴,名曰有奇无阴。皆可从之,吉。但避五刑。举事但从三吉而去,若不得三奇并吉门者,但三奇所加,百事从之,吉。

又三奇在阳,宜为客;在阴,宜为主。若欲见贵人,求财,举事，出自奇门，合生门，吉。若力胜，举百事，出自奇门，合开门，吉。若欲求阴私，举百事，出自奇门，合休门，吉。

凡三奇游于六仪，利为公私和会之事，谓乙丙丁游于六甲之上。若甲寅有乙卯，甲子有庚午，此为玉女守门户之时也。天乙合会，利为其事，要在三奇、在六仪者。三奇吉门合太阴，以胜光、小吉、从魁①，加地四户②，是谓福仓。远行，出入，移徙，皆吉。

凡欲远行，出入，举百事，逃亡，当令天三门加地四户，出其下，吉。天三门者③，太冲、从魁、小吉是也。地四户者，除、定、危、开是也。

【注释】

①胜光、小吉、从魁：十二月将名，六月大暑后月将名为胜光，五月夏至后月将名为小吉，三月谷雨后月将名为从魁。

②地四户：建除十二辰名，即建、除、满、平、定、执、破、危、成、收、开、闭。其中除、定、危、开是地四户。《淮南子·天文训》建除十二辰配十二地支："寅为建，卯为除，辰为满，巳为平，主生。午为定，未为执，主陷。申为破，主衡。酉为危，主杓。戌为成，主少德。亥为收，主大德。子为开，主太岁。丑为闭，主太阴。"

③天三门：太冲、从魁、小吉。

【译文】

生门与六乙相合，得人遁奇；休门与六丁相合，得地遁奇；开门与六丙相合，得天遁奇。所合之宫，所向皆吉。

生门与六乙相合，得天遁奇；开门与六丙相合，得地遁奇；休门与六丁相合，并在直符前三宫，得人遁奇。天遁奇是被日之精华所遮蔽，地遁奇是被月之精华所遮蔽，人遁奇是被太阴之气所遮蔽。此时可以隐匿逃亡。蔽盖此宫，有事出行，吉。

凡是三奇与太阴相合而无吉门，称为有阴无门。有门与太阴相合却无奇，称为有门无奇。有吉门而无奇阴，称为有奇无阴。都可以随之而行，是吉兆。但要注意回避五刑。举事只能随三吉而去。如果没有三奇并吉门，只有三奇所加，百事从之，即为吉兆。

三奇在阳，宜为客；三奇在阴，宜为主。如果希望得见贵人，祈求发财，举事应从奇门出，与生门合，为吉兆。如果有能力举百事，应从奇门出，与开门合，为吉兆。如果希望探察阴私，举百事，应从奇门出，与休门合，为吉兆。

三奇游于六仪，有利于行公私和会之事。这是指乙、丙、丁游于六甲之上。如果甲寅有乙卯、甲子有庚午，这是玉女守门户的时辰。天乙合会，利于行事，关键是三奇须在六仪。三奇吉门通过胜光、小吉、从魁与地四户相加，称为福仓。远行、进出、迁徙，都为吉时。

凡是准备远行、出入、举百事、逃亡，应当用三天门与地四户相加，从其下出，为吉辰。所谓天三门，是指太冲、从魁、小吉；地四户，即除、定、危、开。

假令正月建寅，即卯为除，午为定，酉为危，子为开，他仿此。太冲，从魁，小吉，天之私门。六合、太阴、太常，地之私户。此临开、休、生三奇吉门，从之出入、远行、举百事，皆大吉。又以月将加时上视之，勿忘太冲。太冲者，天门也。卒有急难，天门出，吉。凡三奇入墓[①]，凶，不用。

假令六乙日奇，虽得日奇，未时不可出。谓乙属木，木墓在未也。丙丁火，火墓在戌，戌时不可出。

一云六乙临二宫，六丙、六丁临六宫，入墓。出三奇吉门，勿令五刑、魁星、螣蛇、白虎在其中。

【注释】

①入墓：原作“出墓”，据《守山阁丛书》本改。墓，原意为坟墓，喻义凶。库，原意为仓库，以辰、戌、丑、未这四个地支来代表五行的墓或库。喻义吉。未为火之库、木之墓，戌为金之库、火之墓，丑为水之库、金之墓，辰为木之库、水之墓。辰、戌、丑、未，既是墓也是库。至于何时为墓，何时为库，由四柱、环境、生克关系决定。

【译文】

假使正月建寅，那么卯为除、午为定、酉为危、子为开。其他依此类推。太冲、从魁、小吉，是天之私门。六合、太阴、太常，是地之私户。此时临开、休、生三奇吉门，随之出入、远行、举百事，皆大吉。再以月将与时上相加进行推测，不要忽略太冲。太冲乃是天门，如果猝遇急难，从天门出，则吉。三奇入墓为凶，不可采用。

假使六乙日奇，虽然是日奇，仍不可在未时出家远行。因为乙属木，木墓在未。丙丁火，火墓在戌，戌时不可出家远行。

另有一种说法为六乙临二宫，六丙、六丁临六宫，入墓。从三奇吉门出，不要让五刑、魁星、螣蛇、白虎在其上。

凡九天之上，可以力胜；九地之下，可以伏藏。太阴之中，可以潜形；六合之中，可以逃亡。即直符后一所临之宫为九天，后二所临之宫为九地，前二所临之宫为太阴，前三所临之宫为六合①。

假令阳遁，直符临九宫，则九天在四宫，九地在三宫，太阴在七宫，六合在六宫，他皆放此。阴阳皆用天遁为奇，其九天临甲，九地临癸，太阴临丁，六合临己，为大吉。凡六仪击刑，皆不可用。

假令阳遁甲子，天蓬为直符，加卯时为击刑，谓子卯刑故也。虽得奇门吉宿，不可用。三刑者，子刑卯，卯刑子；丑刑戌，戌刑未，未刑丑；寅刑巳，巳刑申，申刑寅；辰、午、酉、亥，四位自刑。

【注释】

①“直符后一所临之宫为九天”几句：这段文字所述为阳遁活盘。转盘奇门遁甲中，用的是八神，又称八诈神，即：值符、螣蛇、太阴、六合、白虎（阴勾陈）、玄武（阴朱雀）、九地、九天。八神对应洛书数：从坎一宫到乾六宫顺时针依次为值符、螣蛇、太阴、六合、白虎（阴勾陈）、玄武（阴朱雀）、九地、九天。如图：

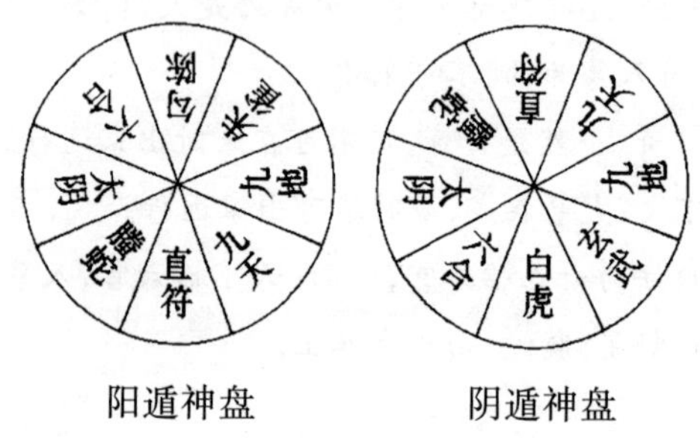

阳遁神盘　　阴遁神盘

阳遁，按顺时针方向，直符后一宫是九天，后二宫是九地。前二宫是太阴，前三宫是六合。阴遁，按逆时针方向，结论与阳遁相同。

【译文】

在九天之上，可以力胜；在九地之下，可以隐藏；在太阴之中，可以隐身；在六合之中，可以逃亡。直符后一所临之宫为九天，直符后二所临之宫为九地，直符前二所临之宫为太阴，直符前三所临之宫为六合。

假使阳遁，直符临九宫，那么九天在四宫，九地在三宫，太阴在七宫，六合在六宫。其他依此类推。阴阳全部采用天遁为奇，九天临甲、九地临癸、太阴临丁、六合临己，为大吉之象。凡是六仪与刑相击，都不可采用。

假使阳遁甲子，天蓬为直符，加卯时为击刑，这是有子卯刑的缘故。即使是奇门吉宿，也不可采用。所谓三刑，即子刑卯，卯刑子；丑刑戌，戌刑未，未刑丑；寅刑巳，巳刑申，申刑寅。辰、午、酉、亥，各自相刑。

凡六庚加直符[①]，名"天乙伏宫格"，亦名"天乙留符格"。直符加六庚，名"天乙飞宫格"，亦名"天乙行符与太白格"。六庚加天乙，名"太白与天乙格"，战于野。若天乙与六庚同宫，名"天乙与太白格"，战于国。六庚加天乙宫者，谓临太乙所在地宫也。天乙与六庚同宫者，谓此同地宫也，凶时也。

凡六庚加金日，亦名"伏干格"，亦名"本宫干格之日"。干格加六庚，名"飞干格"，此凶时，不可为百事。伏干格之时，凶。外人取之，占贼见之。占人在，占格则不在；占人来，占格则不来。

凡六庚加岁干为岁格，月干为月格，日干为日格。一曰六庚加三奇为时格，不加三奇非时格。六庚加六己，名刑格，易地千里，车破马惊，不利举百事，凶。

凡六庚加六丙，名曰"太白入荧惑"。六丙加六庚，名"荧惑入太白"。二入相逢[②]，皆凶时，得奇门吉宿，亦不可举百事，凶。

凡六丙加直符为勃[③]，谓天上六丙加庚直符也。及天乙宫加六丙，亦名为勃，同六庚所加之义。

凡时下及天乙直使所在，得吉宿者，吉；得凶宿者，凶；时下得吉宿，谓直符所胜。时下所得三星，此谓吉宿也。

假令阳遁天元上元一局，甲巳之日，平旦为丙寅，即以直符加六丙，六丙在八宫，八宫为天任，是谓时下得天任星也。他仿此。

【注释】

①六庚：六十干支中，庚午、庚辰、庚寅、庚子、庚戌、庚申，合称六庚。

②二入相逢：原作"二逢相入"，不词，疑为"二入相逢"乙倒，今乙正。

③六丙：六十干支中，丙寅、丙子、丙戌、丙申、丙午、丙辰，合称六丙。勃：即悖格。天盘丙奇加地盘值符，或天盘值符加地盘丙奇，均称为悖格。因为丙为天威，性格威猛，过于暴躁。悖格之时举事，多倒行逆施，纲纪紊乱，易出乱臣贼子和叛逆之人。

【译文】

六庚与直符相加，称为"天乙伏宫格"，又称作"天乙留符格"。直符与六庚相加，称为"天乙飞宫格"，又称作"天乙行符与太白格"。六庚与天乙相加，称为"太白与天乙格"，预示战斗在野外展开。如果天乙与六庚同宫，称为"天乙与太白格"，预示战斗在城内展开。六庚加天乙宫，表示临太白所在的地宫。天乙与六庚同宫，表示它与地宫相同，属凶时。

六庚与金日相加，称为"伏干格"，也称作"本宫干格之日"。干格与六庚相加，称为"飞干格"。这是凶时，百事不可行。伏干格之时为凶，外人取之，占贼见之。占人在，占格则不在；占人来，占格则不来。

六庚与岁干相加为岁格，与月干相加为月格，与日干相加为日格。另一说：六庚与三奇相加为时格，六庚不加三奇为非时格。六庚与六己相加，称为刑格，失地千里，车破马惊，举百事不利，为凶时。

六庚与六丙相加，称为"太白入荧惑"。六丙加六庚，称为"荧惑入太白"。二入相逢，都是凶时。即使得奇门吉宿，也不可采用；否则举百事，凶。

六丙与直符相加，称为悖，指天上六丙与庚直符相加。至于天乙宫加六丙，也称为悖，含义与天乙宫加六庚相同。

凡是时下和天乙直使所在之处，得吉宿为吉，得凶宿为凶。时下得吉宿，指直符所胜。时下所得三星，表示吉宿。

假使阳遁为天元上元一局，甲巳之日，平旦为丙寅，那么以直符加六丙，六丙在八宫，八宫为天任，即是指时下所得的天任星。其他依此类推。

天乙所在吉宿者，假令阳遁天元上元一局，甲巳之日，夜半生甲子，甲子为天蓬，即以天乙直使在天蓬宿；鸡鸣为乙丑，乙丑为天芮，即以天乙直使为天芮宿。

凡吉宿者，天辅、天禽、天心为大吉，天冲、天任为小吉。凶宿者，天蓬、天芮为大凶；天英、天柱为小凶。大凶者，有旺相气，变为小凶；小凶者，有旺相气，变为平。其吉宿，有旺相气，大吉。

凡六甲加六丙，为青龙返首[①]；六丙加六甲，为朱雀跌穴[②]。此二时可以造举百事。又会三奇、八门者，为大吉。《太乙经》曰：六丙加六庚为孛[③]，六辛加六乙为白虎猖狂[④]，六乙加六庚名青龙逃走[⑤]，六癸加六丁名螣蛇夭娇[⑥]，六丁加六癸名朱雀入江[⑦]，不可举百事，皆凶时也。

凡时下得乙未、丙戌、辛丑、甲辰、戊辰，名入墓时，不得出入、举百事。

凡天道不远，三五复反。假令阳遁用天元上元一局，甲巳之日，平旦为丙寅三，即三在寅也；戊辰五，即五在辰也。他仿此。

【注释】

①青龙返首：天盘甲子戊加地盘丙奇，即戊加丙。因甲木为青龙，木生火，丙火为甲木之子，母亲回过头来看儿子，所以起名“龙回首”。因为丙火能克庚金，救护元帅甲木，所以为吉。

②朱雀跌穴：天盘丙奇加地盘甲子戊，即丙加戊。因丙火为南方朱雀，回到母亲甲木身边，好像鸟儿归巢一般，故起名“鸟跌穴”“朱雀跌穴”。因木火相生，故为吉格。

③孛：悖格，是凶格。

④白虎猖狂：天盘六辛，加地盘乙奇，即辛加乙。白虎在天上横行，青龙反而潜伏地下，故名虎猖狂。阴克阴，主凶，是凶格。

⑤青龙逃走：天盘乙奇，加地盘六辛，即乙加辛。乙木为青龙，辛金为白虎，辛金克杀乙木，虎强龙弱，故龙也要逃走而去，故名龙逃走。阴克阴，主凶，是凶格。

⑥螣蛇夭矫：天盘六癸，加地盘丁奇。即癸加丁。癸属阴水，为北方玄武龟蛇，丁属阴火。天上癸犹如螣蛇掉进地上火中，被烧克而屈伸，故叫“蛇夭矫”。阴克阴火，主凶，是凶格。

⑦朱雀入江：天盘丁奇，加地盘六癸。即丁加癸。丁属阴火，为南方朱雀，癸为阴水，似江河，天上朱雀落入地下江河之中，所以叫“朱雀入江”。阴水克阴火，主凶，是凶格。

【译文】

天乙在吉宿时，假使阳遁为天元上元一局，甲巳之日，夜半生甲子，甲子为天蓬，就以天乙在天蓬宿值使；鸡鸣为乙丑，乙丑为天芮，就以天乙在天芮宿值使。

吉宿之中，天辅、天禽、天心为大吉；天冲、天任为小吉。凶宿之中，天蓬、天芮为大凶；天英、天柱为小凶。大凶之宿，有旺相气则转变为小凶；小凶之宿，有旺相气则转变为平安。吉宿当中，有旺相气为大吉。

六甲与六丙相加，称为青龙返首；六丙与六甲相加，称为朱雀跌穴。

在这二时可以举百事。如果同时会三奇、八门,为大吉。《太乙经》说:“六丙加六庚为孛。”六辛加六乙,称为白虎猖狂;六乙加六庚,名为青龙逃走;六癸加六丁,名为塍蛇夭矫;六丁加六癸,名为朱雀入江,不可举百事,都属凶时。

凡是时下所得为乙未、丙戌、辛丑、甲辰、戊辰,称为入墓时,不可出入、举百事。

天道不远,三五往复。假使阳遁采用天元上元一局,甲巳之日,平旦为丙寅三,即三在寅位;戊辰五,即五在辰位。其他依此类推。

其阳遁可出入、举百事,当趋三避五[①],可以名天道。凡出行者,亦可参用“玄女式”。三宫法,所出之门有塍蛇、白虎,皆须避之,不可犯,大凶[②]。

时逢六庚,抱木而行,虽有出者,必有斗争,谓六庚之时,时下得庚,凶也。

时逢六辛,行逢死人,强有出者,罪罚缠身,谓六辛之时,时下得辛,凶也。

时逢六壬,为吏所擒,强有出者,非祸所胜,谓六壬之时,时下得壬,凶也。

时逢六癸,众人所视,不知六癸,出门则死,谓六癸之时,时下得癸,凶也。

凡时下得天蓬,宜安居保国、修筑营垒,主不利客,凶神也。

时下得天芮,宜崇道修德,统接朋侪,凶神也。

时下得天冲,不利举事,凶神也。

时下得天辅,宜守道调理,凶神也。

时下得天禽,宜祭祀求福,以灭群恶,吉神也。

时下得天心，宜避疾求仙，君子吉，小人凶，凶神也。

时下得天柱，宜居守自固，藏形隐迹，凶神也。

时下得天任，宜请谒赏贺，通达财利，吉神也。

时下得天英，宜道行出入，进酒作乐，嫁娶筵宴，吉神也。

太乙贵神，可向，不可背。白奸者，天大奸神，不可向，可背也。

又曰：六丁为六甲阴，能知此道，日月可陆沉。可呼六丁神名。凡六合之中六己，谓六己之位皆在六合之中也。行阴密隐秘潜伏之术，皆从天宫六己所临用之③。

【注释】

①趋：原作“游”，不词，据《守山阁丛书》本改。

②大凶：此下有“亭亭咎谓六乙之时时下得乙吉也”十四个字，与上下文不连贯，今据《守山阁丛书》本删。

③天宫：原作天公。张海鹏校曰：“公，疑作宫。”奇门遁甲所用九宫，故改之。

【译文】

阳遁可以出入、举百事，应当趋避三、五才能明天道。凡是出行的人，可以参照选用“玄女式”。三宫法，所出之门如果有螣蛇、白虎，都应回避，不可冒犯，否则大凶。

如果时逢六庚，出行则须绕木。虽有出行者，必有争斗。因为六庚之时，时下得庚，属凶时。

如果时逢六辛，出行路遇死人。如果强行妄出者，罪罚缠身。因为六辛之时，时下得辛，属凶时。

如果时逢六壬，出行则被官吏所擒获。如果有强行妄出者，必不胜其祸。因为六壬之时，时下得壬，属凶时。

如果时逢六癸，出行则被众人发现。不知六癸，出门则死。因为六癸之时，时下得癸，属凶时。

如果时下得天蓬，宜安居保国，修筑营垒。主不得客，为凶神。

如果时下得天芮，应崇道修德，接济友朋，为凶神。

如果时下得天冲，不利举事，为凶神。

如果时下得天辅，应守道调理，为凶神。

如果时下得天禽，应祭祀求福，以灭群恶，为吉神。

如果时下得天心，应躲避疾病，求访仙人。此时辰君子吉，小人凶，为凶神。

如果时下得天柱，应居守自固，藏形隐迹，为凶神。

如果时下得天任，应请赏贺喜，使财利通达于世，为吉神。

如果时下得天英，应出入行路，饮酒作乐，嫁娶筵宴，为吉神。

太乙是贵神，可向，不可背。白奸是上天的大奸神，不可向，可背。

又说：六丁为六甲之阴，通晓此道，能够沉落日月。可以呼六丁神名。在六合之中，六己指的是六己之位全部在六合之中。准备行阴密、隐秘、潜伏之术，都要按照天宫六己所临之时而使用它。

凡天辅之时[①]，有罪勿杀，斧钺在前，天乙救之。谓甲巳之日，时加巳；乙庚之日，时加申；丙辛之日，时加午；丁壬之日，时加辰；戊癸之日，时加寅。此时有罪，自然光辉，亦宜此时，拔人之系缚。

一曰：甲巳之日，时下谓巳；丁壬之日，时下谓辰；戊癸之日，时下谓申。为天辅之时也。

凡天网四张，万物尽伤，谓时得六癸也。此时不可造作百事。又神有高下，必须避也。假令天网在一宫，神高一尺；在二宫，神高二尺。逾越避之。

凡天罡加四孟，天乙在内，宜处百事；天罡加四仲，天乙在门，出处，百事皆败；天罡加四季，天乙在外，宜出行，百事皆吉。他仿此。

【注释】

①天辅：当指天辅星。

【译文】

如果在天辅临照之时，有罪之人勿杀，斧钺在前，天乙来救。因为甲己之日，时与巳相加；乙庚之日，时与申相加；丙辛之日，时与午相加；丁壬之日，时与辰相加；戊癸之日，时与寅相加。此时有罪，自然光辉在身。此时也宜于为别人解脱束缚。

另有一种说法是：甲己之日，时下称巳；丁壬之日，时下称辰；戊癸之日，时下称申。都属天辅之时。

天网四张，万物尽伤，指的是时下得六癸。此时不可行百事。同时有神从高空下临，必须回避。假如天网在一宫，那么神高一尺；天网在二宫，神高二尺，应迅速躲避。

天罡与四孟相加，天乙在其内，宜行百事；天罡与四仲相加，天乙在门，出门或在家，行百事皆不成；天罡与四季相加，天乙在外，宜于出行，行百事皆吉。其他依此类推。

凡要事在三宫，在天乙，大吉。加四仲，名玉堂。时天乙理事于玉堂之中，欲出行，当此之时，百事可利，逃亡者得。

神后加四仲，名明堂。时天乙出游门垣之外，游行四野。当此之时，举造百事，皆吉，逃亡者得。

徵明加四季，名曰绛宫。天乙伏藏于深宫之中，行于私宴。当此之时，不可出行，逃亡者皆得用。

凡天乙之理，于三宫、四时迭用，要在于天乙大神，背之必败，当从向克。

【译文】

如果要事在三宫、天乙，都属大吉。要事加四仲，称玉堂。此时天乙在玉堂之中理事，如准备出行，当乘此时，百事可利，逃亡者可以得脱。

神后与四仲相加，称为明堂。此时天乙在门垣外出游，如果准备出游四方，应当选取此时。此时举百事皆吉，逃亡者可以得脱。

徵明与四季相加，称为绛宫。此时天乙隐藏在深宫之中，开设私宴。此时不可出行，逃亡者同样如此。

天乙的掌理，在于三宫、四时交互采用，关键是对于天乙大神，背之必败，从之则所向必克。

春三月，天乙大神，理于玉堂宫，大吉是也。大吉为生气，其冲小吉，为百鬼死。

夏三月，天乙大神，理于明堂宫，神后是也。神后为王坐，其冲胜光，为负。

秋、冬三月，天乙大神，理于绛宫，徵明是也。徵明为常生，其冲太乙，为积刑。

【译文】

春三月，天乙大神在玉堂宫理事，为大吉之辰。大吉为生气，其冲小吉，为百鬼死。

夏三月，天乙大神在明堂宫理事，为神后之辰。神后为王坐，其冲胜光，为负。

秋、冬三月，天乙大神在绛宫理事，为徵明之辰。徵明为常生，其冲太乙，为积刑。

凡出入往来青龙，上明堂，出天门，入地户四，入太华中，即华盖。若天藏、天狱、天牢，慎不可犯。

凡六甲为青龙，可以建福；六乙为蓬星，可以建德；六丙为明堂，可以出入；六戊为天门，可以往来；六己为地户，可以伏藏。天乙至三凶神之宫，六庚为天狱，六辛为天庭，六壬为天牢，天藏之中为六癸，可以隐藏也。

凡九天之神在六甲，朱雀之神在六丙，太阴之神在六丁，勾陈之神在六乙，六合之神在六己，白虎之神在六庚，玄武之神在六辛，入地之神在六癸。凡欲逃亡隐匿，必须从天门入地户，又参之以太冲、从魁、小吉。六合、太阴加地户，将出入往来，无能见者。欲去者，出天门而去；欲藏者，入地户而藏。太阴之中，凡欲逃避百鬼，当出天门，入地户中，吉。

凡欲行山中宿，令虎狼鬼贼不敢近者，出天门，入地户中，吉。

【译文】

出入往来青龙，上明堂，出天门，入地户四，入太华中，即为华盖。如果遇到天藏、天狱、天牢，应谨慎，不可冒犯。

六甲为青龙，可以建福；六乙为蓬星，可以建德；六丙为明堂，可以出入；六戊为天门，可以往来；六己为地户，可以伏藏。从天乙至三凶神之宫，六庚为天狱，六辛为天庭，六壬为天牢。天藏之中为六癸，可以隐藏。

九天之神在六甲，朱雀之神在六丙，太阴之神在六丁，勾陈之神在六乙，六合之神在六己，白虎之神在六庚，玄武之神在六辛，入地之神在六癸。如果准备逃亡隐匿，必须从天门入地户，并以太冲、从魁、小吉参之。六合、太阴与地户相加，出入往来，不会被发现。准备出走者应出天门而去，准备隐匿者应入地户而藏。在太阴之中，如果希望躲避百鬼，应入地户之中，为吉。

如果准备从山中行宿，使虎狼鬼贼不敢接近，出天门、入地户中，为吉。

夫开门遁伏，休门生聚，生门利息，景门上书，杜门闭绝，死门射猎，惊门恐迫，伤门伤害。

避恶伏匿，背杜门，向开门，吉。

出行移徙，迁官受职，入官视事，背景门，向休门，吉。

有所掩袭，欲塞奸邪，背开门，向杜门，吉。

三奇吉门，合天辅、天心、天禽出入，大吉。

出入开门，宜见大将军；出休门，宜见长吏；出生门，宜见帝王公卿；出伤门，宜捕猎征伐；出杜门，宜邀遮隐匿、诛伐亡逆；出景门，宜上寿；出死门，宜丧葬吊唁；出惊门，宜掩捕斗讼。

【译文】

开门主遁伏，休门主生聚，生门主利息，景门主上书，杜门主闭绝，死门主射猎，惊门主恐迫，伤门主伤害。

隐伏避恶，背杜门，向开门，则吉。

出行迁徙，迁官受职，任职理事，背景门，向休门，则吉。

有所掩袭，欲阻塞奸邪，背开门，向杜门，则吉。

三奇吉，再加上天辅、天心、天禽，出入大吉。

出入开门，宜于见大将军；出休门，宜于见长吏；出生门，宜于见帝王公卿；出伤门，宜于捕猎征伐；出杜门，宜于隐藏逃匿，诛杀亡逆；出景门，宜于祝寿;出死门,宜于丧葬吊唁;出惊门,宜于捕亡诉讼。

凡时加六甲,一开一阖,上下交接,谓六甲之时,时下得伏吟时也。

凡时加六乙,一往一来,恍惚俱出,谓六乙之时,时下得乙,吉也。

凡时加六丙,道逢清宁,求之大胜,谓六丙之时,时下得丙,吉也。

凡时加六丁,出幽入冥,永无祸侵,谓六丁之时,时下得丁,吉也。

凡时加六戊,乘龙万里,当从天上。六戊出,挟天辅而行[1],吉也。

凡时加六己,如神所使;不知六己,欲行且止。谓六己之时,时下得己,凶也。

【注释】

①天辅:原作"天武",不词。张海鹏校曰"疑作辅",今据改。

【译文】

时加六甲,一开一合,上下交换,指六甲之时,时下得伏吟时。

时加六乙,一往一来,恍惚俱出,指六乙之时,时下得乙,为吉辰。

时加六丙,道逢清宁,求之大胜,指六丙之时,时下得丙,为吉辰。

时加六丁,出幽入冥,永无祸侵,指六丁之时,时下得丁,为吉辰。

时加六戊,乘龙万里,从天而来。六戊出,挟天辅而行,为吉辰。

时加六己,如神所使;不知六己,欲行又止。指六己之时,时下得己,为凶辰。

向背择日

经曰：征伐皆有向背，知之者胜，不知者败。其太岁、太阴、将军、月建、日时、大时、小时、亭亭、白奸、游都、太乙、黄幡、豹尾、五帝、六符、生神、死神、大雄、死地睢、日德、孤虚[①]，岁月日时，刑杀大小，审而用之，可以知其胜负，易其成败。其临神者，惟死神、地睢、虚星可向，白奸亦可向。

【注释】

①太岁：《三命通会》："夫太岁者，乃一岁之主宰，诸神之领袖。"太岁当头有灾祸，故不可犯，犯之则凶。太阴：西方金，其方向可以藏兵避难。亭亭：天之贵神。求亭亭方，以月将加正时上，寻找十二月将之一的神后所临的地盘，即为"亭亭方"。遇到亭亭方，当背之，可胜。白奸：天之奸神。求白奸方，以月将加正时上，寻找十二月将之功曹、胜光、天魁所临的地盘，即为"白奸方"。遇白奸，则击之，可胜。游都：命学中的占盗贼的术语。黄幡：《协纪辨方书》引《乾坤宝典》曰："黄幡者，旌旗也，常居三合墓辰，所理之地，不可开门取土、嫁娶、纳财、市买及有造作。"豹尾：与黄幡相对。《协纪辨方书》引《乾坤宝典》称："豹尾者，亦旌旗之象……常居黄幡，对冲。其所在之方，不可嫁娶、纳奴婢、进六畜及兴造。犯之者破财物，损小口。"其所在之地，当避忌之。大雄：佛教中对释迦牟尼的尊称。此处何意，不详。死地睢：不详。日德：古代汉族命学以甲寅、丙辰、戊辰、庚辰、壬戌五日为日德。逢日德为吉。

【译文】

经说：征伐都有向背，知之者胜，不知者败。太岁、太阴、将军、月建、日时、大时、小时、亭亭、白奸、游都、太乙、黄幡、豹尾、五帝、六符、生神、死神、大雄、死地雎、日德、孤虚,所有这些岁月日时、刑杀大小,都应谨慎地选择而使用,才能够预知胜负,改变成败。所临之神,有死神、地雎、虚星可以相向,白奸也可以相向。

推五星所在法

常以天罡加太岁,视亥上神为岁星,午上神为镇星,酉上神为太白,子上神为辰星。五星所在之次国,不可伐,大略如此。为星有迟速跳伏,以七曜算之。方定太岁,月日时下之辰,不可向。

凡小时月,逢大时月,正月卯,二月子,三月酉,四月午,左行四仲,周而复始。

凡游都,正月丙,二月丁,三月□,四月庚。

【译文】

推五星所在法

通常以天罡与太岁相加,亥上神为木星,午上神为土星,酉上神为金星,子上神为水星。五星所在之次的国家,不可前往攻伐。推五星的方法大略如此。五星运转有时迟缓,有时迅速,有时跳跃,有时停滞,应以七曜来计算。太岁确定位次后,其月、日、时下之辰,不可相向。

小时月逢大时月时,正月为卯,二月为子,三月为酉,四月为午。上述四仲,周而复始。

遇有游都时,正月为丙,二月为丁,三月为□,四月为庚。

推行八千四角天乙依玄女式

所□月游者,一名刑法。己酉月理艮宫六日,乙卯月理震宫五日,庚申月理巽宫六日,丙寅月理离宫五日,辛未月理坤宫六日，丁丑月理兑宫五日，壬午月理乾宫六日，戊子月理坎宫五日[①]。阳岁，以大吉；阴岁，以小吉。

【注释】

①五日：原作"一日"，误。前皆为"六日""五日"交错，此为一日，不合。据《守山阁丛书》本改。

【译文】

推行八千四角天乙依玄女式

所□月游，也称为刑法。己酉月掌理艮宫六日，乙卯月掌理震宫五日，庚申月掌理巽宫六日，丙寅月掌理离宫五日，辛未月掌理坤宫六日，丁丑月掌理兑宫五日，壬午月掌理乾宫六日，戊子月掌理坎宫五日。阳岁选用，大吉；阴岁选用，小吉。

推恩建黄道法

常以正、七月加子，二、八月加寅，三、九月加辰，四、十月加午。五、十一月加申，六、十二月加戌。

凡天罡下为建，建为青龙，黄道次神。太乙即为除，除为明堂，黄道次神。胜光即为满，满为天刑，黑道次神。小吉即为平，平为朱雀，黑道次神。传送为定，定为金匮，黄道次神。从魁为执，执为天德，黄道次神。河魁为破，破为白虎，黑道次神。徵明为危，危为玉堂，黄道次神。神后为成，成为天牢，黑道次神。大吉为收，收为玄武，黑道次神。公正为开，开为司命，黄道次神。太冲为闭，闭为勾陈，黑道次神。

凡避死难，从开星，不吉。春三月，房为开；夏三月，张为开；秋三月，娄为开；冬三月，壁为开。

【译文】

推恩建黄道法

通常用正月、七月加子，二月、八月加寅，三月、九月加辰，四月、十月加午，五月、十一月加申，六月、十二月加戌。

如果天罡下为建，建为青龙，黄道次神。太乙即为除，除为明堂，黄道次神。胜光即为满，满为天刑，黑道次神。小吉即为平，平为朱雀，黑道次神。传送即为定，定为金匮，黄道次神。从魁即为执，执为天德，黄道次神。河魁即为破，破为白虎，黑道次神。徵明即为危，危为玉堂，黄道次神。神后即为成，成为天牢，黑道次神。大吉即为收，收为玄武，黑道次神。公正即为开，开为司命，黄道次神。太冲即为闭，闭为勾陈，黑道次神。

如果准备逃避死难，从开星，不吉。春三月时，房为开；夏三月时，张为开；秋三月时，娄为开；冬三月时，壁为开。

推亭亭白奸法

常以月将加时辰，神后下为亭亭所在。次析十二月时，其寅申巳亥神后，白奸所在。神后时，白奸在寅，常行四孟。亭亭常以白奸囚于巳亥，格于寅申。

【译文】

推亭亭白奸法

通常用月将加时辰，神后之下即是亭亭所在。随后分析十二月时，其寅、申、巳、亥神后之时，即为白奸所在。神后时白奸在寅，常行四孟。亭亭经常因白奸而囚于巳、亥，格于寅、申。

出师安营

经曰：诸有正宿安营，四直顿兵，深入敌境，恐有掩袭，乃作“真人闭六戊法”，逃难隐死。作“玉女反闭局法”，千凶万恶，莫之敢干。故人精微，去道不远，故能洞幽阐神。非真人逢时，必不能行也。

【译文】

出师安营

经说：露宿扎营，安顿兵马，因深入敌境，恐被偷袭，于是作“真人闭六戊法”，以躲避灾祸和死难。作“玉女反闭局法”，纵有千凶万恶，也能安然无恙。所以说人如果精微，便离道不远了，因此能洞察幽微，阐发神明。如果不是真人逢时，必定不能办到。

闭六戊法

先置营讫，于某旬上，以刀从鬼门行起[1]，左旋画地一周，次取其中央之土一斗，置六戊上。六戊者，天罡神也。刀即置取土之处埋之，咒曰：“太山之阳，恒山之阴。盗贼不起，虎狼不伤。城郭不完，闭以金关。千凶万恶，莫之敢犯！”便于营中宿。若令出入，验之法，取犊母在营中，犊子安营外。犊子终不敢入营中。甲子旬，戊在辰，余仿此。

【注释】

①鬼门：《易象仪》卷一引《乾凿度》云：“艮为鬼门。”艮为东北方，故古人常以东北方为鬼门。

【译文】

闭六戊法

先安营完毕，随后在某旬之上，用刀从鬼门开始，左旋画地一周，然后取中央之土一斗，置于六戊之上。所谓“六戊”就是天罡神。将刀埋在取土之处,念咒道:“泰山之阳,恒山之阴。盗贼不起,虎狼不伤。城郭不完,闭以金关。千凶万恶,莫之敢犯!”便可在营中安宿。如果想通过出入来验证法术,可将母犊放置营中,犊子放置营外。犊子始终不敢进入营内。甲子旬,戊在辰,其他依此类推。

玉女闭局法

以刀画地,常以六为数,室中六尺,庭中六步,野外六十步,手持六算,算长一尺二寸。假令甲日从甲上入,乙日从乙上入,戊日从东西南北入,入局竟从今日日辰起。

假令子日,即以第一算置子上,第二算加丑上,第三算加寅上,第四算加卯上,第五算加辰上,第六算加巳上。下六时亦依次去。便呼云:“鼠行失窟,入市便逐。”子上算置戌上,度算讫,大呼云“青龙下”。

次移丑上算置卯上,云:“牛入兔涂食时草。”度讫,就便呼云“朱雀下”。

次移寅上算置巳上,云:“猛虎跳,鸢来到。”度算,便呼云“勾陈下”。

次移卯上算置丑上,云:“兔入牛栏伏不起。”便大呼云“白虎下”。

次移辰上算置午上,云:“龙入马厩因留止。”度讫,便呼云“玄武下”。

次移巳上算置申上,呼云:“螣蛇宛转来。”度讫,便呼云“六合下”。

两算夹一算,先成为天门,后成为地户,避难出天门,入地户,乘玉女上去,吉。仍呼玉女所在,云:“庚上玉女来护我，无令百鬼中伤我，敌人不见我，以为束薪[1]。”独开天门而闭地户[2]，咒会交乎，以算闭门而去，勿反顾，以刀画地，即地脉不复得见。

【注释】

①束薪：原作“米薪”，不词。今据《守山阁丛书》本改。

②独：原作“狗”，误。据《守山阁丛书》本改。

【译文】

玉女闭局法

用刀划地，通常以六为计数。室内六尺，庭院六步，野外六十步，手持六算，算长一尺二寸。如果是甲日从甲上入，乙日从乙上入，戊日从东西南北入。入局完毕，从当日日辰开始。

如果是子日，就把第一算放在子上，第二算放在丑上，第三算放在寅上，第四算放在卯上，第五算放在辰上，第六算放在巳上。其下六时也依此顺序排列。随后喊道：“鼠行失窟，入市便逐。”将子上之算移到戌上，推算完毕，便大叫：“青龙下！”

随后将丑上之算放到卯上，说：“牛入兔途食时草。”推算完，就叫：“朱雀下！”

随后将寅上之算放到巳上，说：“猛虎跳，鸢来到。”推算完毕，便叫：“勾陈下！”

随后将卯上算放到丑上，说：“兔入牛栏伏不起。”便大叫：“白虎下！”

随后将辰上算放在午上，说：“龙入马厩因留止。”推算完毕，便叫：“玄武下！”

随后将巳上算放在申上，说道：“螣蛇宛转来。”推算完毕，便叫道“六合下！”

两算夹一算，先成为天门，后成为地户。避难则出天门、入地户，乘玉女上去，为吉。还要口念玉女所在，说："庚上玉女来护我，无令百鬼中伤我，敌人不见我，以为束薪。"只开天门而闭地户，咒语口诀交互使用，用算子封门而去，不要回头。以刀画地，地脉便不可得见。

卷十

杂式

玄女式

【题解】

玄女式，又名六壬式、大六壬。六十甲子中，以“壬”构成的干支有壬申、壬午、壬辰、壬寅、壬子、壬戌六个，故谓之“六壬”。

《四库全书·六壬大全提要》认为六壬之术“其为术，固非后世方技家所能造。大抵数根于五行，而五行始于水，举阴以起阳，故称壬焉；举成以该生，故用六焉。其有天地盘与神将加临，虽渐近奇遁九宫之式，而由干支，而有四课，则亦两仪四象也。由发用而有三传，则亦一生二、二生三、三生万物也。以至六十四课，莫不原本义爻，盖亦《易》象之支流推而衍之者矣。”纪昀认为，大六壬依据阴阳五行学说，综合了《周易》与道家老子学说熔铸而成。

六壬预测，使用六壬式盘。六壬式盘分上下两层，上层为天盘，天圆，故设为圆盘；下层为地盘，地方，故设为方盘。天盘中设北斗、十二月、二十八宿，地盘设天干、地支、二十八宿。天盘可转动，地盘不动。如图：

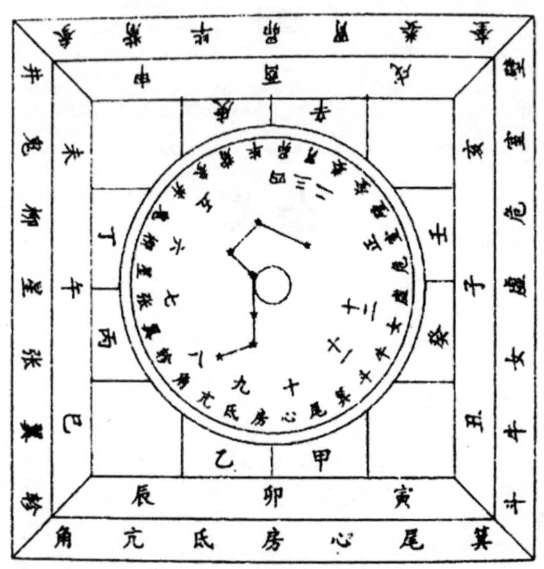

与奇门遁甲主要以十干的运作来推盘布局不同，大六壬主要通过十二地支的运作来排盘，排盘以后，根据盘局进行立课取传。由于突出地支，所以大六壬的天干是寄在地支上，具体寄官的口诀是：甲寄在寅乙寄辰，丙戊在巳不须论；丁己在未庚在申，辛戌壬亥定其真；癸课由来丑上坐，分明不用四正神。如图：

	戊		丁己		
丙	巳	午	未	申	庚
乙	辰			酉	
	卯			戌	辛
甲	寅	丑	子	亥	
		癸		壬	

地盘的方位是固定的，即图中内圈十二地支。十二地支所占位置也称十二宫，将需要预测的日干，按照上图找到对应的寄官，然后按顺序排定天盘的十二地支方位。具体操作也需要专门的知识。

在六壬中，天盘十二地支与地盘的十二地支之间存在刑、冲、化、合、害、破六种关系。因此熟悉十二地支的象征意义及其辩证关系十分重要。排盘之后，定四课、取三传都比较复杂，感兴趣的同志可以找专门的书籍阅读参看。这里不做详细介绍。

本篇记述了唐代大六壬的诸多预测法，将事物的未来发展趋势甚至战争寄托在对地支的解释上，没有科学依据，在学习时须加以辨别。今人如果感兴趣的话，可以把它作为游戏。

玄女式者，一名六壬式。玄女所造，主北方万物之始，因六甲之壬，故曰：六壬[①]。六甲之上运斗柄，设十二月之合神，为十二将，间置十干，次列二十八宿、三十六禽[②]。以月将加正时，课日辰，用为天乙所理十二神将，以断吉凶成败。

【注释】

①六壬：在六十甲子中，壬有六个，即壬申、壬午、壬辰、壬寅、壬子、壬戌，故取名六壬。

②三十六禽：指三十六禽星，二十八宿星加上八煞暗禽。分别是：东方七宿：甲辰角木蛟、庚辰亢金龙、己卯氐土貉、丁卯房日兔、癸卯心月狐、丙寅尾火虎、壬寅箕水豹。北方七宿：乙丑斗木獬、辛丑牛金牛、戊子女土蝠、丙子虚日鼠、壬子危月燕、丁亥室火猪、癸亥壁水㺄。西方七宿：甲戌奎木狼、庚戌娄金狗、己酉胃土雉、丁酉昴日鸡、癸酉毕月乌、丙申觜火猴、壬申参水猿。南方七宿：乙未井木犴、辛未鬼金羊、戊午柳土獐、丙午星日马、壬午张月鹿、丁巳翼火蛇、癸巳轸水蚓。八煞暗禽：戊寅为狸煞，戊辰为鲸煞，戊申为猱煞，戊戌为豺煞，己丑为龟煞，己巳为鳝煞，己未为鹰煞，己亥为熊煞。

【译文】

玄女式

玄女式，一名六壬式。相传为玄女所造，主持北方万物的起始。它依照六甲之壬，所以称为“六壬”。在六甲之上运转斗柄，设十二月之合神，有十二月将，其间设置十天干，其次排列二十八宿、三十六禽。将月将与正时相加，占卜日辰，用为天乙所理十二神将，来判断吉凶成败。

推月将法：

登明，正月，将加在亥，水神。

河魁，二月，将加在戌，土神。

从魁，三月，将加在酉，金神。

传送，四月，将加在申，金神。

小吉，五月，将加在未，土神。

胜光，六月，将加在午，火神。

天乙，七月，将加在巳，火神。

天罡，八月，将加在辰，土神。

太冲，九月，将加在卯，木神。

功曹，十月，将加在寅，木神。

大吉，十一月，将加在丑，土神。

神后，十二月，将加在子，水神。

【译文】

推月将法

登明，正月，将加在亥时上，为水神。

河魁，二月，将加在戌时上，为土神。

从魁，三月，将加在酉时上，为金神。

传送，四月，将加在申时上，为金神。

小吉，五月，将加在未时上，为土神。

胜光，六月，将加在午时上，为火神。

天乙，七月，将加在巳时上，为火神。

天罡，八月，将加在辰时上，为土神。

太冲，九月，将加在卯时上，为木神。

功曹，十月，加在寅时上，为木神。

大吉，十一月，将加在丑时上，为土神。

神后，十二月，将加在子时上，为水神。

推四维法

乾，天门；坤，人门；巽，地户；艮，鬼路。

【译文】

推四维法

乾为天门，坤为人门，巽为地户，艮为鬼路。

推三十六禽法

东方：狸、虎、豹、兔、貉、蛟、龙、鱼、虾

南方：蚓、蛇、狙、鹿、獐、雁、羊、鹜、□

西方：猿、犺、猴、乌、鸡、犬、豕、豺、狼

北方：熊、猪、罴、燕、鼠、蝠、蟹、牛、鳖

【译文】

推三十六禽法

东方：狸、虎、豹、兔、貉、蛟、龙、鱼、虾。

南方:蚓、蛇、狙、鹿、獐、雁、羊、鹭、□。

西方:猿、犺、猴、马、鸡、犬、豕、豺、狼。

北方:熊、猪、罷、燕、鼠、蝠、蟹、牛、鳖。

推四课法

常以月将加正时,视干日、支辰、阴阳,以为四课。日干上神为日之阳支[①],日上神本位所得之神[②],为日之阴支[③]。辰上神为辰之阳支[④],辰上神本位所得之神为辰之阴支[⑤],谓之四课。

四课之中,察其五行,取相克者为用。

四课阴阳,先以下贼上为用。若无下贼上,以上克下为用[⑥]。若三上克下,一下贼上,还以下贼上为用。若四上克下[⑦],四下贼上,与今日比者为用[⑧]。俱比、俱不比,涉害深者为用[⑨]。涉害俱深,以先干后支为用。

四课阴阳皆不相克,以遥相克为用[⑩]。若有干克神、神克干,先以克干为用。若干克两神、两神克干,以比者为用。俱比、俱不比,刚用干比、柔用支比为用。

四课阴阳不上下相克,又无遥相克,以昴星为用[⑪]。刚干,视酉上所得神为用;柔干,伏视从魁所临神为用。刚日,先传支,后传干;柔日,先传干,后传支。

若二天地返吟、伏吟[⑫],先以相克为用。若无相克,伏吟,刚干以干上神为用;柔干,以支上神为用。反吟,刚干以干冲;柔日以辰冲为用。

以刑及冲用为传,终八专日[⑬],四课不相见。刚干,从干日阳神顺数;柔干,从支上阴神逆数。皆及三神为用,足以定吉凶，当知所受。

用三传以考终始[14]，善恶所致，何先何后？变化何从？将安所极？三传之要诀在天宫，各以神将言其祸福，将以并合所加日辰，又以五行论其忧喜，欲取诸将，以天乙为首。

【注释】

①日干：干，原作“子”。六壬的四课，包括干日两课与支日两课。故“子”误，据《守山阁丛书》本改。大六壬的四课中，第一、第二课来自日干，所以叫日上两课。日干，也简称“日”。故“干日”为“日干”乙倒，今乙正。

②日：前原有“丑”字，这里是第二课，应是讲天干，丑为地支，误。据《守山阁丛书》本删。

③阴支：原作“阳支”，前文已有“阳支”，这里不应出现，当为“阴支”。据《守山阁丛书》本改。

④辰：大六壬的四课中，第三、第四课来自日支，所以叫辰上两课。日支，也简称为辰。

⑤阴支：原作“阳支”，前文已有“阳支”，这里不应出现，当为“阴支”。据《守山阁丛书》本改。

⑥若无下贼上，以上克下为用：此句用的是“贼克法”，即在四课中只有一课有相克关系，便以“贼克”论之。其中下克上为“贼”，上克下为“克”。

⑦四：原作“一”，误。此句是说“比用法”，此法是四上克下。今据《守山阁丛书》本改。

⑧比者为用：用的是“比用法”，即四课中出现二课或三课，甚至四课有相克关系，下贼上或上克下，这时要取与日干比和者为初传，中传、末传取法不变。所谓“比和”即阳日（甲、丙、戊、庚、壬）与阳神（子、寅、辰、午、申、戌）比和，阴日（乙、丁、己、辛、癸）与阴

神(丑、卯、巳、未、酉、亥)比和。

⑨涉害:原作"浅害",误。涉害是大六壬中的专业术语,今据《守山阁丛书》本改。四课中有两课上克下或下克上,且都与当日天干比和或都不比和,则看天盘上神顺时针奔回地盘本位过程中受地盘之神侵克(涉害)次数或深浅而论。以克害多者为发用。若克害次数相同,再看地盘上神,按孟仲季(四孟:寅申巳亥。四仲:子午卯酉。四季:辰戌丑未)的顺序取用。如涉害深浅复又相等,则阳日取干上神为用,阴日取支上神为用。中、末传取法不变。

⑩遥相克:即遥克法,四课中无上下贼克之处,则看二三四课上神与日干有无相克关系,先取遥神克日者为初传,若二三四课上均无遥神克日者,则取日克遥神作发用。若有两神克日,或日克两神,则取与日干相比者为用,阳日用阳神,阴日用阴神。

⑪昴星:即昴星法。昴星即太白金星,因其与酉对应,故以酉定三传。取用原则是当四课中无上下克又无遥克,刚日(阳日)以地盘酉宫对应天盘之神为初传,以四课日支上辰为中传,日干上神为末传;柔日(阴日)以天盘酉位所在宫为初传,四课干上神为中传,支上神为末传。

⑫返吟、伏吟:即返吟法、伏吟法。所谓"伏吟",即月将与占时相同,致使天地盘同位,有天盘十二神伏藏本位之象,故名伏吟。当天盘旋转至与地盘方向相反的位置,形成天地盘十二神对冲态势谓之返吟,即天地反复之意。

⑬八专:即八专法。四课中因干支同位,如甲寅、丁未、己未、庚申、癸丑,所以只有二课,且无上下相克处,谓之八专。刚日以干上神在天盘顺数三位(含原位)为用,如子至寅。柔日以第四课上神在天盘逆数三位为用,如亥至酉。中、末传俱取干上神。

⑭三传:从四课中取三个干支,主要是地支,来表示事物发展的过程。初传代表事物的开始,故又称发用;中传代表事物发展的中

间过程；末传表示事物发展的结果。三传在四课定了之后，才能获得解释，就实例来具体解释三传，还是比较复杂的。

【译文】

推四课法

通常用月将与正时相加，根据日辰、干支、阴阳来确定四课。日干的上神是日之阳支，日干上神在本位所得之神为阴支。日支的上神是辰之阳支，日支上神本位所得之神为阴支，统称为四课。

在四课之中，察验其五行，取其中相克者为用。

四课阴阳中，选取以下克上者为用。如果没有以下克上，则选取以上克下者为用。如果三上克下，一下贼上，则选取一下贼上者为用。如果四上克下，或四下贼上，按照比用法来用。四上、四下都呈比和，或者都不呈比和，则按涉害法来用。在用涉害法时，要按先干后支为用。

四课中阴阳都不相克，以遥相克者为用。如果有天干克神或神克天干，先以克干为用。如果天干克两神，两神克天干，选择比用法。四上、四下都呈比和，或者都不呈比和，那么刚日取干、柔日取支为用。

四课中阴阳无上下相克，又无阴阳遥相克时，以昴星法为用。刚干根据酉上所得之神为用，柔干根据从魁所临之神为用。刚日时，先传支，后传干；柔日时，先传干，后传支。

如果天地二盘出现返吟或伏吟，以相克者为用。如果没有相克者，伏吟，则刚干以干上神为用，柔干以支上神为用。反吟，则刚干以干冲为用，柔日则以辰冲为用。

以刑和冲用为传。在八专法日中，四课互相回避。刚干，随干日上阳神顺数而定；柔干，随支日上阴神逆数决定。都以三神为准，来决定吉凶，察知所受。

三传用以考察终始善恶、事件发生的先后，变化的去向与终点。三传的要诀，是在天宫中各以神将表示祸福，再与所加日辰相合，又以五行表示忧喜。在取的神将中，以天乙为首。

推天乙所理法

天乙者，贵人也，家在丑。甲戊之日，旦理大吉，暮理小吉。

乙己之日，旦理神后，暮理传送。

丙丁之日，旦理登明，暮理从魁。

庚辛之日，旦理胜光，暮理功曹。

壬癸之日，旦理太乙，暮理太冲。

天乙在东方、西方，则南方为前，北方为后；在南方、北方，则东方为前，西方为后；常以星没为旦，星出为暮。

【译文】

推天乙所理法

天乙，乃是贵人，其家在丑。甲戊之日，它早晨掌理大吉，夜晚掌理小吉。

乙己之日，白昼掌理神后，夜晚掌理传送。

丙丁之日，白昼掌理登明，夜晚掌理从魁。

庚辛之日，白昼掌理胜光，夜晚掌理功曹。

壬癸之日，白天掌理太乙，夜晚掌理太冲。

天乙在东方、西方，那么南方为前，北方为后；天乙在南方、北方，那么东方为前，西方为后。一般以星辰消失作为白昼的开始，以星辰出现作为夜晚的开始。

推十二神将法

用起天乙以将兵，大胜，辟地千里。

用起螣蛇以将兵，兵数惊骇，上下相克，天乙前一神也。

用起朱雀以将兵，士卒惊恐，妄作口舌，天乙前二神也。

用起六合以将兵，战胜，得子女、玉帛，天乙前三神也。

用起勾陈以将兵，士卒战亡，天乙前四神也。

用起青龙以将兵，大胜，天乙前五神也。

用起天后以将兵，不胜自败，天乙后一神也。

用起太阴以将兵，士卒怯弱，天乙后二神也。

用起太常以将兵，平平，天乙后四神也。

用起白虎以将兵，师亡，天乙后五神也。

用起天空以将兵，士卒死亡，为敌欺诈，天乙后六神也。

天乙理十一将，前尽于五，后尽于六。

【译文】

推十二神将法

运转天乙统帅军队，大获全胜，辟地千里。

运转螣蛇统帅军队，士兵惊骇，上下相克，它是天乙之前的第一位神将。

运转朱雀统帅军队，士卒惊恐，妄作议论，它是天乙之前的第二位神将。

运转六合统帅军队，作战得胜，能够获得人口财物，它是天乙之前的第三位神将。

运转勾陈统帅军队，士卒战死沙场，它是天乙之前的第四位神将。

运转青龙统帅军队，将会大胜，它是天乙前的第五位神将。

运转天后统帅军队，不胜自败，它是天乙之后的第一位神将。

运转太阴统帅军队，士卒怯弱，它是天乙之后的第二位神将。

运转太常统帅军队，战绩平平，它是天乙之后的第四位神将。

运转白虎统帅军队，全军覆亡，它是天乙之后的第五位神将。

运转天空统帅军队，士卒死亡，敌军狡诈，它是天乙之后的第六位神将。

天乙共掌理十一将，前有五将，后有六将。

推伏吟返吟法

凡兴师动众，勿取伏吟之时，必见固守。行者不坐，坐者不起。返吟时，前胜后负，诸神自临其冲，曰“反吟”；诸神自临曰“伏吟”。

【译文】

推伏吟返吟法

大凡兴师动众，不要选取伏吟之时。如违背而兴军，一定会见到敌军固守。行者不能坐，坐者不能起。如返吟之时，先得胜，最终失败。诸神亲临其冲的位置称为“反吟”，诸神亲临本位称为“伏吟”。

推阴阳相覆法

天罡加太岁，是阳覆阴也。天罡加月建，是阴覆阳也。阴阳相覆之时，兵必有奸计。重阳时执于火，为惊；重阴时执于水，为恐。阳覆阴，君欲害臣；阴覆阳，内奸生，不利；举百事，凶。

【译文】

推阴阳相覆法

天罡与太岁相加，为阳覆阴；天罡与月建相加，为阴覆阳。阴阳相覆时，军中必生奸计。重阳时执于火，为惊；重阴时执于水，为恐。阳覆阴，君主欲加害臣下；阴覆阳，内生奸邪，不利；举百事，凶。

推神在内外法

斗加孟，神在内，道路壅塞，出军凶。斗加季，神在外，出师吉。斗加仲，神在门，或战胜密谋。

【译文】

推神在内外法

斗与孟相加，神在内，道路阻塞，出兵将会遇到凶险。斗与季相加，神在外，出兵大吉。斗与仲相加，神在门，采用密谋能够取胜。

推九丑法

乙、戊、己、辛、壬之日，为子、午、卯、酉之神，合五得四，交合为九丑。主败军杀将。丑恶之日，故曰九丑。己卯、辛卯、戊午、戊子、壬子、壬午、乙酉、辛酉、己酉是也。

【译文】

推九丑法

乙、戊、己、辛、壬之日，为子、午、卯、酉之神，合五四之数成为九丑，主掌败军杀将。丑为恶日，所以称为九丑。它们是己卯、辛卯、戊午、戊子、壬子、壬午、乙酉、辛酉、己酉。

推兵雠法

仰见其兵，暮见其辰，俯见其雠[1]，下贼上比时，军兵僇，将死亡。

【注释】

①雠：应答，反应。

【译文】

推兵雠法

仰望星空观察兵气，夜晚观察星辰，低头观察星气的效验，遇到下贼上比的情况，军兵疲惫，战将身死。

推行军本命法

军出日时，天罡不欲临[①]，将军本命及行年，大凶。螣蛇、白虎，小凶；天乙、青龙、六合、太常临，小吉；岁月杀所临之方，不可往。

【注释】

①天罡：原作"克罡"，误，据《守山阁丛书》本改。

【译文】

推行军本命法

军队出发之日，如果天罡不愿降临，那么将军本命年及行年将有大凶。螣蛇、白虎降临，将有小凶；天乙、青龙、六合、太常降临，为小吉之兆。如果岁月肃杀，它们所降临的方向不可前往。

推天门地户法

以天二门太冲、从魁，覆地四户，除、定、危、开，从下而出，万夫莫当。

【译文】

推天门地户法

用太冲、从魁二天门，覆除、定、危、开四地户，从其下而出，虽万夫不能阻挡。

推五帝法

春三月，五帝任东。出军，先锋出城，西门立营，牙门向东，常以青旗居前，赤旗次之，次引白旗，次引黑旗，四时仿此，不向旺方也。

【译文】

推五帝法

春三月时，五帝在东方。发兵时，先锋出城，在西门立营，牙门向东，通常用青旗居前方，红旗排列其后，再次为白旗，最后为黑旗。其他四季依此类推，不能向着旺方。

推国君自将法

置营讫，国君居北斗四星之下，徵明是也。

前将军居太微下，胜光是也。

后将军居华盖下，神后是也。

左将军居天府下，太冲是也。

右将军居文昌下，从魁是也。

旗鼓居蓬星下，六乙是也。

偃众居明堂下，六丙是也。

军门居天门下，六戊是也。

小将居地户下，六己是也。

斩杀居天狱下，六庚是也。

判事居天庭下，六辛是也。

囚禁居天牢下，六壬是也。

军器居天藏下，六癸是也。

顺旬依法，不可妄举，起甲尽癸，则复旋改。

【译文】

推国君自将法

扎营完毕，国君居于北斗四星之下，属徵明。

前将军居于太微星下，属胜光。

后将军居于华盖之下，属神后。

左将军居天府下，属太冲。

右将军居于文昌之下，属从魁。

旗鼓居于蓬星之下，属六乙。

士卒居于明堂之下，属六丙。

军门居于天门之下，属六戊。

小将居地户之下，属六己。

斩杀敌酋居天狱之下，属六庚。

处理军务居于天庭之下，属六辛。

囚禁俘虏居于天牢之下，属六壬。

武器居于天藏之下，属六癸。

所有安排都应按次序，依法度，不要轻举妄动。如果甲癸改变，应立即重新安排次序。

推神位诸煞例

假令甲子旬，子为青龙，丑为蓬星，寅为明堂，卯为太阳，辰为天门，巳为地户，午为天狱，未为天庭，申为天牢，酉为天藏。终十辰，至甲戌为青龙，余仿此。

【译文】

推神位诸煞例

以甲子旬为例，子为青龙，丑为蓬星，寅为明堂，卯为太阳，辰为天门，巳为地户，午为天狱，未为天庭，申为天牢，酉为天藏。如此排列十辰，直至甲戌为青龙，其他依此类推。

推玉帐法

出军行阵，深入敌国，止宿营垒，休舍憩息。大将军居太乙玉帐下，吉，攻之不得。以功曹加月建，前五辰是也。

【译文】

推玉帐法

行军布阵，深入敌国，安营扎寨，休整人马。大将军应当居处于太乙的玉帐之下，逢凶化吉，敌军攻之不得。用功曹与月份的前五辰相加，即为太乙玉帐。

察情胜败篇

【题解】

战争胜负关系到一国的存亡与人民的生活。每逢出兵，人们总是希望能够取胜。但由于科技水平低下，人们对战争胜负的认识，不可避免地陷入神秘文化的陷阱之中，希望有神灵暗示或者帮助。神灵的暗示体现在军事预测中。中国古代军事预测内容繁多，形式多样。本篇记述了唐代及其以前使用过的多种军事预测。

田螺占兵法：用一盘清水，里面划一道黑线，在盘中放两只田螺，念咒语，等第二天看两只田螺的位置或者田螺头的指向位置，以此来预测敌兵的来向或时间。这种预测毫无科学道理。但直至今天，世界各地仍有这样的行为存在。2010年南非世界杯,水族馆用章鱼保罗预测足球比赛,“成功预测”了德国胜澳大利亚、加纳,输给塞尔维亚的小组赛赛果,它预测的欧洲杯的赛事,命中率也有八成。用章鱼预测足球赛结果,与用田螺预测敌军何时会来大同小异,其本质只是一种游戏。所谓“成功预测”也只是巧合,更多的是来源于预测者的解释。而操控章鱼或田螺的预测者往往对有关局势有事前的了解,预测的结果也是由他解释的,章鱼或田螺只不过是预测者使用的道具而已。

其他的诸如推贼虚实法、推天地耳法、推贼兵数法、推迷路法、推伏匿法、推三河九江法等,主要是用十二月将来作预测判断敌人的虚实、数量,寻找道路与方向,也没有多少依据。指挥作战的军事将帅在战争的实践中也主要依靠探马侦察,真正在军事实践中使用的恐未必多。

武侯曰:“田螺占兵之法,其来甚远。”龟易卦占,虽有正爻,学者不精,吉凶难准①。昔越范蠡曾用田螺占之,中间试之,颇有灵验。见兵书,此乃古法也。取田螺时须自净其身,勿令女人见之,即有灵验。

【注释】

①难准:二字原脱,据《守山阁丛书》本补。

【译文】

诸葛武侯说:“田螺占兵的方法,其来久远。”用龟进行《易》卦占卜虽然有正、爻之别,初学者往往不能洞悉吉凶祸福。过去越国大臣范蠡曾尝试用田螺占卜,相当灵验。根据兵书,此法乃是古法。择取田螺时应沐浴净身,不要让女人撞见,即可有灵验。

其法以甲乙日,用温汤向东灌之,向夜取一大盘,盘中画一直墨界，一边为己，一边为敌。注水一二升于盘内，取二螺，咒曰："田螺索索，风雨不作；敌若不来，各守城郭。"又咒曰："田螺舞舞，知风知雨；敌若来迫，入我城土。"咒讫，明旦视之。若己入敌，则己胜；敌入己，则敌胜。

右准前法，置田螺于盘内，明旦，视其头之所向，定其缓急。

凡甲乙日，头向南，三日至；向西，七日至；向北，不来；向东，不战。

丙丁日，头向南，九日至；向西，七日至；向北，即至交战，主胜；向东，不来。

戊己日，头向南、西、北，皆不来；向东，三日至。

庚辛日，头向西，与敌和；向北，无事；向东，敌来，自败；向南，九日至。

壬癸日，头向北，吉；向东，三日至；向南，敌来，自败；向西，不来。

若春，向东，大胜；向南，小胜；向西，大败；向北，平安。

夏，向南，大胜；向西，小胜；向北，大败；向东，小胜。

秋，向西，大胜；向北，小胜；向东，大胜；向南，大败。

冬，向北，大胜；向东，自败；向南，大胜；向西，自败。

【译文】

这种方法是：在甲乙日，用温水向东灌，夜晚时取一大盘，盘中划一道笔直的墨界，墨界一边为我方，另一边为敌方。在盘内注一二升水，放进两个田螺，随后念咒语道："田螺索索，风雨不作。敌若不来，各守城郭。”再念咒语道：“田螺粦粦，知风知雨。敌若来迫，入我城土。”念罢咒语，等待次日清晨开盘检验。若我方的田螺进入敌界，则我方得胜；若敌方田螺进入我界，则敌方得胜。

按照上述方法，将田螺放入盘中，次日清晨观察田螺头所指方向，来决定军情缓急。

凡甲乙日，田螺头向南，敌军三日后至；田螺头向西，敌军七日后至；田螺头向北，敌军不来；田螺头向东，敌军不会与我方交战。

凡丙丁日，田螺头向南，敌军九日后至；田螺头向西，敌军七日后至；田螺头向北，双方交战，我方获胜；田螺头向东，敌军不来。

凡戊己日，田螺头向南、西、北三面，敌军都不来；田螺头向东，敌军三日后至。

凡庚辛日，田螺头向西，与敌方讲和；田螺头向北，平安无事；田螺头向东，敌军来，自败；田螺头向南，敌军九日后至。

凡壬癸日，田螺头向北，是吉祥之兆；田螺头向东，敌军三日后至；田螺头向南，敌军来，自败；田螺头向西，敌军不来。

春季，田螺头向东为大胜，向南为小胜，向西为大败，向北为平安。

夏季，田螺头向南为大胜，向西为小胜，向北为大败，向东为小胜。

秋季，田螺头向西为大胜，向北为小胜，向东为大胜，向南为大败。

冬季，田螺头向北为大胜，向东为自败，向南为大胜，向西为自败。

推贼虚实法

常以月将加闻贼时。天罡加四孟，言虚加四仲，来在道。天罡加四季，即至。欲知贼来否，以月将加闻贼时。游都加日辰，贼即至临前。一辰一日至，二辰二日至，至四辰以上，过去不来。游都旺相克，日辰，凶。

【译文】

推贼虚实法

通常把月将相加，可预知敌军动静的时辰。天罡加四孟，言虚加四仲，敌军在路途中。天罡加四季，敌军即刻到达阵前。欲知敌军是否前来，应以月将相加闻听敌军动静的时辰，即知敌军虚实。游都加日辰，敌军即刻到达阵前。一辰一日到，二辰二日到，敌军来至；四辰以上，敌军远去不至。如果游都以旺日相克，是日辰凶恶的征兆。

推天地耳法

欲知贼消息，往天耳听之，大吉、小吉是也。欲听人之密谋隐事，往地耳听之，太冲、从魁是也。

【译文】

推天地耳法

欲探知敌军消息，应前往天耳之处探听，天耳即大吉、小吉。欲探知敌人的秘密隐情，应前往地耳之处探听，地耳即是太冲、从魁。

推贼兵数法

以月将加正时日上辰，见天罡、河魁，五百、五千、五万人。

见徵明、太乙，四百、四千、四万人。

见神后、胜光，六百、六千、六万人。

见大吉、小吉，八百、八千、八万人。

见功曹、传送，九百、九千、九万人。

见太冲、从魁，十百、十千、十万人。

见其神，旺气十倍，相气五倍，死气减半。

【译文】

推贼兵数法

用月将与正时日上辰相加，如果得出天罡、河魁，敌军人数为五百、五千、五万人。

如果得出徵明、太乙，敌军人数为四百、四千或四万人。

如果得出神后、胜光，敌军人数为六百、六千或六万人。

如果得出大吉、小吉，敌军人数为八百、八千或八万人。

如果得出功曹、传送，敌军人数为九百、九千或九万人。

如果得出太冲、从魁，敌军人数为一千、一万或十万人。

如果得出的神将有旺气，推测之数应乘十倍；有相气，应乘五倍；有死气，应减半。

推迷路法

道路三叉，不知何路可通，以月将加时。天罡加孟，左道通；天罡加仲，中道通；天罡加季，右道通。

【译文】

推迷路法

前方道路分三叉，不知何路可通时，应当以月将加时辰。如果天罡加孟，那么左方道路可通行；天罡加仲，中间道路可通行；天罡加季，右方道路可通行。

推伏匿法

逃亡隐匿，以月将加正时。望奸下可藏万人，神后是也。河龙下可隐千人，太冲是也。阴精下可藏百人，从魁是也。

【译文】

推伏匿法

敌军逃亡隐匿，用月将加正时可以推知其藏身之所。望奸之下可以隐藏万人，属神后。河龙之下可以隐藏千人，属太冲。阴精之下可以隐藏百人，属从魁。

推三河九江法

三河九江，天道独通。太冲为三河，从魁为九江。欲行间谍，为不可知事，视江河，除、定、危、开之道，又前三、后三并者可独通，出入其下，人无知者。

【译文】

推三河九江法

三河九江，唯有天道才能通达。太冲为三河，从魁为九江。如果准备刺探敌情，进行秘密的活动，应该等待江河出现除、定、危、开之道，而前三与后三相合时有唯一的通路，才能任意出入其下，无人知晓。

推三阵法

甲子旬，阵形象毕，帜曰“孔琳临前”①。左将青衣，赤头；右将白衣，赤头，从酉入，以临子。

甲戌旬，军形象井，帜曰“陆城降前”②。左将黑衣，赤头；右将黄衣，赤头，从未入，以临戌。

甲申旬，兵形象翼，帜曰“梁邱叔前”③。左将黄衣，赤头；右将朱衣，赤头，从巳入，以临申。

甲午旬，兵形象尾，帜曰“费阳多前”④。左将白衣，赤头；右将青衣，赤头，从卯入，以临午。

甲辰旬，兵形象斗，帜曰“许咸池前”[5]。左将青衣，赤头；右将黄衣，赤头，从丑上入，以临辰。

甲寅旬，兵形象虚，帜曰“王屈奇前”[6]。左将赤衣，赤头；右将黑衣，赤头；从亥入，以临辰。

【注释】

①孔琳：六甲阴神之一。甲子旬阴神，兔首人身，名孔林族，字文伯。

②陆城：原作“陵城”，误。陆城，六甲阴神之一。甲戌旬阴神，猪首人身，字文公，一作陆成。

③梁邱叔：六甲阴神之一。甲申旬阴神，牛首人身，一作梁邱，或者作梁邱仲。

④费阳：六甲阴神之一。甲午旬阴神，鸡首人身，字文通，一作费扬、贵扬。

⑤许咸池：六甲阴神之一。甲辰旬阴神，蛇首人身，名许咸池，字巨卿。

⑥王屈奇：六甲阴神之。甲寅旬阴神，羊头人身，字文卿。

【译文】

推三阵法

甲子之旬，阵形呈毕宿状，旗帜为“孔琳临前”。左将穿青衣，扎红头；右将穿白衣，扎红头，从酉门入子门。

甲戌之旬，阵形呈井宿状，旗帜为“陆城降前”。左将穿黑衣，扎红头；右将穿黄衣，扎红头，从未门入戌门。

甲申之旬，阵形呈翼宿状，旗帜为“梁邱叔前”。左将穿黄衣，扎红头；右将穿红衣，扎红头，从巳门入申门。

甲午之旬，阵形呈尾宿状，旗帜为“费阳多前”。左将穿白衣，扎红头；右将穿青衣，扎红头，从卯门入午门。

甲辰之旬，阵形呈斗宿状，旗帜为“许咸池前”。左将穿青衣，扎红头；右将穿黄衣，扎红头，从丑门入辰门。

甲寅之旬，阵形呈虚宿状，旗帜为“王屈奇前”。左将穿红衣，扎红头；右将穿黑衣，扎红头，从亥门入辰门。

推阴阳兵法

阳兵者，以阳时出天门，入地户，过太阴[①]，短行出九地、六癸，顺入九地，上升九天、六甲，百战百胜。

阴兵者，以阴时从九天，践明堂，出天门，入地户，左行右回，历太阴，分兵为奇，逆入太阴中，扬兵以出战[②]。

【注释】

①过：原作“遇”，“遇”与过的繁体字“過”形近而误。据《守山阁丛书》本改。

②扬兵以出战：原作“杨□以採战”，不词。钱熙祚校曰：“疑作扬兵以出战”，今据改。

【译文】

推阴阳兵法

所谓阳兵，就是在阳时出天门，入地户，过太阴，快速通过九地、六癸，顺着九地，上升至九天、六甲，百战百胜。

所谓阴兵，就是在阴时从九天，登明堂，出天门，入地户，左行右转，经过太阴，分兵为奇，逆行至太阴之中，兴兵出战。

推雌雄法

用起战雄，吉。春寅、夏巳、秋申、冬亥。用起战雌，凶。春申、夏亥、秋寅、冬巳。今日之辰起，其后二攻其前四子，日后二戌前四辰是也[①]。复以大吉、徵明、神后、天罡，四神为雄。小吉、天罡、胜光，三神为雌。战阵，背雌向雄，百战百胜。不得令青抵白,黑抵黄,金迎火[②],阴就阳,子攻母。迷天道,战必败,不欲向胜,日辰也。攻其类众,还受其屈;攻其所胜,大吉。勿使衰对相,死当旺,故曰通三天,胜可全。顺斗行,一也;攻其胜,二也;后二攻前四,三也。

【注释】

①后二:原作"从"。"后"繁体作"後",與"从"繁体"從"字形近而误。

②火:原作"太",字形近而误。据《守山阁丛书》本改。

【译文】

推雌雄法

运转起战雄,为吉象,它的时辰是春寅、夏巳、秋申、冬亥。运转起战雌为凶象,它的时辰是春申、夏亥、秋寅、冬巳。用当日之辰的后二辰攻其前四子,称为后二辰攻前四辰。再以大吉、徵明、神后、天罡四神为雄,小吉、天罡、胜光三神为雌。战阵,背雌向雄,就能百战百胜。不能使青抵白、黑抵黄、金迎火、阴就阳、子攻母。这样一来天道迷失,作战必遭失败。在不利取胜的日辰攻击敌众,反而会为敌所败;在能够取胜的日辰攻击敌众,才是大吉之象。不要使衰气对相气,死气当旺气,所以说通过三天顺斗时行事,方可制胜,这是第一点;应乘有胜机的时辰发起攻击,这是第二点;选取时辰,以后二攻前四,这是第三点。

推北斗战法

左八,八月攻左;右二,二月攻右,是战法也。

【译文】

推北斗战法

左八,八月,进攻左方;右二,二月,进攻右方。此为战法。

推伏兵法

太冲、神后、传送、太乙，临日辰，必有伏兵。此神旺与杀并，伏兵发，大凶；不与煞并，伏兵不敢发。

又曰：以闻事时，斗加季，有伏兵；干伤支，有伏兵在前；支伤干，无伏兵；干支俱伤，为用神，有伏兵，战凶。

【译文】

推伏兵法

太冲、神后、传送、太乙是当值的时辰，必定有伏兵。此时神将旺气与煞气并发，定有伏兵发，为大凶之象；旺气不与煞气并发，那么伏兵不敢发。

还有一种说法是：闻报之时的时辰如果是斗加季，则有伏兵；如果是天干伤地支，则有伏兵在前方；如果是地支伤天干，则无伏兵；如果天干、地支俱伤，就是神将当值，有伏兵，出战则凶。

推突围法

伤不伤，视阴阳日辰，上贼为伤，又恶，得将为重伤，则凶；不伤，无咎。又用起阴，传出阳者可出，必免难。

又曰：被围时，神在内，可守；神在门，相伤；神在外，可出。

又曰：或在家，或在野，被围四匝者，当从青龙下去，加旺时，天罡是也。所谓八极俱张，刺如锋铓，乘龙而出，兵不敢当。

【译文】

推突围法

是否受到损伤，应视阴阳日辰而决定。日辰上有贼为伤，又得恶将，为重伤，属凶兆；如果不伤，那么就会没有凶险。运阴传出阳者，可以出，免去灾难。

还有说法为：被围时，神在内，可以坚守；神在门，将受损伤；神在外，可以逃脱。

还有说法为：无论在家中还是在野外，四面被围时，应当从青龙下去。加旺气之时，即是天罡，这就是所谓八极俱张，刺如锋芒，乘龙而去，兵不敢当。

推水军法

兵众行船，将涉江海，必有倾覆之患。丙子、癸未、癸丑，法为江河龙，此日济，必溺。

又曰：天河临地井，舟必覆。壬、癸，小吉，下得路，为天河，卯、酉、辰为地井。

【译文】

推水军法

兵众行船，横渡江海，必有舟船倾覆的担忧。丙子、癸未、癸丑，法为江河龙，此时乘船渡河，必定溺水。

还有说法为：天河临地井，舟船必遭倾覆。壬、癸，如果是小吉，那么其下可以得路，为天河。卯、酉、辰，为地井。

推迷惑法

月将加正时，若天罡，若小吉，下得路，山林野泽，烟雾昏蒙，忽迷四方，以式投地，出传送下，自然开悟。出天罡下，百步得道，若三百步，得及路。出小吉下，八十步得道。以天罡加地户，头戴式，行则不迷。

加正时，出小吉下，三百步得天井；太冲下，得水；出大吉下，得粮。凡支吉，利涉。陆路在前，不知通者，正时加孟，左道通；加仲，中道通；加季，右道通。

【译文】

推迷惑法

月将与正时相加，如果为天罡、小吉，其下可以得路。山林野泽，烟雾昏蒙，突然迷失方向，应以式投地，出传送下，自然会得到解悟。出天罡下，百步以外可得见小道，若行至三百步，可上大路。出小吉下，八十步得见小道。用天罡加地户，头戴式，行路便不会迷失。

用天罡加正时，从小吉下出，行三百步得天井。出太冲下，得水。出大吉下，得粮。凡地支吉，宜于涉水。陆路在前，不知哪条可近时，如果正时加孟，左边道路可通；正时加仲，中间道路可通；正时加季，右边道路可通。

主客向背篇

【题解】

战争要争取主动，避免被动。《鬼谷子·谋篇》说："事贵制人，而不贵见制于人。制人者，握权也；见制于人者，制命也。"在战争中贵在制约别人，而不是被别人所控制。控制了别人，自己就掌握了主动权，就能操控别人的命运。掌握主动权就是"主"，丧失主动权就是"客"。

在战争中争取主动权要从战略、战术等方面综合考虑，根据战役实施的实际情况而灵活掌握。本篇将掌握主动权落实在依靠天干与地支的利害关系上，以干支之间的相克、阴阳五行、二十八宿、月建之间的相刑相杀来解释主动权，把掌握战争主动权神秘化，是对战争主动权论述的退化，无助于战争的取胜。

文中以五色旗帜标示军队的阵列，是对《尉缭子·经卒令》的继承。《经卒令》说："左军苍旗，卒戴苍羽；右军白旗，卒戴白羽；中军黄旗，卒戴黄羽。卒有五章：前一行苍章，次二行赤章，次三行黄章，次四行白章，次五行黑章。次以经卒，亡章者有诛。"这样五色军装的安排有利于识别部队的组成，便于指挥各部作战。"推向背法"中"青旗举，一鼓则行；二鼓则趋；三鼓则集，受制也。举黄旗，一击令则止；二击令则列；三击则听，受命也"，就是按旗帜的颜色组织军队的阵列以进行演习与作战。这是积极的。

经曰：众兵大同，则先举者为主，后举者为客。陈兵原野，则先举者为客，后举者为主。

又曰：天五音为客，地五音为主。五音：宫、商、角、徵、羽也。

又曰：辰为客，时下为主；辰行为客，位止为主；先动、先声为客，后动、后声为主；高旗为客，卑旗为主。两人相见，外来为客，内坐为主；两人相见，立为客，坐为主；两人等，先举事为客，后举事为主。人有气者胜，无气者败。客利四季月日时，欲得制日，干克支，主人利；四孟月日时，欲得伐日，支克干，客利。

【译文】

经说：兵众大体相同，那么先发兵者为主，后发兵者为客。陈兵于原野，那么先举者为客，后举者为主。

另有解释为：天五音为客，地五音为主。所谓五音，就是宫、商、角、徵、羽。

另有解释为：辰为客，时下为主。辰行为客，位止为主。首先行动，先有声息者为客，后动、后有声息者为主。旗帜高的为客，旗帜低的为主。两人相见，外来为客，内坐为主。两人相见，立者为客，坐者为主。两人相同，先举事者为客，后举事者为主。人有气则胜，无气则败。四季月、日、时宜于客方，干克支时，于主人有利。四孟月、日、时宜于主方，支克干时，于客方有利。

推向背法

旌旗五色者，军之五德也。辉映众心，宣威兵目。

青旗举，一鼓则行；二鼓则趋；三鼓则集，受制也。

举黄旗，一击令则止；二击令则列；三击则听，受命也。

阳时举赤旗，扬威仪而始之，甲、乙、丙、丁、戊也。

阴时举黑旗，伏威仪而终之，己、庚、辛、壬、癸也。

幡旗各随方色而行：甲子、甲申、甲辰三旬，弧矢在前；甲寅、甲午、甲戌三旬，刀盾在前。春以长矛在前，夏以戈戟在前，秋以弓弩在前，冬以刀盾在前。

【译文】

推向背法

旌旗五色是军之五德，用以辉映众心，向士卒的眼目宣示。

青旗所举，一通鼓出行，二通鼓移动，三通鼓聚集，以接受约束。

黄旗所举，一击令停止，二击令列队，三击令听命，以接受命令。

阳时举赤旗以扬威仪，始于甲、乙、丙、丁、戊。

阴时举黑旗以伏威仪，终于己、庚、辛、壬、癸。

旗帜随方色而行：甲子、甲申、甲辰三旬，弧矢在前；甲寅、甲午、甲戌三旬，刀盾在前。春季以长矛在前，夏季以戈戟在前，秋季以弓弩在前，冬季以刀盾在前。

推二十八宿骑战法

以二十八人象二十八宿，为先锋军，压敌。

角人：赤旗，青衣，青马，东方七人。

羽人：青旗，黑衣，黑马，北方七人。

宫人：白旗，黄衣，黄马，中央七人。

徵人：黄旗，赤衣，赤马，南方七人。

商人：黑旗，白衣，白马，西方七人。

右以二十八人早近敌阵，大呼，若闻桴鼓击柝之音，我以商人为前将，兵象白虎也。阵见火光，以羽人为前将，兵象玄武也。阵闻金石兵刃之声，以徵人为前将，兵象朱雀也。阵闻士人呼号者，以宫人为前将，兵象勾陈也。阵内寂无声者，以角人为前将，兵象青龙也。是为五行厌胜之法。

【译文】

推二十八宿骑战法

选二十八人象征二十八宿，作为先锋军，压制敌人。

角人：赤旗、青衣、青马，东方七人。

羽人：青旗、黑衣、黑马，北方七人。

宫人：白旗、黄衣、黄马，中央七人。

徵人；黄旗、赤衣、赤马，南方七人。

商人：黑旗、白衣、白马，西方七人。

上述二十八人首先接近敌阵，大呼，如果听到桴鼓击柝之声，我方当以商人为前锋，以象征白虎将兵。如果阵中见火光，当以羽人为前锋，象征玄武将兵。如果临阵听到金石刀刃之声，应以徵人为前锋，象征朱雀将兵。如果临阵听到士人呼号之声，当以宫人为前锋，象征勾陈将兵。如果敌阵寂静无声，当以角人为前锋，象征青龙将兵。这就是五行厌胜之法。

推五行阵法

木直阵，以金方阵应之。

金方阵，以火锐阵应之。

火锐阵，以水曲阵应之。

水曲阵，以土圆阵应之。

土圆阵，以木直阵应之。

【译文】

推五行阵法

如果敌人是木直阵，我方当以金方阵应之。

如果敌人是金方阵，我方当以火锐阵应之。

如果敌人是火锐阵，我方当以水曲阵应之。

如果敌人是水曲阵，我方当以土圆阵应之。

如果敌人是土圆阵，我方当以木直阵应之。

推当敌人法

背太岁，当万人；大将军，当五千人。太阴、月建、天魁、三元、五符，各当五千人；天乙、游都，五百人。岁德、月德、日德，壬方，旬之内生气、岁星、豹尾、岁建，并可背，不可向也。

【译文】

推当敌人法

背太岁，当万人；大将军，当五千人。太阴、月建、天魁、三元、五符，各当五千人。天乙、游都，当五百人。岁德、月德、日德、壬方，旬内之生气、岁星、豹尾、岁建，都为可背，不可向。

推神煞门户篇

【题解】

神煞是命理学术语，神煞种类繁多，有天乙贵人、文昌、羊刃、华盖、驿马等几十种，主要用来解释命理。就战争来说，较少涉及神煞，主要是天门与地户。本篇虽然名为“推神煞门户”，实际上也只是论及天门与地户在战争预测中的作用。

在传统文化和古代天文学中，八卦的乾位（戌亥位）称天门，八卦的巽位（辰巳位）称地户。明杨慎《丹铅总录》卷十四引《河图括地象》曰：“西北为天门，东南为地户。”乾，在后天八卦里，是西北之间的戌位，巽在东南之间的巳位。戌，为天门在西北的方位；辰，为地户在东南的方位。十天干之中为什么独把戌、辰作为天门、地户呢？戌、辰，在五行中属土，不主时，行周四季。辰，主三月是阳土；戌，主九月是阴土，是万物生成的时候，也是阴阳之气消长的节点。自春分开始，日长时暖，万物也生发滋长，此时天气初入阳道，所以在奎、壁之间，定为天门。至于地户，则在八月中秋分开始，日行缠绕翼宿，尚未与轸宿相交，由此而逐渐北向运行，便见日短时寒、万物收藏之象。此地气初入阴道，所以在角、轸之间，定为地户。因此，从一定意义上说，天门、地户为阴阳之气出入的枢纽，也是气候流转变化的端始。

本篇强调克敌制胜，在于天门、地户。文中记述的诸多方法，也主要是根据十二月将来推定，中间有根据干支来推定，最后才是推天门地户法。总体仍不出使用天干地支、十二月的范围，与上文已经述及的术法有相似之处。

凡战阵之法，须避神煞，兼明天门、地户。克胜制敌，实在于此也。

【译文】

凡是战阵之法，须回避神煞，兼明晓天门、地户。克敌制胜，正在于此。

推大将军法

孟岁，以胜光（午）①；仲岁，以小吉（未）；季岁，以传送（申）；加岁支，天罡（辰）下是也②。

【注释】

①以胜光（午）："胜光"前原有"螣蛇"二字，疑衍，今据《守山阁丛书》本删。

②天罡：原作"干天"，上文所言胜光、小吉、传送为神，故此当为神名。据《守山阁丛书》本改。

【译文】

推大将军法

孟岁以胜光（午），仲岁以小吉（未），季岁以传送（申），加岁支以天罡（辰）。

推豹尾法

天罡加太岁支，功曹（寅）、胜光（午）、河魁（戌）。有临季者，其下即是豹尾，其冲是为黄幡。

【译文】

推豹尾法

天罡加太岁支，功曹（寅）、胜光（午）、河魁（戌）。遇临季时，其下即是豹尾，其冲是黄幡。

推太阴法

常以功曹（寅）加岁支，神后（子）下是已。

【译文】

推太阴法

通常用功曹（寅）加岁支，其下为神后（子）。

推岁建破法

阳岁以大吉，阴岁以小吉，加太岁支，魁下为建，罡下为破，阴阳杀用。

【译文】

推岁建破法

阳岁用大吉，阴岁用小吉，加太岁支，魁下为建，罡下为破，阴阳杀用。

推岁星法

天罡加岁支，亥上所见本位辰是也。

【译文】

推岁星法

天罡加岁支，与亥上见本位辰有相同位置。

推岁支干德法

从魁加岁辰,功曹是巳。支德甲戌、戊寅,壬德自处,乙、丁、己、辛、癸任魁乡也。

【译文】

推岁支干德法

从魁加岁辰,为功曹。支德为甲戌、戊寅,壬德自动显现;乙、丁、己、辛、癸为任魁之乡。

推岁杀法

天罡加岁支,太乙(巳)、从魁(卯)、大吉(丑),有临季者,其下即是岁杀。申子辰,劫煞在巳,灾杀在午,天杀在未,他仿此。

【译文】

推岁杀法

天罡加岁支,太乙(巳)、从魁(卯)、大吉(丑),有临季者,其下即是岁杀。申子辰时,劫煞在巳,灾杀在午,天杀在未,其他依此类推。

推孤虚大煞天狗法

登明加岁支,天魁下为孤;太冲、天罡下为虚。旬下日,同大煞,春午、夏未、秋酉、冬子。一名"天地转,杀天狗"。孟岁巳,仲岁酉,季岁丑,天时、天罡加月建也。

【译文】

推孤虚大煞天狗法

登明加岁支,天魁下为孤,太冲、天罡下为虚。旬下日同大煞,春为午时，夏为未时，秋为酉时，冬为子时。又称为“天地转，杀天狗”。孟岁在巳，仲岁在酉，季岁在丑，即天时、天罡加月建。

推天道黄道法

天道：寅午戌月，寅戌，南方行；午，西北方行。亥卯未月，亥未，东方行；卯，西南方行。申子辰月，申辰，北方行；子，东南方行。巳酉丑月，巳，西方行；酉，东北方行。

【译文】

推天道黄道法

天道：寅、午、戌月时，寅、戌，南方出行；午，西方出行。亥、卯、未月时，亥、未，东方出行；卯，西南方出行。申、子、辰月时，申、辰，北方出行；子，东南方出行。巳、酉、丑月时，巳，西方出行；酉，东北方出行。

推天耳天目法

春，氐星，乙下；夏，柳星，丁下；秋，胃星，辛下；冬，女星，癸下。是为天目也。

春，箕星，寅；夏，轸星，巳；秋，参星，申；冬，壁星，亥。是为天耳也。

【译文】

推天耳天目法

春季，氐宿，乙下；夏季，柳宿，丁下；秋季，胃宿，辛下；冬季，女宿，癸下，即为天目所在。

春季，箕宿，寅下；夏季，轸宿，巳下；秋季，参宿，申下；冬季，壁宿，亥下，即为天耳所在。

推游都虏都月合法

游都为都将，甲、己日，大吉；乙、庚日，神后；丙、辛日，功曹；丁、壬日，太乙；戊、癸日，传送[①]。

虏都为天贼，甲、己日，天罡；乙、庚日，胜光；丙、辛日，登明；丁、壬日，传送；戊、癸日，功曹。

月合常以月合神，上为月朔之始、顺数之尽，未日也。

【注释】

①"丁、壬日"几句：原为："丁、壬日，传送；戊、癸日，太乙"，误。以日干定游都的口诀是：游都甲己当在丑，乙庚在子丙辛寅。丁壬在巳言非谬，戊癸同申更不移。意思是：甲己之日在丑上寻游都，乙庚之日在子上寻游都，丙辛之日在寅上寻游都，丁壬之日在巳上寻游都，戊癸之日在申上寻游都。十二月将名是：寅为功曹，卯为太冲，辰为神后，巳为太乙，午为胜光，未为小吉，申为传送，酉为从魁，戌为河魁，亥为登明，丑为大吉，子为神后。这样，丁、壬日，对应的月将是太乙，不是传送。戊、癸日，对应的月将是传送，不是太乙。据《守山阁丛书》本改。

【译文】

推游都虏都月合法

游都为都将，甲、己日，大吉；乙、庚日，神后；丙、辛日，功曹；丁、壬日，太乙；戊、癸日，传送。

虏都为天贼，甲、己日，天罡；乙、庚日，胜光；丙、辛日，登明；丁、壬日，传送；戊、癸日，功曹。

月合通常用月建与该月用神相合，上自月朔开始，顺数直至未日。

推三元法

上元甲子日，起五宫；中元甲子日，起二宫；下元甲子日，起八宫。各以顺日求之，周而复始，时同日法，夏至后行，反此。

【译文】

推三元法

上元甲子日，起五宫；中元甲子日，起二宫；下元甲子日，起八宫。各以顺日推演，周而复始。时法与日法相同，夏至后行，反此而行。

推亭亭白奸法

常以月将加正时①，神后下为亭亭。寅、午、戌上见孟春，五本位上是白奸。

【注释】

①月将：原作“正月”，下文“神后”为月将名，故此处当为“月将”，今据《守山阁丛书》本改。

【译文】

推亭亭白奸法

通常用月将加正时，神后下就是亭亭。寅、午、戌上见孟春，五本位上是白奸。

推生死神法

常以功曹加月建，神后下为生神，胜光下为死神。

【译文】

推生死神法

常以功曹加月建，神后下为生神，胜光下为死神。

推六害法

辰、卯相害，寅、巳相害，丑、午相害，子、未相害，申、亥相害，酉、戌相害。

【译文】

推六害法

辰、卯相害，寅、巳相害，丑、午相害，子、未相害，申、亥相害，酉、戌相害。

推天门地户法

子、丑日，天门在丙，地户在丁。

寅、卯日，天门在庚，地户在丁。

辰、巳日，天门在庚，地户在壬。

午、未日，天门在壬，地户在辛。

申、酉、戌、亥日，天门在甲，地户在癸。

【译文】

推天门地户法

子、丑日，天门在丙，地户在丁。

寅、卯日，天门在庚，地户在丁。

辰、巳日，天门在庚，地户在壬。

午、未日，天门在壬，地户在辛。

申、酉、戌、亥日，天门在甲，地户在癸。

龟卜篇

【题解】

龟卜的做法是用燃着的紫荆木柱烧灼钻凿巢槽，使骨质的正面裂出“卜”形状的裂纹，这种裂纹叫作“卜兆”，是据以推断卜问事情吉凶的依据。殷商人契刻于龟甲兽骨上的文字大多就是对占卜活动的记载，这就是甲骨卜辞。从甲骨卜辞中可以看出，中国古代龟卜文化十分繁盛。

龟卜是方术之一，历来也有记录。《汉书·艺文志》列“蓍龟”一家，其中有：“《龟书》五十二卷。《夏龟》二十六卷。《南龟书》二十八卷。《巨龟》三十六卷。《杂龟》十六卷。”并说：“蓍龟者，圣人之所用也。《书》曰：‘女则有大疑，谋及卜筮。’《易》曰：‘定天下之吉凶，成天下之亹亹者，莫善于蓍龟。’”可见，一直到东汉时期，人们对龟卜能预测天下吉凶仍深信不疑。

古代战争多依赖卜蓍，《史记·龟策列传》说：“王者发军行将，必钻龟庙堂之上，以决吉凶。”这是有悠久的历史传统的。《龟策列传》：“闻古五帝三王发动举事，必先决蓍龟。”“自三代之兴，各据祯祥。涂山之兆从而夏启世；飞燕之卜顺故殷兴；百谷之筮吉故周王。王者决定诸疑，参以卜筮，断以蓍龟，不易之道也。”早在五帝三王时期，人们就十分重视蓍龟。文明领先的华夏先民十分重视龟卜，文明落后的少数民族更重视蓍龟。《龟策列传》说：“蛮夷氐羌虽无君臣之序，亦有决疑之卜。或以金石，或以草木，国不同俗。然皆可以战伐攻击，推兵求胜，各信其神，以知来事。”随着历史的发展，社会的进步，人们对龟卜的认识越来越深入，逐渐不再相信龟卜的预兆。本篇借太公之语说：“蓍，朽草也；龟，枯骨也。安知圣人之智虑哉！”反映了唐代时人们对龟卜的局限性已经有了较为准确的认识。

本篇记述了龟卜的一些操作方法与图形含义的解释，从中可看出龟卜文化在唐代的发展。

河出图，洛出书。圣人则之，则灵龟负图，自河而出也。是龟、龙、麟、凤四灵，龟居其一；托梦于元王，何其贤也！不避豫且之网[①]，何其愚也！生既不能全身避害，死亦安能灼骨而知吉凶。古人所以设此法者，谓兵为凶器，战为危事。圣人得之以兴，凡夫得之以废，不可轻举矣。愚人不自谓其愚，皆自谓其智，故立卜法，假于阴阳，亦惑愚人之心，非为智也。太公曰："蓍，朽草也；龟，枯骨也。"安知圣人之智虑哉！

【注释】

①"托梦于元王"几句：《史记·龟策列传》："宋元王二年，江使神龟使于河，至于泉阳，渔者豫且举网得而囚之，置之笼中。夜半，龟来见梦于宋元王曰：'我为江使于河，而幕网当吾路。泉阳豫且得我，我不能去。身在患中，莫可告语。王有德义，故来告诉。'元王惕然而悟。"元王，宋元王。豫且，春秋时宋国捕鱼人。

【译文】

河水出图，洛水出书。圣人遵循它们，于是灵龟负图，自河中而出。在龟、龙、麟、凤四灵中，龟是其中之一。它能托梦于元王，这是何等的贤能！不知躲避豫且之网，又是多么的愚钝！它生既不能保全自身，躲避灾祸，死后又怎么能通过烧灼其骨而占卜吉凶呢？古人之所以设立此法，认为兵器是凶器，战争是危险之事。圣人得之以兴，凡夫得之以废，不可轻举。愚人没有意识到自己的愚钝，都自认为很明智，因而设立龟卜法，假手于阴阳。虽然也迷惑了愚人之心，但这并不是智慧。姜太公曾说："蓍，不过是朽草；龟，不过是枯骨。"它们怎能知晓圣人的智慧与忧虑呢！

是知神亦不能自智，圣亦不能自智。赞圣人之事者，其犹砥乎！凡龟有五色，随其旺相而用之，一龟之内有六厨左右翼，君王用上，尺有二寸，大夫用中，庶人用下；后左足为春，前左足为夏，前右足为秋，后右足为冬，四季用中厨。

【译文】

由此可知，神灵和圣人都不能自动产生智慧。盛赞圣人之事的人，不过如砂石一般。龟有五色，按照它的旺相而选用。一龟之内有六厨、左右翼。君王选用上部，一尺二寸长；大夫用中部，平民用下部。后左足为春季，前左足为夏季，前右足为秋季，后右足为冬季，四季选用中厨。

经曰：何知我神，骨白如银！何知我圣，千里路正！又曰：其骨须白，其色须鲜，其皮如蜡，其界如法。

【译文】

经说：怎样认识龟的神灵？它的骨头像白银！怎样认识龟的圣明？它行千里路也正！又说：龟的骨头必须是白色的，龟的颜色必须是新鲜的，龟的皮像蜡，龟的纹路合乎法度。

龟有五兆，以定吉凶。一兆之中为五段，可以彰往察来：内高为金，外高为火，五曲为木，正直为土，头垂为水。水无正形，因金为名，常以晴雾为水。一兆之中从头分为五乡，头为甲乙，次为丙丁，次为戊己，次为庚辛，次为壬癸。常以头微高为上兆，正横为中兆。春夏以内为头，秋冬以外为头。

假令木兆，甲乙乡为本宫，丙丁乡为子孙，戊己乡为妻财，庚辛乡为官鬼，壬癸乡为父母，但以此乡断吉凶。

及支入兆，假令木兆，金支是官鬼，木支是兄弟，土支是妻财，火支是子孙，水支是父母。看支入乡，以断吉凶成败。

我往攻彼，则彼为主。

【译文】

龟有五种征兆，能够判定吉凶。一兆之中分为五段，可以昭示过去，推测将来：内高为金，外高为火，五曲为木，正直为土，头垂为水。水没有正形，因为金而得名，通常把晴雾作为水。一兆之中，从头分为五乡，头为甲乙，其后依次为丙丁、戊己、庚辛、壬癸。通常以头微高为上兆，头正横为中兆。春夏季以内为头，秋冬季以外为头。

假如木兆，甲乙乡为本宫，那么丙丁乡为子孙，戊己乡为妻财，庚辛乡为官鬼，壬癸乡为父母，以此来判断吉凶。

以支入兆后，假如木兆，金支为官鬼，那么木支为兄弟，土支为妻财，火支为子孙，水支为父母。观察支所入之乡，以判断吉凶成败。

我方往攻敌方，则以敌方为主方。

兆：欲头伏足落，及格横[①]，身内摧折、暗雾昏惊、震动猖狂；文不食墨、火天穿者，破军杀将，彼来攻我。

兆：欲头仰足举，彼支援助。身内有力，食墨鲜明、肥浓，安稳。

兆吉，言吉；兆凶，言凶。万端吉凶，一看兆身，往往有验，无假日辰。

夫有动不如无动，有支不如无支。有支则被支，吉；格支，凶。故兆连新起，动由人；新兆连故起，动无路。

捉头足，所作不成；头足衔芒，所求无累。君子动头，天下同忧；小人动足，天下驰逐。兆身过度，日向衰微；兆不出臼，势将微灭。

凡占贼：被支有外救，格支有外敌。若吾击敌，兆：旺相、洪润、轩昂、有力、重偃仰，吉；枯槁、伏落、雾悴、惊摧、分伏、足落，兆细而暗，凶。

凡卜：以支及动乡，贼数、日月、远近里数、生数、三成数、八旺相②，依数休废减半。

凡卜兆：我为客，支旺克兆，客胜；支囚为兆所克，客败。支洪润，贼强；支枯槁，贼弱。

“乁”，飞鸟出林兆。出军行师，吉；安营入师，凶。

“厂”，飞鸟入林兆。安营筑城，吉；行师，凶。

“工”，惊獐兆。有贼奄至，防闲城堡，吉。

“爪”，走鹿兆。有贼至，主奔走之事。

“一”，土兆大横。安城堡社，吉。

“八”，栖凤兆。自守，吉。

“з”，需兆。安城垒，吉。

“川”，天兆。城垒袭人，吉。

【注释】

①格横：指龟壳花纹为横纹。

②生：原作“不”，不词，据《守山阁丛书》本改。

【译文】

龟兆：头伏足落，并有横纹，内身损坏，是暗雾昏惊、震动猖狂之象。兆纹不吃墨，有天火相穿，破军杀将，敌方将要前来攻击我方。

龟兆：头仰足举，敌方有后援。身内有力，吃墨鲜明、肥浓，是安稳之象。

兆吉则言吉，兆凶则言凶，万端吉凶，一看兆身，往往有应验，无须占卜日辰。

有动不如无动，有支不如无支。如果有支，那么被支为吉，格支为凶。因此故兆连新而起，由人而动；新兆连故起，无路而动。

如果龟提头足，那么所作之事不成；龟头足相衔，那么所求之事无所挂碍。君子动头，天下同忧；小人动足，天下驰逐。兆身过度，为日趋衰微之象；兆不出臼，为势将微灭之象。

占卜敌人时，被支则有外援，格支则有外敌。如果我方攻击敌方，龟兆旺相洪润，轩昂有力，重偃仰，为吉兆；龟兆枯槁伏落，雾悴惊摧，分伏足落，兆细而暗，为凶象。

以支入兆及动乡、贼数、日月、远近里数、生数、三成数、八旺相，依数目的好坏减半。

假如以我方为客方占卜，如果支旺克兆，那么客方获胜；如果支囚为兆所克，那么客方失败。如果支洪润，那么敌众强；支枯槁，敌众弱。

“乁”，飞鸟出林兆。出军行师，为吉；安营扎寨，为凶。

“厂”，飞鸟入林兆。安营筑城，为吉；出军行师，为凶。

“工”，惊獐兆。有敌突至，守城防范，为吉。

“爪”，走鹿兆。有敌至，主奔走之事。

“一”，土兆，大横。安城保社，为吉。

“八”，栖凤兆。自守，为吉。

“𠀀”，需兆。安城垒，为吉。

“川”，天兆。安城垒，袭敌众，为吉。

山冈营垒篇

【题解】

堪舆学，即风水学，为传统的相地之术，即临场校察地理的方法，是用来选择宫殿、村落选址、墓地建设等的方法及原则。在战争中，地理环境是“地利”因素，历来受到重视。因此，相地之术在兵学领域占有一席之地。

《汉书·艺文志》有《堪舆金匮》十四卷，颜师古注说：“许慎云：堪，天道也；舆，地道也。”列在五行类之中，并说：“五行者，五常之气也。”实际上，堪舆也就是五气之学。气表现为风雨，雨落地面，为水。所以也称堪舆为风水。风水理论把环境作为一个整体系统，这个系统以人为中心，包括天地万物。环境中的每一个整体系统都是相互联系、相互制约、相互依存、相互转化的要素。风水学的功能就是要宏观地把握各子系统之间的关系，优化结构，寻求最佳组合。人都是生活在一定的环境之中，风水与人之命运休戚相关。人们在长期的生产生活中，积累了环境因素对人生活影响的一些经验。因此，居家适当讲究风水是人与自然和谐统一的要求，是合理的。

中国古代风水文化也十分发达。它是以河图洛书为基础，结合八卦、九星和阴阳五行的生克制化，把天道运行和地气流转完整地结合在一起，形成一套特殊的理论体系，从而推断或改变人的吉凶祸福、寿夭穷通。这样就把风水中原来拥有的科学成分神秘化，走向了迷信的道路。

本篇所述“故秦筑长城，凿其山冈之气，而咸阳丘墟”，将秦国的迅速灭亡归为“筑长城”，从而“断了山冈之气”，没有抓住秦亡的本质。秦的灭亡，汉代的贾谊早就在《过秦论》中指出是“仁义不施而攻守之势异”的结果。至于“隋疏汴河，断乎土地之脉，而江都荆棘”，更是荒唐可笑。隋通大运河，有利于南北货运，保障南粮北运，原来是固国本、强军队之举，隋炀帝灭亡也是因为其荒淫施政的结果，不是疏通大运河、断了土地之脉的结果。因此读者在阅读使用时须加以辨别。

山有冈峦，地有形势，断其形，则气势灭。故秦筑长城，凿其山冈之气，而咸阳丘墟；隋疏汴河，断乎土地之脉，而江

都荆棘。成周卜迁伊洛[①]，得瀍涧之利[②]，而王年八百；吴晋奄宅建业，得江山之势，而延期数叶。

夫建都邑、筑城垒，必择形势。虽成败在人，不在于城地，然地形山势，足以为人之助也。故曰：赵之地坦然平，吴楚之地东南倾，秦韩之地龙虎形，幽魏之地无丘陵。夫赵无陂险山冈沟涧，故曰坦然平。吴楚之有江海波潮，故曰东南倾。秦韩被山带河、冈峦重复，故曰龙虎形。秦得龙虎之形，而东吞赵魏，南并荆楚。夫建都邑、列营垒，非地势不王，非山冈不固。

营垒之法：欲北据连山，南凭高冈，左右襟带，地水东流，乾上伏下，过子、艮、寅、卯，重冈入巽。

【注释】

①成周：周武王灭殷商后就着手在中原建立新都，是为成周。成周城由周公负责营建，到周成王五年建成。

②瀍（chán）涧：瀍水和涧水的并称。

【译文】

山有冈峦，地有形势，截断其形，气势就会自灭。因此秦国修筑长城，凿断了山冈之气，咸阳就成为一片废墟；隋朝疏通汴河，割断了土地之脉，江都就变为荆棘丛生之处。成周通过占卜迁都伊、洛，得到瀍水和涧水的地利，遂得八百年基业；孙吴、东晋偏安于建业，得江山之势，而气数延长了数载。

兴建都邑、修筑城垒，必须选择地势。尽管成败在人，不在于城地，但地形山势足以为人所利用。所以说亡赵之地坦然平，吴、楚之地东南倾，秦、韩之地龙虎形，幽、魏之地无丘陵。赵国没有险陂、山冈、沟涧，因此称为“坦然平”；吴国、楚国有江海波潮，所以称为“东南倾”；秦国、韩国被山带河，冈峦重叠，所以称为“龙虎形”。秦国凭借龙虎之形，得以东吞赵、魏，南并荆、楚。修建都邑，筑列营垒，非有地势不得称王，非有山岗不得固守。

修筑营垒的原则，是北据连山，南凭高冈，左右襟带，地水东流。乾上伏下，过子、艮、寅、卯，重冈入巽。

又曰：

戊连申酉坤未高，前有迎山抱且朝。或惊或跃或蟠龙，藏车隐马若飞鸿。支条散脉如蛇走，气车森耸似鸡笼。四维皆起四仲平，巽水迤逦出自庚。天门倚伏历壬癸，直出地户东南倾。南有污池为朱雀，北有堆阜为玄武。东有丛林为青龙，西有大道为白虎。

四兽既具，八卦乃列，乃立表测影，以定子午之位。兴土工，先本戊上；起版筑，从中步至门。

夫草木不生不可居，鸟兽不集不可居，燋石沙砾不可居，河水逆流不可居。朱雀无头，玄武折足，白虎衔尸，青龙悲哭，强居之者，兵败将死。

【译文】

又说：戊连坤位不要高，面向山峦有环抱。山有起伏像蟠龙，藏车隐马似飞鸿。地脉散乱如蛇走，营盘紧扎似鸡笼。四方皆地四角平，巽位有水迤逦东。天门倚伏历壬癸，直出地户东南通。南方污池为朱雀，北方堆阜为玄武。东方丛林为青龙，西方大道为白虎。

四兽都已具备，便排列八卦，立表杆测影像，以定子午之位。兴土木之功，先从戊上起版筑，从中修至门垣。

草木不生之处不可居住，鸟兽不集之处不可居住，有乱石沙砾之处不可居住，河水逆流之处不可居住。这些地方朱雀无头，玄武折足，白虎衔尸，青龙悲哭。有强行居处此地者，兵败将死。

山形冈陇

山若蟠龙，玉案数重，宛转邪曲，首尾相从。

山若凤皇，翅翼开张，群队千万，带陇扶冈，前有印绶，后有回翔。

山若飞龙，首尾远同，或惊或跃，乍横乍纵，台倾池润，舞鹤翔鸿。

山若卧狗，头拳尾就，腹内乳见，项连山首。

山若麒麟，乍立乍蹲，群从千万，朝者数人。

山若长蛇，或曲或邪，后冈前谷，隐马藏车。

凡此皆营垒之形势也。

【译文】

山如蟠龙，有玉案数重，蜿蜒曲折，首尾相通。

山如凤凰，似张开翅膀，成群结队，穿越山冈。前看像印绶，后看像回翔。

山如飞龙，首尾远近相同。有的惊立，有的飞跃，有的横截，有的伸纵。像高台微倾，似池水润泽，似仙鹤起舞，似飞鸿翱翔。

山如卧狗，头拳尾缩，腹内见乳，山首相连。

山如麒麟，或立或蹲，千万成群，远客来朝。

山如长蛇，有曲有斜，后有山冈，前有山谷，可藏车马。

上述各种山形，都是安营结垒的有利地势。

中华经典名著
全本全注全译丛书
（已出书目）

周易
尚书
诗经
周礼
仪礼
礼记
左传
韩诗外传
春秋公羊传
春秋穀梁传
孝经·忠经
论语·大学·中庸
尔雅
孟子
春秋繁露
说文解字
释名
国语
晏子春秋
穆天子传
战国策
史记
吴越春秋
越绝书
华阳国志
水经注
洛阳伽蓝记
大唐西域记
史通
贞观政要
营造法式
东京梦华录
唐才子传
廉吏传
徐霞客游记
读通鉴论
宋论
文史通义

老子
道德经
鹖冠子
黄帝四经·关尹子·尸子
孙子兵法
墨子
管子
孔子家语
吴子·司马法
商君书
慎子·太白阴经
列子
鬼谷子
庄子
公孙龙子(外三种)
荀子
六韬
吕氏春秋
韩非子
山海经
黄帝内经
素书
新书
淮南子
九章算术(附海岛算经)
新序
说苑

列仙传
盐铁论
法言
方言
论衡
潜夫论
政论·昌言
风俗通义
申鉴·中论
太平经
伤寒论
周易参同契
人物志
博物志
抱朴子内篇
抱朴子外篇
西京杂记
神仙传
搜神记
拾遗记
世说新语
弘明集
齐民要术
刘子
颜氏家训
中说
帝范·臣轨·庭训格言

坛经

大慈恩寺三藏法师传

蒙求·童蒙须知

茶经·续茶经

玄怪录·续玄怪录

酉阳杂俎

历代名画记

化书·无能子

梦溪笔谈

北山酒经(外二种)

容斋随笔

近思录

洗冤集录

传习录

焚书

菜根谭

增广贤文

呻吟语

了凡四训

龙文鞭影

长物志

智囊全集

天工开物

溪山琴况·琴声十六法

温疫论

明夷待访录·破邪论

陶庵梦忆

西湖梦寻

幼学琼林

笠翁对韵

声律启蒙

老老恒言

随园食单

阅微草堂笔记

格言联璧

曾国藩家书

曾国藩家训

劝学篇

楚辞

文心雕龙

文选

玉台新咏

二十四诗品·续诗品

词品

闲情偶寄

古文观止

聊斋志异

唐宋八大家文钞

浮生六记

三字经·百家姓·千字文·弟子规·千家诗

经史百家杂钞